AF316478

Q
131

CATALOGUE

DE LA

BIBLIOTHÈQUE

DE

feu Ahmed Véfyk Pacha

CATALOGUE

DE LA

BIBLIOTHÈQUE

DE

FEU AHMED VÉFYK PACHA

CONSTANTINOPLE

TYPOGRAPHIE ET LITOGRAPHIE K. BAGDADLIAN

14, Sultan Hamam Djadessi, 14

1893

PRÉFACE

La bibliothèque de feu Ahmed Véfyk Pacha, ancien Grand Vézir, est assez connue des amateurs, non seulement en Turquie, mais encore dans tous les pays où il y a des bibliothèques et des bibliophiles, pour qu'on puisse se dispenser de recommander ce catalogue à la curiosité, à l'interet de toutes les personnes qui aiment les beaux livres, et qui savent les apprécier.

Ahmed Véfyk Pacha aimait les livres, même avant d'en posséder; il s'était familiarisé avec eux avant d'avoir pu en acquérir il se préparait de longue-main par la culture des lettres à devenir bibliophile, quand l'heure est venue pour lui de former une collection, il n'a fait qu'éxécuter un ancien projet, en appliquant ses connaissances et ses goûts littéraires à la recherche des livres qu'il désirait. Il a noblement, généreusement acquis, par toute l'Europe, par toute l'Orient, livres et Manuscrits, que lui enviaient les plus riches cabinets d'Amateurs; il a plus d'une fois acheté des bibliothèques entières pour en extraire quelques volumes qu'il regardait comme indispensables à la sienne; il n'a jamais hésité, ni reculé devant les énormes sacrifices que lui imposait sa passion: Voilà comment il a pu faire en moins de 30 ans ce que les plus célèbres bibliophiles n'avaient pas fait en un siècle. L'œuvre semblait presque achévé, peut être eut-il été difficile d'aller au dèlà. On pouvait reunir un plus grand nombre de livres, mais on ne pouvait espèrer d'en trouver de plus beaux, ni de plus rares.

Nous avons là sous les yeux dans ce catalogue, la fleur de vingt bibliothèques excellentes, qui toutes ont laissé un nom plus ou, moins célèbre dans l'histoire des livres et des amateurs.

La reliure, il la demandée à chaque époque, à chaque pays où l'art du relieure a été en progrès. La gravure, il l'a cherchée dans une foule de beaux livres ornés d'estampes gravées sur cuivre ou sur bois, qui prouvent, depuis trois siècles et demi, que l'imprimerie a été inventé pour le plaisir des yeux comme pour la satisfaction de l'esprit.

Ahmed Véfyk Pacha en compossant sa bibliothèque, avait à cœur de la distinguer de celles qui se faisaient où se défaisaient autour de lui; dans cette bibliothèque il a mis ses sympathies, ses goûts, ses idées, il s'était proposé un plan à suivre avant de construire l'édifice, et ce plan, il l'a suivi avec une consciencieuse exactitude jusqu'au moment où la mort est venue l'empêcher de mettre la dernière main à l'édéfice presque achévé.

Le Grand Amateur nous laissera du moins dans le Catalogue de sa bibliothèque la description fidèle, le souvenir durable d'une superbe collection qui répresente bien dans son ensemble et dans ses détails la physionomie et le caractère de la bibltophilie à notre époque.

E. P.

Pour visiter la bibliothèque et pour autres informations

S'adresser à Son Excellence Munir Bey,

Secrétaire Général du Ministère des Affaires étrangères

En sa qualité de Curateur de la succession de feu Ahmed Véfyk Pacha.

LIVRES ARABES

Typ. et Lith. K. Bagdadlian, Constantinople — طاش و حروفات مطبعه‌سى ق. بغدادليان استانبول

KUTUBU-SÉMAVIYÉ

1. معصف شريف **Moushaf-Chérif,** Mss. copié en 1100 de l'Hégire par le Mevlana Ishâk Hodja. Mecque in 8º· 537 feuillets.

Mss. ornementé de 4 enluminures, titres peints en or et en couleur, papier jaune, chaque page encadrée d'un filet rouge et azuré, Reliure orientale très riche seul et unique exemplaire·

Très beau spécimen de calligraphie orientale.

2. معصف شريف **Moushafi-Chérif,** Mss. copié en 930 de l'Hégire par le Mevlana Hafiz Osman et traduit en Persan par Riza Koulou Hân Perse in 8º. 400 feuillets.

Reliure orientale fatiguée, frontispice or et couleurs, titres à l'encre rouge, les premières pages sont encadrées d'un filet or et azuré et les suivantes d'un triple filet rouge et azuré·

Très belle écriture orientale.

3. معصف شريف **Moushafi-Chérif,** Cons/ple 1294· 1 vol. in 4º. broché.

Le Mss· a été copié par le Mevlana Hafiz Osman en 935 de l'Hégire.

4. معصف شريف **Moushafi-Chérif,** Leipzig 1877. 1 vol. in 8º, traduit par Gustavus Mauritius Redsloff.

Reliure orientale en maroquin rouge.

5. معصف شريف **Moushafi-Chérif,** Cazan 1834 1 vol. in 8º. Le Mss a été copié en 530. par Oubeydoullah Mouhammed Rahym.

Reliure orientale en maroquin fauve.

6. معصف شريف **Moushaß-Chérif,** Calcutta 1832. un vol. in 8º.

Superbe exemplaire d'une édition orientale.

7. م جزوى **Ammé Djuzï,** Mss. copié en 1097 de l'Hégire par Ahmed Tchividji Constantinople, in 8º. 50 feuillets.

Mss. exécuté sur papier vélin vert et azuré, titre azuré et doré chaque page encadrée d'un triple filet or et azur·

Superbe spécimen de calligraphie orientale chef d'œuvre dédié à S. M. I. Le Sultan Moustafa Hàn II.

8. اغام شريف **Enami Chérif,** Mss. dont la date et le nom de l'auteur est inconnu Mecque in 12º. 20 feuillets.

Mss· exécuté sur des feuilles en bois de chêne superbe calligraphie orientale avec traduction dans chaque entre-ligne en Persan, lettres rouges, triple filet rouge et or. unique et précieux recueil.

Reliure orientale en papier maroquiné gaufré.

9. انجيل متا **Indjili Méta,** Traduit de l'Hébreux par J. Martin. Londres 1851 in 4º

Charmant exemplaire d'une édition fort recherchée.

10. انجيل يوحنا **Indjili Youhannà,** Traduit par la Société Evangélique du «Bible-House» Constantinople 1876, 2 vol. in 16º.

Très belle édition dorée sur tranche.

11. روايت يعقوب **Rivayeti Yâakoub**, Traduit de l'Anglais par le professeur Munter, Beyrouth 1873 1 vol in 18⁰·

Exemplaire d'une édition remarquable par sa belle éxécution.

12. كتاب المقدس **Kitabul-Moukaddès**, traduit du Chaldéen et du Grec par la Société Evangélique du New-York. New-York 1816, 1 vol· in 4⁰.

Exemplaire d'une grande pureté, Reliure orientale en maroquin rouge tr. d.

تفاسير شريفه

TÉFACIR-CHÉRIFÉ

13. تفسير كبير **Téfciri-Kébir**, par l'Imam Mouhammed Fahruddini Râzi , Constantinople 1289. 8 vol. in 4⁰ grand. Le Mss. a été exécuté en 606 en Egypte, Belle édition revue et corrigée par le théologien Ebussüoud.

Reliure orientale en maroquin fauve.

14· تفسير كبير **Téfciri-Kébir** , par l'Imam Mouhammed Fahruddini Râzi. Egypte, 8 vol· in 4⁰ grand.

Cet exemplaire est comme le précédent.

15· تفسير كشاف **Téfciri-Kéchchaf**, par l'Imam Ibni Kassim Hayroullah Mahmoud bin Omer Zimahchéri , Calcutta 1276. 2 vol. in folio.
Le Mss· a été éxécuté en 525 de l'Hègire·

Reliure orientale fatiguée.

16· تفسير أبواليث **Téfciri Ebul-Leyss**, Mss. éxécuté par l'Imam Ebul-Leyss Nassir bin Mehmed Sémercandy en 1167 de l'Hégire 4 vol. in folio. 793 feuillets.
Mss. ornementé de titres peints, chaque page encadrée d'un double filet or et rouge. Reliure orientale en veau.

Splendide spécimen de calligraphie orientale.

17· تفسير جلالين **Téfciri-Djéllalin**, par Ahmed Djellaleddin Mâliki. Egypte 1 vol. in 8⁰·
Le Mss. a été éxécuté en 864 de l'Hégire.

Reliure orientale très récherchée.

18· تفسير حسن العسكرى **Téfciri Hassan-ul-Askéri**, par l'Imam Hassan Askéri, Téhéran 1238, 1 vol. in 8⁰.
Le Mss. a été éxécuté en 1090 de l'Hégire.

Reliure persane peinte.

19. تفسير قاضى بيضاوى **Téfciri Kazi Beyzávi**, par Nasreddin Ebou Saïd Abdoullah bin Omer Beyzavi, Leipzig 1846, 2 vol· in 4⁰.
Le Mss. a été éxécuté en 615 de l'Hégire, édition originale.

Reliure orientale en maroquin fauve tr. d.

20. مفتاح التفاسير **Miftah-ut-Téfacir,** par le Mufti de Kutahia Hafiz Osman Constantinople 1289, 1 vol. in 16⁰.

Edition complète.

21. مفتاح التفاسير **Miftah-ut-Téfacir,** par le Mufti de Kutahia Hafiz Osman Kutahia, 1289, 1 vol. in 16⁰.
Superbe exemplaire d'un édition complète, reliure orientale en veau·

On trouvera dans la bibliothèque 99 autres exemplaires pareils.

22. منابع آيات قرآنية **Ménabil-âyâti-Kourânlyé,** Mss· éxécuté par le Vezir Bestavy en 1164 de l'Hègire in 4⁰· 230 feuillets.
Mss. dont la réliure orientale est fatiguée, frontispice or et couleur papier jaune·

Chef-d'œuvre de calligraphie orientale.

23. تفسير جزو النبأ **Tefclri Djuz-un-Nébâ,** Mss· exécuté en 1273 de l'Hègire par Ismaïl-Hakki, Brousse in 8⁰· 200 feuillets·
Mss· dont le frontispice est en or et en couleur, reliure orientale en papier maroquiné gaufré·

Splendide spécimen de calligraphie orientale.

24. سر قرآن **Sirri Kourân,** par Sirri Pacha, Constantinople 1 vol· in 8⁰· broché·

Belle édition.

﷽ كتب الاحاديث ﷽

KUTUB-UL-EHADYSS

25. بخارى شريف **Bouhari-i-Chérif,** Mss. exécuté en 256 de l'Hégire par Ebul Abdoullah Mouhammed bin Ismaïl; Bouhari, Mecque in 4⁰. 1500 feuillets·
Mss. dont le frontispice est en or et en couleur, titre enluminé, chaque page encadrée d'un double filet or et rouge, fort rare, écriture très soignée.

Reliure orientale détériorée.

26. شرح بخارى **Cherhi Bouhari,** Mss. éxécuté en 932 de l'Hégire par Chéhabeddin Ahmed el-Kasthâlani Mecque· 8 vol. in 4⁰. 2400 feuillets.
Mss· dont les pages sont encadrées d'un quadruple filet or et rouge, les frontispices sont en or et en couleur.

Splendide spécimen de calligraphie orientale (caractères Tâalik.)

27. شرح بخارى **Cherhi-Bouhari,** par Chéhabeddin Ahmed El-Kasthâlani, Egypte 1289, 10 vol. in 8⁰·
Rare édition d'une reliure orientale en maroquin rouge.

28. شرح بخارى **Cherhi Bouhari,** par Chahabeddin Ahmed El-Kasthalani, Egypte 1299· 5 vol· in folio.
Rare exemplaire d'une reliure orientale très ancienne en maroquin fauve.

29. شرح مسلم **Cherhi Muslim,** par Mouhyiddin Yahya Néviti , Egypte 1283·
5 vol· in 8o·
Le Mss· a été éxécuté en 667 de l'Hégire.

Très belle édition·

30· موطأ حديث **Muvatta-i-Hadis,** par l'Imam Mâlik bin Henesh Médini, Egypte
1280. 1 vol· in 16º.
Le Mss· a été exécuté en 119 de l'Hégire·

Belle édition tr. d.

31· شرح موطأ **Cherhi Muvatta,** par Mouhammed Zirghani, Egypte 1280. 3 vol. in 8o.

Reliure orientale en maroquin rouge.

32· حديث اربعين **Hadis-i-Erbaïn,** Mss· éxécuté en 880 de l'Hégire par Molla
Djami Mécque· copié par Sultan Ahmed Hirevy en 909· in 8o·
20 feuillets·
Mss. ornementé, avec frontispice or et couleur sur papier vert, lettres dorées, fort rare.

Spécimen de calligraphie orientale.

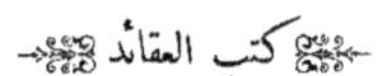

KUTUB-UL-AKAÏD

33. فقه الاكبر **Fikh-ul-Ekber,** par le Cheïk Ali Beyzavi , Alger 1279 1 vol· in 8o·

Beau spécimen de reliure orientale tr· d·

34· شرح فقه الاكبر **Cherhi-Fikh-ul-Ekber,** par Ali El Kari Cons/ple 1279 1 vol. in 16º.

Belle édition complète .

35. مجموعة عقائد **Akaïd Diniyé Medjmouaei,** Mss· éxécuté en 696 de l'Hégire par
Ebul Mouhcin-un Nécéfi, in 16º. 150 feuillets·
Mss· dont les pages sont encadrées d'un double filet rouge et bleu, belle écriture ori-
entale soignée·

Reliure orientale en maroquin noir.

36· المسائل المفيده فى أصول دينه **El Mécaïl-ul-Mufidé fi oussoul diniyé,** Mss· exécuté en
930 de l'Hégire par El Menchour-ul Kassim Ibni Mouhammed Ali, Cons-
tontinople, in 8o· 200 feuillets .
Mss· fort rare, Reliure orientale très soignée, Frontispice or et couleur, titre peint, azuré
et or, chaque page encadrée d'un triple filet or et rouge·

Splendide spécimen de calligraphie orientale .

37· رسالة المنيره **Réssalet ul-Muniré,** par Ibni Kémal, Cons/ple 1239, 1 vol. in 8º.
Cet ouvrage a été lithographié à Constantinople·

Reliure orientale maroquin rouge.

38· كتاب الملل والنحل **Kitabul Milell-veu-Nihal,** par Méhmed Ibni Abdulkérim ,
Londres 1842. 2 vol· in 4º.
Le Mss, a été exécuté en 548 de l'Hégire·

Belle édition originale.

39. شرح عقايد **Cherhi Akaïd,** par Omer un Nessefi, Cons/ple 1230, 1 vol· in 8o·
Ouvrage lithographié à Constantinople·
Edition et reliure soignée.

40. نور الفوائد **Nour·ul Févâïd,** Mss· éxécuté en 980· de l'Hégire par Mouhammed Alévy, Mécque en 16o. 80 feuillets·
Mss. fort rare·
Très belle écriture orientale·

41· كتاب حسام الدين **Kitabi Houchameddin,** Mss· éxécuté en 980 de l'Hégire par Houchameddin Bitlis, forme agenda 500 feuillets.
·Mss· ornementé d'une très belle calligraphie (caractères Taâlyk).
Reliure orientale fatiguée.

42. اعتراضات الانجيل شريف **Itiraznti·Indjili·Chérif,** Mss. exécuté en 1281 de l'Hégire par Fâris efendy Beyrouth 1281, in 8⁰. 150 feuillets.
Mss· simple d'une reliure orientale en maroquin citron gaufré.
Très belle écriture orientale.

43. ردّ النصارى **Reddun Néssara,** par Abdoullah Ibni Hadji Destani, Calcutta 1276, 1 vol⁰. in 16⁰.
Edition originale et très rare·

44. ردّ النصارى **Reddun Nessara,** par Abdoullah Ibni Hadji Destanti, Calcutta 1229, 1 vol· in 16⁰.
Belle édition et reliure orientale maroquin fauve.

45. تحفت الاريب **Touhfet·ul·erib,** par Ali Salih, Alger 1270· 1 vol· in 4⁰.
On trouvra dans la bibliothèque un autre exemplaire pareil·

كتب الفقهيه

KUTUB-UL-FIKHIÉ

46· الفقه **El·Fikih,** Mss. dont le nom de l'auteur ainsi que la date sont indéchiffrables in 8o· 127 feuillets·
Reliure orientale, texte entièrement accentué·
Belle écriture andalouse·

47. مجموعة الفقه **Médjmoun-t-ul-Fikih,** Mss. éxécuté en 1164. de l'Hégire par Latif Ibrahim Youssouf, Béthavy in 8⁰. 130 feuillets.
Mss. dont chaque page est encadrée d'un double filet rouge, écriture orientale médiocre·
Reliure cassée.

48. مختصر فقه مالكى **Mouhtassari-Fikhi-Mâliki,** par Halil bin Ishâk, Paris 1272. 1 vol· in 8⁰.
Bel exemplaire d'un édition originale·

49. حاشية شرح الصغير **Hachiyéï Cherhissaghir,** par Ahmed Durdihir, Egypte 1048. 2 vol. in 4⁰.
Edition revue et corrigée par Ahmed Zavi en 1221· Dans cette même édition on trouvera en marge le Kitabi-Akreb-ul-Messaïl-ul-Nezheb, par l'Imam Maliki 1038.
Charmant exemplaire d'une reliure orientale.

8

50· خاشیة طحطاوى **Hachiyéï Tahtavy**, par Tahtavy, Egypte 1280· 3 vol· in folio.

Belle édition reliure orientale en maroquin rouge.

51· رسالة تراویح **Rissaleï Téravih,** Mss. exécuté en 1660 de l'Hégire par Ibrahim bin Redjeb, in 8⁰. 200 feuillets.

Mss· dont la reliure orientale est en papier maroquiné noir gaufré et les pages encadrées d'un double filet or et rouge·

Splendide calligraphie orientale avec des lettres dorées.

52· حلبى صغیر **Haléby-i-Saghir,** par Ibrahim Mouhammed-ul-Haléby, Constantinople 1216. in 16. 1 vol. in 8⁰.

Le Mss· a été éxécuté en 956 de l'Hégire, très bel exemplaire·

Reliure orientale tr. d.

كتب الفتاوى

KUTUB-UL-FÉTAVA

53· فتاوى سراجیه **Fétavaï-Siradjié,** par Siradjuddin, Calcutta 1827. 1 vol. in 8⁰.

Edition originale, reliure en maroquin fauve.

54· فتاوى عالمكیرى **Fetavaï Alemghiriy,** par le Chéïk Nizami Alemghiriy, Calcutta 1243, 4 vol. in folio·

Reliure européenne soignée.

55· ترجیح مبینات **Terdjihi Mubéyinât,** Mss· dont la date est indéchiffrable par Ali Mouhammed Ghani, in 8⁰. 150 feuillets·

Mss. simple non imprimé, écriture très soignée (caractères barbaresque).

Reliure orientale en maroquin noir.

56· قاضیخان **Kazi Hân,** par Fahruddin Hassan, Calcutta 1835, 4 vol. in 16⁰. broché·

Le Mss· a été éxécuté en 592· de l'Hégire.

كتب القوانین

KUTUB-UL-KAVANIN

57· دستور **Dustour,** Traduction par Neuffel Efendy, Beyrouth 1201. 1vol. in 8⁰.

Superbe Edition tr. d·

58· ترجمة دستور **Terdjuméï Dustour,** Traduit par Nicola, Beyrouth 1290· 1 vol. in folio.

Bel exemplaire·

59. تعریب قانون فرانسوى **Taribi Kânouni Francevi,** Traduit par Rifat et Abdoullah, Egypte 1283. 1 vol. in 8⁰.

Rare et originale édition.

✿ ادبيات منثوره ✿

EDÉBIYATI MENSOURÉ

60. خاشیهٔ جدیده **Hachiyeï Djédidé,** par Saïd Hafiz, Constantinople 1 vol· in 8⁰.
Reliure orientale soignée.

61. مقامات حریری **Mékâmati Hariri,** Mss. éxécuté en 516 de l'Hégire par Ibni Mouhammed Hassan-ul-Hariri copié en 600, Mecque in 8⁰. 284 feuillets.
Mss. dont le titre est en or, les lettres dorées et rouges, fort rare·
Ecriture assez soignée.

62· مقامات حریری **Mékâmati Hariri,** Mss. éxécuté en 736 de l'Hégire par Hassan-ul-Hariri, Caire in 8⁰. 284 feuillets·
Mss· d'après lequel le Cheïk Ebou Mouhammed-ul-Jounoussi aurait publié l'édition du Caire en 1266, nombreuses piqûres.
Belle calligraphie orientale.

63. مقامات حریری **Mékâmati Hariri,** par Ebi. Mouhammed-ul-Hassan bin Ali, Egypte 1266, 1 vol. in 8⁰.
Le Mss· a été exécuté en 416, on trouvera dans cette édition en marge les séances de Hariri faites en commentaires par Ibni Sofer Razi et Zimahchéri.
Superbe exemplaire d'une unique et précieuse édition.

64· مقامات حریری **Mékâmati Hariri,** par Hariri, Cons/ple 1288, 1 vol· in 4⁰.
On trouvera dans la bibliothèque un autre exemplaire.
Belle reliure.

65· مقامات ابوالفضل **Mékâmati Ebul Fazll,** par Mouhammed Abdoullah Ebi Missiri, Beyrouth 1176, 1 vol· in 8⁰.
Magnifique exemplaire lithographié en 1290 sur papier vélin, d'une superbe reliure orientale.
Lithographie Egytienne.

66· رسائل ابوالفضل **Resaïll Ebul Fazll,** par Ebul Fazll Médané, Constantinople 1298· 1 vol. in 8⁰.
Joli exemplaire d'une reliure orientale.

67· اطواق الذهب **Atvak-ul-Zéhab,** par Ebul Mouhimi, Constantinople 1209, 1 vol. in 8⁰· broché.
Reliure Europienne.

68· اطواق و اطباق الذهب **Atvak vé Atbak uz Zeheb,** par Omer Ibni Zimahchéri Beyrouth 1835· 1 vol· in 4⁰.
Joli exemplaire d'une édition complète.

69· كليات إبوالبقا **Kulliyati Ebul Béka,** par Ebul Béka Husséin, Egypte 1253· 1 vol· in folio.
Joli exemplaire d'un reliure orientale en maroquin rouge.

70. غرّه **Ghourré,** par Ibni Ishâk Hayreddin, Egypte 1283, 1 vol· in 4⁰.
Edition correcte d'un reliure originale.

71· سبل السلام **Subul us-Sélam,** par Mouhammed bin Omer-ul-Malikh, Constantinople 1287. 1 vol. in 4. broché·

72. كنز المدفون **Kenz-ul Medfoûn,** par Djellaleddin, Cons/ple 1278. 1 vol. in 8⁰.

Bel exemplaire d'un édition complète.

73. سلوان مطاع **Selvâné-Mouthâ,** par Mouhammed bin Méhémed Hodja-Seïd Karahalil, Constantinople 1285. 1 vol. in 8⁰.
On trouvera dans la bibliothèque deux autres exemplaires.

Belle édition Européenne.

74. كشكول بهاء الدين عاملى **Kéchkuli Béhaouddin Amily,** par Mouhammed Behaouddin Amily, Egypte 1 vol. in 8⁰.

Bel exemplaire d'une reliure orientale.

75. ترجمة كلستان **Terdjumei Gulistan,** par Zebraïl Ibni Youssef, Egypte 1263. 1 vol. in 8⁰.

Joli exemplaire d'une édition rare.

76. المطالع ناصرى **El méthalii Nashrii,** par Nashrii, Egypte 1275. 1 vol. in. 16⁰.

Belle reliure orientale.

77. شرح والده **Cherhi Abdul vehab-alel-Vélédiyé,** Eboueféda, Constantinople 1274. 1 vol. in 8⁰.

Edition de luxe.

78. دمة الباكى **Démat-ul-Bâki,** par l'Imam Saadi, Egypte 1274. 1 vol. in 8⁰.

Edition lithographié au Caïre.

79. درة اليتيه **Durret-ul-Yétimé,** par Ibrahim Serkis Benani, Beyrouth 1870. 1 vol. in 8⁰.

Bel exemplaire d'un opuscule rare et curieux.

80. طريقت محمديه **Tarikate Mouhammédiyé,** Mss. éxécuté en 981. de l'Hégire et copié en 1145, par le Chéik Mouhammed-ul-Birguivi, Mecque. in 8⁰. 250 feuillets.
Reliure orientale, jolie écriture barbaresque, titres et citations à l'encre rouge chaque page encadrée d'une double filet rouge.

Joli Mss. unique et fort rare.

81. تنبيه الغافلين **Tenbih-ul-Gafilin,** par Ebou-Leyss Nasser bin Mehmed Sémercandy, Egypte 1300. 1 vol. in 8⁰.
Charmant exemplaire auquel on a ajouté en marge le Bostani Aarfin.

Reliure orientale très élégante.

82. زين الاسواق **Tezyin-ul-Esâvk,** par le Cheïk Davoud El Anataki, Egypte 1179. 1 vol. in 8⁰.
Dans ce volume on trouvera en marge le Divani Chehabouddin.

Belle édition complète.

83. الف الية اوكيله **Elf-ul-Leyletu-vel leylé,** par le Cheïk Mouhammed bin Mahmoud, Calcutta 1814. 1 vol. in 8⁰.

Belle édition orientale.

84. الف الية اوكيله **Elf-ul Leyletu-vel leylé,** par Abdurrahamam Chercavi, Egypte 1251. 1 vol. in 8⁰.

Belle édition orientale.

85. تحفة الاخوان الصفا **Toukhfét-ul-Ikhvan-us-séfa,** par Ahmed bin Mouhammed, Calcutta 1812. 1 vol. in 8⁰.

Belle exemplaire d'une seule édition.

86 . درة الواعظين **Duret-ul-Vaïzin,** par Osman bin Husséin ; Constantinople 1285 . 1 vol . in 8⁰ .

Belle reliure orientale ·

87 . شقايق نعمانيه **Chakâyiki-Noumaniyé,** Mss . éxécuté en 669 de l'Hégire par Ahmed Tachekeuprulu Zadé, Mecque. in 8⁰. 302 feuillets.

Mss. ayant des lettres peintes en vert et les pages encadrées d'un filet vert et rouge et or, mouillures et piqûres sur les marges, frontispice or et couleur.

Reliure et calligraphie très soignée.

88 . معلومات نافعه **Malumati Nafiâ,** par A···. Egypte 1286, 1 vol . in 8⁰.

Édition revue et corrigée.

89 . تاج التراجم **Tadj-ut-Teradjum,** Mss. éxécuté en 1100 de l'Hégire par Koutloubégha, Constantinople in 16⁰. 117 feuillets.

Écriture barbaresque médiocre·

90 . اسبوعيه **Usbiyvé,** par le Bible House, Cons/ple 1871 1 vol. in folio.

Reliure Européenne.

91 . ضروب امثال **Douroubi Emsal,** par X··· Londres 1302, 1 vol. in 8o.

Bel exemplaire d'une édition européenne.

92 . قصة العشرة الوزرا **Kissatu Achéret-ul-vuzéra,** Mss. du 8ᵉᵐᵉ siècle de l'Hégire par auteur inconnu, Beyrouth. in 4⁰. 347 feuillets.

Le 1ᵉʳ et le 2ᵉᵐᵉ feuillets manquent .

Très belle écriture orientale.

93 . علم مناظرهدن رساله **Ylmi Munazéréden réssalé,** Mss sans nom de l'auteur et et sans date. in 4⁰. 22 feuillets avec planches enluminées.

Belle écriture orientale d'une style très soignée·

ادبیات منظومه

ÉDÉBYYATI MANZOUMÉ

94 . دیوان عبدالله پاشای مصری **Divani Abdullah Pacha Missiri,** Mss. éxécuté en 1179 de l'Hégire par Abdullah Pacha, Egypte in 4⁰. 260 feuillets.

Mss. avec des titres et de frontispice à l'encre rouge, chaque page encadrée d'un double filet or·

Beau spécimen de calligraphie orientale .

95 . دیوان متنبی **Divani Muténébbi,** Mss. éxécuté en 354 de l'Hégire par Ebou Thalib bin Hussein el Mutenebbi, in 8⁰. 250 feuillets.

Reliure orientale en papier maroquiné citron gaufré chaque page encadrée d'un double filet azur et or, titre et ornements de couleurs variées.

Très belle écriture orientale.

96 . دیوان متنبی **Divani Muténebbi,** Mss. éxécuté en 330 de l'Hégire par Ahmed Husséin el Muténebbi, Egypte in 8⁰. 250 feuillets.

Mss. avec le titre en or, chaque page encadrée d'un double filet rouge et or .

Très belle reliure et écriture orientale·

97. شرح ديوان الفارض **Cherhi Divani Ibni Fariz**, par le Cheïk Hassani Bourini, Calcutta 1853. 1 vol. in 8⁰.

Edition complète et reliure orientale.

95. شرح ديوان متنبي **Cherki Divani Mutenebbi**, par Ebul Mutenebbi, Egypte 1289 2 vol. in 8⁰.

Le mss. a été éxécuté en 660 de l'Hégire.

Edition originale.

99. شرح ديوان كامل المبرّد **Cherhi Divani Kiamil ul Muberrett**, par Kiamil ul Muberrett, Constantinople 1286. 2 vol. in 8⁰.

Le mss. a été éxécuté en 527 de l'Hégire.

Edition et reliure orientale.

100. ديوان انيس الجلسا **Divani Enissy-ul Djulsa**, par L. M***, Beyrouth 1889, 1 vol. in 8⁰· broché.

Edition originale·

101· قصيده برة **Kassidél Buré**, Mss· sans date par l'Imami Bouchéri in 16⁰. 80 feuillets.

Mss. très rare, chaque page encadrée d'une filet or et couleur, titre peint. Beau spécimen de calligraphie orientale. Mss. offert à S. M. I. Le Sultan Mélik Zhâhir Eyyoubi.

Reliure orientale fatiguée.

102. شرح قصيده برة **Cherhe Kassidél Buré**, Mss. dont la date et le nom de l'auteur sont indéchiffrables in 16⁰. 150 feuillets.

Mss· avec frontispice en or et couleur, titre, chapitres et citations tracés à l'encre rouge.

Splendide spécimen de calligraphie orientale (caractères Taalik).

103· شرح قصيده برة **Kassidél Buré**, traduit par Ahmed Essad Efendy, Constantinople 1289. 1 vol· in 8⁰· broché·

Edition soignée·

104. شرح قصيده الوهابيّه **Cherhe Kassidé-ul Vehhânié**, Mss· éxécuté en 1057 et copié en 1060 de l'Hégire par Hassan Ibni Amar, in 8⁰· 200 feuillets.

Mss. très rare et très unique. Reliure orientale fatiguée.

Très beau exemplaire d'une calligraphie très-soignée.

105. درة المضية **Durret-ul-Mouziyyé**, Mss. éxécuté en 760 de l'Hégire, Constantinople, in 8⁰. 150 feuillets·

Mss. d'une écriture très soignée (en caractères Taalyk,) sur papier vélin, unique exemplaire.

Reliure orientale en maroquin rouge.

106. روضة الناظر **Revzat-un-nazir**, par M*** Constantinople 1802. 1 vol. in 8⁰·

Edition européenne.

107. اشعرا لشعر **Echar-uch-chër**, par Rizcoullah efendy, Beyrouth 1870. 1 vol. in 8⁰.

Edition originale· Reliure orientale·

109. شاديات **Echadiyât**, par Halil efendy, Damas 1292, 1 vol. in 8⁰.

Bel exemplaire· Reliure en maroquin fauve.

109. نفحات **Nefihat**, par Halil efendy, Beyrouth 1302, 1 vol. in 8⁰.

Bel exemplaire reliure européenne.

110· طراز المجالس **Térazi-ul-Medjlis**, Mss. éxécuté en 1068 de l'Hégire par Ahmed Chéhabouddin, Egypte in 8⁰. 250 feuillets.

Ecriture orientale très soignée.

111.   اشعار حماسه **Echârî Hoummasé,** حسين Yahya Zékériya bin Ali Cheybâni, Bône 1827, 1 vol. in folio.

Edition originale.

112.   شافية اشعار **Chaflyeï Echar,** par X***, Constantinople 1301 1 vol. in 4⁰.

Très bel exemplaire d'une édition nouvelle.

113.   كتاب اعداد الزاد **Kitabi Aadâtt-ez-Zad,** éxécuté en 787, de l'Hégire par Ebul Mélik bin Ebussélam, Egypte in 8⁰. 200 feuillets·
Reliure orientale, frontispice or et couleur titre à l'encre rouge (caractères andalous).

Edition très soignée.

114.   كتاب محيط الدائره **Kitabi Mouhîd-ud daïré,** par Gernelius Fendehk, Beyrouth 1857. 1 vol· in 16⁰.

Belle édition . Reliure orientale .

115.   الموارد الادب **Mévarid-ul-Edeb,** Mss. éxécuté en 767 de l'Hégire par Indou Chah, Perse in 8⁰. 100 feuillets·
Mss. dont chaque page est encadrée d'un filet or et couleur, titre en or et en couleur.

Beau spécimen de calligraphie très soignée .

كتب فلاسفه

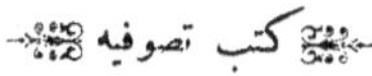

KUTUBU FÉLASSAFÉ

116.   كتاب الملل والنحل **Kitab-ul-Milelu ven Nahal,** par Mouhammed Sarhastani, Londres 1842, 2 vol· in 8o·

Superbe Edition· Reliure orientale.

117·   قدماء فلاسفه **Koudémaï felasafé,** par anonyme, Egypte 1252. 2 vol. in 8ⁿ.

Edition illustrée.

كتب تصوفيه

KUTUBU TESSAVOUFIYÉ

118   شرح نصوص **Cherhi Foussous,** par Farabi, Cons/ple 1291· 1 vol· in 8o. broché.

119·   احياء العلوم **Ehya-il Uoloum,** par l'Imam Mouhammed Gaz Ali, Egypte 1283. 2 vol. en 4 Tomes in 8ⁿ·
Le mss· a été éxécuté en 505. de l'Hégire·

Superbe reliure orientale en maroquin rouge .

علم منطق والمعانى

YLMI-MANTHIK-VEL-MÉANY

120.   نارى **Fenari,** par Anonyme, Constantinople 1294. 1 vol· in 8⁰.

Joli exemplaire d'une édition originale

121.   مبين المانى **Mubeyyin ul Méani,** par Anonyme Constantinople 1299. 1 vol· in 8o· broché.

122· اطول شرح تلخيص **Athévéli Cherhi Telhiss,** par Houssameddin., Constantinople 1284· 1 vol· in folio.
Le Mss. a été éxécuté en 783 de l'Hégire,

Très joli exemplaire, reliure orientale.

123· شرح تلخيص **Cherhi Telhiss,** Mss· éxécuté en 739 de l'Hégire par Cazvini,
Mecque, in 8⁰· grand 450 feuillets·

Mss. dont les pages sont encadrées d'une double filet or, titre et ornements de couleurs variées. Écriture barbaresque très soignée·

On trouvera en marge «Le Saâdi Teftazâni».

124. مفتاح الفنون **Miftah-ul-Finoùn,** Traduit du Turc par Anonyme, Constantinople 1374. 1 vol· in 16⁰.

Reliure orientale perfectionnée.

125· ميزان العدل **Mizan-ul-Adil,** par D. H*** Cons/ple 1289, 1 vol. in 4⁰. broché.

Belle édition.

126. تقرير القوانين **Takrir-ul-kavanin,** Mss. exécuté en 1166 de l'Hégire par
Mouhammed Mérachi, Egypte, in 8⁰. 250 feuillets.
Bonne écriture orientale, annotation marginale, sur papier vélin texte en l'encre rouge·

Reliure orientale d. m. maroquin v. à Charinères.

﴾۞ علم صرف والنحو ۞﴿

YLMI-SARF-VEN-NAHV

127· شرح عزى و دزناجى **Cherhi uzi-vé Durri Nahdjié,** Mss· éxécuté en 771. de l'Hégire et copié en 1236 par Teftezani et Issagoudji, Mecque in 8⁰. 200 feuillets.
Très belle calligraphie orientale sur papier vélin titre en bleu et or quelques gravures·

Reliure orientale en maroquin fauve.

128. مراح الارواح **Merah-ul Ervak,** Mss· dont le nom de l'auteur et la date
manquent, in 8⁰· 300 feuillets.
Mss· très rare, les 2 premiers et les 2 derniers feuillets manquent· Splendide spécimen de calligraphie orientale.

Reliure orientale Détériorée.

129. شرح كافيه **Cherhi Kinfiyé,** Mss. éxécuté en 1120 de l'Hégire par Molla
Djami, Egypte in· 150 feuillets.
Très beau spécimen de calligraphie orientale.

Reliure orientale en papier maroquiné rouge gaufré.

130· شرح شافيه **Cherhi Châyfié,** Mss· éxécuté en 1120 de l'Hégire par Saïd
Abdoullah efendy, Egypte in 8⁰. 250 feuillets·
Mss· dont l'écriture est très fine et très soignée, très rare·

Reliure orientale fatiguée.

131· عوامل شرى **Avamil Cherhi,** Mss. exécuté en 1102 de l'Hégire par Abdoul
Kadir Djourdâni, Egypte in 8⁰. 300 feuillets.
Mss· très beau et très riche d'une calligraphie très soignée·

Reliure orientale peinte.

132· شرح عوامل **Cherhi Avamil,** Mss· éxécuté en 607 de l'Hégire par Moustafa Ibni Ibrahim, Egypte· in 8⁰. 300 féuillets.
Ecriture lourde mais très lisible·

Reliure orientale en maroquin rouge.

133· الصباح **El Misbâh,** Mss. éxécuté en 606 de l'Hégire par l'Imam Nassir, Egypte in 8⁰. 180 feuillets.
Mss· dont le titre est peint en rouge, les pages sont encadrées d'un double filet or rouge, texte entièrement accentué, très rare et très recherché, belle calligraphie orientale·

Reliure orientale en maroquin noir.

134. معرب الاظهار **Mouarreb-ul-Izhar,** par Ahmed Zihni Zadé, Constantinople 1218. 1 vol. in 8⁰.

Belle édition reliure orientale.

135. غنية الطالب **Gouniyet-ul-Tâlib,** par Ahmed Fâris, Cons/ple 1888. 1 vol. in 8⁰.

Belle édition lithographiée.

136· رسالة الصرف والنحو **Bessalet-us-sarf-veu Nahv,** Mss. éxécuté en 1081 de l'Hégire par Anonyme, Egypte in 8⁰· 150 feuillets.

Ecriture très soignée.

137· زبدة الصرف **Zebdet-ul Sarf,** par Ahmed Tevfik, Constantinople 1277, 1 vol· in 8⁰· grand.

Belle édition orientale.

138· كتاب التفصيل **Kitab-ul-Tefsil,** par Hadji Ibrahim Efendy, Constantinople 1289, 1 vol· in 8⁰.

Edition originale, reliure orientale.

139· قواعد صرفه **Kavâïdi Sarfiyé,** por V*** Cons'ple 1289, 1 vol. in 8⁰· broché.
140. اثر راهب مارونى **Esseri Rahib Maroni,** Mss. éxécuté en 1758, par Rahib Maroni, Beyrouth in 8⁰. 150 feuillets.
Mss· simple, texte à l'encre rouge, reliure orientale fatiguée.

Beau spécimen de calligraphie orientale·

141· الفية امام مالك **Elfiyéï Imâmi Malik,** Mss. éxécuté en 1247 de l'Hégire par l'Imami Mâlik, Egypte in 8⁰· 200 feuillets.
Mss. dont le frontispice est en or et en couleur et les pages sont encadrées d'un double filet or et azur, écriture très soignée avec des lettres dorées, rouge et bleu.

Reliure orientale en papier maroquiné noir gaufré·

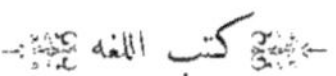

KUTUB-UL-LOUGHAT

142· كنز الصاحبة **Kenz-ul Moussahébé.** par J. J. Marcel. Paris 1837 1 vol· in 4⁰.

Très belle édition européenne.

143. محيط الحيط **Mouhit-ul-Mouhit,** par Patros Bostani, Beyrouth 1886. 2 vol. in 8⁰.

Joli exemplaire d'une reliure orientale en maroquin rouge.

144. اختری كبير **Akhtéri-ul Kébir,** par Moustafa bin Chemsseddin Karahissari, Karahissar 1230, 1 vol. in folio·

Edition curieuse et rare.

145. المنتخب فى تعليم اللغت العرب **El Muntéhab fy Taalimi Loughet-ul-Arabe**, par Zihni ef-endy. Constantinople 1304. 1 vol. in 8⁰.

Édition complète.

146· فقه اللغه **Fikh-ul-Loughat**, par Mevlana Abdul-Mélik, Egypte 1284, 1vol. in16⁰.

Bel exemplaire d'une édition orientale.

147· الفاظ الكتابيه **Elfaz-ul-Kitabiyyé**, par Abdurrahman, Beyrouth 1885, 1vol. in 4⁰.

Bel exemplaire d'une édition nouvelle.

148. الزهر **El Muzehher**, par Djelaleddin Ebul Fazil, Egypte 1282· 1 vol. en 2 tômes in 8⁰·
Le Mss· de cet ouvrage a été éxécuté en 849 de l'Hégire.

Édition très correcte.

علوم رياضيه

OULOUMI RIYAZIYÉ

149· رسالة الحساب **Ressalet-ul-Hissab**, par Ibni Imath, Egypte 1241, 1 vol. in 4⁰. broché.

Édition très correcte·

150. مختصر حساب **Mouhtassari Hissab**, par Patros Bostani, Beyrouth 1869· 1 vol. in 18⁰.

Joli exemplaire d'une reliure remarquable·

151. روضة الزهريه **Revza tuz Zehrihé**, par Gernélius Fendehk, Beyrouth 1848· 1 vol· in 8⁰.

Belle édition d'une reliure orientale.

152· اصول هندسه **Ousouli Hendécé**, par Gernélius Fendehk, Beyrouth 1857· 1 vol. in 8⁰·

Édition illustrée·

153· تحرير اوقليدس **Tahriri Oclidiss**, par Hodja Nasrouddin Youssi, Rome 1524 1 vol· in 4⁰.

Édition lugdini Batavorum.

154. فتح جليل **Fethi djelil**, Mss. éxécuté en 930 de l'Hégire par Djelil, in 8⁰. 303 feuillets·
Mss. avec titre enluminé chaque page encadrée d'une double filet or et rouge·

Chef-d'œuvre de calligraphie orientale.

155· رسالة قاس **Ressalél Keyas**, par Ghélenbevy, Constantinople 1278, 1 vol. in 8⁰· broché·

علم حكمت وهيئت وكيا وطب

YLMI HIKMET VÉ HIYYETI VÉ KIMIA VÉ THIB

156. كشف الحجاب **Kechf-ul-Hidjab**, par Patros Bostani, Beyrouth 1872, 1 vol. in 8⁰·

Édition orientale·

157· اصول كيا **Ousouli Kimiya**, par Gernélius Fendehk, Beyrouth 1869, 1vol. in 16⁰.

Édition illustrée·

158· رسالة لحوادث الجو **Ressaletu Havadiss ul Djev**, par Suleïman Djézaéri, Alger 1270. 1 vol· in 8⁰· broché.

159. نظام الخليقات **Nizam ul Halicat,** par Georges Post· Beyrouth 1869, 1 vol. in 16⁰.

Edition avec gravures.

160. عجايب المخلوقات **Adjaïb-ul Mahloukât,** par Zékériya bin Mahmoud Cazvini, Goëttinger, 1 vol. in 8⁰.

Edition complète.

161. النبات **El Nébat,** par Georges Post, Beyrouth 1871· 1 vol. in 8⁰.

Exemplaire remarquable par l'élégance de sa reliure·

162· تسهيل المنافع **Teshil ul Ménafi,** par Ibrahim Ibni Addurahman, Mecque 1201· 1 vol· in 8⁰·

Dans la même ouvrage on trouvera un autre traité d'Abdoullah Mouhammed·

Edition de luxe·

163· كتاب الجدرى والحصبه **Kitab ul Djédri vel Khousbé,** par Mouhammed bin Zé-kérya Razi, Beyrouth 1872, 1 vol· in 8⁰·

Belle édition complète.

164· مبادى تشريح **Mebadi-i-Techrih,** par Kiani, Beyrouth 1872, 1 vol· in 8⁰·

Edition illustrée.

165· عقدالاجياد **Akd-ul-Edjyad,** par Abdulkadir Djezaéri, Alger 1293· 1 vol·in 8⁰·

Belle édition originale.

تواريخ

TÉVARIKH

166. تاريخ ابن خلدون **Tarikhi-Ibni-Khaldoun,** par Abdurrahim Ibni Khaldoun, Egypte 1284, 7 vol. in 8⁰·

Edition complète

167. تاريخ ابن خلدون **Tarikhi-Ibni-Khaldoun,** par Ibni Khaldoun, Egypte 1289. 2 vol. in folio·

Belle édition complète

168· قرّة النفوس **Kourret-ul-Noufouss,** par Moustafa Saïd Ahmed Zirbani, Egypte 1280· 1 vol. in 8⁰·

Edition originale.

169· تاريخ يمن **Tarikhi Yémen,** Mss. éxécute en 1158 de l'Hégire par Ebul-féda, Beyrouth in 4⁰· 540 feuillets.

Joli Mss. accentué avec citations à l'encre doré et rouge·

Très beau spécimen de calligraphie orientale.

170· تاريخ ابوالفدا **Tarikhi Ebulféda,** par Ismaïl Ebulféda, Egypte 1286,3 vol·in 8⁰·

Reliure orientale·

171· تاريخ ابن اثير **Tarikhi Ibni Essir,** par Ibni Essir, Beyrouth 1871, 1 vol. in 8⁰·

Edition correcte, reliure orientale maroquin rouge.

172. تاريخ مصر **Tarikhi Missir,** par Ebussuoud éfendy, Egypte 1292. 1 vol. in 4⁰·

Edition soignée.

173. تاريخ خردجى **Tarikhi Hazrédji,** Mss· éxécuté en 1193 de l'Hégire, par Hassan bin Ali Hazrédji, in folio 694 feuillets.

Belle écriture orientale.

174. تاريخ ابن اثير **Tarikhi Ibni Essir,** par Ebul-Husseïn Ibni Essir, Londres 1866, 5 vol. en 10 tomes in 4⁰.

Belle édition européenne.

175· تاريخ طبرى **Tarikhi Tabéri,** Mss. éxécuté en 800 de l'Hégire, par Hassan Arif in 8⁰· 152 feuillets·

Beau spécimen de calligraphie·

176· كتاب اغانى **Kitabi Eghâni,** par l'Imami Ebou Féredj Isféhani, Egypte 1825, 20 vol. in 8⁰·

Charmant exemplaire d'une édition originale·

177· تاريخ بدايت القدما وهدايت الحكما **Tarikhi Bidayet-ul-Coudémâ vé Hidayet-ul-Hukéma,** par C***. 1254. 1 vol. in 8⁰.

Reliure orientale en maroquin fauve.

178. تاريخ ابن خلكان **Tarikhi Ibni Hallékian,** Mss· éxécuté en 672. de l'Hégire, par Chemsseddin Ibni Hallékian, in 8⁰. 682 feuillets.
Mss. unique et très rare·

Ecriture orientale très soignée.

179· تاريخ ابن خلكان **Tarikhi Ibni Hallékian,** par Chemsseddin Ibni Hallékian, Egypte 1275, 2 vol· in folio.

Reliure orientale fatiguée··

180. تاريخ ابوالفدا **Tarikhi Ebulféda,** par Ebulféda, Leipzig 1791. 1 vol. in 8.

Charmant exemplaire d'une édition européenne.

181· تاريخ خلاصة الاثر **Tarikhi Houlassat-ul-esser,** par Mouhammed-ul-Mouibbi, Egypte 1284. 4 vol. in 8⁰.

Edition originale.

182. تاريخ مختصر متنبى **Tarikhi Mouhtassar Mutenébby,** par Mutenébby, Constantinople 1833, 1 vol. in 4⁰.

Superbe exemplaire d'une édition soignée.

183. تاريخدن مجموعه **Tarikhden Médjmoua,** Mss. dont les feuillets Nᵒˢ. 1ᵉʳ et 2ᵘᵐᵉ manquent, in 8⁰. 250 feuillets.
Mss. dont l'auteur et la date nous sont inconnus; belle écriture orientale, avec des lettres dorées et rouges·

Reliure en papier maroquin noir gaufré·

184. كتاب المعارف **Kitabul Méarif,** par Mouhammed bin Mouslim, Goëttinger 1850, 1 vol. in 8⁰.

Charmante édition européenne·

185. كتاب الخطاط المقريزى **Kitab-ul Hhouttath il-Macrizi,** par El Macrizi, Egypte 1270. 2 vol. in folio.

Edition complète·

186. سلك الدرر **Silk-ul-Durér,** par le Mufti de Damas, Egypte 1291, 3 vol. in 8⁰. en 6 tomes.

Bel exemplaire.

187. نبذة المشيره **Nebzet-ul-Muchiré,** Mss. éxécuté en 1095 de l'Hégire par Mouthar bin Mehemed, Egypte in 8⁰. 507 feuillets.
Mss. avec des titres à l'encre rouge bleu et or, texte entièrement accentué, 10 enluminures·

Seul et unique exemplaire·

188. كتاب العجائب المقدور فى اخبار تيمور **Kitab Adjiaïb-ul-Macdour fi Akhbar Tymour,** par Ahmed Arabchah, Batavia, 1533 ,1 vol. in 8.

Edition originale, très rare.

189. روايت اسكندر **Rivayeti Iskender,** par Ibrahim éfendy, Beyrouth 1287. 1 vol. in 8⁰.

Reliure orientale, édition illustrée.

190. كتاب التراجم **Kitab-ul-Téradjum,** par Mouhammed Zihni éfendy, Constantinople 1305 . 1 vol in 8⁰.

Edition orientale.

191. كشف الظنون **Kechfil Zounoun,** Egypte 1274 , 2 vol. in folio.

Belle édition.

جغرافيا

DJAGHRAFIA

192. كتاب الاقاليم **Kitabul Ekalim,** par Ibni Ishâk-Fâris, Erfuth 1283, 1 vol. in 8⁰. Le Mss. a été éxécuté en 889 de l'Hégire.

Très belle édition.

193. جغرافياى عمومى **Djagraphia-i-Oumoumy,** par Cheïh Mahmoud, Egypte 1290, 2 vol. in folio.

Bel exemplaire d'une reliure orientale.

194. نزهة المشتاق **Nuxhet-ul-Muchtâk,** par Doménico Mallen, Rome 1592. 1 vol. in 8⁰.

Edition Lugdini Batavorum.

195. مرأت الوضيه **Mirât-ul-Vaziyé,** par Gernélius Fendehk, Beyrouth 1870. 1 vol. in 8⁰.

Edition originale.

196. اقوم المسالك **Akvém-ul-Messâlik,** par Hayruddini Tounoussi, Tunis 1283, 1 vol. in 4⁰.

Edition européenne.

كتب السياحين

KUTUB-UL-SÉYYAHIN

197. نشوة الشمول فى سفراستانبول **Nichvet-ul-Chumoul fi Seféri Istamboul,** Mss. éxécuté en 1267 de l'Hégire, par Chehabuddin Mahmoud Aloussi. Bagdad, in 8⁰. 340 feuillets.

Belle écriture andoulouse.

198. سياحتنامة ابوالفدا **Seyahatnâméi Ebulféda,** par Ebulféda, Goëttinger 1543. 1 vol. in 4⁰.

Edition Lugdini Batavorum.

199. وى اذن لست بافرنجى **Veyyé-izen Lestu bi Ffrendji,** par D. E. Beyrouth 1860. in 8⁰.

Edition complète.

200. سياحة المسيحى **Seyahât-ul-Messihi,** par Messihi, Malta 1843, 1 vol. in 4⁰.

Charmant exemplaire.

KUTUBU-FARICIYÉ

Typ. et Lith. K. Bagdadlian, Constantinople   طاش و حروفات مطبعه‌سی ق، بغدادلیان استانبول

تفاسير شريفه

TÉFACIRI CHÉRIFÉ

201· تفسير ميرزا فتح‌الله **Tefciri Mirza Fethouilah,** Mss· éxécuté en 983 de l'Hégire par Mirza Fethoullah, Téhéran, 2 vol· in folio 2100 feuillets.

Mss· dont le frontispice est en or et en couleur, titres à l'encre rouge, chaque page encadrée d'un quadruple filet rouge, papier jaune, écriture soignée.

Reliure élégante très ancienne.

202· تفسير حسين واعظ **Tefciri Husséin Vâïz,** Mss· éxcéuté en 1039 de l'Hégire par Husséin Vâïz, Téhéran. in 4⁰. 332 feuillets.

Papier Jaune, titres et chapitres en azur encadrements en azur et rouge· Entête ornementé d'or, azur et rouge·

Reliure élégante plat de satin rose de la chine avec dos de maroquin vert.

203· تفسير نيشابورى **Téfciri Nichaboury,** Mss· éxécuté en 995 de l'Hégire par Nichaboury, in folio 582 feuillets·

Mss· d'une très belle calligraphie avec 10 enliminures, pages encadrées d'un double filet or et rouge.

Reliure en maroquin rouge en compartiment doré.

204· تفسير وصاف **Téfciri Véssaf,** par Mouhammed-ul-Mehdi, Téhéran 1239, 1 vol· in folio·

Reliure en maroquin rouge encadrée de peau noirè.

كتب الاحاديث

KUTUB-UL-EHADYSS

205· حديث اربعين شرحى **Hadis-i-Erbaïn Cherhi,** Mss éxécuté en 993 de l'Hégire par Mouhammed Riza el Imâmi, Téhéran, in 32. 150 feuillets·

Mss. avec 10 petites enluminures. titre peint et doré, pages encadrées d'un double filet or et couleurs·

Reliure en veau gaufré.

206· حديث اربعين شرحى **Hadis-i-Erbaïn Cherhi,** Mss· éxécuté en 1093 de l'Hégire par Mahmoud Riza el Imami, Isphahân, in 8⁰. 150 feuillets·

Mss. dont le frontispice est en or et en couleur, titre peint, chaque page est encadrée d'un triple filet rouge or et bleu, beau spécimen de calligraphie orientale (caractères Nesh-taa).

Reliure orientale détériorée.

اديبات منظومه

EDÉBIYATI MANZOUMÉ

207· مثنوى **Mesnevi,** par Djélaleddin-i-Roumi, Téhéran. 1 vol. in folio·
On trouvera dans la bibliothèque un autre exemplaire·

Reliure orientale.

208· مثنوى **Mesnevi,** par le Mevlana Houssameddin Nehifis, Egypte 1268. 1 vol· id folio grand.

Cet ouvrage traduit du persan en turc, a été lithographié à Constantinople·

209. مثنوى **Mesnevi,** par Djélalledin-i-Roumi, Téhéran. 1 vol. in folio·

Reliure en maroquin rouge fatiguée.

210· مثنوى **Mesnevi,** Mss. éxécuté en 845 de l'Hégire par Djélaleddin-i-Roumi, Téhéran, in 4⁰. 320 feuillets.

Mss· avec 10 enluminures peint par les principaux artistes orientaux, titre peint et doré, pages encadrées d'un double filet or et couleur·

Superbe spécimen de calligraphie, reliure orientale en papier maroquiné noir gaufré.

211. مثنوى **Mesnevi,** Mss. éxécuté en 1092 de l'Hégire par Djélaleddin-i-Roumi, in 4⁰. 320 feuillets·

Mss. Avec 10 miniatures, titre peint et doré, pages encadrées d'un double filet or et couleur superbe spécimen de calligraphie·

Reliure trés belle et très ancienne.

212· شرح مثنوى **Cherhi Mésnevi,** Mss. éxécuté en 1132 de l'Hégire par Samih éfendy, Téhéran in 4⁰. 250 feuillets.

213. شرح متنوى **Cherhi Mésnevi,** par Ismaïl Hakki, Constantinople 1300· 1 vol· in folio.

On trouvera dans la bibliothèque 2 autres exemplaires pareils·

Reliure en maroquin fauve.

214. مثنوى زبدسى· **Mésnevi Terdjuméssi,** par Abidin Pacha, Constantinople 1300. 3 vol· in folio·

On trouvera dans la bibiothèque 2 antres exemplaires pareils·

215· ديوان مطلع الانوار **Divani Mathla-ul-Envar,** Mss. dont le nom de l'auteur et la date sont indéchiffrables, in 4⁰· 550 feuillets·

Mss. offrant un grand nombre de pages fort remarquables par leur ornementation, leur calligraphie, leur miniature.

Reliure orientale en châle persan.

216. ديوان حاقان **Divâni Hâkân,** Mss. écrit en 957 par copiste anonyme, Téhéran, in 4⁰. 500 feuillets.

Mss. avec 53 miniature, avec des nombreux ornements et titres dorés.

Reliure peinte en fleur.

217· كليات جامى **Kulliyati Djami,** Mss. éxécuté en 932 de l'Hégire par Molla Djami, Téhéran in 8⁰. 150 feuillets.

Mss· contenant 5 enluminures, ayant toutes ses pages de couleurs differentes et rehaussées d'or. Texte très bien accentué, belle écriture (caractères Neshtalik).

Rrliure orientale peinte.

218. تحفة الاحرار **Touhfet-ul-Abrâr,** Mss. éxécuté en 896 de l'Hégire par le Poëte Nizami, Téhéran in 8⁰. 60 feuillets.

Mss. dont les pages sont encadrées d'un double filet rouge, belle écriture (caractères Taâlik).

Reliure trés ancienne peinte à chiraz·

219. سبحة الابرار **Subhat-ul-Ebrar,** Mss. éxécuté en 896 de l'Hégire par le poëte Nizami, Téhéran in 8⁰· 40 feuillets.
Mss. dont toute pages sont encadrées d'un double filet or et rouge, calligraphie soignée.
Reliure très ancienne peinte à Chiraz.

220. يوسف وزليغا **Youssouf-Zuleyha,** Mss· éxécuté en 1274 de l'Hégire par Firdevsi, Téhéran in 8⁰· 40 feuillets.
Mss. d'une écriture médiocre.
Reliure orientale très ancienne peinte à Chiraz·

221· ليلا و مجنون **Leylâ-vé-Medjnoun,** Mss. éxécuté en 896 de l'Hégire par Nizami, Téhéran in 8⁰· 40 feuillets·
Mss. d'une calligraphie fine et soignée.
Reliure très ancienne peinte à Chiraz ·

222· اسكندرنامه **Iskendernamé,** Mss. éxécuté en 896 de l'Hégire par Nizami, Téhéran in 8⁰. 60 feuillets.
Mss. dont toutes les pages sont encadrées d'une triple filet or et couleurs variées, très belle calligraphie orientale très soignée.
Reliure orientale peinte à Chiraz.

223. كليات نظامى **Kulliyati Nizamy,** Mss. éxécuté en 896 de l'Hégire par Nizami, Téhéran in 8⁰. grand 250 feuillets.
Mss. ornementé de 52 miniatures, nombreux ornements et titre doré, écriture correcte.
Reliure orientale peinte à fleurs·

225. شاهنامه **Chahnamé,** Mss. éxécuté en 1161 de l'Hégire. par le Cheïh Yâacoub, Téhéran 2 vol· in folio 544 feuillets·
Mss. avec 16 enluminures, très bien conservé, d'une très belle calligraphie, encadrements et titre en or.
Reliure en veau gaufré.

226. خسرو و شيرين **Housrévi Chirin,** Mss. éxécuté en 1125 de l'Hégire par anonyme, Téhéran in 8⁰. 150 feuillets·
Mss. d'une calligraphie très soignée·
Reliure orientale peinte à Chiraz.

226. انوار التنزيل و اسرار التوجيل **Envari-ul Tenzil vé esra-ul-Tevgil,** par X***. Téhéran 1295, 2 vol.-in 8⁰.
Reliure orientale en maroquin rouge.

227. مجموعة اشعار **Medjmoun i-Echâr,** Mss. éxécuté en 1212 de l'Hégire, par Hasan Ali Tartoussi, Téhéran in 8⁰. 332 feuillets·
Mss. d'une reliure orientale en maroquin rouge.
Beau spécimen de calligraphie orientale.

228· كليات سعدى **Kulliyati Saadi,** par le Chéihk Saadi. Tibère 1157. 1 vol. in 8⁰.
Cet ouvrage a été lithographié à Téhéran·
Reliure orientale très élégante.

229· كليات نوائ **Kulliyati Nevaï,** Mss· éxécuté en 1814 de l'Hégire par l'Emir Ali Chïr, Téhéran in 8⁰. 242 feuillets·
Mss· dont l'écriture est très fine et très soignée, les titres des chapitres sont en or et en couleur, contenant aussi 10 euluminures répresentant des scènes de ces divers poemes frontispice d'un dessin délicat, encadrements dorées·
Reliure en papier maroquiné noir gaufré.

24

230· نصيدة الفرج **Kassidét-ul Férédj**, Mss. éxécuté en 1009 de l'Hégire par Ta-djouddini, Soubhi in folio 220 feuillets.

Mss. avec 6 enluminures, pages encadrées d'un double filet or et couleur, frontispice or et couleur, écriture très soignée.

Reliure orientale très fatiguée.

231· صور اماكين مقدسه **Souvéri-Emakini-Moukaddessé**, Mss. éxécuté en 1009 de l'Hégire par Tadjouddini, Soubhi in folio 220 feuillets·

Mss. avcc 2 enluminures, pages encadrées d'une double filet or et couleur, écriture médiocre.

Reliure orientale fatiguée.

232· شرح بندنامهٔ عطار **Cherhi Pend Naméi Atàr**, Mss· éxécuté en 1009 de l'Hégir par Attar, in 8⁰. 200 feuillets·

Mss· dont les pages sont encadrées d'une double filet rouge, texte à l'encre rouge et très accentué, écriture soignée.

Reliure orientale en papier maroquiné noir gaufré.

233· كليات صائب **Kulliyati Saïb**, Mss. éxécuté en 1021, de l'Hégire par Saïb, Mss. bien écrit, marges piquées de vers· Miniature dégradées·

Reliure molle.

234· مجموعة قصائد **Medjmouaï Cassaïd**, Mss. éxécuté en 1222 de l'Hégire par le Cheih Saadi, in 8⁰. 152 feuillets·

Mss· avec encadrements rouges, titres et frontispice peints, texte entièrement accentué, le dernier feuillet manque.

Reliure orientale en maroquin rouge encadrée de peau noire.

235· قصائد عرفى **Cassaïdi Ourfi**, Mss. éxécuté en 1014 de l'Hégire par Ourfi, in 4⁰. 320 feuillets·

Mss. dont le texte se détache, écriture très régulière.

Reliure orientale très bien conservée.

236· ليلا و مجنون **Léylà-vé-Medjnoun**, Mss. éxécuté en 1231 de l'Hégire par le Mevlana Kénan, Téhéran in 8⁰. 120 feuillets·

Mss. simple, belle écriture·

Reliure molle.

237· ليلا و مجنون **Léylà-vé-Médjnoun**, Mss. éxécuté en 1225 de l'Hégire par le Mevlana Kénan, Téhéran in 8⁰· 150 feuillets·

Mss· simple texte en or et en l'encre rouge, entièrement accentué écriture, asez bonne·

Reliure orientale en maroquin fauve.

238· رباعيات حكيم خيام **Rubayati Hékimi Hiyàm**, par Hékimi Hiyâm; Téhéran 1273, 1 vol. in 8⁰.

Cet ouvrage a été lithographié à Bombay.

Reliure européenne.

239· بهزاد مشترى **Behzàdi Mùchtéri**, Mss. éxécuté en 1101 de l'Hégire par Mùchteri, in 4⁰. 150 feuillets

Mss. d'une très belle écriture avec 10 enlimunures ayant ses pages encadrées d'un double filet or et couleur.

Reliure en maroquin rouge à compartiment doré.

240. مولود شريف **Mevloudi Chérif**, Mss. éxécuté en 1102 de l'Hégire par Mehmed éfendy, in 8⁰. 250 femillets·
Mss. ayant une calligraphie très fine et très soignée (caractéres Nesh-taalyk) simple.

Reliure en maroquin fauve à compartimants dorés.

241. شاه نامة فردوسى **Chahnamé Firdevssi,** par Ebul Kassim Toussi, Bombay 1236, 1 vol· in 8⁰.

Edition européenne illustrée.

242. علم عروض اندلوسى **Ylmi Arouzi Iudelûssi,** par Indelûssi, Caire 1271, 1 vol·
Cet ouvrage a été lithographié en Egypte.

243. فرهاد و شيرين **Ferhad vé Chirin,** Mss. éxécuté en 1228 de l'Hégire par Rachiddin, Téhéran in 32⁰. 95 feuillets·
Mss· ayant le titre peint et les pages encadrées d'un double filet or et couleur.

Très beau spécimen de calligraphic orientale.

244. ديوان حافظ شيرازى **Divani Hafizi Chirazi,** Mss. éxécuté en 957 de l'Hégire par Hafiz Chirazi, in 8⁰. 250 feuillets·
Mss. avec encadrements en or, titre enluminé, 10 enluminures peintes par les principaux artistes orientaux, beau spécimen de calligraphie orientale.

Reliure orientale en maroquin citron gaufré.

245. ديوان حافظ شيرازى **Divani Hafizi Chirazi,** par Hafiz Chirazi, Egypte 1256. 1 vol. in folio.
Cet ouvrage a été lithographié au Caïre.

246. ديوان حافظ شيرازى **Divani Hafizi Chirazi,** par Hafiz Chirazi, Téhéran 1272. 1 vol. in 4.
Cet ouvrage a été lithograpié à Isphahan·

247. ديوان حافظ شيرازى **Divani Hafizi Chirazi,** Mss. éxécuté en 929 de l'Hégire par Hafiz Chirazi, Téhéran in 4⁰. 150 feuillets.
Mss. incomplet, médiocrement conservé, titre peint et encadrements en or, écriture asez sóignée.

Reliure orientale en maroquin noir gaufré·

248. ديوان حافظ شيرازى **Divani Hafizi Chirazi,** par Hafiz Chirazi, Tibère 1248. 1 vol· in 8⁰.
Cet ouvrage a été lithographié à Isphahan.

249. ديوان امير خسرو دهلوى **Divani Emiri Husrev Dehlévi,** Mss· éxécuté en 877 de Hl'égire, par l'Emir Husrev Dehlévi, in 8⁰. 285 feuillets.
Mss. offrant un grand nombre de pages fort remarquables par leur ornementation, leur calligraphie, leurs miniatures, a la fin de l'ouvrage on trouvera le portrait de l'auteur enluminé, beau spécimen de calligrrphie orientale.

Reliure orientale en papier maroquiné citron gaufré,

250. ديوان فتح على خان **Divani-Feth bi Ali-Han,** Mss. éxécuté en 1012 de l'Hégire par Feth Ali Han, Téhéran in 8⁰. 200 feuillets.
Mss. ayant le titre peint en or et en couleur, des pages encadrées d'un double filet or et bleu, écriture orientale très soignée.

Reliure orientale peint à Chiraz.

251 ديوان نشت **Divan-Nechet,** par Nechet, Egypte 1252. 1 vol. in folio·
Edition originale.

252. ديوان سلطان فارسى **Divani Selmani Farici,** Mss. éxécuté en 1014 de l'Hégire par Selmani Farici, Téhéran in 8⁰. 150 feuillets·
Mss. d'une très belle calligraphie orientale.

Reliure orientale en maroquin fauve·

253. ديوان اثير **Divani Essir,** Mss. éxécuté en 500 de l'Hégire par Ibni Essir, Téhéran forme agenda 230 feuillets.
Mss· d'une reliure orientale en papier maroquiné jaune gaufré·

Beau spécimen de calligraphie orientale,

254. شرح ديوان خاقانى **Cherhi Divani Hâkâni,** Mss. éxécuté en 1200 de l'Hégire par Mouhamed bin Mahmoud Chadiabâdi, Téhéran in 8⁰. 150 feuillets.
Mss. simple écriture très fine et très soignée.

Reliure orientale détériorée ·

255. ديوان عرفى **Divani Eurfi,** Mss· exécuté en 1043 de l'Hégire par Eurfi, Téhéran in 8⁰. 280 feuillets·
Mss. d'une trés belle écriture avec enluminures et encadrements.

Reliure en maroquin vert.

256. ديوان مجير **Divani Mudjir,** par Mudjir Mélani, Téhéran 1143, 1 vol. in folio.

Edition complète·

257. ديوان صابر **Divani Sabir,** par Ebi Sabir, Téhéran 1143, 1 vol· in folio·

Edition correcte.

258· ديوان رفيع الدين مسعود **Divani Refiuddini Messoüd,** par Refiuddini Messoüd, Téhéran 1143, 1 vol. in folio.

Edition soignée.

259· ديوان شرف الدين **Divani Chérefuddin,** par Chérefuddin, Téhéran 1143. 1 vol. in folio.

Edition complète·

260. ديوان على شير نوائى **Divani Ali Chïr Névaï,** Mss. éxécuté en 1200 de l'Hégire, par Ali Chïr Névaï, Téhéran in 8⁰. 230 feuillets.
Mss· avec des enluminures des titres peints et dorés, et des pages encadrées d'un double filet or et bleu, très belle écriture.

Reliure en maroquin rouge en compartiment doré.

261. ديوان ابوالنجم احمد جهرى **Divani Ebou-Nédjim Ahmed Djehri,** Mss. éxécuté en 1222 de l'Hégire par Ebou Nedjim Ahmed Djehri, Téhéran in. 8⁰. feuillets.
Mss. d'une très belle écriture, titre peint et encadrements or et couleur·

Reliure orientale fatiguée.

262· ديوان وحشى **Divani Vahchi,** Mss. éxécuté en 1248 de l'Hégire par Vahchi, in 8⁰. 160 feuillets.
Mss· simple, d'une écriture fine et soignée·

Reliure orientale en papier maroquiné citron gaufré ·

263. ديوان وحشى و عرفى **Divani Vahchi vé Eurfi,** Mss. éxécuté en 1230 de l'Hégire par Vahchi et Eurfi, in 8⁰· 320 feuillets.
Mss. dont les pages sont encadrées d'une double filet or et couleur, le frontispice en or et en couleur, beau spécimen de calligraphie orientale·

Reliure orientale peinte à Chiraz ·

264. ديوان ملا جامى **Divani Molla Djami,** Mss. éxécuté en 932 de l'Hégire par Molla Djami, Téhéran in 8⁰. 200 feuillets.
Mss. simple, très belle écriture (caractères nesh-taalyk).

Reliure orientale en maroquin brun.

265. ديوان كليم **Divani Kélim,** Mss. éxécuté en 982 de l'Hégire par Kélin, Téhéran, in 4⁰. 294 feuillets.
Mss. bien écrit sur papier jaune, titres des chapitres et encadrements en bleu et or. Entête ornementé de bleu et or.

Reliure élégante très bien conservée.

266. ديوان ناصر خسرو **Divani Nassir Husrev,** Mss. exécuté en 1112 de l'Hégire par Ibni Mouhammed Sadyk, in 8⁰. 282 feuillets.
Mss. dont toutes les pages sont de couleurs différentes et rehaussées d'or, contenant des enluminures des meilleurs artistes orientaux et un texte entièrement accentué. Belle calligraphie orientale, au milieu d'ornements or et couleur.

Reliure orientale avec châle persan.

267. ديوان راقم **Divani Rakim,** Mss. éxécuté en 897 de l'Hégire par Rakim, in 18⁰. 118 feuillets.
Mss. assez bien conservé, écriture très fine et soignée.

Reliure en papier maroquiné citron avec gaufrures.

268. ديوان جم **Divani Djem,** Mss. éxécuté en 1019 de l'Hégire par sultan Djem, Téhéran in 8⁰. 235 feuillets.
Mss. bien conservé, écriture soignée.

Reliure orientale fatiguée.

269. ديوان خسرو و شيرين **Divani Houserv vé Chirin,** Mss. exécuté en 1223 de l'Hégire par Mouhammed Mehdi El Kiassani, Téhéran in 18⁰. 196 feuillets.
Mss. dont le titre est peint en bleu et en or, écriture fine et soignée.

Reliure orientale en toile verte.

270. ديوان انورى **Divani Enveri,** par Enveri, Tibère 1266. 1 vol. in folio.

Très belle éditon lithographiée à Téhéran.

271. ديوان نوائى **Divani Névâi,** Mss, éxécuté en 1114 de l'Hégire par Nevâï, in 8⁰. 250 feuillets.
Mss. très simple, beau spécimen de calligraphie orientale (caractères Nesh-taalyk).

Reliure en cuir noir gaufré.

272. ديوان نظام الدين **Divani Nizâmeddin,** par le Mevlana Nizâmeddin Mahmoud, Constantinople 1305, 1 vol. in 16⁰. broché.

273. ديوان حاجب **Divani Hadjib,** Mss. éxécuté en 1101 de l'Hégire par Mouhammed Thilassani, Téhéran in 4⁰. 180 feuillets.
Mss. avec des titres en bleu et rouge, avec des encadrements en or, quelques miniatures dégradées, calligraphie orientale soignée.

Reliure orientale fatiguée.

274. آتشكده **Atechguédé,** Mss. éxécuté en 1123 de l'Hégire par Loutfi Ali bin Agha Hân, Téhéran in 8⁰. 200 feuillets.
Mss. très rare et très bien conservé, belle écriture Nesh-taalyk.

Reliure peinte à fleurs.

275. فرهاد و شیرین **Ferhad vé Chirin,** par Siradji, Téhéran, 1245. 1 vol. in 8o.
Ouvrage lithographié à Téhéran.

Edition illustrée.

276. کشف الغمّة **Kéchf ul Goummé,** Mss· éxécnté en 1091 de l'Hégire par Zeï-neddin Ali bin Issâ bin Espili, Téhéran in 4⁰. 365 feuillets.
Mss. dont toutes les pages sont de couleurs différentes et rehaussées d'or, titre peint et encadrements en or, écriture soignée.

Reliure orientale en cuir noir gaufré.

277. کل و بلبل فصلی **Gul vé Bulbulu Fazly,** par Fazly, Leipzig 1210, 1 vol. in 8o.

Belle édition européenne.

278. کتاب شاه وکدا **Kitabi Chahu Guéda,** Mss· exécuté en 936 de l'Hégire par Nizamy in 4⁰. 200 feuillets.
Mss. d'une très belle calligraphie (caractères Nesh-taalyk).

Reliure très ancienne, peinte à fleurs, très bien conservé·

279. کتاب ما و مایون **Kitabi Humâ vé Humayoun,** Mss. exécuté en 1105 de l'Hégire par le Hodja Kirmani, Téhéran in 8⁰· 150 feuillets·
Mss· simple, belle écriture.

Reliure en papier maroquiné en citron gaufré.

280· بحر المارف **Bahr ul Méârif,** Mss· exécuté en 256 de l'Hégire par Saadi Su-rouri, Téhéran in 8⁰· 300 feuillets·
Mss. avec titre peint, encadrements dorés, écriture fine, notes marginales.

Reliure veau fauve à l'extérieur et à compartiments à l'intérieur.

281· منتخبات شهنامه **Muntéhabati Chahnamé,** par Ahmed Kiamil, Téhéran 1257. 1 vol· in 8⁰.
On trouvera dans la bibliothèque 2 autres exemplaires pareils·

282. خـنـة نظامی **Hamsé-i-Nizamy,** Mss· exécuté en 905 de l'Hégire par Niza-my, Téhéran in 8⁰. 200 feuillets·
Mss. avec 10 enluminures, titre peint en or et couleurs, pages encadrées d'or et bleu, papiers diverses couleurs, jolie écriture très fine et très soignée·

Reliure orientale· Riche spécimen de l'habilité des artistes orientaux·

283· خـنـة نظامی **Hamsé i Nizamy,** par Nizamy, Téhéran 1233. 1 vol. in 8o·
On trouvera dans la bibliothèque 2 autres exemplaires pareils·

284·· بوستان سعدی **Bostani Saâdy,** Mss. exécuté en 903 de l'Hégire par Saâdy, in 8⁰. 200 feuillets·
Mss. d'une écriture fine et soignée, titre orné, encadrements en or et en couleur.

Belle reliure peinte.

285· بوستان سعدی **Bostani Saâdy,** par Saâdy, Tibère 1055. 1 vol· in 8o.

Edition lithographiée en Tibère.

286. بوستان سعدی **Bostani Saâdy,** par Saâdy Téhéran 1247. 1 vol. in 8o.

Cet ouvrage a été lithographié à Téhéran.

‫ادبيات منشوره‬

EDÉBIYATI MENSOURÉ

287. بارستان جامى **Béharistani Djami,** Mss. éxécuté en 653 de l'Hégire par Molla Djami, Téhéran in 8⁰. 250 feuillets·
Mss. avec des nombreux ornements et titres dorés, reliure peinte à fleurs.
Beau spécimen de calligraphie orientale.

288. علم عروض خزربى **Ilmi Arouz Hazrédji,** Mss. éxécuté en 1202 par Hazrédji, in 8⁰· 150 feuillets·
Mss. avec une écriture fine et soignée, 3 enluminures, titre peint, pages encadrées d'un double filet or et rouge.

289. علم عروض اندلسى **Ilmi Arouzi Indelusi,** Mss. éxécuté en 1202 par Indélusi, Téhéran in 8⁰. 150 feuillets.
Mss. avec frontispice d'un dessin délicat, encadrement dorés, écriture très fine et très régulière.

290. علم غروض ملا جامى **Ilmi Arouz Molla Djami,** Mss. éxécuté en 2292, par Molla Djami, Téhéran, in 4⁰. 150 feuillets.
Mss. avec frontispice d'un dessin délicat, encadrement dorés écriture très fine.
Reliure orientale en maroquin fauve.

291. كلستان سعدى **Gulistani Saâdi,** Mss· éxécuté en 1202 par le Cheïh Saâdy, Téhéran in 8⁰· 150 feuillets.
Mss. avec 10 enluminures, écriture très fine et très soignée, frontispice or et couleurs, pages encadrées d'un triple filet or et rouge, reliure orientale en papier maroquiné rouge gaufré.
On trouvera en marge de ce mss. le Terdjuméï Gulistan, par Mouhammed Seïm Ibni Mouhammed Emin Imam Zadé.

292. ديباجة كلستان **Dibadjé-ï-Gulistan,** par Saâdy, Cons/ple 1286, 1 vol. in 16⁰.
Edition orientale.

293. كلستان سعدى **Gulistani Saâdy,** Mss. éxécuté en 1202 de l'Hégire par Saâdy, Téhéran in 4⁰. 256 feuillets·
Mss. d'une écriture fine, texte entièrement accentué, titre en couleurs, encadrement en or.
Reliure en papier maróquiné noir gaufré.

294. ترجمة كلستان **Terdjuméï Gulistan,** Mss· éxécuté en 1222 de l'Hégire par anonyme, in 8⁰. 150 feuillets.
Mss. d'un très belle écriture, ce manuscrit est écrit en caractères persans, ayant la signification Grecque·
Reliure orientale.

295 كلستان سعدى **Gulistani Saâdy,** par Saâdy, Cons/ple 1248. 1 vol. in 8⁰. grand.
Reliure européenne.

296. كلستان سعدى **Gulistani Saâdy,** par Saâdy, Cons/ple 1289, 1 vol· in 8⁰. grand.
Reliure orientale.

297. كلستان سعدى **Gulistani Saâdy,** par Saâdy, Paris 1886. 1 vol. in 16⁰.
Nouvelle édition revue et corrigée.

298· تذکرهٔ محمود میرزا **Tezkérei Mahmoud Mirza,** Mss. éxécuté en 1234 de l'Hégire, par Mahmoud Mirza, Téhéran in 4⁰. 150 feuillets·
Mss· dont les titres sont délicatement dessinés avec encadrements en or . Très belle écriture soignée·
Reliure en maroquin citron gaufré·

299. مجالس النوائ **Médjaliss-un-Nevaï,** Mss. éxécuté en 279 de l'Hégire par Nevaï, Tehéran, in 8⁰· 95 feuillets.
Titre peint et encadrements en or , écriture soignée·
Reliure orientale peinte à Chiraz.

300· روضة الناظر **Revzat un-Nazir,** Mss. éxécuté en 964 de l'Hégire par Abdul-Nazir Kiani, in 8⁰. 86 feuillets.
Mss· avec titre peint et doré , encadrement en or et en couleur , belle calligraphie (caractères Nesh-taalyk·)
Reliure en cuir gaufré et doré .

301. اخلاق محسنى **Ahlaki Mouhsini,** Mss. éxécuté en 925 de l'Hégire par Husséin el Faïz, Téhéran in 8⁰. 476 feuillets·
Mss· simple belle calligraphie orientale.
Reliure en cuir gaufré doré.

302· بحر النصاب **Bouhrul-Nissab,** par Yahya, Téhéran 1248. 1 vol. in 8⁰.
Edition européenne.

303. کنکول بهائ **Kechkull Behâyi,** par Behâyi, Constantinople 1249, 1 vol. in 8⁰.
Edition originale.

304· لطایف عبید زاکانى **Letaïfi Ubéid-Zakiani** , par Zakiani, Téhéran 1134. 1 vol. in 8⁰.
Edition lithographiée.

305· جامع الحکایات **Djami-ul-Hikiayat,** Mss. éxécuté en 1183 de l'Hégire par Djémaleddin Mahmoud Mouhammed. in folio, 300 feuillets·
Mss· simple calligraphie très fine et très soigné.
Reliure citron gaufré.

306. جامع الحکایات **Djiamil-ul-Hikiayat,** Mss. éxécuté en 1183 de l'Hégire par Djemmaleddini Mahmoud Mouhammed, Téhéran in folio 500 feuillets·
Mss. simple, calligraphie fine et soignée.
Reliure citron gaufré.

307· جامع التمثیل **Djiami-ut-Temsil,** par Ebou Hassan , Téhéran 1285, 1 vol. in folio petit·
Edition lithographiée.

308· مجموعة کتب متنوعه **Medjmouaï Kutubu Muténevviä,** Mss· éxécuté en 877 de l'Hégire par anonyme, Téhéran in 4⁰. 250 feuillets.
Mss. avec titre peint et encadrements dorés, calligraphie soignée.
Reliure en cuir noir bien conservé.

309. تحفة الحرمین **Touhfet-ul-Harémeyn,** par Mahzoum bin Ahmed, Bombay 1305. 1 vol. in 8⁰·
Nouvelle édition·

310· نشاط **Néchat,** par Mirza Bâbâ, Téhéran 1282·
Cette édition a été lithographiée à Téhéran·
Reliure orientale en maroquin citron.

311· بارستان **Béharistan**, Mss· éxécuté en 1105 de l'Hégire, par Molla Djami, Téhéran in 4⁰. 292 feuillets.
Mss. avec encadrements en rouge, calligraphie fine avec des lettres rouges, titre peint·
Reliure sur papier maroquiné vert gaufré.

312· جامع الحكايات **Djami-ul-Hiklayat**, Mss. éxécuté en 1186 de l'Hégire par Djélaleddin, Téhéran in 4⁰. 240 feuillets·
Mss· avec titre peint et encadrements or et couleur, très belle écriture Nesh-taalyk.
Reliure peinte à fleurs.

313· جامع الحكايات **Djami ul-Hiklayat**, par Djélaleddin, Téhéran 1248. 1 vol. in 4⁰.
On trouvera dans la bibliothèque 2 autres exemplaires·
Édition illustrée·

314· منهج الصادقين **Menhidj-ul-Sadikin**, Mss. éxécuté en 1079 de l'Hégire, par Sadyk, Téhéran, in 4⁰. 246 feuillets·
Mss· simple, belle écriture fine et soignée.
Reliure en maroquin fauve.

315. طريق الحيات **Tarik-ul-Héyat**, par X***, Ekbérapad 1252. 1 vol. in 4⁰. broché·
316· ميزان الحق **Mizan-ul-Hâk**, par Anonyme, Téhéran 1139, 1 vol· in 8⁰·
Édition originale.

317· مناظر الانشاء **Menazir-ul-Inchâ**, M2s· éxécuté en 1001 de l'Hégire par Houssameddini Husséin, Téhéran in 8⁰· 200 feuillets·
Mse· simple, écriture soignée.
Reliure orientale.

318· نصايح خواجه عبدالله **Nesaïhi Hodja Abdoullah**, par Ebou Seïd éfendy, Egypte 1303, 1 vol· in 8⁰. broché·
Nouvelle édition·

319· رسالة خواجه عبدالله انصارى **Ressâle-i-Hodja Abdoullah Ensari**, Mss· éxécuté en 1274 de l'Hégire par l'Emir Ali Hayder, Téhéran, in 8⁰ 240 feuillets·
Mss. avec titre peint et encadrement en or et en couleur, belle écriture.
Reliure sur papier maroquiné gaufré.

320· رسالة خواجه عبدالله انصارى **Ressâle-i-Hodja Abdoullah Ensari**, par Ebou Seïd éfendy, Constantinople 1301, 1 vol. in 8⁰·
Édition orientale.

321· منشأت ابوالفضل **Munchéâtl Ebul-Fazl**, Mss· éxécuté en 1113 de l'Hégire, par Ebul Fazl, Téhéran in 8⁰· 160 feuillets·
Mss. ayant une écriture médiocre, titre peint dégradé.
Reliure en maroquin rouge·

322· ترجة نواكب **Terdjumé-ï-Sevakib**, Mss· éxécuté en 997 de l'Hégire par Molla Djiami, Téhéran in 8⁰. 240 feuillets.
Mss. simple, très ancien, beau spécimen de calligraphie orientale, traduit par Dervich Mahmoud.
Reliure orientale en maroquin citron gaufré.

323· مراجيه **Miradjié**, par D*** Téhéran 1302, 1 vol· in 8⁰. broché.
Nouvelle édition.

32

324. ترجمة كلستان **Terdjnméï Gulistau'**, par traducteur anonyme, Constantinople
1286, 1 vol. in 8⁰.
Edition lithographiée.

325. مفتاح الجنة **Miftah ul Djénné**, par X⁺⁺⁺ Constantinpole 1276, 1 vol. in 8⁰.
Edition de luxe.

326. كتاب نوش آفرين كوهرتاج **Kitabi Nonch Aférini Guevhertadj**, par Nouchaferin,
Téhéran 1205, 1 vol. in 8⁰.
Edition originale et réliure orientale.

327. ترجمة الف ليلة و ليله **Terdjnméï Elf Lelé-tu-vé Leylé**, traduit de l'arabe par traducteur inconnu, Calcutta 1839, 4 vol. in 8⁰. broché.
Edition lithographiée.

328. دستور سخن **Destonri Souhan**, par Habyb éfendy, Constantinople 1289, 1
vol. in 8⁰. broché.
Edition correcte.

329. لطائف نظام الدين **Letaïfi Nizammeddin**, par le Mevlana Zakiani, Constantinople 1303, 1 vol. in 8⁰. broché.

330. لطائف نظام الدين **Letaïfi Nizammeddin**, par le Mevlana Zakiani, Egypte
1303, 1 vol. in 8⁰.
Reliure orientale peint.

331. حكاية شاه و وزير **Hikiayé-i-Shah hu Vézir**, par Shah Vezir, Téhéran 1095, 1
vol. in 8⁰.
On trouvera 2 autres exemplaires.

332. مجالس العشاق **Médjialis-nl-Ouchchak**, Mss. éxécuté en 609 de l'Hégire par
Hussein Bikara, Téhéran in 4⁰ 250 feuillets.
Mss. avec des titres peints et encadrements dorés, très belle calligraphie soignée.
Reliure peinte à fleurs.

333. انوار سهیلی **Envari Suheyli**, Mss. éxécuté en 953 de l'Hégire par Vaïzi Ki-
achifi, Téhéran in 4⁰. 298. feuillets.
Mss. avec de titre peint et encadrements très belle calligraphie fine et soignée.
Reliure en papier maroquiné noir gaufré.

334. منتاح الاسرار **Miftôh-ul-Esrar**, par X⁺⁺⁺ Ekpérabat 1266, 1 vol. in 4⁰. broché.

335. ترجمة الف ليلة و ليله **Terdjnméï-Elf Leylé vé leylé**, par traducteur anonyme, Tibère 1231, 1 vol. in folio.
Edition lithographiée.

336. دبستان المذاهب **Dibistan-ul-Mézahib**, par X⁺⁺⁺ Téhéran 1129, 1vol. in folio petit.
Lithographiée édition à Téhéran.

337. تحفة المؤمنين **Toukhfet-ul-Muminin**, traduit de l'arabe par anonyme, Téhéran, 1290, 1 vol. in folio.
Edition illustrée.

338. عجايب المخلوقات ترجمسی **Adjaïb-ul-Mahloucat terdjumessi**, traduit de l'arabe, par
anonyme, Téhéran 1290. 1 vol. in folio.
Edition lithographiée à Téhéran.

339. كتاب لتعبير كامل **Kitabi-li-Taabiri Kiamil,** par Cheïh Ebul Fazy Husséin bin Mouhammed Ibrahim Tiflisly, Tiflis 1258. 1 vol. in 8⁰.

Belle édition complète.

صرف والنحو فارسى

SARF-VÉ-NAHVI-FARICI

340. قواعد فارسيه **Kavaïdi Faricyé,** par anonyme Téhéran 1253, 1 vol. in 8⁰.

Belle édition, reliure orientale.

341. درر قواعد فارسى **Duréri Kavaïdi Farici,** par Osman Terssoussi, Téhéran 1285. 1 vol. in 8⁰.

Nouvelle édition, Reliure orientale.

342. ترجمان فارسى **Terdjumani Farici,** par Mouhammed Saïd, Constantinople 1262. 1 vol. in 4.

Edition lithographiée.

لغت فارسى

LOUGHAT FARICI

343. فرهنك شورى **Férheng-é-Chououri,** par Souhouri, Cons/ple 1001. 1 vol. in 8⁰.

Edition très recherchée.

344. فرهنك شورى **Férheng-é-Chououri,** par Souhouri, Cons/ple 1822. 1 vol. in 8⁰.

Edition nouvelle.

345. لطائف لغات عموى **Léthaïfi Loughati Oumoumi,** Mss. éxécuté en 1237 de l'Hégire, par Ibrahim Déhlevy, Téhéran in folio 506 feuillets.
Mse. avec pages encadrées d'un double filet rouge, écriture médiocre.

Reliure orientale en maroquin rouge.

346. فرهنك **Férhéng-é,** par Riza Koulou, Téhéran 1280, 1 vol. in folio.

Reliure et édition orientale.

347. تحفة السنية **Touhfeta-ul Séniyé,** Mss. éxécuté en 1008 de l'Hégire, par Moustafa bin Mouhammed Louthfoullah, Téhéran in folio 690 feuillets.
Mss. simple, beau spécimen de calligraphie orientale.

Reliure en veau brun.

348. لغت حلمى **Loughati Halimy,** Mss. éxécuté en 1230 de l'Hégire par Halim, Téhéran in 4⁰. 304 feuillets.
Belle écriture fine et soignée.

Reliure en papier maroquiné citron gaufré.

رياضيات

RIYAZIYAT

349. ميزان الحساب **Mizau-ul-Hissap,** par Mirza Mouhammed, Téhéran 1279. 1 vol. in 8⁰.

Edition originale.

350· كتاب هندسه **Kitabi Hendécé,** par Abdul-Ressoul Hân . Isphahan 1279·
1 vol . in 8⁰·

Edition illustrée avec planches·

351. كتاب هندسه **Kitab ul Hendécé,** par Mirza Zéki, Téhéran 1273. 1 vol. in 8⁰.

Edition avec planches.

352. كتاب جرالاثقال **Kitabi Djerr-ul-Eskâl,** par Mirza Hân, Téhéran 1273. 1vol. in 8⁰.

Editon illustrée.

353· قانون اراضى **Kanoûni Erazi,** par X***, Téhéran 1237· 1 vol· in 4⁰·

Edition lithographiée avec planches·

تواريخ

TÉVARIKH

354. يوسفيه **Youssoufiyé,** par Mirza Hassan, Téhéran, 1298· 1 vol. in 4⁰·
On trouvera dans la bibliothèque 2 autres exemplaires.

355. تاريخ نادرشاه **Tarikhi Nadir Chah,** Mss· dont la date et le nom de l'auteur
sont indéchiffrables in 4⁰· 250 feuillets.
Ecriture très lisible avec encadrements dorés .

Reliure molle.

356· جهاننماى كاتب جلبى **Djihannumayi Kiatib Tchélébi,** par Kiatib Tchélebi, Constantinople 1145. 1 vol. in 8⁰.

Edition lithographiée.

357. مختصر جامع التواريخ **Moukhtassar Djami-ut Tévarikh,** par Récheddin, Londres
1844· 1 vol· in 4⁰. broché·

358. جنكيزنامه **Djinghiznamé,** par Mirkhoud, Paris 1841, 1 vol. in 4⁰· broché.

Edition originale.

359· بهرام وبهروز **Behram vé Behrouz,** par Mirza Ahmed Bouhara , Téhéran
1278, 1 vol. in 8⁰·

Belle édition européenne.

360· تاريخ اكراد بنام شرفنامه **Tarikhi Ekrâd Bénâmi Chérefnamé,** par anonyme, S' Pétersbourg 1856. 1 vol in 8⁰·

Edition très recherchée·

361. تاريخ اوائل اسلام **Tarikhi Evâili Islam,** Mss· dont la date et le nom de l'auteur sont indéchiffrables, Téhéran in folio 642 feuillets.
Mss. avec 10 enluminures des principaux artistes orientaux, écriture fine et soignée.

362· زينة التواريخ **Ziynet-ut-Tévarikh,** Mss. éxécuté en 1234 de l'Hégire par
anonyme, in 4⁰· 590 feuillets.
Mss. ayant des titres peints , pages encadrées d'un double filet or et bleu, écriture
fine et soignée, belle écriture·

Reliure peinte à fleurs.

363. تاريخ معتمد الدوله **Tarikhi Muttémed-ud Devlé,** par Mirza Abdul Véhab,Calcutta
1244· 1 vol. in folio·

Reliure et édition orientale.

364. تاریخ طبری **Tarikhi Tabéry,** Mss· éxécuté en 775 par Tabéry, Téhéran, 2 vol. in folio 880 feuillets.

Mss. d'une écriture fine et soignée, asez bien conservé, très ancien, rare.

Reliure en maroquin citron.

365. نامة میرزا علی **Naméi Mirza Ali,** par Mirza Ali, Téhéran 1285, 1 vol. in 18⁰.

Édition complète et nouvelle·

366. تاریخ آل مظفّر **Tarikhi al Mouzaffer,** Mss. éxécuté en 896 de l'Hégire, par Mouzaffer, Téhéran in 8⁰. 300 feuillets·

Mss. simple, très ancien, non imprimé· très bien conservé.

Reliure peinte à fleurs.

367. نامة حسروان **Naméi Husrévan,** par Ebul-Hassim, Téhéran 1285. 3 vol. in 18⁰.

Reliure en maroquin rouge.

368. محمود نامه **Mahmoud Namé,** Mss· éxécuté au temps de Fèth Ali Châh Kadjar par Mahmoud in folio 500 feuillets·

Superbe spécimen de calligraphie orientale, encadrement or et couleur variées.

Reliure en papier maroquiné gaufré.

369. لبّ التواریخ **Lubul Tévarikh,** Mss. éxécuté en 1109 de l'Hégire par Mouhammed Medi, Isphahan in 4⁰. 208 feuillets.

Mss. simple, écriture médiocre, mais lisible.

Reliure en papier maroquiné gaufré noir.

370. تاریخ عجم **Tarikhi Adjem,** par X***, Téhéran 1249. 1 vol. in 4⁰·

Édition illustrée·

371. جهانكیر نامه **Djihanghirnamé,** Mss. éxécuté en 1004 de l'Hégire par Djihanghir, Téhéran in 8⁰. 300 feuillets·

Mss. avec titre peint, encadrements dorés. Reliure veau gaufré.

Beau mss· écriture fine· notes marginales et gloses interlinéaires.

372. نظام التواریخ **Nizam-ut Tévarikh,** Mss. éxécuté en 1053 de l'Hégire par Ebou Séid Abdoullah, in 8⁰. 350 feuillets.

Belle calligraphie·

Reliure persane en toile rose·

373. ظفرنامه و تیمورنامه **Zafer Namé vé Timour Namé,** Mss. éxécuté en 1121 de l'Hégire par A*** in 8⁰. 250 feuillets·

Mss. avec une écriture très nette sur papier jaune.

Reliure en maroquin vert.

374. تاریخ فرشته **Tarihki Férichté,** par Mahmoud Kassim Férichté, Bombay 1831, 2 vol· in folio·

Le Mss· a été éxécuté en 1228 de l'Hégire.

Reliure orientale·

375. تاریخ نادری **Tarikhi Nadiry,** par Chah Nadir, Tibère 1240, 1 vol. in 8⁰.

Belle édition originale·

36

376· سلسلة الذهب **Silsilet uz Zéheb,** Mss· éxécuté en 1108 de l'Hégire par anonyme in 8⁰· 200 feuillets·
Mss. assez bien conservé, écriture fine et soignée·
Reliure orientale en maroquin rouge.

377· تاريخ مفتاح الجنه وذيلى قره جلى زاده **Tarikhi Miftah ulDjenné vé Zeyli Kara Tchélébi Zadé,**
Mss. éxécuté en 1031 de l'Hégire par Kara Tchélébi Zadé in 8⁰. 150 feuillets.
Mss. avec titre peint, frontispice or et couleur, pages encadrées d'un double filet or et rouge, écriture soignée·
Reliure détériorée·

378· تاريخ ابوالفضل **Tarikhi Ebul Fazl,** Mss· éxécuté en 1291 de l'Hégire par Ebul Fazl, in 8⁰. 250 feuillets·
Très beau spécimen de calligraphie orientale·
Reliure ancienne recouverte de chàle persan·

379· ميرزباننامه **Mirzébannamé,** Mss. éxécuté en 789 par anonyme, Téhéran in 18o· 134 feuillets.
Mss. d'une écriture fine, encadrements rouge et bleu·
Reliure en maroquin noir.

380. روضة الوزرا **Revzat ul Vuzéra,** par Abdul Kérim, Téhéran 1267. 1 vol. in folio.
Edition originale·

381· شرفنامه **Chérefnamé,** Mss. éxécuté en 909 de l'Hégire Chéref bin Chemsseddin, Téhéran in 8⁰. 230 feuillets·
Mss. très ancien, médiocrement conservé, encadrement en or·
Reliure en maroquin rouge fatiguée.

382· كتاب سير متأخرين **Kitabi Siyeri Muthéahhirin,** Mss· éxécuté en 895, par Saïd ul Husséyin Hassan, in 8⁰. 250 feuillets.
Mss. simple, écriture médiocre.
Reliure orientale mal conservée.

383· تاريخ قاجار **Tarikhi Khadjiar,** Mss· éxécuté en 803 par Mouhammed Saady, Téhéran in 4⁰· 300 feuillets·
Mss. simple, très ancien et unique exemplaire, écriture fine.
Reliure orientale peinte.

384. تاريخ كزيده **Tarikhi Ghuzidé,** Mss. éxécuté en 930· par Ahmed bin Ebi-Békir, in folio petit. 476 feuillets·
Mss· très simple, ancien·
Reliure en maroquin vert gaufré·

385· تاريخ اكبرنامه **Tarikhi Ekbernamé,** Mss· éxécuté en 1139 par Ebul Fazyl, Téhéran in 8⁰. 250 feuillets.
Mss. titre peint en or, encadrements en or·
Reliure en maroquin vert gaufré·

386· تحفة السلامه **Touhhfet us Sélamiyé,** Mss. éxécuté en 863 de l'Hégire par Selamoulah bin Ali Youl Békiri, Téhéran in 8⁰· 263 feuillets.
Mss. bien écrit, encadrements en or.
Reliure peinte à Chiraz·

387. كتاب باغ و بهار **Kitabi Bagh vé Béhar,** par anonyme, Calcutta 1239. 1 vol· in folio.

Belle édition originale.

388· تاريخ وصاف **Tarikhi Véssaf,** par Véssaf, Isphahan 1249, 1 vol. in folio.

Edition lithographiée à Téhéran.

389· تاريخ جهانكشا **Tarikhi Djihan Kuchâ,** par Mirza Mehdi, Téhéran 1235, 1 vol· in folio.

Belle édition lithographiée.

390. اكبر تواريخ **Iksiri Tévarikh,** Mss. éxécuté en 1132 de l'Hégire par anonyme, Téhéran in 8⁰. 400 feuillets.

Mss· d'une écriture médiocre, simple.

Reliure orientale fatiguée·

391. زينت المجالس **Zinnet-ul Médjaliss,** par Mouhammed ul Husséynni, Téhéran 1270· 1 vol· in folio·

Edition corrécte.

392. تاريخ فرشتة **Tarikhi Férichté,** Mss. éxécuté en 640 de l'Hégire par Férichté, Téhéran in 4⁰. 503 feuillets.

Mss. simple, très ancien, écriture fine et soignée·

Reliure peinte à Chiraz.

393· سلسله نامه **Silsilé Namé,** Mss. éxécuté en 1095 de l'Hégire, Téhéran in 8⁰· 250 feuillet.

Mss. d'une écriture très lisible, encadrements or et rouge.

Reliure en maroquin rouge·

394. تاريخ محمود خان قاجار **Tarikhi Mahmoud Chah Kâdjar,** Mss. éxécuté en 1241 de l'Hégire par anonyme, in 8⁰. 460 feuillets.

Titre peint, pages encadrées d'une double filet or et bleu, 10 enluminures peintes des meilleurs artistes orientaux, belle écriture·

Reliure orientale recouverte de toile rose.

395· جغرافيا **Djagrafia,** par anonyme, Téhéran 1247· 1 vol· in 8⁰· broché.

396. روضة الشهدا **Revzat uch Chuhéda,** Mss. éxécuté en 1231 de l'Hégire par anonyme, Téhéran in 8⁰. 370 feuillets·

Mss. avec encadrement or. papier en couleurs variées, beau spécimen de calligraphie.

Reliure en maroquin noir.

DJAGHATAÏ

Typ. et Lith. K. Bagdadlian, Constantinople — طاش و حروفات مطبعه‌سی ق. بغدادليان استانبول

كتب دنيه

KUTUBU DINNIYÉ

397. **Tefcir**, par Tadjuddin éfendy, Kazan 1244. 1 vol· in 8o.
Edition lithographiée.

398. **Hadyssi Erbaïn,** par Mouhssini Salih, Kazan·
Reliure orientale.

399. **Bidayét ul Mubtédi,** par Stephen, Londres 1277, 1 vol· in 16o.
Edition bien conservée.

400. **Miftah ul Djenné ,** par Mehmed Isâa, Constantinople 1276 , 1 vol. in 16o.
Edition revue et corrigée·

401. **Istouvani,** par l'Université de Kazan, Kazan 1286. 1 vol· in 16o.
Reliure orientale fatiguée.

402. **Revnâk ul Islam,** par l'Université de Kazan , Kazan 1286· 1 vol· in 16o.
Edition européenne.

403. **Rissaléï Azizïyé,** par Abdul Vaïth, Kazan 1284. 1 vol. in 8o·
On trouvera dans la bibliothèque 2 autres exemplaires.

404. **Ilmi Hal,** par l'Université de Kazan 1820, 1 vol. in 8o·
Reliure recouverte de toile verte.

405. **Kitab ul Islam,** par Molla Attahoullah, Kazan 1873 1 vol. in 8o.
Edition revue et corrigée.

406. **Tedjvid Terdjumessi,** par X*** Kazan 1860· 1 vol. broché·
Edition lithographiée.

407. **Rissalé-i-Iman,** par X*** Kazan 1848. 1 vol· in 8o.
Reliure orientale en papier maroquiné gaufré·

408. **Mouhammédiyé Cherhi,** par Ismaïl Hakki éfendy, Kazan 1861. 1 vol, in 8o.
Edition lithographiée·

409. **Djennet ul Islam,** par l'Imam Kaz Ali, Kazan 1280, 1 vol· in 8o. broché.
Belle édition.

410. **Méddiné-i-Munevvéré Rissalessi,** par X*** Kazan 1283, 1 vol· in 8o.
Edition et reliure orientale.

411. **Douâ-i Séif,** par X*** Kazan 1285, 1 vol· in 16o.
Edition revue et corrigée.

412. عقايد منظومه **Akaïd-i Manzoumé**, par A** X**, Kazan 1230. 1 vol. in 16⁰.

Reliure orientale fatiguée.

413. مولود رساله‌سی **Mevloud Rissalessi**, par Ismaïl Hakki éfendy, Kazan 1281. 1 vol. in 8⁰.

Edition revue et corrigée.

414. اسماء حسنا **Esmâ-i-Husnâ**, par anonyme, Kazan 1284, 1 vol. in 8⁰.

Reliure orientale peinte.

415. صوله المسلمين **Mehlémét-ul Muslimin**, par X*** Kazan 1886. 1 vol in 8⁰.

Edition revue et corrigée·

416. بازنامه **Baznamé**, Mss. éxécuté en 1050 de l'Hégire par auteur inconnu, Kazan in 8⁰. 216 feuillets.
Mss. simple, écriture soignée.

Reliure orientale en papier maroquiné citron gaufré.

417. بازنامه **Baznamé**, par X**, Kazan 1275, 1 vol. in 8⁰.

Reliure et édition bien conservées.

418. تسهيل الافكار **Teshil-ul-Efkiar**, par X*** Constantinople, 1 vol. in 16⁰.

Reliure européenne.

419. فوزا‌النجات **Fevzun Nédjat**, par Safiyoullah, Kazan 1864. 1 vol. in 8⁰. broché.
On trouvera dans la bibliothèque une autre exemplaire.

420. معراجنامه شرحی **Miradjnamé Cherhi**, par l'Université de Moscou, Moscou 1865· 1 vol. in 8⁰.

Edition européenne.

ادبيات منشوره

EDÉBIYATI MENSOURÉ

421. نبات العاجزين **Sébat ul-Adjiziu**, par Mouhsini Sadyk, Kazan 1858, 2 vol· in 16⁰. broché·

Edition originale.

422. قابوسنامه ترجمه‌سی **Kabousnamé Terdjumessi**, par l'Université de Kazan, Kazan 1300, 1 vol. in 16⁰.

Edition revue et corrigée·

423. فضائل الشهور **Fézaïl ul Chouhour**, par Youssouf, Kazan 1861, 1 vol. in 16⁰·

Reliure et édition européenne.

424. وقت السحر **Vàktus Séher**, par X*** Kazan, 1867, 1 vol. broché.

Edition orientale·

425. حكايهٔ ابوعلی سينا **Hikiâyé-i-Ebou-Ali Sina**, par Ibrahim Abdul Réchid, Kazan 1291, 1 vol. broché·

Edition et reliure nouvelle.

426. سوانح **Sévanih**, par X*** Kazan, 1864. 1 vol. in 8⁰.

Edition lithographiée.

427. مجمع اللطائف **Médjmé-nl-Létaïf,** par X*** Kazan 1854. 1 vol· in 8⁰.

Edition revue et corrigée.

428. كتاب الفرج **Kitab-nl-Féridj,** Mss. éxécuté en 1044 de l'Hégire par Ebul Hassan. Kazan in 8⁰. 120 feuillets·

Mss. simple, belle écriture.

Reliure orientale.

429· بدايت الدايه **Bidayet-nl-Hidayé,** par l'ImamGhazali.Kazan 1877. 1 vol. in 8⁰. broché.

Belle édition nouvelle·

430· دستور شامى و قصة يوسف **Dustouri Chabi vé Kissaï Youssouf,** par X*** Kazan 1273 1 vol· in 8⁰.

Reliure orientale en papier maroquine noir gaufré.

431. ترجمة رسالة امام غزالى **Terdjumeï Rissale-i-Imami Ghazali,** Kazan 1227. 1 vol. in 8⁰

Edition lithographiée.

432· حكايات رساله‌سى **Hikiâyat RissaleSSI,** par anonyme Kazan 1235, 1 vol. in 16⁰.

Belle édition revue, et corrigée·

433. نسايم المحبه **Nessaïm-nl-Mahmtyé,** Mss. éxécuté en 1050 de l'Hégire par Ali Chir Nevaï in 8⁰. Constantinople in 8⁰. 250 feuillets·

Mss· simple, écriture fine et soignée.

Reliure orientale fatiguée.

434· عبرتنامه **Ibretnamé,** par I*** Kazan 1295, 1 vol. in 8⁰

Reliure orientale.

435. قصة سليمان **Kissaï-Sulélman,** par R*** Kazan 1290, 1 vol. in 8⁰ broché.

Edition lithographiée.

436· اغوز نامه **Oughouznamé,** Mss. éxécuté en 1073 de l'Hégire par anonyme Kazan in 8⁰. 150 feuillets.

Mss· simple, écriture assez soignée.

Reliure orientale en maroquin noir·

ادبيات منظومه

ÉDÉBIYATI MANZOUMÉ

437. كليات نواى ترجمه‌سى **Kulliyati Nevaï Terdjumessi,** par Ali Chir, Paris 1841, 1 vol. in 8⁰ broché.

On trouvera dans la bibliothèque une autre exemplaire.

438. اشعار واقف **Echârl Vakef,** par Adolphe Berger Leipzig, 1868, 1 vol. in 8⁰.

Belle édition européenne.

439. بارنامه **Babir Namé,** par Mouhsini Salih Kazan 1858, 1 vol· in 8⁰.

Reliure orientale·

42

440. دائر الكلام **Dair-ul-Kélam**, par l'Université de Kazan, Kazan 1272, 1 vol. in 8⁰.

Edition Revue et corrigée.

441. مجمع الآداب **Médjmé-ul-Adab**, par X··· Kazan 1837, 1 vol. in 16⁰.

Edition lithographiée.

442. قصيده آمالى ترجمسى **Kasside-i-Améli-Terdjumessi**, Mss. dont la date et le nom de l'auteur nous sont inconnus, in 8⁰. 150 feuillets.

Mss. simple, écriture médiocre·

Reliure orientale·

443. حكمت سلطان عارفين ترجمسى **Hikmeti Sultani Aarifin Terdjumessi**, Mss. éxécuté en 1090 de l'Hégire par traducteur anonyme, Kazan in 8⁰· 150 feuillets.

Mss· simple, écriture très fine et très soignée.

Reliure orientale en papier maroquiné noir gaufré.

444. روضة الشهدا **Revzat-ul-Chouhéda**, Mss. éxécuté en 1201. de l'Hégire par Ali Hassan éfendy, Kazan in 8⁰. 125 feuillets·

Mss. simple, écriture soignée·

Reliure orientale fatiguée.

445. اسكندرنامه ترجمسى **Iskendernamé Terdjumessi**, Mss. éxécuté en 1229 de l'Hégire, Traduit par Saïd Suléïman Kazan, in 8⁰ 242 feuillets·

Mss. avec encadrements en or, écriture fine et soignée.

Reliure orientale, tranche dorée.

446. قصيده بره ترجمسى **Kassidé-i-Buré Terdjumessi**, par traducteur inconnu Kazan 1239, 1 vol. in 8⁰.

Edition revue et corrigée.

447. ديوان حاجى احمد **Divani Hadji Ahmed**, Mss· éxécuté en 1056, par Hadji Ahmed, Kazan in 8⁰· 284 feuillets.

Mss, simple, beau spécimen de calligraphie orientale.

Reliure en papier maroquiné rouge gaufré.

448. ديوان احمد يسوى **Divani Ahmed Yessévi**, par Ahmed Yessévi, Kazan 1293, 1 vol· in 8⁰·

Belle édition orientale.

449. ديوان مسيحى **Divani Messihi**, Mss. éxécuté en 830 de l'Hégire par Messihi, Kazan in 8₀· 243 feuillets.

Mss· simple, belle écriture fine et soignée.

Reliure orientale détériorée.

450. اشعار متنوعه **Echari Muténévia**, Mss· éxécuté en 930 de l'Hégire par plusieurs auteurs in 8⁰. 250 feuillets.

Mss. simple, écriture soignée·

Reliure orientale fatiguée.

كتب اللغة

KUTUB-UL-LOUGHAT

451. لغت زرنوف **Loughat-i-Zernow**, par Véliaminoff Zernow St Pétersbourg, 1869 1 vol· in 8⁰.

Belle édition et reliure orientale.

452. لغت سليمان **Loughati**, par le Chéik Suléïman efendy, Constantinople 1300, 1 vol. in 8⁰.

Reliure européenne.

453. لفت محمد بن احمد **Longhati Mouhammed bin Ahmed,** Mss. éxécuté en 954 de l'Hégire par Mehmed bin Ahmed, in 8°· 450 feuillets.
Mss. simple, mais très ancien.

454· لغت عبدالناصر **Loughat-i-Abdul Nassir,** par AbdulNassir, Kazan 1867, 1 vol.in8°.
Reliure et édition orientale.

۞ تواريخ ۞

TÉVARIKH

455. تاريخ قزان و بلغار **Tevarikhi Kazan vé Boulghar,** par Ahmed Sefat, Kazan 128, 1 vol· in 8°.
Edition lithographiée.

456. جامع النواريخ ترجمسی **Djami-ul-Tevarikh Terdjumessi,** par Tcernaïeff, Kazan 1809, 1 vol. in 8°.
Edition très rare.

457· بارنامه **Bahir Namé,** par P·H·M· Marseille 1885, 1 vol. in 8°.
Très belle reliure.

458· قصة سيف الملك **Kissaï Seyf-ul-Mélik,** par l'Université de Kazan, Kazan 1272, 1 vol. in 16°·
Edition lithographiée.

459· تاريخ قريم **Tarikhi Krim,** par Molla Husseïn Feyzi, S' Pétersbourg, 1864, 1 vol. in 8°·
Traduit par Vl. Véliaminoff·

460. قصص انبيا **Kissassi Enbiyâ,** par Nasreddin, Kazan 1275, 1 vol. in 8°.
Reliure en maroquin rouge·

461. شجره ترکیه **Chédjerei Turkuyé,** par EbulGhazi Béhadour, Kazan 1825, 1v.in f.
On trouvera dans la bibliothèque 2 autres exemplaires.

462. بارنامه **Baber Namé,** par Babir Schah, Kazan 1801, 2 vol. in 8°.
Reliure européenne·

463· سلجوق‌نامه **Seltchouknamé,** mss· exécuté en 1134 de l'Hégire, par Alahoudinni Seltchouk, Kazan in 8°. 150 feuillets.
Mss, simple, calligraphie orientale soignée·
Reliure orientale fatiguée.

464· تاريخ قريم **Tarikhi Krim,** Husseïn Feyzi, Kazan 1865.
Edition lithographiée·

465· اغوزنامه تاريخی **Oughouz Namé Tarikhi,** mss· exécuté en 1229 de l'Hégiie, par Mehmed Aga, Kazan in folio, 250 feuillets.
Mss· simple, calligraphie médiocre.
Reliure orientale fatiguée·

466· قزان تاريخی **Kazan Tarikhi,** par Mehmed Aga, Kazan 1229, 1 vol· in 8°.
Edition lithographiée·

467. ارايش محفل **Araïche Mahfil,** par Ali Chir Nevaï, Calcutta, 1229, 1vol.in8°.
Reliure orientale en maroquin rouge.

468. علم طب **Ilmi Tib,** par le D' Zablovinski, Kazan 1282, 1 vol· broché·
Edition revue et corrigée·

469· غرملك **Goûrrélik,** par X***, Kazan 1867, in 8°. broché.

470. قصة خلاج منصور **Kissaï Haladji Menssour,** par anonyme, 1267, Kazan 2 vol. in 8°.
Reliure européenne·

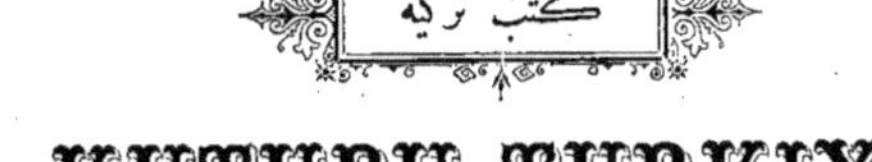

KUTUBU TURKIYÉ

Typ. et Lith. K. Bagdadlian, Constantinople   طاش و حروفات مطبعه‌سى ق. بغدادليان استانبول

كتب دينيه و فقهيه

KUTUBU DINNIYÉ VÉ FIKHIYÉ

471, قريم زاده بحوعـى **Krim Zadé Medjmouaci**, par Krim Zadé, Constantinople 1288, 1 vol. in 8⁰.

Edition revue et corrigée.

472. خلاصة الفرائض **Houlassat-ul-Féraïz**, par Ahmed Hamdi éfendy, Constantinople 1291, 1 vol. in 16⁰. broché.

Edition lithographiée.

473. وظايف قضات ترجهـى **Vezaïfi Kouzat Terdjumessi**, par Hassan Zéki, Constantinople 1289, 1 vol. in 8⁰.

Reliure orientale.

474. مرشد الواردين **Mourchidul Varsin**, par Mehmed Mekki, Constantinople, 1304, 1 vol. in 4₀.

Edition originale.

475. مرشد الواردين **Mourchid ul Varsin**, par Mehmed Mekki, Constantinople 1240, 1 vol. in 4⁰.

Edition lithographiée.

476. منار ترجهـى **Ménar Terdjumessi**, Mss. éxécuté en 1125, par Abdul Latif Ibni Mélik, Constantinople, in 8⁰. 110 feuillets.

Mss. avec encadrements dorés, frontispice en or et en couleurs, belle écriture soignée.

Reliure orientale en maroquin rouge.

477. شرح ابواليث **Cherhi Ebul Leyss**, Mss. exécuté en 1157 de l'Hégire par l'Iman Ebul Leyss Nassir bin Mehmed Sémercaudy, in 4⁰. 240 feuillets.

Mss. simple, rare, d'une calligraphie fine et soignée.

Reliure orientale détériorée.

478. حديث اربعين شرحى **Hadis Erbaïn Cherhi**, par Ibni Kémal, Constantinople, 1288, 1 vol. in 16⁰.

Edition revue et corrigée.

479. فتاوای علی افندی **Fétava-l-Ali éfendy**, par Ali éfendy, Constantinople 1260, 1 vol. in folio.

480. تفسير جالی **Téfciri Djémali**, par Djémal, Egypte 1294, 4 vol. in 8⁰.

Reliure orientale en maroquin noir.

481. آداب قضات **Adabi Kouzat**, par Ahmed Nazif éfendy, Constantinople 1268, 1 vol. in 16⁰.

Edition lithographiée.

482. مفتاح التفاسير **Miftah-ul-Téfacir**, par Hafiz Mehmed Chérif, Constantinople 1289, 1 vol. in 8⁰.

On trouvera dans la bibliothèque 1 autre evemplaire.

Reliure orientale.

483. مفتاح التفاسير **Miftah-ul-Téfacir,** Mss· exécuté en 1279 de l'Hégire, par Hafiz Mehmed Chérif, Constantinople, 1 vol. in 8º. 250 feuillets. Mss. simple·

Belle écriture orientale.

484. تفسير بيضاوى **Tefciri Beyzavi,** par Omer Beyzavi, Constantinople, 1285, 3 vol· in 8º.

Edition revue et corrigée ·

485. كياى سعادت ترجمسى **Kimiaï Saadet Terdjumessi,** Mss. exécuté en 1094 de l'Hégire, par l'Imam Ghazali, in 8º· 300 feuillets·

Mss· avec des pages encadrées d'un double filet or et rouge, belle écriture fine et soignée.

Reliure orientale en maroquin noir gaufré.

486· لوقه انجيل ترجمسى **Luka Indjili Terdjumessi,** par la Société Evangélique du Bible House, Constantinople 1870, 1 vol. in 8º.

Reliure européenne tranche dorée·

487· لوقه انجيل ترجمسى **Luka Indjili Terdjumessi,** par anonyme, Astrahan, 1816, 1 vol· in 8º·

Reliure et édition orientale.

488· اناجيل اربعه **Enadjili Erbéah,** par la Société Evangélique du Bible House Constantinople 1870, 4 vol. in 16º·

Reliure et édition orientales.

489· متا انجيلى ترجمسى **Metâ Indjili Terdjumessi,** par J· Martin, Londres, 1818, 1 vol. in 16º·

Reliure et édition européenne·

490. متا انجيلى ترجمسى **Metâ Indjili-i-Terdjumessi,** par le Bible House de Constantinople 1870, 1 vol· in 8º·

Reliure en maroquine noir .

491. متا انجيلى ترجمسى **Metâ Indjili Terdjumessi,** par J. Martin, Londres, 1 vol·in 12º.

Superbe spécimen de reliure européenne.

492. انجيل و تورات ترجمسى **Indjili vé Tévrat Terdjumessi,** par X···, Paris 1819, 2 vol. in 18º·

Edition rare et ancienne.

493· تورات ترجمسى **Tévrat Terdjumessi,** par A··· C···, Paris, 1827, un gros volume in 4º·

Reliure en veau avec charnières·

494· تورات ترجمسى **Tévrat Terdjumessi,** par anonyme, Londres 1877, 1 vol. in 16º.

Edition revue et corrigée.

495· تورات ترجمسى **Tévrat Terdjumessi,** par X···, Astrahan 1822, 1 vol. broché.

Reliure en papier maroquiné noir gaufré.

496· درر مسيحيه **Duréri Méssihiyé,** par le Bible House, Constantinople 1867, 1 vol. in 16º· broché·

On trouvera dans la bibliothèque une autre exemplaire.

Edition européenne·

497· مزامير داود **Mézamir-i-Davoud,** par le Bible House, Constantinople 1868 in 12º.

Reliure européenne titre dorée.

كتب العقائد

KUTUB-UL-AKAID

498. تتايع اعتقاديه **Nétahidji-l-Tikadiyé**, par Hassan Ibni Omer, Constantinople, 1281, 1 vol· in 8⁰.
Nouvelle édition.

499· رمان المؤيد ترجمه‌سی **Bourhan-il-Mouheyet Terdjumessi**, par le Cheïh Ahmed Roufaï, Constantinople 1303, 1 vol. in 16⁰.
Traduction de Koutzi Zadé Kadir efendy.

500· قول العبد **Yekonl-ul-Abid**, traduit par Mehmed éfendy·
قول العبد **Yekonlul Abid**, traduit par Ahmed Husseïn éfendy·
عقائد ترجمه‌سی **Akaïd Terdjumessi**, traduit par Salih éfendy·
حديث اربعين **Hadissi Erbaïn**, traduit par Ibni Kémal·
Ces quatre mss. forment la traduction du Kassideï Amali, in 8⁰ 250 feuillets, écriture fine et soignée, encadrements et frontispices or et couleur·
Reliure orientale en peau noir.

501. عقائد اسلاميه **Akaïdi Islamiyé**, par Moustafa Faïk, Constantinople, 1304, 1 vol. in 4⁰.
On trouvera une autre exemplaire.
Reliure orientale tranche dorée·

502. عقائد شرحی ترجمه‌سی **Akaïdi Cherhi Terdjumessi**, mss. exécuté en 785 de l'Hégire par Sadouddini Teftasani et traduit en 1128 de l'Hégire par Fevzi éfendy, Constantinople, in 8⁰. 190 feuillets.
Mss. d'une très écriture fine et soignée.
Reliure orientale en maroquin jaune·

503· شرح عقائد ترجمه‌سی **Cherhi Akaïdi Terdjumessi**, par Sirri Pacha, Constantinople 1292, 1 vol· in 8⁰.
On trouvera dans la bibliothèque une autre exemplaire.

504· شرح بركوی **Cherhi Birguivi**, mss. exécuté en 1181 de l'Hégire par Birguivi, Constantinople, in 8⁰. 295 feuillets·
Mss. avec des pages encadrées d'un filet or et bleu, titre et frontispice d'un dessin délicat, écriture assez soignée.
Reliure orientale fatiguée·

505. بك حديث و عقائد وانبيا و اوليا اسمأ و قصه‌لری **Bin Ehadys vé Akaïd vé Embiah vé Evliania Esma vé Kissalari**, traduit par Kémal Pacha, Constantinople 1167, 1 vol. in 8⁰.
Reliure orientale, édition lithographiée.

506· حجة المنازل **Béchet ul-Ménazil**, par Mehmed Edib éfendy, Constantinople, 1232, 1 vol. in 16⁰·
Reliure orientale.

507· تحفة الحرمين **Touhfet ul-Haremeyn**, mss. exécuté en 1163 de l'Hégire par Nabhi, Constantinople, 1 vol· in 8⁰. 140 feuillets.
Mss. simple, calligraphie très soignée.
Belle reliure orientale·

508· تحفة الحرمين **Touhfet-ul-Haremeyn,** Mss· éxécuté en 1183 de l'Hégire par Nabbi, Constantinople, in 16⁰· 65 feuillets.
Ce mss· est simple mais d'une écriture fine est soignée.

Reliure orientale.

509· تحفة الحجاج **Touhfet-ul-Houdjadj,** Mss. éxécuté en 1183 de l'Hégire par Nabbi, Constantinople, in 16⁰. 165 feuillets.
Mss· d'une très belle calligraphie·

Reliure orientale fatiguée.

510, شواهد النبوه ترجمسى **Chevahidul Noubuvé Terdjumessi,** par Molla Djami, en
515. Traduit par le Mevlana Samih, Constantinople 1293, 1 vol. in 8⁰.

Reliure orientale et édition revue et corrigée·

511· وصيتنامهٔ امام اعظم ترجمسى **Vassietnaméi Imami Azam Terdjumessi,** traduit par le Chéik Ibrahim Nourrouddin, Constantinople 1264, 1 vol. in 16⁰. broché.

Edition lithographiée.

512· شمائل شريفه ترجمسى **Chémail Chérifé Terdjumessi,** Mss. éxécuté en 1001 de l'Hégire par Akguirmani, Constantinople, in 8⁰. 14 feuillets,
Mss. simple, écriture lisible·

Reliure en papier maroquiné noir gaufré.

513· مناقب امام اعظم **Ménakib Imami Azam,** Mss. éxécuté en 568 de l'Hégire, par Mouvéfakouddin Havar Zémi, in 8⁰· 40 feuillets.
Mss. simple, reliure orientale·

Beau spécimen de calligraphie orientale.

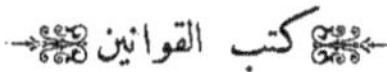

KUTUB-UL-KAVANIN

514· دستور **Dustour,** Constantinople 1279, 2 vol. in 8⁰,

Edition lithographiée.

515. دستور **Dustour,** Constantinople, 1282, 1 vol· in folio·

Reliure orientale.

516. دستور **Dustour,** Constantinople 1285, 4 vol. in 4⁰·

Reliure orientale en papier maroquiné rouge.

517. دستور **Dustour,** Constantinople, 1289, 1 vol· in 8⁰.

Reliure orientale en maroquin noir.

518· دستور **Dustour,** Constantinople 1293, 3 vol· in 8⁰.

Edition revue et corrigée.

519· قانون اساسى **Kanouni Essassi,** Constantinople 1293, 2 vol· in 8⁰.

Edition et reliure européenne·

520. جزا قانوننامهسى **Djéza Kanoun Namessi,** Constantinople 1274, 2 vol. in 4o.

Reliure orientale, tranche dorée·

521. قوانین رساله‌سی **Kavanin Rissalessi,** par Ayni Ali éfendy, Constantinople, 1280, 1 vol in 8⁰.

On trouvera dans la bibliothèque 120. autres exemplaires.

522. قوانین شرعیه مجموعه‌سی **Kavanini Cherhiyé Medjmouaci,** par X`··`, Constantinople 1267, 1 vol· in 4⁰.

Edition lithographiée.

523. قوانین آل عثان **Kavanin-i-Al-i-Osman,** par Kiatib Tchélébi, Constantinople 1281, 1 vol. in 4⁰.

Edition revue et corrigée.

524. مصره مخصوص قوانین **Missiré Maksous Kavanin,** par Kiatib Tchélébi, Constantinople 1280, 1 vol· in 4⁰.

Reliure orientale.

525. قانونامهٔ عثانی **Kanoun Naméi Osmani,** Mss· éxécuté en 1018 de l'Hégire par Ayni Aly éfendy, Constantinople, 2 vol, in 75 feuillets·

Mss· simple, calligraphie très lisible·

Reliure orientale en compartiments dorés·

526. قانونامهٔ عمومی **Kanoun Naméi Oumouni,** Constantinople, 1 vol. in 4⁰. grand·

Reliure et édition orientales·

527. نظریات قانون جزا **Nazariati Kanouni Djéza,** par Hussein Kiatib et Eyoub Sabri, Constantinople, 1306, 1 vol. in 4⁰.

Reliure et édition orientales.

528. میزان جزا **Mizani Djéza,** par Ali Riza éfendy, Constantinople 1304, 1 vol. in 8⁰.

Edition revue et corrigée.

529. صك قوانین **Sékki Kavanin,** par Talaat éfendy, Constantinople, 1304, 1 vol· in 8⁰.

Reliure et édition orientale.

530. علیه احکام عدلیه **Medjelé-i-Hakiam Adliyé,** par le Djémieti Cherhiyé, Constantinople, 1297, 1 vol. in 8⁰.

On trouvera dans la bibliothèque une autre exemplaire.

Reliure orientale en maroquin noir.

531. کتاب الرهن **Kitab-ul-Réhen,** par le Djémieti cheriyé, Constantinople, 1303, 1 vol· in 8⁰.

Edition lithographiée.

532. کتاب الامانت **Kitab-ul-Emanet,** par le Djémieti cheriyé, Constantinople 1283, 1 vol. in 8⁰·

Belle reliure orientale·

533. کتاب الهبه **Kitab-ul-Hibé,** par le Djémieti cheriyé, Constantinople 1289, 1 vol. in 8⁰.

Edition originale.

534. کتاب البیوع **Kitab-ul-Bouyouh,** par le Djémieti cheriyé, Constantinople 1256, 1 vol. in 8⁰.

Reliure et édition orientales.

535. ميوٽان نظامنامەسى **Méboussan Nizam Namessi**, par la Sublime Porte, Constantinople, 1293, 1 vol. in 8⁰.

Edition originale.

536. معارف نظامنامەسى **Méarif Nizam Namessi**, par le Gouvernement Impérial, Constantinople 1280, 1 vol. in 8⁰.

Reliure soignée.

537. عدليەڭ تحقيقات ابتدائيەسى **Adliyénin Tahkikat-I-Iptidayéssi**, par S. Exc· Ahmed Mouhtar Pacha, Constantinople 1288, 1 vol. in 8⁰.

Reliure orientale très riche·

538. قانوننامه و مسائل شرعيه **Kanounnamé vé Messaili Cherhiyé**, Mss. éxécuté en 1270 de l'Hégire par copiste inconnu, in 8⁰. 90 feuillets·
Mss· simple, calligraphie assez soignée.

Reliure orientale très bien conservée.

539. قانوننامة سلطانى **Kanounnaméi Soultani**, Mss. éxécuté en 996 de l'Hégire, par copiste inconnu, in 8⁰. 18 feuilles.
Mss. rare, non imprimé, calligraphie fine.

Reliure orientale.

540. حقوق عوميه ترجمەسى **Houkouk Oumoumiyé Terdjumessi**, par Rifaat éfendy, Paris, 1285, 2 vol. in 16⁰.

Edition lithographiée·

542. محاكم **Ménkim**, par Séid éfendy Constantinople 1306, 1 vol. in 8⁰·

Edition nouvelle.

543, اصول عدليه رسالەسى **Ousouli Adliyé Rissalessi**, par Tinghir Simon, Constantinople 1303, 1 vol. in 16⁰. broché.

2ᵐᵉ édition.

544. مجموعة قوانين **Medjmouai Kavanin**, par X***, Constantinople 1267, 1 vol. in 8⁰.
On trouvera dans la bibliothèque trois autres exemplaires.

545. تعليمات عوميه **Talimati Oumoumiyé**, par X***, Cons/ple 1262, 1 vol. in 8⁰·

Reliure et édition orientales.

546. شرح اصول محاكمة حقوفيه **Cherhi Ousouli Mouhakéméi Oukoukiyé**, par Talaat éfendy, Constantinpole 1304, 1 vol. in 8⁰·

Reliure et édition orientale.

547. اصول تصرفات ملكيه **Ousouli Tessaroufati Mulkiyé**, Mss. éxécuté en 1266 de l'Hégire par copiste inconnu, Constantinople, 1 vol. in 8⁰. 80 pages.
Mss. très rare, non imprimé.

Reliure orientale ·

548. وظائف مأمورين **Vézaifi Mémourin**, Constantinople 1281, 1 vol. in 8⁰· broché.

Edition soignée·

549. رهبر طالبين **Réhbéri Talibin**, par X***, Constantinople 1305, 1 vol· in 8⁰.

Superbe exemplaire d'une reliure très soignée·

550. بدرقة ارباب دعاوى **Bédrika-i Erbabi Déavi,** par Ahmed Loutfi, Constantinolpe 1302. 1 vol. in 8⁰.
Reliure nouvelle.

551. حقوق تجارت **Houkouk Tidjaret,** Ahmed Réchid, Cons/ple 1305. 1 vol. in 8⁰.
Nouvelle et belle édition.

552. اكيال و اوزان قانونى **Ekial vé Evzan Kanouni,** par X•••, Constantinople 1285, 1 vol. in 16⁰. broché.
Edition originale.

553. وظائف يكجريان **Vézaifi Yénichériyan,** Mss. éxécuté en 1024 de l'Hégire, par copiste inconnu, in 8⁰. 150 feuillets.
Mss. simple, très belle écriture orientale.
Reliure orientale.

554. محصل قانونى **Mouhassil Kanouni,** par la Sublime Porte, Constantinople 1294, 1 vol. in 8⁰.
On trouvera dans la bibliothèque une autre exemplaire.

555. اداره عسكريه نظامنامه‌سى **Idaréi Askériyé nizamnaméssi,** par X•••, Constantinople 1288, 1 vol. in 8⁰.
Reliure européenne.

556. تعليمات عسكريه **Talimat Askériyé,** par X•••, Cons/ple 1295, 2 vol. in 8⁰.
Edition illustrée.

557. تعليمات عسكريه **Talimat Askériyé,** Mss. éxécuté en 1224 de l'Hégire par copiste inconnu, in 8⁰. 150 feuillets.
Mss. simple, belle écriture.
Reliure orientale en papier maroquiné noir gaufré.

558. تعليمنامهٔ عسكريه **Talim Naméi Askériyé,** Mss. éxécuté en 1195 de l'Hégire, par Oubeydoullah in 8⁰. 258 feuillets.
Mss. avec des planches enluminées et dorées, écriture assez soignée.
Reliure orientale.

559. پياده داخليه قانونى **Piyadé Dahiliyé Kanouni,** par X•••, Cons/ple 1293, 1 vol. in 8⁰.
Edition avec planche.

560. دپوى نظامنامه‌سى **Déboï Nizam Namessi,** par X•••, Cons/ple 1294, 1 vol. in 8⁰.
Edition avec planche.

561. مصر بحريه قانونى **Missir Bahriyé Kanouni,** Egypte 1242, 1 vol. in 8⁰.
Edition lithographiée.

562. اصول معارف بحريه **Ousouli Méarif Bahriyé,** Egypte 1242, 1 vol. in 8⁰.
Edition lithographiée.

563. پياده تعليمنامه‌سى **Piyadé Talim Namessi,** par X•••, Cons/ple 1245, 4 vol. in 8⁰.
Edition lithographiée.

564. الاى تعليمنامه‌سى **Alayi Talim Namessi,** Constantinople 1252, 1 vol. in 8⁰.
Edition avec planche.

◂▸ ادبيات منظومه ◂▸

EDÉBIYATI MANZOUMÉ

565· ديوان كبير نواﺉ **Divani Kébiri Névahi**, Mss· éxécuté en 1212 de l'Hégire par Névahi, Constantinople in 8⁰· 550 feuillets.
Mss· d'une très belle calligraphie, titre peint, frontispice or et couleur, lettres dorées et rouges.

Reliure orientale recouverte de toile rose.

566· ديوان عاشق پاشا **Divani Achik Pacha**, Mss. éxécuté en 1214 de l'Hégire par Achik Pacha, Constantinople in 8⁰. 500 feuillets·
Mss· simple, belle écriture soignée et fine·

Reliure en maroquin rouge .

567· ديوان مسعود حرابا تﻰ **Divani Mesoüd Charabati**, par le Cheïk Vassif, Constantinople 1302, 1 vol· in 4⁰. broché·

Édition lithographiée.

568. ديوان نظيم **Divani Nazim**, par Nazim, Constantinople 1257, 1 vol. in folio P.

Édition lithographiée.

569· ديوان وهبى **Divani Vehby**, par Vehby, Egypte 1253, 1 vol. in folio P.

Édition lithographiée·

570. ديوان عينى **Divani Aïni**, par Aïni, Constantinople 1258, 1 vol· in folio P.

Édition lithographiée.

571· ديوان راغب **Divani Raghib**, par Raghib Pacha, Cons/ple 1250, 1 vol. in 4⁰.

Reliure orientale soignée.

572. ديوان فضولى **Divani Fouzouli**, par Fouzouli, Cons/ple 1286, 1 vol. in 8⁰.

Édition et reliure orientale ·

573. ديوان عارف حكمت بك **Divani Arif Hikmet Bey**, par Arif Hikmet Bey, Constantinople 1282, 1 vol· in 8⁰.

Édition nouvelle .

574· ديوان حليم كراى **Divani Halim Guiraï**, par Halim Guiraï, Constantinople 1257, 1 vol in 4⁰·

Édition lithographiée.

475· ديوان حالت **Divani Halet**, par Halet éfendy, Cons/ple 1258, 1 vol. in 8⁰·

Édition lithographiée.

576. ديوان سامى **Divani Samy**, par Samy, Egypte 1253, 1 vol. in 16⁰·

Édition lithographiée·

577· ديوان واصف **Divani Vassif**, par Vassif, Constantinople 1259, 1 vol· in 8⁰.
On trouvera dans la bibliothèque une autre exemplaire.

Reliure très ancienne·

578· ديوان علي شرﺣﻰ **Divani Ali Cherhi**, par Ali Mustékim Zadé, Constantinople 1 vol· in 4⁰.

Belle édition lithographiée.

579· دیوان حافظ شرقی **Divani Hafiz Cherhi,** par Souddi, Egypte 1250, 3 vol· in 8⁰.
Reliure orientale fatiguée.

580· دیوان ندیم **Divani Nédim,** par Nédim, Egypte 1255, 2 vol· in 8⁰·
Edition lithographiée·

581· دیوان باقی **Divani Bakki,** Mss. éxécuté en 1080 de l'Hégire par Bakki, Constantinople, in 18⁰. 80 feuillets·
Mss· d'une trés belle calligraphie, encadrements dorés·
Reliure orientale fatiguée.

582· دیوان باقی **Divani Bakki,** Mss. éxécuté en 1080 de l'Hégire par Bakki, Constantinople in 8⁰. 60 feuillets.
Mss· simple très belle écriture·
Reliure en papier maroquiné jaune gaufré

583· دیوان باق و نوائی **Divani Bakki vé Névahi,** Mss· éxécuté en 1160 de l'Hégire par Bakki et Névahi, Constantinople in 8⁰· 260 feuillets.
Mss· simple calligraphie orientale fine et soignée··
Reliure orientale.

584· دیوان و منشات کانی **Divani vé Munchéatî Kiani,** Mss. éxécuté en 1802 de l'Hégire par Kiani, Constantinople in 8⁰. 200 feuillets·
Mss· très riche, beau spécimen de calligraphie orientale.
Reliure orientale en maroquin rouge.

585· دیوان محی **Divani Monhibi,** par Kanoni Sultan Suleïman, Constantinople 1306, 1 vol· in 8⁰.
Edition revue et corrigée.

586. دیوان حشمت **Divani Haschmed,** Mss. éxécuté en 1230 de l'Hégire par Haschmed, Constantinople in 8⁰. 60 feuillets.
Mss· simple, écriture lisible.
Reliure orientale en peau noir.

587· دیوان نقی **Divani Nakchi,** par Châh Nahchiben, Cons/ple 1283, 1 vol. in 8⁰.
Edition lithographiée.

588· دیوان غریی **Divani Gharibi,** par Youssouf-Erbili, Cons/ple 1283, 1 vol. in 8⁰.
Edition lithographiée.

589. دیوان سلطان جم **Divani Sultan Djem,** Mss· éxécuté en 1051 de l'Hégire par le fils du Sultan Mehmed Fathy, in 8⁰. 100 feuillets.
Mss. très riche, beau spécimen de calligraphie.
Superbe reliure orientale.

590· دیوان سلطان جم **Divani Sultan Djem,** Mss. éxécuté au règne du Sultan Djem par le sultan Djem, in 8⁰. 100 feuillets·
Mss. d'une très belle calligraphie·
Reliure en maroquine avec gaufrures rouge

591. دیوان سلامی **Divani Selami,** par Selamouddin, Constantinople 1287, 1 vol· in 4⁰.
Reliure en maroquin rouge

54

592.   ديوان شناسى **Divani Chinassi,** par Chinassi Constantinople, 1287, 1 v· in16º·
> Reliure et édition soignée

593·   ديوان نسيب **Divani Nessib,** par Nessib, Constantinople, 1261, 1 v. in 8º.
> Reliure et edition orientale.

594·   ديوان عزت ملا **Divani Izzet Molla,** Mss. éxécuté en 1243, de l'Hégire par Izzet Molla, in 16º. 30 feuillets·
Mss. simple, écriture soignée.
> Reliure orientale en maroquin rouge.

595·   ديوان نابى **Divani Nabi,** par Nabi Egypte 1258, 1 vol. in 4º.
> On trouvera dans la bibliothèque 1 autre exemplaire.

596.   ديوان نابى **Divani Nabi.** Mss. éxécuté en 555 de l'Hégire par Nabi, in 8º.
Mss. très simple belle écriture·
> Reliure orientale fatiguée.

597.   ديوان نيازى **Divani Niyazi,** par Niyazi Egypte 1259, 1 vol. in 8º.
> Edition lithographiée.

598·   ديوان اسرار **Divani Esrâr,** par Esrâr Dédé, Cons/ple 1254, 1 vol. in 8º·
> Edition lithographiée.

599.   ديوان احمد يسوى **Divani Ahmed Yesévi,** par Hodja Ahmed Yesévi, Constantinople 1299, 1 vol· in 8º.
> Edition nouvelle.

600.   ديوان بليغ **Divani Béligüe,** par Béligüe, Constantinople 1258, 1 vol· in 8º.
> Edition lithographiée.

601·   ديوان نيازى مصرى **Divani Niazi Missiri,** par Niazi, Egypte 1254, 1 vol. in 8º.
> Edition lithographiée·

602·   ديوان نابت **Divani Sabit,** Mss. éxécuté en 1252 de l'Hégire par Sabit éfendy, Constantinople in 8º. 200 feuillets·
Mss. très riche, écriture soignée·
> Reliure orientale soignée.

603.   ديوان نابت **Divani Sabit,** par Sabit éfendy, Cons/ple 1230, 1 vol· in 8º.
> Edition lithographiée.

604.   ديوان خيالى **Divani Hayali,** Mss. éxécuté en 970 de l'Hégire par Ibni Gulcheni, Cons/ple 1 vol. in 8º· 100 feuillets·
Mss. simple écriture, médiocre mais lisible.
> Reliure orientale.

605.   ديوان اسعد **Divani Essad,** Mss. éxécuté en 1200 de l'Hégire par Essad éfendy, Cons/ple in 8º. 90 feuillets·
Mss, simple·
> Reliure orientale détériorée

606.   ديوان طرسى **Divani Toursi,** Mss. éxécuté en 1154 de l'Hégire par Toursi, in 8º. 40 feuillets·
Mss. simple, calligraphie soignée·
> Reliure orientale en maroquin fauve·

607. ديوان صبرى **Divani Sabri**, par Sabri éfendy, Brousse 1292. 2 vol. in 8o.
Reliure. orientale.

608. ديوان عثمان نورس **Divani Osmani Nevréss,** par Osman Nevréss, Cons/ple 1290. 1 vol. in 8º,
Nouvelle edition.

609. ديوان اشرف **Divani Echref,** par Echref Bey, Cons/ple 1278. 2 vol. in folio.
Belle édition lithographiée.

610. ديوان صلاجى **Divani Saladji**, par Saladji Zadé, Mss. éxécuté en 1220 de l'Hégire par Saladji Zadè, Cons/ple Crète, in 8o. 80 feuillets.
Mss. simple trés belle écriture soignée, très rare, non imprimé.
Reliure orientale en papier maroquiné noir gaufré.

611. مولود رساله‌ى **Mevloud Rissalessi**, Mss. éxécuté en 1124 de l'Hégire par Suleïman éfendy, Cons/ple in 8º. 21 feuillets.
Mss. simple écriture soignée.
Reliure orientale médiocrement conservée.

612. مولود رساله‌ى **Mevloud Rissalessi,** Mss. éxécute en 1167 de l'Hégire par Suleïman éfendy, Cons/ple in 8. 24 feuillets.
Mss. simple belle calligraphie orientale.
Reliure détériorée.

613. كليات فضولى **Kulliyaté Fouzouli,** Mss. éxécuté en 980 de l'Hégire par Fouzouli, Cons/ple in 8º. 180 feuillets.
Mss. très riche, avec pages encadrées d'un triple fillet or bleu. Beau spécimen de calligraphie orientale.
Reliure peinte.

614. كليات باق **Kulliyati Bakki,** Mss. éxécuté en 1008 de l'Hégire par Bakki, Constantinople in 8º. 780 feuillets.
Mss. simple, écriture assez médiocre mais lisible.
Reliure orientale fatiguée.

615. اشعار بكتاشيه **Echâri Bektachiyé,** Mss. éxécuté en 803 de l'Hégire par Osman Baba. Constantinople in 8º. 180 feuillets.
Mss. simple belle écriture orientale.
Reliure orientale en maroquin fauve.

616. مرآت محمدى **Miraté-i-Monhamedi,** par Ahmed Essad éfendy. Constantinople 1302. 10 vol. in 8º.
Edition orientale très soignée.

617. تخميس قصيده اسماء الحسنا **Tahmissi Kassidei Esma-il Houbna,** Mss. éxécuté en 1230 de l'Hégire par Halim Pacha, in 8o. 21 feuillets.
Mss. simple écritnre régulière.
Reliure orientale.

618. پند عطار شرى **Pendi Atar Cherhi,** par Hafiz Mehmed Mourad, Constantinople 1260. 1 vol. in 8º.
Edition lithographiée.

619. شرح مثنوى **Cherhi Mesnévi,** par le Cheïh Youssouf bini Ahmet Dehlévi Constantinople 1250. 3 vol. in 8º.
Edition lithograhiée.

620· قصيده· عرفى شرعى **Kassideï Eurfi Cherhi,** Mss. éxécuté en 1170 par anony-
me, Constantinople in 8⁰. 76 feuillets.
Mss. très riche, avec encadrements or et couleur, très ancienne reliure·
Superbe spécimen de calligraphie orientale.

621. قصيده· آمالى **Kassideï Amali,** par Ali Osman, Cons/ple 1305· 1 vol· in 8⁰.
Traduit de l'arabe par Mouhammed Chukri·

622. حلية حاقانى **Hilyeï Hakàni,** Mss. éxécuté en 1113 de l'Hégire par Hâkani,
Constantinole in 8⁰. 20 feuillets.
Mss. d'une très belle écriture orientale.
Belle reliure orientale.

623· حلية حاقانى **Hilyeï Hâkani,** par Hâkani, Cons/ple 1264. 1 vol. in 8⁰.
Edition lithographiée.

624. حلية حاقانى **Hilyeï Hâkani,** par Hâkani, Cons/ple 1292· 1 vol. in 8⁰.
Nouvelle éditon revue et corrigée,

625· منظومة نسفى **Menzoumeï Nésseü,** Mss. éxécuté en 827 de l'Hégire par Nés-
sefi, Constantinople in 8⁰. 250 feuillets·
Mss. très ancien et unique, d'une très belle écriture·
Reliure orientale·

626. تركيب بند **Terkibi bend,** par Djèvri Dédé, Cons/ple 1270. 4 vol. in 8⁰.
Edition lithographiée.

627· ترجيع بند **Terdj-i-bend,** par Zia Pacha, Paris 1876· 1 vol. in 8⁰.
Edition et reliure européennes·

628. سنة الشعرا **Sefinet neh-Chuara,** par Fehim éfendy, Constantinople
1259. 1 vol· in 4₀.
Edition lithographiée·

629. تذكرة الشعرا **Tezkéret-ul-Churara,** par Loutfy. Cons/ple 1250. 1 vol· in 4⁰·
Edition lithographiée.

630· تذكرة الشعرا **Tezkéret-ul-Churara,** Mss. éxécuté en 1150 de l'Hégire par
Loutfy, Constantinople in 8⁰. 100 feuillets·
Mss. avec encadrements en or, calligraphie assez bonne.
Reliure orientale·

631· سراين نامه **Sérayn Namé,** par X··· Cons/ple 1254· 1 vol· in 4⁰.
Edition lithographiée·

632. آثار شعراى سالفه مجوعسى **Assarï Chuarayé Salifé Médjmouaï,** Mss. éxécuté en
plusieurs dates et par plusieurs auteurs Constantinople in 8⁰. 140 feuillets.
Mss. simple, écriture avec des lettres rouges et noires.
Reliure orientale.

633. صلنامة خالص **Sulch Naméï Halyssi,** par Halys, Cons/ple 271. 1 vol. in 16·
Edition lithographiée·

634. كليات فضول **Kulliyati Fouzouli,** par Fouzouli, Constantinople 1286. 1 vol. in 8⁰.
On trouvera dans la bibliothèque une autre exemplaire.

635. كليات نجاتى **Kulliyati Nédjati,** Mss. éxécuté en 972 de l'Hégire par Né-djat éfendy. Constantinople, 1 vol· in 8⁰. 180 feuillets.
Mss. simple, belle écriture.
Reliure orientale.

636. خيرية نابى **Haïriyé-i Nâbi,** Mss. éxécuté en 1080 de l'Hégire par Nâbi, Constantinople in 8⁰. 42 feuillets·
Mss· d'une très bonne calligraphie, très ancien·
Reliure orientale fatiguée·

637. خمسة عطائى **Hamsé-i Ataï,** Mss· éxécuté en 950 de l'Hégire par Ataoullah Névhi, Constantinople in 8⁰. 250 feuillets.
On trouvera en marge de ce manuscit Sâki Namé-i-Névih par l'auteur du précédent en 1040 de l'Hégire, belle écriture orientale·
Reliure molle.

638. بجم النظار نظمى **Médjmé-ul-Nézayri Nazmy,** Mss. éxécuté en 980 de l'Hégire par Nazmy, Constantinople in 8⁰· 153 feuillets.
Mss· très ancien non imprimé, très belle calligraphie.
Reliure orientale très bien conservé.

639· اشعار و نجوم مجوعهسى **Echar vé Nudjoum Médjmouaci·** Mss. éxécuté en 1025 de l'Hégire par plusieurs auteurs, Constantinople in 8⁰. 106 feuillets.
Mss. simple, belle écriture, rare.
Reliure en marquin rouge·

640. اشعار مجوعهسى **Echar Médjmouaci.** par plusieurs auteurs, Constantinople 1293. 3 vol. in 8⁰·
Edition revue et corrigée·

641. اشعار مجوعهسى **Echar Médjmouaci.** Mss. éxécuté par plusieurs auteurs, Constantinople in 8⁰· 150 feuillets.
Mss. simple, écriture assez soignée.
Reliure élégante ·

642. اشعار مجوعهسى **Echar Médjmouaci·** Mss. éxécuté en plusieurs dates et par plusieurs auteurs, diverses villes in 8⁰. 150 feuillets.
Mss. très beau et très riche.
Beau spécimen de calligraphie.

643. شرقيات مجوعهسى **Charkiyat Médjmouaci,** Mss. éxécuté en plusieurs dates et par plusieurs auteurs in 8⁰. 250 feuillets.
Mss. d'une écriture très fine et très soignée·
Reliure en papier maroquiné noir gaufré·

644. يوسف زليخا مجوعهسى **Youssouf Zuleyha Médjmouaci.** Mss. éxécuté en 1164 de l'Hégire par X°°°, Constantinople in 8⁰. 240 feuillets·
Mss· avec pages encadrées d'un double filet or et bleu, titre peint, enluminures, très belle reliure.
Beau spécimen de calligraphie orientale.

58

645. حسرو و شيرين **Husréf vé Chirin,** Mss. éxécuté au règne du Sultan Mou-
rad ~~█████████~~ par le Mevlana Houtzi, Constantinople in 8⁰. 250 feuillets.
Superbe mss. avec ses encadrements dorés et par son élégante reliure.
Belle calligraphie orientale.

646. ليلا و مجنون **Leyla vé Médjnoun,** par Fouzouli, Cons/ple 1264. 1 v. in 8⁰.
Edition lithographiée.

647. ليلا و مجنون **Léyla vé Médjnoun,** par Fouzouli Tibère 1273. 1 vol. in 8⁰.
Edition avec gravures.

648. ليلا و مجنون **Leyla vé Médjnoun,** par Fouzouli, Cons/ple 1280. 1 vol. in 8⁰.
Edition avec gravures.

649. مثاق المثاق **Méchak-ul-Ouchchak.** Mss. éxécuté en 1035 de l'Hégire par
Nerkissé, Constantinople in 8⁰. 45 feuillets.
Mss. simple, écriture fine et soignée.
Reliure peinte.

650. ثبات العاجزين **Sébat-ul-Adjizin,** par Loutfoullah Yar Bouhari, Constantinople 1299. 1 vol. in 8⁰.
Reliure orientale.

651. نوادرالاثار **Névâdirul Assâr,** par Assâr, Egypte 1257. 1 vol. in 8⁰.
Edition lithographiée.

652. تحفة عاصم **Touhféi Assim,** par Assim, Constantinople 1214. 1 vol. in 8⁰.
Edition lithographiée.

653. سمة صبيان **Soubha-i-Sibian.** Mss. éxécuté en 1135 de l'Hégire par anony-
me, Constantinople in 8⁰. 36 feuillets.
Mss. simple, calligraphie corrècte.
Reliure orientale

ادبيات منثوره

ÉDÉBIYATI MENSOURÉ

654. عاكف پاشا تبصره‌سى **Akif Pacha Tebsirési,** Mss. éxécuté en 1250 de l'Hégire
par Akif Pacha, Constantinople in 4⁰. 16 feuillets.
Mss. simple, calligrrphie soignée.
Reliure en papier maroquiné jaune gaufré.

655. عاكف پاشا تبصره‌سى **Akif Pacha Tébsirési,** par Akif Pacha, Constantinople
1300. 1 vol. in 8⁰. broché.
Edition revue et corrigée.

656. عاكف پاشا منشأتى **Akif Pacha Munchéâti,** par Akif Pacha, Constantinople
1259. 1 vol. in 8.
Edition lithographiée.

657. حديقة الادبا **Hadikat-ul-Udéba,** par Emin Osman, Constantinople 1299
2 vol· in 8⁰·
On trouvera dans la bibliothèque 2 autres exemplaires.

658. بحر الحكم **Bahrul Hikem·** Mss. éxécuté en 1064 de l'Hégire par Meh-
med Ibni Abdul Latif in 8⁰. 200 feuillets·
Mss. très rare, non imprimé.
Reliure ancienne.

659. فريدون بك منشآتى **Féridoun Bey Munchéati,** par Féridoun Bey, Constantinople 1260· 2 vol· in folio.
Edition lithographiée·

660. فريدون بك منشآتى **Féridoun Bey Munchéati,** par Féridoun Bey, Egypte 1275·
2 vol. in folio.
Belle édition lithographiée·

661· شرح كلستان **Cherhi Gulistan,** par Soudi, Cons/ple 1247. 1 vol· in folio·
Edition lithographiée·

662. ترجمة كلستان **Terdjumeï Gulistan.** Mss. éxécuté en 1200 de l'Hégire par
Soudi, Constantinople in 16⁰. 120 feuillets·
Mss. simple, très belle calligraphie orientale.
Reliure très riche et très bien conservée.

663. تذكرةٔ فطين **Tézkéréï Fétin,** par Fétin, Constantinople. 1 vol. in 8⁰.
Belle édition lithographiée.

664· اخلاق علاى **Ahlaki Alaï,** par Abdul Véhab, Egypte 1248 1 vol. in folio·
Edition lithographiée.

665. اخلاق علاى **Ahlaki Alaï,** Mss· éxécuté en 973 de l'Hégire par Dervich
bin Moustapha in 8⁰· 232 feuillets.
Mss. simple d'une très belle écriture·
Reliure orientale soignée.

666· اخلاق علاى **Ahlaki Alaï,** Mss. éxécuté 1056 de l'Hégire par anonyme,
Constantinople in 8⁰· 160 feuillets·
Mss. très beau et très riche, très belle calligraphie orientale·
Reliure orientale en maroquin noire.

667· ملزمة الاخلاق **Melzemet-ul-Ahlak,** par Mehmed Emin, Constantinople
1285, 1 vol· in 8⁰·
On trouvera 1 autre exemplaire·
Edition lithographiée.

668. رسالة اخلاق **Rissaleï-Ahlak,** par le Cheïh Zadé Mehmed Essad, Constantinople, 1 vol· in 16⁰·
On trouvera dans la bibliothèque les éditions de 1265 et de 1282.

669. حكايات عجيبه **Hikiayati Adjibé,** Mss. éxécuté en 1203 de l'Hégire par Djé-
nani éfendy, Constantinople in vol· 4⁰. 200 feuillets·
Mss. simple, reliure en maroquin fauve.
Beau spécimen de calligraphie.

670. زبدة العلوم **Zubdét-ul-Onloum,** par Moustafa Hâmi Pacha, Constantinople 1288. 1 vol. in 8⁰.

Très belle édition avec reliure orientale.

671. تذكره حسن **Tézkéré-i-Hassan,** Mss. éxécuté en 1013 de l'Hégire par Hassan Tchélébi, Constantinople in 4⁰. 200 feuillets.
Mss. simple, très soigné, écriture assez bonne.

Reliure orientale détériorée.

672. مجموعه **Médjmoua,** Mss. éxécuté en date inconnue, par inconnu in 8⁰. 56 feuillets.
Mss. simple, mais très rare, non imprimé.

Reliure orientale détériorée

673. مستظرف ترجمه‌سی **Mustazraf Terdjumessi,** par le Cheïh Mouhamed Djévad. Traduit de l'arabe par Hafiz Ahmed, Constantinople 1271. 2 vol. in folio.

Edition lithographiée.

674. طريقت محديه شرحی **Tarikati Mouhamediyé Cherhi,** par Birguivi Mehmed éfendy, fait en commentaire par Rédjeb éfendy, Cons/ple 1278. 1 vol. in 8⁰.

Edition revue et corrigée.

675. مقالة العرفا **Mékalétul Ouréfa,** par Ahmed Hamdi, Cons/ple 1293. 1 v. in 8⁰.

Edition revue et corrigée.

676. حكايةٔ ابوعلی سينا **Hikiayé-i-Ebou Ali Sina,** par Ebou Ali Sina, Egypte 1250. 1 vol. in 8⁰.

Belle édition lithographiée.

677. حكايةٔ ابوعلی سينا و ابوالحارث **Hikiayé-i-Ebou Aly Sina vé Ebul Hariss,** Mss. éxécuté en 1038 de l'Hégire. Traduit par inconnu en 1125 de l'Hégire, Constantinople in 8⁰. 260 feuillets.
Mss. simple, écriture soignée et fine.

Reliure orientale en maroquin noir.

678. تذكره عاشق چلبی **Tézkéré-i-Achik Tchélébi,** Mss. éxécuté en 1236 de l'Hégire par Achik Tchélébi, Constantinople in 8⁰. 25 feuillets.
Mss. ornementé d'une calligraphie très belle et très fine, frontispice en or et en couleur, titre peint, pages encadrées d'un double filet or et bleu.

Superbe reliure en papier maroquiné rouge gaufré.

679. نهج السلوك **Néhdjul Suiouk,** par Cheïh Ebul Nédjib, Cons/ple 1286. 1 v. in 8⁰.

Edition revue et corrigée.

680. كتاب ابن زيدون ترجمه‌سی **Kitabi Ibni Zeydoun Terdjumessi,** par Mehmed Saïd, Constantinople 1257. 1 vol. in 8⁰.

Edition lithographiée.

681. طوطی نامه **Touthi Namé,** Mss. éxécuté en 989 de l'Hégire, Constantinople par X***, in 8⁰. 250 feuillets.
Mss. très riche, superbe calligraphie orientale.

Reliure orientale.

682. بهارستان شرحى **Béharistan Cherhi,** par Mehmed Chakir, Constantinople 1250
1 vol. in 8⁰.

Edition lithographiée.

683. بهارستان شرحى **Béharistan Cherhi.**
كتاب وصول الهى **Kitabi Vousouli Ilâhy.**
كتاب فضائل يسن **Kitabi Fezaïl Yâssin.**
Mss. éxécuté en 1179 de l'Hégire par Mehemed Chakir, Constantinople in
16⁰. 140 feuillets.
Mss. simple, écriture fine et soignée.

Reliure orientale.

684. كتاب الملل والنحل **Kitabul Milell ven Néhal,** Mss. traduit de l'arabe en 1113
de l'Hégire par Noüh éfendy, Constantinople in 8⁰. 150 feuillets.
Mss. très simple, très belle écriture orientale.

Reliure orientale.

685. محاسن الحمام **Méahsinul Houssam,** par Youssouf bin Omer, Constantinople 1267. 2 vol. in 8⁰.

Reliure élégante.

686. زبية الازمان **Terbiétul Ezhan,** par X***, Cons/ple 1279. 1 v. in 8⁰ broché.

687. ترجمة رسالة صوفى يار بك **Terdjumeï Rissaleï Saufiyar Bey,** par Saufiyar Bey,
Constantinople 1265. 1 vol. in 16⁰.

Edition et reliure orientale.

688. منتخبات اوليا چلبى **Muntehabati Evliya Tchélébi,** par Evliya Tchélébi, Constantinople 1259. 1 vol. in 8₀.

Edition lithographiée.

689. ثمار الاثمار **Semarul Esmar,** par X***, Constantinople 1256. 1 vol. in 8⁰.

Edition lithographiée.

690. علم تدبير ملك **Ylmi Téthiri Mulk,** par Charles Wells, Londres 1860. 1
vol. in 16⁰.

Reliure européenne très riche.

691. مايون نامه ترجمه‌ى **Humayoun Namé Terdjumessi,** par Mahmoud, Egypte
1251 in 1⁰.

Edition lithographiée.

692. مايون نامه ترجمه‌ى **Humayoun Namé Terdjumessi,** par Mahmoud, Constantinople 1293.

Edition revue et corrigée.

693. منشآت تركيه **Munchéati Turkiyé,** par Ahmed Loutfi éfendy, Constantinople 1275. 1 vol. in 8⁰. broché.

Edition originale.

694. بهجة الاسرار **Behdjétul Essar,** par le Cheïh Abdul Rahman Halissé,
Constantinople 1302. 1 vol. in 8⁰.

Edition nouvelle.

62

695. درج بدايع **Durdji Bédayi,** par Izzet éfendy, Cons/ple 1302. 1 vol· in 8⁰.

696· مناظر اللطايف **Ménazirul Létaïf,** par Mouhamed Chakir, Brousse 1301·
1 vol· in 8⁰.

697. ضروب امثال عثمانى **Donroubi Emsal Osmani,** par Son A. Ahmed Véfik Pacha,
Constantinople 1268. 1 vol 16⁰.
On trouvera dans la bibliothèque 3 autres exemplaires·

698. ضروب امثال مجموعى **Douroubi Emsal Medjmouaei,** par Hifzi, Constantinople
1262. 1 vol· in 8⁰.

699· ضروب امثال **Douroubi Emsal,** par Chinassi éfendy, Constantinople
1268. 1 vol. in 16o·

700· ضروب امثال **Douroubi Emsal,** par Chinassi, Constantinople 1301.
1 vol. in 8⁰.

701· خزينة اوراق **Haziné-i-Evrar,** par Mahmoud Djelaleddin, Constantinople
1273. 1 vol· in 8⁰.
On trouvera dans la bibliothèque 2 autres exemplaires, édition 1297·

702. بيك بر كيجه حكايسى **Bin bir Guidjé Hikiayessi,** par Ahmed Létif, Constantinople 1290· 4 vol· in 8⁰.

703· الف ليله ترجمسى **Elf Leylé Terdjumessi,** par Ahmed Nétif, Constantinople
1250· 5 vol· in 8⁰.

704. خمسۀ عطائى **Hamsé-i-Ataï,** Mss. éxécuté en 1193 de l'Hégire par Ataou-
lah éfendy, Constantinople in 8⁰· 250 feuillets·
Mss· très riche ornementé d'une très belle calligraphie.

705· خمسۀ ترکیسی **Hamsé-i-Nerkissi,** par Nerkissi, Cons/ple 1298. 2 vol. in 8·

706. تلماق ترجمسى **Télémak Terdjumessi,** par Kiamil Pacha, Constantinople
1279. 2 vol. in 8⁰.

707· تلماق ترجمسى **Télémak Terdjumessi** par Ahmed Véfik Pacha, Brousse 1297
2 vol· in 16⁰.

708· رساله حکمیه **Risalé-i-Hikemiyé,** par Ishac éfendy, Constantinople 1278. 1
vol. in 8⁰· broché·

709. کنعان بك منشأتى **Kénan Bey Muncheati,** par Kénan Bey, Constantinople 1280
1 vol· in 8⁰.

710. غرايب عادات اقوام **Gharaïbi Adati Akvam,** par Saïd éfendy, Constantinople 1303. 3 vol. in 8. broché.

Nouvelle et belle édition.

711. منشات آثار رفعت پاشا **Munchéati Assari Rifaat Pacha,** par Rifaat Pacha, Constantinople 1290. 11 vol. in 8⁰.

Edition orientale.

712. مخيلات عزيز افندى **Monhayélâti Aziz,** par Aziz éfendy, Cons/ple 1268. 1 v. in 8⁰.

Edition lithographiée.

713. نظنت خانم رساله‌سى **Fithnet Hanoum Rissalessi,** Mss. éxécuté en 1242 de l'Hégire par Fithnet Hanoum in 8⁰. 32 feuillets.
Mss. très riche, belle écriture orientale.

Reliure orientale fatiguée.

714. حنيفه خانم سركزشى **Hafifet Hanoum Sergussechti,** Mss. éxécuté en 1192 de l'Hégire par Hafifét Hanoum, Constantinople in 8⁰. 110 feuillets.
Mss. simple, mais très ancien, unique, non imprimé.

Reliure en veau.

715. منتخبات عثانيه **Muntéhabati Osmanlié,** par Constantinidès, Constantinople 1290. 1 vol. in 8⁰. broché.

Edition revue et corrigée.

716. تذكره لطيف **Tezkére-i-Latif,** Mss. éxécuté en 995 de l'Hégire par Latif éfendy, Constantinople in 8⁰. 140 feuillets.
Mss. doré, très belle calligraphie.

Reliure orientale très riche.

717. عروسنامه ترجمسى **Arouss Namé Terdjumessi,** par Mirza Mehdi Chah. Traduit par Méhmed éfendy, Constantinople 1890. 1 vol. in 8⁰.

Edition très rare.

718. لغة الادب **Néfhat-ul-Edeb,** par Izzet éfendy, Constantinople, 1302. 1 vol. in 8⁰.
On trouvera dans la bibliothèque 2 autres exemplaires.

719. معلقات سبعه ترجمسى **Mualekati Sébâ Terdjumessi,** par Husséin Zirkani, Beyrouth en 486 de l'Hégire. Traduit par Méhémed Kiamil.

Edition très rare.

720. شرح عهدنامه على **Cherhi Ahdnamél Ali,** par Hazreti Ali, Mecque in 8⁰. Traduit par Mahmoud Djélaleddin.

Edition très rare.

721. خلاصة الكلام **Houlassat-ul-Kélam,** par Sami éfendy, Constantinople 1293. 1 vol. in 16⁰.

Edition nouvelle.

722. جل منتخبة كمال **Djaméli Muntehibéi Kémal,** par Ebuzzia Tevfik, Constantinople 1299. 1 vol. in 8⁰.

Edition revue et corrigée.

723. تتايج الفنون **Nétayidjul Funoun,** Mss· éxécuté en 998 de l'Hégire par Osman Tchélébi, in 8⁰. 156 feuillets.
Mss. très riche et très ancien.
Reliure orientale fatiguée.

724. مجوعه **Médjmoua,** Mss. éxécuté en 1080 de l'Hégire par inconnu in 8⁰· 56 feuillets.
Mss· simple et rare.
Reliure très ancienne.

725. مجوعه **Médjmoua,** Mss· éxécuté en 830 de l'Hégire par anonyme, in 8⁰. 100 feuillets·
Mss· très rare et introuvable.
Reliure en papier maroquiné noir gaufré

726. بروج فنون **Burudji Funoun,** Mss. éxécuté en 1207 de l'Hégire par Iskender Zadé Constantin Bey, in 8⁰. 150 feuillets·
Mss. très riche, écriture remarquablement belle·
Reliure élégante.

727· منشآت كانی **Munchéati Kiani,** Mss· éxécuté en 1190 de l'Hégire par Kiani Constantinople in 16⁰. 38 feuillets·
Mss. très beau et très riche, écriture soignée,
Reliure orientale fatiguée.

728· منتاح البلاغه **Miftah Bélagha,** par Ismaïl Ankaravi, Cons/ple 1284. 1 v. 8⁰.
Reliure europenne.

729. منشآت نابی **Munchéati Nâbi,** Mss· éxécuté en 1145 de l'Hégire par Nâbi, Constantinople in 8⁰· 115 feuillets·
Mss· simple, écriture assez soignée.
Reliure en papier maroquiné noir·

730. جوابنامۀ ویسی **Djévap Naméi Veyssi,** par Veyssi, Cons/ple 1252. 1 vol. in 8⁰·
Edition lithographiée.

731. منشآت مجوعسی **Munchéat Medjmouaci,** Mss. éxécuté en 1050 de l'Hégire par inconnu. Constantinople in 16⁰. 30 feuillets·
Mss· très simple, mais d'une écriture fine et soignée.
Reliure orientale.

732. منشات كال زاده **Munchéati Kémali Zadé,** Mss. éxécuté en 1232 de l'Hégire par Kémali Zadé in 8⁰. 60 feuillets·
Mss· simple, écriture médiocre.
Reliure orientale fatiguée.

733. منشآت سروری **Munchéati Surouri,** Mss. éxécuté en 1050 de l'Hégire par Surouri, Constantinople in 8⁰· 40 feuillets.
Mss. simple, beau spécimen de calligraphie orientale.
Reliure très riche·

734· مجوعة لطایف **Médjmoua-i-Létaif,** Mss. éxécuté en 995 de l'Hégire par inconnu, Constantinople in 8⁰· 100 feuillets.
Mss· simple, très ancien et très rare.
Reliure fatiguée.

735. محموعة انشا **Medjmouaï Inchà**, Mss· éxécuté en 934 de l'Hégire, Constantinople in 8⁰· 200 feuillets.
Mss. simple, très rare.
Reliure et écriture très soignée.

736. انشاء قديم **Insay Kadim**, Mss. éxécuté en 506 de l'Hégire par anonyme, Constantinople in 8⁰. 60 feuillets.
Mss. simple, très rare, reliure en papier maroquiné noir gaufré.
Belle écriture orientale.

737. ترجمة اطواق الذهب **Terdjuméï Atvak-ul Zéheb**, par Ebul Kassim Mahmoud Zimachéri, Constantinople 1290. 1 vol. in 8⁰.
Traduit par Seïd Zihni.

738. ترجمة مقامات حريرى **Terdjuméï Mékamatï Hariri**, par Ahmed Hamdi, Constantinople 1250 in 8⁰. 1 vol.
Edition lithographiée.

739· منشأت حيرت **Munchéatï Haïret**, par Haïret éfendy, Egypte 1242. 1 vol. in 8⁰.
Edition lithographiée.

740. محموعه امورنافعه **Médjmouaï Oumurï Naßyé**, par X***, Constantinople 1302· 1 vol. in 8⁰.
Edition revue et corrigée.

741. لطايف لامعى **Létaïß Lamiï**. Mss. éxécuté en 1202 de l'Hégire par Mahmoud Bursevi in 8⁰. 150 feuillets.
Mss· simple, écriture simple mais soignée.
Reliure orientale.

742. ترجمة تحفة محمود محتشم **Terdjuméï Touhféï Mahmoud Muchtechem**, par traducteur anonyme, Constantinople 1285. 1 vol. in 8⁰.
Edition lithographiée.

743. نصايح الملوك **Nessaïh-ul Muluk**, Mss· éxécuté en 1201 de l'Hégire par X***, in 8⁰. 150 feuillets·
Mss. simple, écriture fine et soignée.
Reliure orientale soignée.

744. بهالستان **Nihalistan**, par X***, Egypte 1255. 1 vol· in 8⁰·
Edition lithographiée.

745. مكالمات ادبيه **Mukialématï Edébïyé**, par Osman Rassim, Constantinople 1290. 1 vol· in 8⁰.
Edition nouvelle.

746· ترجمة نخبة المنقول **Terdjuméï Nuchbet ul Menkul**, Cons/ple 1254. 1 vol. in 8⁰·
Edition nouvelle.

747· جزى **Djezmï**, par Namyk Kémal, Constantinople 1 vol· 1302 in 16⁰.
On trouvera dans la bibliothèque 2 autres exemplaires.
Edition lithographiée.

748. رساله‌ ادب **Ressalét Edeb,** par Ekrem Bey, Cons/ple 1289. 1 vol· in 16·
Edition lithographiée.

749. نصیحت الحکما **Nassihat-ul Hukéma,** par X***, Cons/ple 1272· 1 vol. in 16º·
Edition lithographiée.

750. سیر ویسی **Siyèri Véissi,** Mss. éxécuté en 1186 de l'Hégire par Veïssi, Constantinople in 8º. 120 feuillets·
Mss. simple, belle écriture orientale·
Reliure orientale en maroquin rouge.

751. سیر ویسی **Siyèri Véissi,** Mss. éxécuté en 1186 de l'Hégire par Veïssi, Constantinople in 8º, 100 feuillets·
Mss. simple, belle écriture orientale.
Reliure recouverte de toile rose·

752. زنان نامه **Zénan Namé,** Mss· éxécuté en 1220 de l'Hégire par Fazyl Bey, Constantinople in 8º· 150 feuillets·
Mss. simple, d'une très belle écriture·
Reliure orientale·

753· مثنوی ترجمسی **Mesnevi Terdjumessi,** par X***, Cons/ple 1250. 3 v· in 8º·
Edition lithographiée·

754. علم عروض رساله‌سی **Ilmi Arouss Rissalessi,** Mss· éxécuté en 1030 de l'Hégire par X***, Constantinople in 8º· 100 feuillets·
Mss· simple, écriture fine et soignée·
Reliure orientale en maroquin noir.

755· تسهیل الروض **Teshilul Arouss,** par Ahmed Hamdi, Constantinople 1289. 1 vol. in 8º.
Edition lithographiée.

756. مجوعه طرب **Medjmouaï Tareb,** par Nadir, Cons/ple 1264· 1 vol· in 8º.
On trouvera dans la bibliothèque un autre exemplaire.

757· زنان نامه **Zenan Namé,** Mss. éxécuté en 1286 de l'Hégire par Fazyl Bey, in 8º. 100 feuillets·
Mss. très riche, beau spécimen de calligraphie orientale·
Reliure orientale·

758. مدخل **Médchal,** par Halid Zya, Cons/ple 1302. 1 vol. in 8º.
Nouvelle édition revue et corrigée.

759· حکایه‌ قرق وزیر و قرق خاتون **Hikiayé-i 40 Vézir vé 40 Hatoun,** par M· Belletête Paris 1812· 2 vol· in 4º.
Reliure européenne très ancienne·

760· شاه وكدا ترجمسی **Kitabi Schahu vé Guéda Terdjumessi,** Mss· éxécuté en 1060 de l'Hégire par anonyme in 832· 100 feuillets·
Mss. très riche, pages encadrées d'une double filet or et rouge, belle calligraphie très fine·
Reliure en papier maroquiné fauve.

761· خیالات دل **Hayalatti dill,** par Hassan Tevfik, Cons/ple 1285· 1 v. in 8º·
Edition lithographiée.

كتب تصوفية

KUTUBU TESSAVUFIYÉ

762. ايها لولد ترجمسى **Eyuhél Véled Terdjumessi,** Mss· éxécuté en 1128 de l'Hégire par L'Imam Ghazali, Bagdad in 8⁰· 200 feuillets·
Mss. ornementé d'une superbe calligraphie, frontispice or et couleur.

Reliure orientale en maroquin noir·

763· نصوص ترجمسى **Fussouss Terdjumessi,** Traduit de l'arabe par Abdoullah,
Constantinople 1290· 2 vol· in 8⁰·

Nouvelle édition·

764· شرح ابيات التلخيص و المختصر **Cherhi Ebiat-ul-Telhiss vel Mouhtessar,** par Sadduddi-
ni Teftasani, Egypte 1261· 1 vol. in 8⁰·

Edition lithographiée·

765· حديث اربعين **Hadis Erbain**· رشحات صوفيه **Réchéhati Sofiyé.**

دائره رجال الغيب **Dairei Ridjalul Ghaib,** رساله سلوت **Rissalei Halvet.**

رساله تصرف **Rissalei Tessarouf.** رساله نقشيه **Rissalei Nahchiyé.**

منظومة تفويض امور **Menzoumei Téfiss Oumour.** حكايات سيد نظام **Ikiayati Seid Nizam**·

رساله ذات كشانى **Rissalei Zati Kéchani.** Mss· éxécutés en 1188 de l'Hégire
par anonyme·
Simple, très belle écriture soignée·

Reliure orientale en maroquin noir·

766· شرح اشارت طوسى **Cherhi Icharati Toussi,** Mss· éxécuté en 1057 de l'Hégire par Nasruddini Toussi, Mecque Calcutta in 8⁰· 250 feuillets·
Mss. simple, c'est le plus beau spécimen de calligraphie orientale, que la bibliothàque
renferme, fort rare.

Reliure en maroquin rouge·

767· علم احوال روح **Ylmi Ahvalli Roûch,** par Youssouf Kémal, Constantinople
1295· 1 vol· in 8⁰· broché·

Editon nouvelle.

768· مذاهب لدنيه **Mézahibi Léduniyé,** Traduit par Abdul Bâki, Constantinople 1261· 1 vol· in folio·

Edition lithographiée.

769· مصر حق **Mahassari Hakki,** par Ismaïl Hakki, Constantinople 1286,
1 vol. in 8⁰.

Edition lithographiée.

770· نور الهدا **Nurrul Héda,** par X***, 1286, Cons/ple 1 vol· in 8⁰·

Edition lithographiée.

علم منطق و معانى

YLMI MANTHYK VÉ MÉANI

771. ميار سداد **Miyari Sédat**, par Ahmed Djevdet, Cons/ple 1293· 1 vol· in 8⁰·
Edition nouvelle.

772· ميزان العقول **Mizan-ul-Oukul**, par Ali éfendy, Constantinople 1303. 1 vol· in 8⁰· broché·
Edition nouvelle.

773. فن بديع **Fenni Beddy**, par Mehmed Nihriri, Egypte 1250· 1 vol· in 8⁰·
Edition lithographiée.

774· مفتاح الفنون **Miftah ul Funoun**, par X***, Cons/ple 1289· 1 vol· in 8⁰·
Edition revue et corrigée.

علم صرف و نحو

SARF VÉ NAHV

775· امثله تركيه **Emssilei Turkiyé**, par X***, Cons/ple 1283· 1 vol· in 8⁰·
Edition lithographiée.

776· علم صرف رسالهسى **Ylmi Sarf Rissalessi**, par Moustafa, Constantinople 1285· 1 vol· in 8⁰·
Edition lithographiée.

777· شاهدى شرىى **Chaïdi Cherhi**, Mss· éxécuté en 1063 de l'Hégire par inconnu, Constantinople in 8⁰· 120 feuillets·
Mss· très riche, dorée, beau spécimen de calligraphie orientale.
Reliure orientale en maroquin rouge.

778· نحو تركى **Nâhvi Turki**, par Hassan Chéfik, Cons/ple 1303. 1 vol· in 8⁰.
Edition nouvelle.

779· تركه عوامل **Turtdjé Avamil**, par Mouhamed Haïri, Constantinople 1300· 1 vol· in 8⁰·
Nouvelle édition.

780. قواعد فارسيه **Kavaïdi Fariciyé**, Mss. éxécuté en 1200 de l'Hégire par Rustem Mévlévi in 18⁰. 150 feuillets.
Mss. simple, très belle calligraphie·
Reliure orientale.

781. تحفة حسكيه **Touhfel Hassékiyé,** Mss. éxécuté en 1230 de l'Hégire par Ismaïl Hakki in 8⁰· 300 feuillets.
Mss· simple, très belle écriture·
Reliure élégante.

782. مقياس اللسان **Mikyassul Lissan,** par S. A. Ahmed Véfyk Pacha, Constantinople 1290. 1 vol. in 8⁰·
L'auteur dit dans cette méthode que c'est la seule qui est indispensable pour ceux qui veulent bien apprendre bien la langue Turque et aussi pour ceux qui veulent apprendre les bases fondamentales de la syntaxe·

783. مقياس رسالسى **Mikyass Rissalessi,** par Ghalib Bey, Constantinople 1287· 1 vol. in 8⁰·
Edition lithographiée·

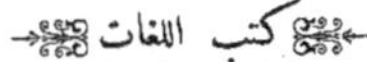

KUTUB-UL-LOUGHAT

784. برهان قاطع **Bourahui Katl,** par Ahmed Assim, Constantinople 1232· 1 vol. in folio.
Edition lithographiée·

785. برهان قاطع **Bourahui Katl,** Mss. éxécuté en 1212 de l'Hégire par Ahmed Assim in 4⁰. 400 feuillets.
Mss. simple, très belle écriture.
Reliure orientale.

786. فرشته لغتى **Férichté Loughatl,** Mss. éxécuté en 1203 de l'Hégire par Abdul Médjid· in 4⁰· 130 feuillets·
Mss· simple, écriture médiocre.
Reliure orientale en maroquin rouge·

787. فرشته لغتى **Férichté Loughatl,** Mss. éxécuté en 1205 de l'Hégire par Abdul Médjid· in 4⁰. 60 feuillets.
Mss· simple, écriture fine et soignée.
Reliure fatiguée.

788· نظم الجواهر **Nazmul Djévatr,** par Néhimi, Cons/ple 1251. 1 vol· in 4⁰·
Edition lithographiée.

789. صحاح عجم **Suhah Adjem,** Mss. éxécuté en 1030 de l'Hégire par X···, in 4⁰. 480 feuillets·
Mss. simple, reliure orientale en maroquin noir.
Beau spécimen de calligraphie orientale.

790. تحفة وهي شرحى **Touhfel Vehby Cherhi,** par Seïd Ahmed Hayati, Constantinople 1225. 2 vol. in 4⁰. reliure très ancienne.
Edition lithographiée.

791. تحفة وهي **Touhfel Vehby,** par Vehby, Cons/ple 1285. 1 vol. in 8⁰·
Edition lithographiée·

792. نخبه شرحى **Nuhbé Cherhi,** par Vehby Sumbul Zadé, Constantinople 1259. 1 vol· in 8⁰·

Edition lithographiée.

793· نخبه شرحى **Nouhbi Cherhi,** par Vehby, Egypte 1046. 1 vol. in 4⁰· Reliure ancienne·

Edition très ancienne lithographiée.

794. واننولى **Van Koulou,** Traduit par Mouhammed Ibni Moustafa Karahissari 1218. 2 vol. in folio.

Edition originale.

795. اخترى كبير **Ahteri Kébir,** par Moustafa bin Chemssuddin, Karahissar 1289· 2 vol. in 4⁰.

Edition lithographiée.

796. اخترى صغير **Ahteri Saghir,** Mss· éxécuté en 936 de l'Hégire par Moustafa bin Chemssuddin, Karahissar, in folio 180 feuillets·
Mss· simple très ancien, belle écriture fine et soignée.

Reliure orientale fatiguée.

797· اخترى صغير **Ahteri Saghir,** par Moustafa bin Chemssuddin Karahissar 1286. 1 vol· in folio.

Edition lithographiée.

798. لغات عثانى **Loughati Osmani,** par le Ministère de l'Instruction Publique, Constantinople 1268. 2 vol· in folio.
On trouvera 1 autre exemplaire.

799. لغات عثانى **Loughati Osmani,** Mss. éxécuté en 1859 de l'ère chrétienne par Redhous'. 3 vol. 2,977 feuillets·
Mss· simple, très bien écrit.

Reliure européenne.

800· ترجمة قاموس **Terdjumei Kamouss,** Traduit par Ahmed Assim éfendy, Egypte 1220· 3 vol. in folio.

Reliure en veau édition lithographiée·

801. مرقات اللغات **Mirkat-il Loughat,** Mss· éxécuté en 830 de l'Hégire par anonyme, in 4⁰· 150 feuillets·
Mss· simple.

Reliure en papier maroquiné noir gaufré

802. مرآت اللغات **Mirati Loughat,** par Mehmed Rifaat, Constantinople 1293· 1 vol in 8⁰· broché.

Edition nouvelle.

803. ترجمان اللغات **Terdjumanul Loughat,** par Nazim, Constantinople 1287. 2 vol· in 8₀.

Edition lithographiée.

804· زبدة اللغات **Zubdet ul-Loughat,** par Ahmed Nakchi. Constantinople 1210· 1 vol. in 8⁰·

Edition lithographiée.

805. زبدة اللهجة **Zubdet-ul-Léhdjé,** par X•••, Cons/ple 1287. 1 vol. in 8⁰. broché.

Edition lithographiée.

806. لهجة اللغات **Léhdjét ul-Loughat,** par le Cheïh-ul-Islam Essad éfendy, Constantinople 1220. 4 vol. in 4⁰.

Edition lithographiée.

807. لهجة عثانی **Léhdjé-i-Osmanl,** par S. A. Ahmed Véfyk Pacha, Constantinople 1293. 2 vol. in 8⁰.
On trouvera dans la bibliothèque 200 autres exemplaires.

Reliure européenne.

808. لهجة عثانی **Léhdjé-i-Osmanl,** par S. A. Ahmed Véfyk Pacha, Constantinople 1305. 1 vol. en 2 tomes.

Edition revue et corrigée.

809. لغت نعمة الله **Loughatl Nimetoullah,** Mss. éxécuté en 1119 de l'Hégire par Nimetoullah, Constantinople in 4⁰. 250 feuillets.
Mss. simple, écriture lisible.

Superbe reliure orientale.

810. غلطات حفيد افندى **Ghalétatl Hafid éfendy,** par Hafid éfendy, Constantinople 1221. 1 vol. in 8⁰.

Edition lithographiée.

811. غلطات **Ghalétat,** par Sirri, Constantinople 1301. 1 vol. in 8⁰.

Edition nouvelle.

812. غلطات ابن كمال **Ghalétat Ibni Kémal,** par Ibni Kémal, Constantinople 1300. 1 vol. in 8⁰.

Edition revue et corrigée.

علوم رياضيه

OULOUMI RIYAZIYÉ

813. مقدمة الحساب **Mukadimétul Hissap,** par X•••, Cons/ple 1286. 1 vol. in 8⁰.

Edition lithographiée.

814. جبر رسالهسی **Djébir Rissalessi,** par Seïd éfendy, Constantinople 1250. 1 vol. in 8⁰. broché.

Edition avec figures.

815. اصول جبر **Ousoull Djébir,** par Mehmed Tahir, Cons/ple 1250 in 8⁰.

Edition lithographiée.

816. لوغارتما **Logharitima,** par Hachim, Constantinople 1239. 1 vol. in 8⁰.
On trouvera dans la bibliothèque une autre exemplaire.

Edition lithographiée.

817. ارتفاع رسالهسى **Irtifa Rissalessi**, Mss. éxécuté en 1239 par X˙˙˙, Constantinople in 8⁰. 40 feuillets·

Mss. simple, écriture fine et soignée.

Reliure en papier maroquiné noir gaufrée·

818. علوم رياضيه **Ouloumi Rijaziyé**, par Hodja Isaac éfendy, Constantinople 1250. 5 vol. in 8⁰·

Edition avec planches lithographiées.

819· تثليث زاويه **Tesslissi Zaziyé**, par Nasruddini Toussi, Constantinople 1238· 1 vol· in 8⁰.

Edition et reliure très ancienne.

820· زبدة الهندسه **Zuhdetul Hendécé,** par Abdul Latif, Cons/ple 1291. 1 v. in 8⁰.

Edition revue et corrigée·

821. تلخيص الاشكال **Telhissul Esskial**, par Husseïn Rifki, Constantinople 1215·
1 vol. in 8⁰.

Edition très ancienne avec 7 planches lithographiées.

822· امتحان المهندسين **Imtihanul Muhendissin,** par Husseïn Rifki, Egypte 1228·
2 vol· in 8⁰.

Edition lithographiée.

823· هندسه مجوعهسى **Hendécé Médjouaci,** Mss. éxécuté en 1245 de l'Hégire par Husséin Rifki, Constantinople in 8⁰. 40 feuillets.

Mss· simple, très belle calligraphie·

Reliure orientale fatiguée.

824. معلومات حربيه **Malumati Harbiyé,** Mss. éxécuté en 1258 de l'Hégire par Moustafa Chérif in 8⁰· 200 feuillets·

Mss· très riche, belle reliure orientale·

Beau spécimen de calligraphie orientale·

825. فن حرب **Fenni Harb,** par Mouhamed Rachid, Constantinople 1202.
1 vol· in 8⁰·

C'est la 1ère édition lithographiée à constantinople.

826· روح الحرب **Rouchul Harb,** Mss· éxécuté aux temps de S. M. I. le Sultan Mahmoud par Mehmed Ruchuddin, Cons/ple in 8⁰. 200 feuillets·

Mss. très riche, reliure élégante, non encore imprimée.

Beau spécimen de calligraphie orientale·

827. فن حرب شرحى **Fenni Harb Cherhi,** Mss· éxécuté en 1202 par anonyme·
Constantinople in folio· 400 feuillets.

Mss. simple, belle reliure.

Superbe spécimen de calligraphie orientale·

828. كمعيلك فنى **Guémidjilik Fenni,** par Ismaïl Hakki, Constantinople 1290.
1 vol. in 8⁰.

Edition illustrée.

829. قياس رسالهسى **Kiyas Rissalessi**, par Fazyl Guélembevi, Constantinople 1288. 1 vol· in 8⁰·
On trouvera dans la bibliothèque 2 autres exemplaires·

﴾ علم حكمت وهيئت وكيا وطب ﴿

ILMI HIKMET VÉ HEYYETTI VÉ KIMIA VÉ THIB

830· علم حيوانات **Ylmi Haïvanat**, par Hussein Remzi, Constantinople 1290· 1 vol. in 8⁰· grand·
Edition illustrée de 300 gravures.

831· حيات الحيوان **Haiyatul Haïvan**, par Abdul Rhaman bin Ibrahim, Beyrouth 1272. 2 vol. in 4⁰.
Edition illustrée.

832. مناقب حيوانات **Ménakibi Haïvanat**, par Rassih éfendy, Constantinople 1272· 1 vol· in 8⁰·
Edition illustrée et lithographiée·

833· علم طبقات الارض **Ylmi Tabakat-il-Arz**, par Mouhamed Ali Féti, Constantinople 1255· 1 vol· in 8⁰.
Edition avec gravures et planches.

834. اصول حكمت طبيبه **Ousoul Hikmeti Tabiyé**, par Dervich Pacha, Constantinople 1281. 1 vol. in 8⁰.
On trouvera dans la bibliothèque une autre exemplaire·
Edition avec gravures et planches.

835· حكمت طبيبه **Hikmeti Tabiyé**, Mss· éxécuté en 1245 de l'Hégire par Yahyia Nadji in 8⁰. 100 feuillets·
Mss. trés riche, belles peintures, belles ornementations· Beau spécimen de calligraphie orientale.
Reliure en maroquin rouge gaufré.

836· مناقب طبيت **Ménakibi Tabiat**, par le Dr Salih éfendy, Constantinople 1 vol· in 8⁰·
Belle édition et reliure dorée sur tranche.

837. علم نباتات **Ylmi Nébatat**, par le Dr Mehmed Ali, Constantinople 1291· 2 vol· in 4⁰.
Edition illustrée.

838· علم نباتات ترجمسى **Ylmi Nébatat Terdjumessi**, par le Dr Mehmed Ali, Constantinople 1231· 2 vol. in 4⁰.
Edition avec 200 gravures lithographiées.

839· علم نباتات **Ylmi Nébatat**, par Hékimian Miguirditch, Constantinople 1298 1 vol· in 8⁰· Reliure tranche dorée·
Belle édition avec gravures·

840. علم نباتات **Ylmi Nébatat,** par le Dr Cowe, Cons/ple 1302. 1 vol. in 8⁰.

Edition illustrée 500 gravures.

841. اصول كيا **Ousouli Kimia,** par Husséin Vaït Bey, Constantinople 1304. 1 vol. in 8⁰. broché.

Nouvelle édition.

842 اصول كيا **Ousouli Kimia,** par Dervich Mehmed Emin Pacha, Constantinople 1269. 1 vol. in 8⁰.

Edition lithographiée.

843. كياى عسكرى **Kimia-i-Askéri,** par Vaït Bey, Cons/ple 1292. 1 vol. in 8⁰. On trouvera une autre exemplaire.

Edition illustrée avec 300 gravures.

844. كياى عسكرى **Kimia-i-Askéri,** par S. A. Ahmed Djévad Pacha, Constantinople 1291. 2 vol. in 8⁰. On trouvera dans la bibliothèque 3 autres exemplaires.

Belle édition illustrée.

845. كياى طب **Kimia-i-Thibi,** par le Dr Aziz éfendy, Constantinople 1285. 1 vol. in 8⁰.

Belle édition lithographiée.

846. بدايع كشفيات بشريه **Bédaiyi Kesfiati Béchériyé,** par Ahmed Rassim, Constantinople 1302. 1 vol. in 8⁰.

Edition avec planches.

847. رسالة رنيه **Rissalé-i-Berkiyé,** Mss. éxécuté en 1227 de l'Hégire par Yahyia Nadji, in 8⁰ 40 feuillets.

Mss. simple, très belle calligraphie ayant 2 planches enluminées.

Reliure orientale en maroquin rouge.

848. علم هيئت **Ylmi Heyyet,** par X***, Cons/ple 1277. 2 vol. in 8⁰. broché.

Edition lithographiée.

849. توزموغرافيا **Cosmografia Terdjumessi,** par S. A. Ahmed Djévad Pacha 1296. 1 vol. in 8⁰.

Reliure et édition élégante.

850. جهانما **Djihanoumai,** par Kiatib Tchélébi, Cons/ple 1145. 1 vol. in 8⁰.

Edition avec des cartes lithographiée.

851. كرّه رسالهسى **Qurrè Rissalessi,** par Munédjim Osman éfendy, Constantinople 1264. 1 vol. in 8⁰.

Edition lithographiée.

852. وسيلة الطب **Vessiletul Thyb,** Mss. éxécuté en 1187 de l'Hégire par Abbas Dervich éfendy, Constantinople 1 vol. in 8⁰. 280 feuillets. Mss. simple, introuvable, écriture très soignée.

Reliure orientale.

853. خثة شانى زاده **Hamseï Chani Zadé,** par Çhani Zadé, Constantinople 1235. 3 vol. in 4⁰.

Edition lithographiée et unique.

854. تاريخ طب **Tarikhi Thyb,** par Husseïn Remzi, Cons/ple 1304. 1 vol. in 4⁰.

Edition revue et corrigée.

855. مفرودات طب **Mufrédat Thyb,** par le Dr Ahmed Bey, Çonstantinople 1288. 2 vol. in 8⁰.

Edition lithographiée.

856. اختصار فوائد **Ihissari Fevaït,** par Husseïn Remzi, Çons/ple 1 vol. in 8⁰.

Edition avec planche.

857. زمة الابدان **Nouzhétul Ebdan Terdjumessi,** par Moustafa Ebul Feïz, Constantinople 1241. 1 vol. in 4⁰.

Edition lithographiée.

858. زجة غايت الاتقان **Terdjumeï Gayet ul-Itkhan,** Mss. éxécuté en 1155 de l'Hégire par Salih éfendy, Traduit par Moustafa Ebul Feïz, in 8⁰. 300 feuillets. Mss. simple, très belle écriture orientale.

Reliure en marquin rouge.

859. زجة غايت الاتقان **Terdjuméï Gayet-ul-Itkan,** par Salih éfendy, Constantinople 1303. 1 vol. in 4⁰.

Edition revue et corrigée.

860. مقالات طبيه **Mékalati Thybiyé,** par Haïroullah éfendy, Constantinople 1259. 1 vol. in 8⁰.

Edition lithographiée.

861. مفردات فيضيه **Mufrédati Féiziyé,** Mss. éxécuté en 1195 de l'Hégire par Moustafa bin Mehmed Feïz, écrit par Ebu Békir, Constantinople in 8⁰. 227 feuillets. Mss. très riche, très belle calligraphie orientale.

Reliure orientale très élégante.

862. احكام الامراض **Abkiamil Emras,** par Osman Saïb, Cons/ple 1272. 1 v. in 8⁰.

Edition lithographiée.

863. فن جراحى ترجمسى **Fenni Djérrahi Terdjumessi,** par Kassim Izzouddin, Constantinople 1305. 1 vol. in 8⁰.

Nouvelle édition illustrée.

864. حال خيول **Hali-Bouyoul,** Mss. éxécuté en 1152 de l'Hégire par Méhémed Kazi Zadé, in 8⁰. 40 feuillets. Mss. simple, très belle calligraphie.

Reliure orientale détériorée.

865. بيطرنامه **Baïtar Namé,** Mss. éxécuté en X···, de l'Hégire par X···, Constantinople in 16⁰. 100 feuillets. Mss. simple, très belle écriture.

Reliure en maroquin rouge.

866. موادبة الخان **Muhédébetul Chîtan**, par Abdul Setar Bouhari, Constantinople 1252· 1 vol· in 8⁰.
On trouvera dans la bibliothèque 2 autres exemplaires.
Edition lithographiée.

867· تعديات اخلاق **Téadiati Ahlak**, par le Dr Ibrahim Chévki, Cons/ple 1298 in 8⁰·
Edition lithographiée.

868· خزينة فنون **Hazinét Fanoun**, par Moustafa Hami Pacha, Constantinople 1281. 1 vol. in 8⁰.
Edition originale.

تواريخ

TÉVARIKH

869. تاريخ جودت **Tarikhi Djevdet**, par Djevdet Pacha, Constantinople 1270· 12 vol. in 8⁰·
Edition lithographiée.

870. تاريخ جودت **Tarikhi Djevdet**, par Djevdet Pacha, Constantinople 1275. 6 vol· en 12 tomes, in folio.
Edition revue et corrigée·

871. تاريخ نعيا **Tarikhi Néïma**, par Neïma, Cons/ple 1145. 6 vol· in folio·
Edition lithographiée très ancienne.

872· تاريخ شانى زاده **Tarikhi Chani Zadé**, Mss· éxécuté en 1226 de l'Hégire par Chani Zadé, in folio 300 feuillets.
Mss. simple, superbe spécimen de calligraphie orientale.
Reliure orientale très ancienne.

873· زيل تاريخ شانى زاده **Zéïll Tarikhi Chani Zadé**, Mss· éxécuté 1230 de l'Hégire par Chani zadé, in folio, 280 feuillets·
Mss· ornementé d'une très belle calligraphie orientale avec frontispce or et couleur, ayant des pages encadrées d'un double filet or et rouge.
Reliure orientale en maroquin rouge en compartiments.

874· نشانجى تاريخى **Nichandji Tarikbi, vé Medjmouaci, vé Vakanamét Velssi**, Mss. éxécuté en 1250 de l'Hégire par Mehmed Pacha, in folio, 200 feuillets·
Mss· simple, d'une superbe reliure orientale en maroquin noir gaufré.
Beau spécimen de calligraphie orientale.

875. نشانجى تاريخى **Nichandji Tarikbi**, Mss. éxécuté au règne de S. M· I· le Sultan Selim Ier par Hodja Saddouddin éfendy, in 8⁰· 123 feuillets·
Mss, très riche, avec des encadrements dorés, pages encadrées d'un double filet or et couleur, écriture très fine et très soignée.
Reliure orientale en papier maroquiné citron gaufré·

876· نشانجى تاريخى **Nichandji Tarikhi,** Mss· éxécuté au règne de S· M· I· le Sultan Suleïman le Magnifique par Hodja Saddoudin éfendy, Constantinople in folio, 200 feuillets·

Mss· très riche, avec pages encadrées d'un triple filet or et couleur. Splendide spécimen de calligraphie orientale·

Reliure orientale fatiguée.

877· نشانجى تاريخى **Tarikhi Nichandji,** par Mehmed Pacha, Constantinople 1260. 2 vol. in 8⁰.

Edition lithographiée très ancienne.

878. نشانجى تاريخى **Nichandji Tarikhi,** par Mehmed Pacha, Constantinople 1279. 1 vol. in 18⁰·

Edition lithographiée.

879. تاريخ پچوى **Tarikhi Pétchévi,** Mss· éxécuté en 965 de l'Hégire par Ibrahim éfendy Pétchévi in folio. 200 feuillets·

Mss. simple, très rare. Belle écriture soignée de Hodja Sadouddin éfendy·

Reliure orientale très riche.

880· تاريخ پچوى **Tarikhi Missir Pétchévi,** Mss. éxécuté en 965 de l'Hégire par Ibrahim éfendy Pétchévi in folio 150 feuillets.

Mss· très riche, avec ornementations· Belle écriture orientale·

Reliure orientale très riche·

881. تاريخ پچوى **Tarikhi Pétchévi,** Mss· éxécuté eu 965 de l'Hégire par Ibrahim éfendy Pétchévi in folio 250 feuillets·

Mss· très simple avec une superbe calligraphie.

Reliure orientale en maroquin rouge.

882. تاريخ پچوى **Tarikhi Pétchévi,** Mss. éxécuté en 1045 de l'Hégire par Ibrahim éfendy Pétchévi, 2 vol· in folio· 1194 feuillets.

Mss. très riche, avec ornementations, enluminures, et frontispice, d'un dessin délicat, calligraphie très soignée.

Reliure en maroquin noir.

883. تاريخ پچوى **Tarikhi Pétchévi,** par Ibrahim éfendy Pétchévi, Constantinople 1284. 5 vol· in 8⁰.

Edition et reliure originale.

884· تاريخ واصف **Tarikhi Vassif,** Mss. éxécuté en 1168 de l'Hégire par Vassif, Constantinople in folio 375 feuillets·

Mss· avec encadrements dorés, frontispice et titre en or et couleurs variées, très belle reliure.

Beau spécimen de calligraphie orientale·

885· تاريخ واصف **Tarikhi Vassif,** par Vassif, Cons/ple 1290· 2 vol. in 4⁰.

Edition revue et corrigée.

886. تاريخ واصف زيلى **Zeïli Tarikhi Vassif,** Mss· éxécuté en 1280 de l'Hégire par Vassif, Constantinople in folio 150 feuillets·

Mss. simple, écriture fine et soignée·

Reliure orientale en maroquin fauve·

78

887. صولاق زاده تاريخى **Tarikhi Solak Zadé,** par Solak Zadé, Constantinople 1297. 1 vol. in 8⁰.

Reliure orientale avec tranche dorée.

888. تاريخ لطفى **Tarikhi Loutfi,** par Ahmed Loutfi, Cons/ple 1290. 1 v. in 8⁰.

Reliure et édition très riche.

889. تاريخ صبحي **Tarikhi Soubhi,** par Mehmed éfendy, Constantinople 1198. 1 vol. in folio.

Edition liihographiée.

890. تاريخ جورى **Tarikhi Djévri,** par Djévri Tchélébi, Constantinople 1292. 1 vol. in 8⁰.

Nouvelle édition.

891. تاريخ اوليا چلبى **Tarikhi Evliya Tchélébi,** Mss. éxécuté en 1066 de l'Hégire par Ibrahim Baladji Zadé, Constantinople in 4⁰. 200 feuillets. Mss. simple, écriture fine et soignée.

Reliure orientale en papier maroquiné jaune gaufré.

892. تاريخ اوليا چلبى **Tarikhi Evliya Tchélébi,** Mss. éxécuté en 1020 de l'Hégire par Ibrahim Baltadji Zadé, Constantinople in folio 530 feuillets. Mss. simple, belle écriture.

Reliure orientale fatiguée.

893. تاريخ اوليا چلبى **Tarikhi Evliya Tchélébi,** Mss. éxécuté en 1176 de l'Hégire par Hodja Moustafa, Constantinople, 2 vol. in 4⁰. 600 feuillets. Mss. simple, belle calligraphie orientale.

Reliure en papier maroquiné noir gaufrée.

894. تاريخ فذلكة كاتب چلبى **Fézlikeï Kiatib Tchélébi,** Mss. éxécuté en 1064 de l'Hégire par Kiatib Tchélébi, Constantinople in folio 255 feuillets. Mss. simple, mais très ancienne, admirablement bien conservé, écriture assez soignée.

Reliure orientale détériorée.

895. فذلكة كاتب چلبى **Fezlikéï Kiatib Tchélébi,** Mss. éxécuté en 1069 de l'Hégire par Kiatib Tchélébi, Constantinople in 4⁰. 240 feuillets. Mss. fort rare, écriture soignée.

Reliure orientale en maroquin rouge bien conservée.

896. راشد تاريخى **Tarikhi Rachid,** par Rachid Tchélébi Zadé, Constantinople 1153. 4 vol. in folio.

Edition lithographiée.

897. تقويم تاريخى **Tarikhi Takvim,** par Kiatib Tchélébi, Cons/ple 1147 in folio.

Edition très ancienne lithographiées.

898. تقويم تاريخى **Tarikhi Takvim,** par Kiatib Tchélébi, Constantinople 1147 in 4⁰. in folio.

Edition très ancienne lithographiée.

899. كلشن خلفا و روضة الوزرا **Gulcheni Houléfa vé Revzat ul vuzérat,** par Nazmi Zadé, Bagdad 1247. 1 vol. in 8⁰.

Edition lithographiée.

900. كشن خلفا و روضة الوزرا **Gulchéni Houléfa vé Revzat ul vuzérat**, par Nazmi Zadé, Constantinople 1143· 1 vol· in 8⁰.

Edition ancienne lithographiée·

901. تاج التواريخ **Tadjut Tévarikh**, Mss· éxécuté au règne de S. M. I. le Sultan Mehmed Fathy, par Hodja Sadouddin éfendy, Constantinople in
folio 710 feuillets·

Mss. simple admirablement bien conservé, écriture et très soignée.

Reliure orientale peinte.

902. تاج التواريخ **Tadjut Tévarikh**, Mss· éxécuté au règne de S. M. I. le Sultan
Mehmed Fathy, par Hodja Sadouddin éfendy, Cons/ple in folio 700 feuillets.

Mss. ornementé d'une grand nombre de pages admirablement bien écrites, frontispice
or et couleur.

Reliure orientale très riche.

903· تاج التواريخ **Tadjut Tévarikh**, par Hodja Mouhammed Sadouddin Isvé-
hani, Constantinople 1279· 8 vol· in 8⁰.

On trouvera dans la bibliothèque 100 autres exemplaires.

Edition lithographiée.

904· اثمار التواريخ **Esmarul Tévarikh**, par Chemi éfendy, Constantinople 1266.
1 vol. in 8⁰·

Edition lithographiée.

905· اثمار التواريخ **Esmarul Tévarikh**, par Chemi éfendy, Constantinople 1267.
1 vol. in 8⁰.

Edition lithographiée.

906. فذلكة تاريخ عثانى **Fezlikéi Tarikhi Osmani**, par S. A. Ahmed Véfyk Pacha,
Constantinople 1280· 1 vol. in 8⁰.

On trouvera 6 autres exemplaire·

5ᵐᵉ édition.

907. تاريخ عثانى **Tarikhi Osmani**, par S. A· Ahmed Djévad Pacha, Constantinople 1296. 1 vol. in 4⁰. grand·

Edition contenant tous les territoires conquis depuis l'avénement de S· M. I. le Sultan Osman, jusqu'à l'avénement de S. M. I· le Sultan Béyazid I. avec les cartes topo-
graphiques, contenant en outre 2 plans de batailles livrées à Inéboli et à Cossova.

908. مرأت تاريخ عثانى **Mirâti Tarikhi Osmani**, par X***, Constantinople 1293·
1 vol. in 8⁰.

Edition nouvelle.

909. تلخيص تاريخ آل عثان **Télhissi Tarikhi Osmani**, par Mehmed Tévfik, Constantinople 1305· 1 vol. in 8⁰.

Edition nouvelle.

910· تاريخ آل عثان **Tarikhi Ali Osman**, Mss. éxécuté en 1160 de l'Hégire par
Nichandji Pacha, forme agenda, 80 feuillets.

Mss. simple. très bien écrit.

Reliure en veau.

911. تاريخ آل عثان **Tarikhi Ali Osman,** Mss. éxécuté en 1038 de l'Hégire par Ibni Kémal, in 8⁰. 300 feuillets.

Mss. très ancien, très riche, avec ornementation, belle écriture.

Reliure orientale fatiguée.

912. تاريخ آل عثان **Tarikhi Ali Osman,** Mss· éxécuté en 896 de l'Hégire par copiste inconnu, in 8⁰. 370 feuillets.

Mss. simple, bien écrit.

Reliure orientale en maroquin noir.

913. تاريخ بدايت آل عثان **Tarikhi Bidayati Ali Osman,** Mss· éxécuté en 756 de l'Hégire par anonyme, in 8⁰. 200 feuillets.

Mss· fort rare, très belle écriture·

Reliure orientale perfectionné.

914. حديقة الوزرا **Hadikatul Vazérat,** par Osman Zadé, Cons/ple 1 vol. in 4⁰.

Edition lithographiée.

915. حديقة الوزرا **Hadikatul Vuzérat,** Mss· éxécuté en 1287 par Osman Zadé, Constantinople in 8⁰· 35 feuillets·

Mss· doré, très riche, belle calligraphie.

Reliure orientale en maroquin rouge.

916. تاريخ عسكرئ عثان **Tarikhi Askéri Osmani,** par S. A· Ahmed Djévad Pacha, Constantinople 1297. 1 vol. in 8⁰·

Edition et reliure très soignée.

917· اسى انقلاب **Ussu Inkilab,** par Ahmed Mihdat, Cons/ple 1294. 1 v. in 8⁰·

Edition nouvelle·

918· اسى ظفر **Ussu Zafer,** par Mehmed Essad, Constantinople 1241. 1 vol· in 4⁰·

Edition lithographiée.

919. وقبه سليه **Vakaï Sélimiyé,** Mss· éxécuté en 1222 de l'Hégire par Moustafa Nedjib, Constantinople in 8⁰. 50 feuillets·

Mss. simple, non imprimé, belle calligraphie.

Reliure orientale en veau.

920· سليانامه **Suléiman Namé,** par Abdul Vehab, Egypte 1248· 1 vol· in 8⁰·

Edition lithographiée.

921. سليانامه **Suléiman Namé,** Mss· éxécuté en 987 de l'Hégire par Hodja Sadoudini, in 8⁰. 125 feuillets.

Mss. simple, fort rare, très ancien, belle calligraphie·

Reliure orientale très bien conservée.

922. سليانامه **Sélim Namé,** Mss· éxécuté en 1005 de l'Hégire par Hodja Sadoudini in 16⁰· 150 feuillets.

Mss. très beau, belle écriture fine est soignée.

Reliure orientale en maroquin fauve.

923. سليمانامه **Sélim Namé,** Mss· éxécuté en 1008 de l'Hégire par Kara Tché-
lébi Zadé in 8⁰. 300 feuillets·
Mss· très bien écrit, fort rare·
Reliure en papier maroquiné rouge gaufrée.

924· طورسون بك تاريخى **Doursoun Bey Tarikhi,** Mss· éxécuté en 1190 de l'Hé-
gire par Doursoun Bey, in 4⁰. 100 feuillets·
Mss. simple, écriture fine et soignée.
Relitre orientale en maroquin noir.

925. تاريخ اثار و اخبار **Tarikhi Esmar vé Ahbar,** Mss· éxécuté en 1099 par ano-
nyme, in folio 8⁰. 540 feuillets·
Mss. simple, écriture fine et soignée.
Reliure orientale fatiguée.

926· مفتاح البر **Miftah ul Iber,** par Souby Pacha, Cons/ple 1276. 1 v. in 8⁰.
On trouvera dans la bibliothèque 1 autre exemplaire pareil.

927. وقتة شيخ الاسلام فيض الله افندى **Vakaï Chéih ul Islam Féizoullah éfendy,** Mss. éxécuté
en 1135 de l'Hégire par X***, Constantinople in 8⁰. 37 feuillets·
Mss. rare, non imprimé.
Reliure orientale détériorée.

928· عثمان زاده تاريخى **Osman Zadé Tarikhi,** Mss· éxécuté en 1183 de l'Hégire
par Osman Zadé, Constantinople in 8⁰. 100 feuillets.
Mss· simple, mais très bien écrit.
Reliure orientale fatiguée.

929. نخبة التواريخ **Nouhbétul Tévârikh,** par Mehmed Edirnevi, Constantinople
1286. 1 vol· in 8⁰.
Edition lithographiée.

930· نخبة التواريخ **Nouhbétul Tévârikh,** par Mehmed Edirnevi, Constantinople
1276· 1 vol. in 8⁰.
Edition lithographiée.

931· تاريخ عزى **Tarikhi Izi,** par Suleïman éfendy, Çons/ple 1199· 1 v. in 8⁰.
Edition lithographiée.

932. تاريخ سور هايون **Tarikhi Souri Hamayoum Sultan Ahmed Ier,** Mss. éxécuté en
990 par Vehby, in folio· 500 feuillets.
Mss· très riche, très belle calligraphie avec des lettre dorées.
Reliure très riche et très élégante.

933· قنيزه تاريخى **Kinèze Mouharabessi Tarikhi,** par Ahmed Nafiz, Constantinople 1290. 1 vol· in 8⁰.
Nouvelle édition.

934· تاريخ اسلام **Tarikhi Islam,** par Souby Pacha, Constantinople 1297·
1 vol· in 8⁰.
On trouvera dans la bibliothque 1 autre exemplaire.

935· خلاصة الاعتبار **Houlassat ul Itibar,** Mss. éxécuté en 1214 de l'Hégire par Osman Dervich Hamidi, Constantinople in 8⁰. 50 feuillets·
Mss· simple, écriture fine et soignée.

Reliure orientale fatiguée.

936· كلدسته رياض عرفان **Guldesteï Riazi Irfan,** par Ismaïl éfendy, Brousse 1287·
5 vol. in 8⁰·

Edition lithographiée.

937. تاريخ ابن غلبون **Tarikhi Ibni Ghalbun Terdjumessi,** par X***, Constantinople 1281. 1 vol· in 8⁰.

Reliure et édition orientale ·

938. زبدة الحقايق **Zubdet ul Hakaïk,** par Ahmed Midhat éfendy, Constantinople 1295. 1 vol· in 8⁰.

Edition nouvelle.

939· سفارتنامهٔ محمد افندی **Séfaret nameï Mehmed éfendy,** par Mehmed éfendy, Paris 1871. 1 vol. in 8⁰.

Edition et reliure européenne.

940. سفارتنامهٔ محمد افندی **Séfaret nameï Mehmed éfendy,** par Mehmed éfendy, Paris 1841. 1 vol· in 4⁰.

Edition et reliure européenne.

941· بلغارستان وقعه‌سی **Bulgharistan Vakässi,** par X***, Cons/ple 1290. 1 v. in 8⁰.

Edition originale.

942· تاريخ قيرم **Tarikhi Krim,** Mss· éxécuté en 1198 de l'Hégire par X***, Constantinople in 8⁰· 80 feuillets.
Mss. simple, belle écriture.

Reliure orientale en marocuin rouge.

943. تاريخ مجل **Tarikhi Mudjmel,** par Wassa éfendy, Constantinople 1289. in 8⁰. broché.

Edition lithographiée.

944. نتايج الاسرار **Nétaïdjul - Esrar,** Mss· éxécuté en 1190 de l'Hégire par anonyme, in 8⁰· 100 feuillets·
Mss. avec encadrements dorés, très belle calligraphie en lettres dorées et rouges.

Reliure orientale en maroquin rouge gaufré.

945. تحفهٔ حيرت **Touhféï Haïret éfendy,** par Haïret éfendy, Egypte 1242. 3 vol· in 8⁰.

Edition lithographiée.

946. اثمار الحدائق **Esmarul Hadâïk,** par Chemï Molla, Constantinople 1267· 1 vol· in 8⁰·

Belle édition lithographiée.

947. تحفهٔ محمود وكشاف تاريخى **Touhféï Mahmoud vé Kéchaf Tarikhi,** par X***, Brousse 1288· 2 vol· en un. in 8⁰.

Reliure européenne.

948. مجموعة غرا **Medjmouaï Garrâ,** Mss. éxécuté en 973 de l'Hégire par plusieurs auteurs, Constantinople in 8⁰. 400 feuillets.

Mss. très riche, ornementé d'une superbe calligraphie.

Reliure orientale en maroquin rouge.

949. طبقات الممالك **Tabékâtul Mémâlik,** Mss· éxécuté en 932 de l'Hégire par Djélal Zadé Moustafa, Constantinople in folio. 580 feuillets.

Mss· simple, fort rare, unique très belle calligraphie·

Reliure orientale très ancienne.

950. ترجمة شقايق **Terdjuméï Chékayk,** par Médjid éfendy, Constantinople 1862 1 vol· in folio.

Édition originalement lithographiées·

951. ذيل شقايق **Zeyli Chékaïk,** par Athaï éfendy, Cons/ple 1260. 1 v. in folio·

Édition lithographiée.

952. تاريخ حيرت نما **Tarikhi Hairet Numa,** par Nakil Bey, Constantinople 1291·
1 vol· in 8⁰.

Édition revue et corrigée.

953. كلشن معارف **Gulcheni Méârif,** par Saïd éfendy, Constantinople 1252·
2 vol. in 4⁰.

Edition ancienne lithographiée.

954. تحفة الكبار **Tuhfet-ul-Kibar,** par Kiatib Tchélébi Constantunople 1141. 1 vol· in folio·
Litohgraphiée à Constantinople.

Edition rare, très ancienne.

955. صحايف الاخبار **Sahayful Ahbar,** par Munédjim Bachi Constantinople· 1287 3 vol. in broché·

Édition lithographiée·

956 سلسله محاصره سى **Silistré Mouhassaressi,** par Ahmed Nafiz Constantinople·
1270· 1 vol· i 8⁰

Belle édition orientale.

957 تقويم ادوار **Takviml Edvar,** par Ahmed Djevdet Con/sple. 1287· 1 vol. in 8⁰.

Belle édition orientale·

958 روضة الابرار **Revzat ul Ebrâr,** par Abdul Aziz éfendy· Constantinople. 1248 1 vol. in 8⁰.

Edition lithographiée.

959 روضة الابرار **Revzat ul Ebrâr,** Mss éxécuté en 1220 de l'Hégire par Abdul Aziz éfendy Constantinople. in 8⁰ 480 feuillets·

Mss. très riche, belle reliure orientale.

Très beau spécimen de calligraphie orientale·

960. تاريخ سلانيكى **Tarikhi Sélâniky,** par Moustafa éfendy Constantiple 1281. 1 vol. in 8⁰

Edition originale.

84

961· اغريبوز وآننه نحقى جبدفترى **Eghrlboz vé Aynébahty Djeb Téfteri**, Mss· éxécuté en dâte inconnue par X···. in 8⁰ 100 feuillets·
Mss· simple.

Reliure en veau·

962· مقدمة تكملة السير **Mukademéi Tekmilétul Iber**, par Souby Pacha Constantinople 1290. 2 vol· in 4⁰.

Reliure européenne.

963· قوجى بك رسالهسى **Kotchi Bey Rissalessi**, par Kotchi Bey Paris 1279. 1 vol. in 12·
On trouvera dans la bibliothèque 253 autres exemplaires·

Reliure tranche dorée:

964 اوراق پریشان **Evraki Périchan**, par Kémal Bey Cons/ple 1289· 1 vol. in 8⁰.

Belle édition.

965· سیر کبیر زجمهسى **Siyéri Kébir Terdjumessi**, par Mouhamed Munib Entaby Constantinople 1241. 1 vol. in folio.

Edition ancienne lithographiée.

966· نصص انیا **Kissassi Enbiya**, Mss· dont la date et le nom de l'auteur nous est inconnu Constantinople· in 4⁰ 100 feuillets·
Mss. simple, unique, fort rare.

Reliure orientale fatiguée.

967· مرأت السير **Mirâtul Iber**, par Saïd Pacha Constantinople 1304· 2 vol. in 8·

Edition nouvelle.

968· امیر نوروز **Emir Névrouz**, par Namyk Kémal Constantinople 2130·
1 vol. in 8⁰.

Edition nouvelle,

969· سلجوقنامه **Seldjouk Namé**, Mss· éxécuté en dâte inconnue par copiste et auteur inconnu. in 4⁰ 400 feuillets.
Mss. simple, très belle écriture·

Beau spécimen de calligraphie orientale.

970· تاریخ تیمور **Tarikhi Timour**, X··· Constantinople 1142. 2 vol. in 4⁰.

Edition très ancienne lithographiée.

971. اوغوزنامه **Oghouz Namé**, Mss. dont la date et l'auteur nous sont inconnus. in 8⁰ 250 feuillets.
Mss· très riche, dont les pages sont encadrées d'un double filet or et bleu, beau spécimen de calligraphie orientale unique.

Reliure orientale en maroquin rouge.

972. تاریخ افغان **Tarikhi Efghan**, par X··· Constantinople 1207. 1 vol· in 8₀.

Edition lithographiée·

973. تاریخ اغوانیان **Tarikhi Aghvanian**, par Ibrahim éfendy Constantintple 1141·
1 vol· in 8⁰· (lithographié)

Reliure et édition très ancienne.

974. اندلس تاريخى **Indélus Tarikhi**, par Zia Pacha Cons/ple 1280 2. vol· in 8º.
Edition originale.

975. كلين خانان **Gulbeni Hanân,** par Halim Guiraï Cons/ple 1287· 1 vol· in 8º.
Edition originale.

976. تاريخ مصر جديد **Tarikhi Missiri Djédid,** par Suheyli efendy Constantinople
1142· in 4º.
Edition très ançienne lithographiée·

977. مصر تاريخى **Tarikh Missiri,** Mss. éxécuté 1268 de l'Hégire par Abdi é-
fendy Egypte in 8º 140 feuillets·
Mss. simple écriture, fine et soignée·
Reliure orientale en maroquin rouge·

978. تاريخ مصر **Tarikhi Missir,** Mss. éxécuté 1216 de l'Hégire par Sourouri
Constantinople ·in 8º 900 feuillets·
Mss. simple, reliure calligraphie orientale·

979. تاريخ مصر **Tarikhi Missir,** Mss· éxécuté 1167 de l'Hégir Abdi éfendy
Egypte· in 8º 140 feuillets·
Mss· simple, reliure élégante.
Beau spécimen de calligraphie·

980. شفيقتامه شرعى **Chéfik Namé Chérhi,** par Mahmoud Djémalledin Constantinople 1289· 2 vol· in 18.
Belle édition·

981. شفيقتامه شرعى **Tarikhi Indi Gharbi,** Mss. éxécuté en 1202 de l'Hégire par
Mahmoud Djellaledin Constantinople. in 8º 145 feuillets·
Mss· simple, très bon calligraphie.
Reliure en papier maroquiné noir gaufré.

982. تاريخ هند غربى **Tarikhi Indi Gharbi** par Mahmoud Djéllaledin Cons/ple
1142. 1 vol· in 8º·
Edition illustrée.

983. ترجمة تاريخ ابن خلدون **Terdjuméi Tarikhi Ibni Khaldoun,** par Ibn Khaldoun
Constantinople 1277· 3 vol· in folio·
Edition lithographiée.

984. ترجمة مقدمة ابن خلدون **Terdjuméi Mukadiméi Ibni Khaldoun,** Mss. Exécuté en
1123 de l'Hégire par Ibni Khaldoun· 2 vol. in 4º 400 feuillets,
Mss· très beau et très riche, reliure orientale.
Beau spécimen de calligraphie

985. ترجمه مقدمه ابن خلدون **Terdjuméi Mukadiméi Ibni Khaldoun,** par Ahmed Djevdet
Constantinople 1277· 1 vol. in 4º·
Edition originale.

986. ترجمه تاريخ ابن خلكان **Terdjuméi Tarikhi Ibni Hallékian,** par Mouhammed bin
Mahmoud Firdevssi Zadé Constantinople 1280· 2 vol· in 8º.
Edition originale.

987. تاريخ عومى **Tarikhi Oumoumi,** par Mourad Bey Cons/ple 1293· 6 vol· in 8o·
1ère édition

988. تاريخ عومى **Tarikhi Oumoumi,** par Mourad Bey Cons/ple 1293· 6 vol· in 8o·
2ème édition

989. تاريخ عومى **Tarikhi Oumoumi,** par Mourad Bey Cons/ple 1298. 6 vol· in 8o·
3ème édition revue et corrigée·

990. تاريخ بوناپارت **Tarikhi Bonaparta,** par X·** Egypte 1247· 2 vol· in 8o·
Edition lithographiée.

991. تاريخ روسيه **Tarikhi Russia,** par Iacovaki Egyptc 1244 1 vol. in 8⁰·
Edition lithographiée et soignée.

992. قترينا تاريخى **Katérina Tarikhi,** par Iacovaki Egypte 1247· 1 vol· in 8o
Edition et reliure orientale.

993. تاريخ اهل صليب **Tarikhi Echlisalib,** par Ali Fuad Cons/ple 1285· 1 vol· in 8o·
Edition lithographiée·

994. تاريخ عيسوى **Tarkhi Issévi,** par X·** Cons/ple X·** i vol· in 4⁰·
Edition et reliure originale

995. ايتاليا تاريخى **Italia Tarikhi,** par Hassan éfendy, Egyptc 1249· 1 vol· in 8⁰
Edition lithographiée·

996. سلسله نامه **Silsilé Namé,** Depuis Adam jusqu'au règne de S· M. I, le Sultan Mahmoud I, Constantinople· 1 vol. in 8⁰.
Edition lithographiée avec gravures.

997. سلسله نامه **Silsilé Namé,** Mss· éxécuté en 1095 de l'Hégire par inconnnu, Constantinople. n 8⁰· 24 feuillets·
Mss. très riche,avec 24 grandes enluminures,chef d'œuvre de principaux artistes orientaux
Reliure orientale en veau gaufré.

998. اساء علا **Esmaï Houléma,** Mss· éxécuté en 1050 de l'Hégire par X·**
Constantinople. in 8⁰· 100 feuillets.
Mss. ornementé d'une superbe calligraphie.
Reliure orientale en maroquin rouge.

999. مشاعير لاسلام **Méchaïri Islam,** par Hamid Vehby, Constantinople, 1302, 3 vol. in 8⁰.broché·

1000. مشاعير النساء **Méchaïri Nissa,** par Mouhammed Zihni, Constantinople 1274. 2 vol· in 4⁰.
On trouvera dans la bibliothèque un autre exemplaire.

1001. موره تاريخى **Tarikhi Mora,** par X·**, Cons/ple 1299, 1 vol. in 8o.
Editon nouvelle.

1002 در الثمين **Durul Thémin,** par Mouhammed Moukbil , Constantinople 1294· 1 vol· in 8⁰.

Edition nouvelle·

1003. تاريخ خواجه **Tarikhi Hadjé,** par Ibni Kémal, Cons/ple 1290. 1 vol· in 8⁰.

Edition nouvelle·

1004. تاريخ سليم **Tarikhi Sélim,** Mss· éxécuté en 1270 de l'Hégire par Mehmed Pacha· in 8⁰. 200 feuillets.

Mss· très riche, ornementé d'une superbe calligraphie ornemehtations et enluminures.

Reliure en maroquin rouge ·

꘎꘎ꕥꕥ جغرافيا ꕥꕥ꘎꘎

DJAGRAFIA

1005· مدخل جغرافيا **Médbali Djagrafia,** par Husseïn Réfki éfendy, Constantinople. 1266· 1 vol. in 8⁰.

Edition lithographiée.

1006· اصول جغرافيا **Ousouli Djagrafia,** par Ahmed Hamdi, Constantinople 1273. 1 vol· in 16⁰.

Edition avec huit cartes Geographiques peintes.

1007· خلاصة جغرافيا **Houlassat-ul-Djagrafia,** par Suleïman Chefket, Constantinople 1278. 1 vol. in 16⁰.

4ᵉᵐᵉ édition

1008. جغرافيا نامه **Djagrafia Namé,** Mss· éxécuté en 1013 de l'Hégire par X··· Constantinople. in 4⁰ 180 feuillets,

Mss· contenant 180 cartes géographiques dessinées par les principaux artistes orientaux, admirable spécimen de calligraphie orientale, ornementations et peintures , encadrement or et couleur·

Reliure orientale.

1009. مالك عثانيه‌نك زراعت جغرافیاسی **Mémaliki Osmaniénin Zirât Djagrafiassi,** par le Commandant Husseïn Bey, Constantinople 1305· 1 vol· in 8⁰.

Edition revue et corrigèe.

1010· صورالكواكب **Suvérul Kévakib,** par Ahmed Hamdi, Constantinople 1284. 1 vol· in 8⁰·

Edition nouvelle.

1011· نجوم رسالهسی **Nudjum Rissalessi,** par X···, Egypte 1260· 1 vol· in 8⁰.

Edition lithographiée.

1012. آق دكز و قرهدكز و جزائر خریطهسی **Ak Déniz vé Karra Deniz Haritassi meâ Djézaérl.** 60 cartes faites à la main et avec peintures, d'un artiste oriental anonyme, superbe spécimen d'une dessin délicat et fin·

Reliure en papier maroquiné fauve fatiguée.

1013. واروپاده دولت عثانیه اولکهسنك خریطهسی**Evropadan éviéti Osmanié Eulkessinin Haritassi,** par l'école de génie, Constantinople 1287.

1014. اسیا خریطه‌سی **Assia Haritassi**, par S. A. Edhem Pacha, Constantinople 1280.

1015. استانبول داخل سور محلّات و اماکن خریطه‌سی **Istambol Dahili Surr Méhalat ve Emakin Haritassi** par l'Ecole Polytechnique de Pancaldi 1267.

1016. افرقا حریطه‌سی اوروپا خریطه‌سی **Evropa Haritassi**, اسیا خریطه‌سی **Assia Haritassi** **Afrika Ha-ritassi,** کره مسطحه امریقا خریطه‌سی **Amérika Haritassi,** اوسترالیا خریطه‌سی **Australia Haritassi** روم یلی خریطه‌سی **Qurreï Mussataha,** اناطولی خریطه‌سی **Anadoli Haritassi** en 2 partie **Rouméli Haritassi.**

Toutes ces cartes géographiques sont exécutées par S. A. Ahmed Vefyk Pacha et coloriée par lui-même. Outre ces cartes on trouvera aussi 150 cartes de chaque Vilayets de l'Empire Ottoman, non coloriées.

1017. اطلاس **Atlass,** par X***, Constantinople 1283. 1 vol· in 4⁰·

Reliure orientale.

1018. اطلاس **Atlass** par Hafiz Ali Echref, Paris 1287, 1 vol· in 4⁰·

Reliure européenne.

1019. سیاحتنامهٔ مایون **Seyyahat nameï Humayoun,** par X*** Constantinople 1262·
1 vol. in8⁰,

Superbe exemplaire d'une reliure orientale.

1020. اوروپا سیاحتنامه‌سی **Evropa Seyyahat namessi,** par Sami éfendy, Constantinople 1266. 1 vol· in 8⁰.

Edition lithographiée.

1021. برزیلیا سیاحتنامه‌سی **Brézilia Seyyahat namessi,** par Abdul Suleïman éfendy Constantinople 1288. 1 vol. in 8⁰·
On trouvera dans la bibliothèque 2 autres exemplaires.

1022. سیاحت حدود ایران **Seyyahati houdoudi Iran** par Houichid Pacha, Constanti-nople 1289· 1 vol· in 8⁰·

Belle édition .

معاهدات

MUAHEDAT

1023. معاهدات عمومیهٔ دول **Muahedat Oumoumiyeï Duvel,** par X*** un ministre des affaires étrangère, Constantinople· 1 vol· in 8⁰.

Reliure européenne .

1024. عهدنامه مجموعه‌سی **Ahid Nameï Mèdjmouaei,** par X*** Cons/ple. 1 vol· in 8⁰·

Reliure européenne.

1025. مالیه ‌مصریه قونفرانس مضبطه‌لری **Maliyeï Missiriyé Komférance Mazbatalari,** Cons-tantinople· 1 vol· in 8⁰·

Reliure et édition nouvelle.

1026. رومان و هامبورغ جمهوریتلریله منعقد معاهده تجاریه **Béréman véHamburgueDjumhurriyetlérillé Munaket Mouahedeï toudjariyé** Constantinople 1275· 1 vol. in 8⁰.

Edition lithographiée·

1027· نقرات عهديه رساله‌سى **Fikaratl Ahdiyé Rissalessi,** Cons/ple 1274· 1 vol. in 8⁰·
Edition lithographiée.

1028· برلين عهدنامه‌سى **Berlin Ahidnamessi,** Constantinople imprimerie "la Turquie,,
1880. 1 vol· in 8⁰· Broché·

1029· مكاله منبطه‌سى **Muktalémé Mazbatassi,** Constantinople 1270· 3 vol· in 8⁰.
Reliure et édition originale·

1030· محررات رسميه **Mouharerati Besmiyé,** Constantinople 1284· 1 vol. in 8⁰.
Reliure et édition orientale.

1031، معاهدات دوليه **Muâedati Duvélyé,** Constantinople 1231 1 vol· in 4⁰.
Edition lithographiée.

1032· حدود ايران لايحه‌سى **Houdud Iran Laiyhassi,** par Khurchid Pacha 1287·
1 vol. in 8⁰·
On trouvera dans la bibliothèque un autre exemplaire·

1033· بلغارستان لايحه‌سى **Bulgaristan Laiyhassi,** par Hafiz Osman. Constantinople
1292· 1 vol· in 8⁰.
Reliure originale·

1034· مدخل حقوق بين الدول **Medhali Houkouki beined Duvel,** par Ibrahim Hakki
Constantinople 1303, 1 vol. in 8⁰.
Edition nouvelle·

1035· حقوق دول **Houkouki Duvel,** par Baron Schlichta, Berlin 1263. 1 vol. in 8⁰·
Edition lithographiée.

كتب متنوعه

KUTUBU MUTENEVVIA

1036· اتحاد اسلام **Itfihadi Islam,** par Essad éfendy, Cons/ple 1305· 1 vol. in 8⁰.
Edition revue et corrigée.

1037· رساله كرماستى **Rissalét Kirmasti,** par X··· Cons/ple 1302· 1 vol. in 8⁰. broché.
Edition revue et corrigée·

1038· معماى الهى **Muammai Ilahi,** par Mualim Nadji Cons/ple 1302 1 vol. in 8⁰.
Edition revue et corrigée.

1039· حكمت احمد يسوى **Hikmeti Ahmed Yécévi,** Mss. éxécuté en 1105 de l'Hé-
gire par Ahmed Yécévi· in 4⁰. 148 feuilets·
Mss· simple, écriture très belle avec des lettres rouges.
Reliure orientale ancienne.

1040· علم الهى طبيى **Ilmi Ilahii Tabii,** par Kenrick Constantinople 1302. 1 vol. in 12.
Edition revue et corrigée.

1041· لوامع الدقايق **Lévami Uddékaïk**, par Ahmed Hamid, Constantinople 1294.
1 vol. in 8⁰·

Edition nouvelle.

1042· اديات عربيه **Edébiyati Arabiyé**, par Ahmed Rassim éfendy Constanti-
noplc 1303. i vol· in 18⁰.

Edition revue et corrigée.

1043. محاضرات **Muhadarat**, par Vessaf éfendy, Constantinople 1300 1 vol. in 8⁰.
On trouvera dans la bibliothèque une autre exemplaire·

Edition nonveile.

1044· مفردات طب **Mufrédati Tybb**, par Munir éfendy, Cons/ple 1306. 1 vol. in 8⁰.

Edition illustrée.

1045. محبوب القلوب **Mahboubul Kulub** par Ali Rehir Névaï, Constantinople 1291
1 vol. in 8⁰.
On trouvera dans la bibliothèque 3 autres exemplaires pareils·

1846. اظهار الحق **Yzhar-ul-hak Terdjumessi**, par Şeid Omer Fehmi Enkaravi,
Constantinople 1293· 1 vol· in 8⁰·

Edition revue et corrigée·

1047· ميزان الحق **Mizan-ul-Hak**, Mss. éxécuté en 1105 de l'Hégiie par Kiatib
Tchélébi Constantiuople· in 8⁰· 36 feuillets.
Mss. très riche très ancien, reliure orientale élégante.

Beau spécimen de calligraphie.

1048· اصول الحكم فى نظام الامم **Ousoul ul Hikem fi Nizamil Umem** par X*** Constantinople 1144· in 8⁰·
Reliure riche, très ancienne.

Edition lithographiée.

1049· خوبان نامه و زنان نامه **Hubannamé vé Zénannamé**, Mss· éxécuté en 1220 de
l'Hégire par Tahir Omer Zadé, Constantinople· in 8⁰· 72 feuillets·
Mss. très riche, pages encadrées d'une double filet or et couleur, belle écriture orientale.

Reliure orientale très ancienne·

1050. وظايف سرعسكرى **Vézaïfi Séraskéri**, Mss. éxécuté en 1256 de l'Hégire par
X***, Constantinople· in 8⁰· 72 feuillets.
Mss· ornementé, encadrements en or et en couleur, beau spécimen de calligraphie
orientale·

Reliure orientale détériorée·

1051. بروج رسالهى **Burudj Rissalessi**, Mss. éxécuté en 1156 dc l'Hégirc· offert
par X*** à Ş. M· I· le Şultan Murad IV, Constantinople· in 8⁰· 55 feuillets.
Mss. très riche, sur papier vélin colorié et doré· Reliure en velours violet, tianche dorée·

Beau spécimen de calligraphie orientale.

1052· رسالهٔ يكتاشيه **Rissaleï Beghtachié**, Mss. éxécuté en 1150 de l'Hégire par
Osman. in 8⁰· 180 feuillets·
Mss· simple d'une écriture fine et soignée.

Reliure orientale en maroquin noire.

1053. تحفة الاريب **Tonhfet ul Eribe Terdjumessi,** par Abdullah Terdjuman Constantinople 1275. in 8⁰· 5 vol·

Reliure orientale en maroquin fauve.

1054. تحفة الاريب **Tonhfet ul Eribe,** par Ali Ṣalih Alger 1290. 1 vol· in 8⁰.
On trouvera dans la bibliothèque 77 autres exemplaires.

1055. حسن خط لوحهلرى **Busni Hat Levhaléri,** Receuil de quatrains calligraphiés et de dessins au trait. in 4⁰. 40 feuillets·

Mss. dont toutes les pages de couleurs différentes et réhaussées d'or contiennent soit une peinture, soit un dessin au trait, soit un texte calligraphié au millieu d'ornements d'or et en couleur.

1056 خط و خطاطان **Hat vé Hatatan,** par Ebuzzia Tevfyk Bey, Constantinople 1 vol· in 8⁰.

2 exemplaires.

1057· خطوط عثمانيه **Houdouti Osmanlyé,** par Mehmed Izzet, Consple· 1 vol in 8⁰.

2 exemplaires

1058· فن خط رسالهسى **Fenni Hatt Rissalessi,** par Hafiz Osman, Constantinople. 1 vol· in 8⁰.

2 exemplaires.

1059· مفتاح الفنون **Miftah-ul-Funoun,** par X*** Cons/ple 274. 1 vol. in 8⁰.

Edition lithographiée.

1060. فن دفترى **Fenni Teftéri,** par X··· Cons/ple· 1287· 1 vol. in 4⁰.

Edition lithographiée·

1061. بلاغت عثمانيه **Bélaghati Osmaulyé,** par Ahmed Djévdet Constantinople 1305· 1 vol, in 8⁰,
On trouvera dans la bibliothèque 2 autres exemplaires.

1062. شرح بلاغت **Chérbi Belagat,** par Ibrahim éfendy, Cons/ple 1301. 1 vol· 18⁰.

Edition revue et corrigée·

1063. قرائت لسان ارمنيه **Guiracti lisani Erméniyé** par X*** Cous/ple 1280. 1 vol· in 8⁰

Edition lithographiée.

1064· صرف فرانسوى **Sarfi Francevi,** par Ahmed Aarif, Constantinople 1302·
1 vol. in 8⁰.

Edition revue et corrigée.

1065· قواعد فارسيه **Kavaidi Fariciyé,** par Mévlana Djauui Constantinople 1302·
1 vol· in 8⁰.

Edition nouvelle.

1066· قواعد فارسيه **Kavaidi Fariciyé,** par Neïm éfendy, Constantinople 1203·
1 vol. in 8⁰·

Edition lithographiée·

1067· مبادئ علم ثروت ملل **Mébadii Yimi Servet-i-Milel,** par Serkis Ohannès Constantinople 1267· 1 vol, in 8⁰.

Edition lithographiée.

1068· ارزه البنان **Erzil Bénan,** par Maron Nakass, Beyrouth 1869· 1 vol· in 8⁰.

Edition européenne.

1069· جفتجيلك كتابى **Tchiftchilik Kitabi,** par Rassim Pacha Constantinople 1302· 2 vol· in 8⁰·

Edition illustrée.

1070· جفتجيلك كتابى **Tchiftchilik Kitabi,** par Rassim Pacha Constantinople 1280, 1 vol· in 8⁰.

Edition avec gravures.

1071· فن زراعت **Fenni Ziraat,** par Dr Abdullah éfendy, Constantinople 1264. 4 vol· in 8⁰ avec planches·
On trouvera dans la bibliothèque 2 autres exemplaires.

1072. فيلوقيرا **Filoxéra,** par Rassim Bey. Cons/ple 1302· 1 vol· in 8⁰·

Edition nouvelle .

1073· سياستنامه ترجهسى **Siacet namé Terdjumessi,** par Ahmed Arif Constantinople 1271. 1 vol· in 8⁰·
On trouvera dans la bibliothéque 2 autres exemplaires·

Edition lithographiée.

1074· اراى ملل **Araï Milel,** par Sirri Pacha Cons/ple 1303. 1 vol· in 8⁰·

Edition nouvelle.

1075. جغرافياى طبيعى و پوليتيق **Djagrafini Tabii vé Politiki,** par Fazli Nédjib Constantinople 1305. 1 vol· broché·

Edition revue et corrigée.

1076. دفتر اناطولى و روم ايلى **Défteri Anadoli vé Rumeli,** Mss· éxécuté en 1123 de l'Hégire par X··· forme agenda· 150 feuillets.
Mss. simple, belle écriture·

Reliure orientale molle·

1077. دفتر جزائر **Défteri Djëznëri,** Mss., éxécuté en 1141 de l'Hégire par X···
forme Agenda 374 feuillets·
Mss· simple, écriture fine et soignée.

Reliure assez bien conservée.

1078· علم ارض و معادن **Ilmi Arzé Maden,** par Abdullah Bey Constantinople 1292. 1 vol. in 8⁰.

Edition avec planches.

1079· رياضت بدنيه **Riazéti Bédéniyé,** par Moustafa Hami Pacha Constantinople 1276· 1 vol. in 8⁰.

Edition lithographiée.

1080· امراض جلديه **Emrazi Djildiyé,** par le capitaine Munir éfendy Constantinople 1307 2 vol. in 8⁰·

Edition nouvelle.

1081· علم امراض داخليه **Ilmi Emrazi Dahliyé,** par Feizoullah éfendy, Constantinople 1305, 3 vol· in 8⁰·

Edition illustrée.

1082· مباحث طبيه **Mébahissi Tybbiyé,** par Bessim Omer, Constantinople 1305, 2 vol. in 8⁰·

Edition nouvelle.

1083. طالقارتامه **Dalkavouk Namé,** par Vassilaki éfendy Constantinople 1285. 1 vol. in 8⁰.

Edition lithographiéc.

1081. فن سلاحشورى **Fénni Silahchori,** Mss· éxécuté en 1250 de l'Hégire par Osman Moustafa Constantinople in 8⁰· 80 feuillets·
Mss. simple, reliure orientale·

Beau spécimen de calligraphie orientale.

1085. مكيفات ومسكرات **Mukéyéfat vé Muskirat,** par Bessim Omer Constantinople 1305· 1 vol. in 8⁰·

Edition nouvelle.

1086· معلومات كافيه **Malumati Kiafiyé,** par S. A· Ahmed Djévad Pacha Constantinople 1289. 1 vol· in 8⁰·

Reliure et édition orientale.

1087. سجة صبيان **Subhaï Sublan,** par X··· Egypte 1249· 1 vol· in 8₀·

Edition lithographiéc.

1088· مباحث تلغراف **Mébaïssi Télégraf,** par Mehmed Raïf, Constantinople 1300 1 vol. in 8⁰·

Reliure orientale·

1089· ايك تعليمنامه‌سى **Ipek Talim Namessi,** par Réchia Pacha, Constantinople 1269· 1 vol. in 8⁰.
On trouvera dans la bibliothèque 4 autres exemplaires.

Edition nouvelle.

1090· بروسه و شام و حلب ملسوجات نمونه كتابى **Broussa vé Cham vé Haleb Mensoudjat, Numuné Kitabi.** Constantinople 1290· 1 vol·

1091· كوكرچين پوسته‌سى **Kuverdjin Postassi,** par Nedjib Assim Constantinople 1300· 1 vol· in 8⁰·

Edition nouvelle.

1092· قرنفيل رساله‌سى **Karanfil Rissalessi.** Mss éxécuté en 1250 de l'Hégire par Achki éfendy Constantinople· in 8⁰· 150 feuillets·
Mss· simple, écriture fine et soignée.

Reliure en papier maroquiné noir·

1093. چاى رساله‌سى **Tchaï Rissalessi,** par Mehmed Izzet éfendy Constantinople 1295· 1 vol. in 8⁰.

Reliure orientale soignée.

1094. ساحلخانه‌لر دفترى **Sahil Hanéler Deftéri,** Mss éxécuté en 1050 de l'Hégire par X··· Constantinople· 1 vol. in 8⁰.
Mss. fort rare, très ancien, riche et doré·

Reliure très élégante.

94

1095· استانبول صولرى **Stambol soularl,** par Mouhammed Halil éfendy Constantinople 1271· 1 vol· in 8⁰.

Edition nouvelle.

1096· بروسه قاپلوجهلرى **Brousa Kaploudjalari,** par Echref éfendy Constantinople 1265. 3 vol.

Edition avec planche lithographiée.

1097. تكيهلر دفترى **Tekkéler Déftéri,** par X·•• Cons/pld 1259. 1 vol· in 8⁰.

Edition lithographiée.

1098. داما رسالهسى **Dama Rissalessi,** par X·•• Cons/ple 1305· 1 vol, in 8⁰.

Edition illustrée.

1099. شاطرج رسالهسى **Chautrantch Rissalessi,** Mss. éxécuté en 1250 de l'Hégire par X·•• Constantinople.
Mss. simple, belle calligraphie·

Re'iure orientale.

1100. ترتيب زيبا **Tertibi Ziba,** Mss· éxécuté par Tchétadjé Zadé· in 8₀. 50 feuillets.
Mss· riche.

Reliure Orientale·

1101· رشحات ترجمهسى **Réchéhat Terdjumessi,** par Molla Djami Egypte 1256 1 vol· in folio·

Edition lithographiée.

1102· فارسى تكلم رسالهسى **Farissi Tékéllum Rissalessi,** par Kémal Pacha Constantinople 1265· in 4⁰.

Edition originale.

1103. زينة الاطفال **Terbiyet-ul-Athfàl,** par Edhém Pacha Egypte 1260· 1 vol. in 8⁰
On trouvera dans la bibliothèque 25 autres exemplaires·

Edition originale.

1104· علم حال مجموعهسى **Yimi Hal Médjmouassi,** par Halil Chukri éfendy Constantinople 1259· 1 vol. in 8⁰.

Edition lithographiée.

1105· شهرانكيز بروسه **Chéhiringuiz Brousa** par Sami Brousse 1297· 1 vol. in 8⁰.

Edition originale avec reliure en maroquin rouge.

1106. ارای ملل **Araïl Milel,** par Sirri Pacha Cons/ple 1303· 1 vol· in 8⁰.

Nouvelle édition revue et corrigée.

1107. كتاب الشفا **Kitab-ul-Chifa,** Mss. exécuté en 1200 dé l'Hégire par Kirzi Ayaz. in 8⁰. 248 feuillets·
Mss. simple, très bien écrit·

Reliure orientale fatiguée·

1108· صحتناى عائله **Séhat Numaï Aylé,** par Bessim Omer Constantinople 1304 1 vol· In 8⁰.

Edition nouvelle.

1109. فرنكی رساله‌سی **Firenghi Rissalessi,** par Bessim Omer Constantinople 1266. 1 vol. in 8⁰.
Edition lithographiée.

1110. منعیف چوجقلره تداوی **Zaïf Tchodjouklara Tédavi,** par Bessim Omer 1804 1 vol. in 8⁰.
Belle reliure orientale.

1111. نتایج الازهار **Nétahidjul Ezhar,** Mss. dont la dâte et le nom nous sont inconnus. in 8⁰. 180 feuillets.
Mss. simple.

1112. دیشلرك حفظ صحتی **Dichlérin Hifzi Sehhati,** par Bessim Omer Constanti nople 1301. 1 vol. in 8⁰.
Edition lithographiée.

1113. صحتنای اطفال **Sehhat Namaï Abtfal,** par Bessim Omer Constantinople 1306 1 vol. in 8⁰.
Edition illustrée.

1114. والده‌لره یادكار **Validéléré Yadiklar,** par Bessim Omer Constantinople 1296. 1 vol. in 8⁰.
Edition nouvelle.

1115. صو ایله تداوی **Souilé Tédavi,** par Bessim Omer Constantinople 1304 1 vol. in 8⁰. broché.
Edition revue et corrigée.

1116. علم حساب **Ylmi Hissab,** par Ahmed Chukri Cons/ple, 1304. 1 vol. in 4⁰.
Edition nouvelle.

1117. اصول جبر **Oussouli Djébir,** par Mehmed Tahir Constantinople 1 vol. in 8⁰.
Edition originale.

1118. قوزموغرافیا **Cosmografia,** par Houssamedin Cons/ple 1299. 1 vol. in 8⁰.
Belle édition.

1119. ذرآت **Zeraat,** par Avlogniali Şoureya Constantinople 1304 1 vol. in 8⁰.
Edition originale.

1120. منشآت حقوق **Munchaati Houkouk,** par Hassan Ifzi Constantinople 1304. 1 vol. in 8⁰,
Edition nouvelle avec une belle reliure.

1121. كلیات قواعد عثانیه **Kulliyati Kavaïdi Osmaniyé,** par Mehemed Rifaat Constantinople 1303. 1 vol. in 8⁰.
Edition originale.

1122. مجموعهٔ مقررات **Medjmoual Moukarérat,** Mss. éxécuté en 1240 par X*** Constantinople in 8⁰. 44 feuillets.
Mss. simple, très belle reliure orientale
Beau spécimen de calligraphie orientale

1123. رهبر مكالمهٔ فرانسویه **Réhbéri Mukialéméi Francévi,** par Mehmed Zékki Pacha Constantinople 1303. 1 vol. in 8⁰.
Nouvelle édition.

1124. منتاح اللسان فرانسوی **Miftahul-lissan Francévi,** par Haliss éfendy Constantinople 1366· 1 vol· in 8⁰·

Edition lithographiée.

1125. نصيحت الحكما **Nassihatul-Hukéma** par X··· Cons/ple 1272 1 vol· in 8⁰.

Edition originale.

1126· نمايع الشبان **Méssaihul Chébban,** par Ahmed Hamdi Constantinople 1298·

Edition revue et corrigée.

1127· مكتوباب **Mektoubat ,** par Sirri Pacha Cons/ple 1301. 1 vol· in 8⁰.

Edition de luxe·

1128. تربيةالاطفال **Terbiyét ul Atfal,** par S. A. Ahmed Véfyk Pacha Constantinople 1285. 1 vol· in 8⁰· broché.

Edition très eorrècte.

1129· محاضرات **Muhadérat** par Vessaf éfendy Cons/ple 1300· 1 vol· in 8⁰.

Edition nouvelle·

1130· حكاية شاه **Hikiayéi Châh,** par Ahmed Nazif Cons/ple 1 vol. in 8⁰.

Edition originale .

1131· تاريخ قرق وزير **Tarikhi 40 vézir ,** par X··· Egypte 1270· 1 vol· in 8⁰.

Edition lithographiée.

1132. حكايات رساله‌سى **Hikiayat Rissalessi,** par plusieurs auteurs et diverses dâtes , 1 vol· in 8⁰·

Editions choisies·

1133. رومان ترجمه‌لرى **Roman Terdjuméléri,** par plusieurs Traducteurs et diverses dâtes. 5 vol. in 8⁰.

Editions nouvelles·

1134· مبادئ علوم و فنونه دائر كتب صغيره **Mébadii Ulumé vé funouné Dair Kutubu saghiré,** 40 vol· in 8⁰.

Ouvrages précieux pour les sciences et les arts.

موسيق

MUSSIKI

1135· موسيق رساله‌سى **Mussiki Rissalessi,** Mss. éxécuté en 1820 de l'Hégire par Youssouf bin Abdullah, Constantinople· in 16⁰. 30 feuillets·

Mss. simple, écriture en l'encre rouge et noir assez soignée.

Reliure en maroquin noir gaufré·

1136. موسيق رساله‌سى **Mussiki Rissalessi,** Mss· éxécuté en 1080 de l'Hégire par Ioussouf bin Abdullah Constantinople. in 17⁰. 30 feuillets·

Mss. simple, d'une très belle calligraphie fort rare non imprimé.

1137. جوزعة موسیقی **Medjmouai Mussiki**, Mss. éxécuté en 1090 de l'Hégire par plusieurs auteurs Constantinople. in 8⁰. 251 feuillets.

Mss· très riche, avec encadrements en or, calligraphie fine et soignée.

Reliure orientale en papier maroquin noir gaufré.

1138. موسیق جوعهی **Mussiki Medjmouassi**, Mss. éxécuté en 839 de l'Hégeire par Youssouf bin Abdullah Constantinople. in 4⁰. 1000 feuillets.

Mss· introuvable, très ancien, simple d'une splendide calligraphie orientale, avec des notes de musique enluminées.

Reliure orientale en maroquin rouge·

1139. موسیق جوعهی **Mussiki Medjmouassi**, par Assim Bey, Coustantinople 1269. 1 vol. in 4⁰.

Edition lithographiée.

1140. موسیق جوعهی **Mussiki Medjmouassi**, par Assim Bey, Constantinople 1274. 7 vol. in 4⁰.

Edition revue et corrigée.

1141. ممالك عثانیه استانتستی **Mémaliki Osmaniyé Statistighi**, Constantinople 1295. 1 vol. in 4⁰.

Belle édition et belle reliure.

1142. بودجه **Bodja**, Constantinople 1285, 1288, 1291, 1292.

1143. عموم ممالك استانتستی **Oumoum Mémalik Statistighi**, par Kalhib éfendy, Constantinople 1293. 1 vol. in 8⁰. broché.

1144. تجارت استانتستی **Tidjaret Statistighi**, Mss. éxécuté en 1289. de l'Hégire par X··· Constantinople in 8⁰. 300 feuillets.

Mss· simple, calligraphie fine et soignée·

Reliure orientale.

1145. استانبول سالنامهسی **Istambol Salnamessi**, Constantinople 1265, 1266, 1283, 1289, 1290, 1292, 1293, 1294, 1295, 1296, 1299, 1301.

1146. خداوندكار سالنامهسی **Hudavendighiar Salnamessi**, Constantinople 1287, 1288, 1289, 1290, 1294, 1296, 1297, 1298, 1299, 1303.

1147. آیدین سالنامهسی **Aïdin Salnamessi**, Constantinople 1304.

1148. جزایر بحر سفید سالنامهسی **Djézaéri Bahri scât Salnamessi**, Constantinople 1293.

1149. قسطمونی سالنامهسی **Kastamoni Salnamessi**, Constantinople 1282, 1289, 1290

1150. سیواس سالنامهسی **Sivas Salmamessi**, Constantinople 1288, 1301.

1151. قونیه سالنامهسی **Konia Salnamessi**, Constantinople 1285, 1289, 1290.

1152. انقره سالنامهسی   **Engara Salnamessi,** Constantinople 1289, 1295.

1153. معمورة العزيز سالنامهسی   **Mamouret-ul-Aziz Salnamessi,** Constantinople 1301.

1154. بغداد سالنامهسی   **Bagdad Salnamessi,** Constantinople 1290, 1292.

1155. حلب سالنامهسی   **Haleb Salnamessi,** Constantinople 1284, 1285, 1290.'

1156. ديار بكر سالنامهسی   **Diarbékir Salnamessi,** Constantinople 1291.

1157. آطنه سالنامهسی   **Adana Salnamessi,** Constantinople 1290.

1158. حجاز سالنامهسی   **Hédjaz Salnamessi,** Constantinople 1301. 1305.

1159. طونه سالنامهسی   **Touna Salnamessi,** Constantinople 1285, 1286, 1289, 1290, 1291, 1292, 1293, 1294, 1295.

1160. يانيه سالنامهسی   **Yannia Salnamessi,** Constantinople 1293.

1161. طربزون سالنامهسی   **Trabonzan Salnamessi,** 1286, 1289, 1290.

1162. ادرنه سالنامهسی   **Edirné Salnamessi,** Constantinople 1287, 1288, 1289, 1290, 1293. 1297.

1163. بوسنه سالنامهسی   **Bosna Salnamessi,** Constantinople 1287, 1293.

1164. طرابلس سالنامهسی   **Tarabulus Salnamessi,** Constantinople 1286, 1301, 1302, 1305.

1165. سوريه سالنامهسی   **Suriyé Salnamessi,** 1288, 1295, 1296.

1166. مرآت عالم   **Mirati Allem,** Constantinople 1239. 1 vol. in folio.

Edition ancienne

1167. مرآت عالم   **Mirati Allem,** Constantinople 1299. 1 vol. in folio.

Edition illustrée.

1168. اسكندريه كتبخانهسنك رسالهسی   **Iskendériyé kutubhanessi Rissalessi,** Alexandrie, 1282. 1 vol. in 8°.

Edition de luxe.

1169. داماد ابراهم پاشا كتبخانهسنك دفترى   **Damat Ibrahim Pacha kutubhanessi Tefteri,** Constantinople 1280. 25 exemplaires:

ANNEXES

AUX LIVRES TURCS, ARABES & PERSANS

1170. اصول معارف وجه تصنيف دونغا   **Oussouli Méarif-i-Vetzhi Tasfií Donauma,** 1865. 1 vol. in folio. Paris.

Superbe édition illustrée, et reliure en maroquin du Levant fil· tr. rouge.

1171. روسيا عسكرلك عالمى **Prussia Askerlik Alemi,** Trad. 1872. 1 vol. in 8⁰.
Belle édition et reliure orientale·

1172. طبرئ كبير ترجمسى **Thaberyï kébir Terdjumessi,** Constantinople 1875. 1 vol. in 8⁰.
Bel exemplaire d'une édition et d'une reliure élégante·

1173. كتاب الشهرستان **kitab-uch Cherheristan,** par X** Constantinople 1872. 1 vol. in 8⁰.
Belle édition et belle reliure.

1174. تاريخ آل برمك **Tarihi-Alî Bermek,** par X** Constantinople 2 vol. in 8⁰.
Superbe édition et belle reliure·

1175. روايت اسكندر **Rivàyete Iskender,** par X·· 1 vol. in 8⁰. 1872.
Nouvelle édition et belle reliure·

1176. مرآت عالم **Miratî Alem,** Journal.
Illustré, avec une belle reliure·

1177. خرستيانلغنك حقايقى **Christiyanlighin Hakayïki,** par X··· Constantinople 1862. 1 vol. in 8⁰.
Belle édition et belle reliure.

1178. شرح ديوان ابن فارس **Cherhi Divânî Ibni Fâriss,** par Ibni Fariss, Constantinople 1832. 1 vol. in 8⁰.
Bel exemplaire·

1179. رافضيلره دائر رساله **Rafizîléré Daïr Rissalé,** Mss. éxécuté en 630 de l'Hégire par X** in 8⁰. 160 feuillets.
Mss· rarissime d'une calligraphie assez bonne, reliure peinte.

1180. لوحلر **Levhaler·**
Huit superbes spécimens des meilleures artistes orientaux·

1181. رساله خواجه نصرالدين **Rissalét Hodja Nassreddin,** Mss. éxécuté en 1080 de l'Hégire par X·· in 16⁰. 120 feuillets.
Mss· simple d'une superbe calligraphie avec frontispice et encadrementsor et en couleur·

1182. تقوية الايمان **Takviet-ul Imân,** par X·· Egypte 1850· 1 vol. in 8⁰.
Superbe édition d'une impréssion très soignée·

1183. آصف نامه **Assaf Namé,** Mss. dont le nom de l'auteur et la dâte sont indéchiffrables. in 8⁰. 300 feuillets.
Manuscrit très riche et très rare le premier et le dernier feuillet manquent·

1184. مركبات **Murekkebat,** Constantinople 1860. 1 vol. in 16⁰.
Charmante reliure du maroqüin de Tanger édition très élégante·

1185. فيض يزدان **Feyzi Yezdan,** par X·· Constantinople 1840. 2 vol. in 8⁰.
Belle édition et belle reliure.

1186. لغت احوال **Longhati Ahval,** Paris 1832. 1 vol. in 8⁰.
Bel exemplaire.

1187. سير المتأخرين **Siyer-ul Muteakhinin,** Mss. éxécuté por X·· in 8⁰. 600 feuillets.
Mss. très rare d'une reliure orientale perfectionnée très ancienne et très bien conservée.

1188. ديوان شابور **Divani Chabour,** Mss. éxécuté en 1037 de l'Hégire par Chabour in 8⁰. 140 feuillets.
Mss· simple d'une très belle calligraphie·

1189. رباعيات كليمي **Rubâiyâti kelîmy,** Mss. éxécuté par A· C·· 80 feuillets.
Mss· d'une reliure très ancienne très bien conservée.

1190. ایساغوجی ترجمسی **Isakondji Terdjumessi,** Mss. éxécuté en 1010 de l'Hégire in 8⁰. 169 feuillets..
Mss. simple belle calligraphie·

1191. آتشكده **Atechguédé,** Mss. éxécuté en 810. de l'Hégire in 8⁰. 248 feuillets.
Mss. avec encadrements en or et pleu beau frontispice belle calligraphie.

1192. الفقه **El Fikh,** Mss. éxécuté en 860 de l'Hégire in 8⁰. 400 feuillets.
Mss. très riche, chef d'œuvre de calligraphie orientale très ancien, rarissime·

1193. تفسير سورة كهف **Tefsiri Souréi kéhef,** Mss. éxécuté en 1015 de l'Hégire in 8⁰. 200 feuillets.
Mss· simple, reliure orientale, très élégante.

1194. نحو مجموعسی **Nahv Medmoujassi,** Mss. éxécuté par Molla Djami in 8⁰. 320 feuillets.
Mss. ornementé d'une superbe calligraphie et d'une reliure chef d'œuvre d'art.

1195. حلية خاقانی **Hiléyei Hakani,** par X· Constantinople 1297. 1 vol. in 16⁰.
Bel exemplaire.

1196. وظائف ابوین **Vézaif Ebeveyin,** par X** Constantinople 1302. 1 vol. in 16⁰.
Edition nouvelle·

1197. تاريخ عثمانی **Tharibi Osmani,** par X** Consiantinople 104. 1 vol. in 16⁰.
Edition nouvelle.

1198. تعليم حساب **Talimi Hissab,** par X** Constantinople 1301· 1 vol. in 16⁰.
Belle édition·

1199. **Reliures Persanes du Commencement,** du VIII. Siècle encadrées.
Les deux plats et une doublures, chacun des plats est peint, par un artiste, de beaucoup de merite, entouré de compartiments en or et en couleurs

1200. **Reliures Persanes du Commencement,** du X Siècle, encadées.
Les deux plats et une doublure, chacun des plats est peint par un artiste de beaucoup de merite entouré de compartiments en or et en couleurs, nous n'avons jamais rien rencontré de plus élégants et de plus riches specimen d'art qui n'éxiste plus qu'ua l'état de souvenir,

السنهٔ متعدده‌یه مترجم کتب شرقیه

OUVRAGES ORIENTAUX
TRADUITS EN DIVERSES LANGUES

طاش و حروفات مطبعه‌سی ق. بغدادلیان استانبول

Typ. et Lith. K. Bagdadlian, Constantinople.

فرانسزجه‌يه ترجمه اولنمش عربى' فارسى'جغتانى وتركى رسائل واثار متنوعه

OUVRAGES
ARABES, PERSANS, DJAGATAYS & TURCS
TRADUITS EN FRANÇAIS

1201. Le Coran, par J· H. Kassinowski, Paris 1859. I vol· in 4º·
Charmant exemplaire très estimé, orné de très belles gravures en acier; reliure anglaise de Clarke·

1202· L'Alcoran et mahomet, par Turpin, Londres 1775· 2 vol. in 12·
Edition précieuse et de la plus grande rareté. Cet exemplaire, très grand de marges, est, sauf quelques légères piqûres parfaitement restaurées, d'une conservation remarquable.

1203· Mahomet AlCoran, par Louis Leflock, Paris 1860. 1 vol. in 4º·
Reliure très élégante et très riche. Superbe exemplaire d'une édition fort recherchée.

1204· La vie de Mahomet, par Garnier, Amsterdam 1735· 3 vol· in 8º·
Reliure en veau. Edition précieuse et de la plus grande rareté; cet exemplaire est d'une conservation parfaite·

1205· Des effets de la Religion de Mahomet, par M. Alsner, Paris 1810. in 4º·
Bel exemplaire d'une édition très recherchée; chef-d'œuvre de typographie·

1206· Mœurs et usages des Turcs, leur réligion, par X· H***. Paris, 2 vol. in 4º·
Superbe exemplaire d'une parfaite conservation et si grand de marge, qu'on peut le croire en grand papier·

1207·. La Muse Ottomane ou Chef-d'œuvre de la Poésie Turque, par Servan. de Sugny, Paris 1860· 1 vol· in 4º·
Charmante édition avec une reliure très élégante d. t.

1208· La Poésie en Perse, par Barbier de Meynard, Paris 1877· 1 vol· in 12º·
Edition nouvelle et reliure orientale·

1209· Les Paroles remarquables des Arabes, des Turcs et des Persans, par Bernard, Paris 1717· 2 vol· in 4º·
Reliure ancienne. Magnifique exemplaire d'un recueil fort recherché et rare· La conservation et la grandeur des marges sont extraordinaires, chaque feuillet ayant son témoin.

1210. Maçoudi, par Pavet et Courteille, Paris 1870. 1 vol· in 16º·
Très bel exemplaire d'une reliure très élégante·

1211· Les colliers d'or de Zimahchéry, par C· Barbier de Meynard, Paris 1874.
in vol· in 12º·
Reliure européenne. On trouvera dans la bibliothèque 50 autres exemplaires pareils·

1212· **Conseils de Nâbi éfendy à son fils Abdul Kâhir,** par Pavet de Courteille, Paris 1850. 1 vol· in 8⁰·
Belle édition·

1213· **Conseils de Nâbi éfendy à son fils Abdul Kâhir,** par Pavet de Courteille, Paris 1854· 1 vol· in 8⁰·
Bel exemplaire d'une édition revue et corrigée·

1214· **La Colombe Messagère de Sabbagh,** par Sylvestre de Sacy, Paris 1805·
1 vol· in 8⁰·
On trouvera dans la bibliothèque 2 autres exemplaires pareils.

1215· **Dourouhi Imsâl,** par X***, Londres 1885. 1 vol· in 8⁰.
Edition nouvelle et reliure très élégante.

1216· **Contes du Chélh El Mohdy,** Par J· F. Marcel, Paris 1835· 3 vol. in 8⁰.
Reliure européenne. tr. d. Bel exemplaire de la première édition de cette pièce·

1217· **Les Milles et une Nuits,** par Sylvestre de Sacy, Paris 1805· 2 v. in· 8⁰.
Exemplaire bien conservé d'une édition ornée de 12 gravures·

1218· **Les Mille et une Nuits,** par Aimé Martin, Paris 1838· 1 vol· in 8⁰·
Très jolie édition enrichie de 45 gravures sur acier.

1219· **Les Nuits Arabes,** par E. D· Chaumont, Paris 1845· 3 vol· in 8⁰·
Très joli exemplaire d'une édition originale·

1220· **Les Aventures de Hadji Baba,** par Murray, Paris 1820. 3 vol. in 16⁰.
Bel exemplaire d'une première édition.

1221· **Trois Comédies,** par Mirza Djafer, Paris 1842· 1 vol· in 8⁰.
Edition originale de ce siècle.

1222· **L'Ours et le Voleur, comédie en Turc,** par J*** A**, Paris 1866· 1 v. in 12⁰.
Edition et reliure élégantes·

1223· **Mélanges orientaux,** par Sylvestre de Sacy, Paris 1865· 4 vol. in 4⁰.
Papyrus, écrits en arabe. — Secte des Ismaïliens· — Etude de la poésie arabe. — Notice de la géographie d'Ibni Haukal· — Ecriture chez les arabes du Hédjaz·— Pratique superstitieuse des druzes· — Testament de Louis XVI etc·

1224· **Mélanges orientaux,** par M· Quatremère, Paris 1845· 1 vol. in 4⁰. d.t.
Notice d'un manuscrit arabe contenant la description de l'Afrique 1831· — Notice de l'ouvrage. Mesalik Alabsar fi memalik alamsar.

1225· **Mélanges orientaux,** par les professeurs de l'Ecole Spéciale des langues vivantes, Paris 1865· 1 vol· in 4⁰· d· mar. vert·
«Les quatre Imams» en arabe 1285, la langue arabe, 2 mémoires de Goldzihers, Droit Musulman par Sachau, Les pleurs de l'affligé par Safadi, Le calendrier de cordoue par Dozy·

1226· **Mélanges Asiatiques,** par A· Rémusat, Paris 1825. 4 vol. in 4⁰.
Superbe exemplaire d'une édition perfectionnée·

102

1227· **Dictionnaire universel oriental,** par Herbelot, Maestricht 1774· 2 vol· in folio·
Reliure (Trantz Bauzonnet) édition Lugduni Batavorum. Superbe exemplaire d'un ouvrage fort estimé.

1228· **Dictionnaire Franco-Persan,** par Barbier de Meynard, Paris 1861.1 v. in 8⁰.
Belle édition très soignée·

1229. **Dictionnaire Turc-Français,** par Artin Hindoglou, Vienne 1838.1 v. in8⁰.
Charmant exemplaire d'une reliure riche très bien conservée·

1230· **Dictionnaire Français, Arabe, Persan et Turc,** par Alexandre Hantcherly Moscou 1850. 2 vol· in 4⁰·
Reliure en peau de Russie rouge. Charmant exemplaire d'une édition remarquable.

1231· **Dictionnaire Turc, Arabe, Persan,** par Zenker, Leipzig 1866· 2 v· in 8⁰·
Magnifique exemplaire d'une édition parfaite·

1232· **Dictionnaire Turc-Français,** par Bianchi et D. Rieffer, Paris 1831. 2v. in 8⁰.
On trouvera dans la bibliothèque la 2ᵉᵐᵉ édition de 1850. Charmants exemplaires d'une édition soignée, reliures en maroquin vert·

1233· **Dictionnaire Français-Turc,** par Bianchi et D. Rieffer, Paris 1831. 2 v· in 8⁰.
On trouvera dans la bibliothèque la 2ᵉᵐᵉ édition de 1850. Charmants exemplaires d'une édition soignée, reliures en maroquin vert·

1234· **Dictionnaire Français-Arabe,** (Dialècte Africain) par J. F· Marcel, Paris 1837· 1 vol· in 4⁰·
Exemplaire d'une parfaite conservation et grand de marges d'une édition complète·

1235· **Dictionnaire Turc-Français,** par R·Youssouf, Constantinople 1888· 2 v· in 12⁰.
Cet exemplaire en caractères Latins et Turcs est à la portée de tout le monde, et rédigé d'après une méthode nouvelle et des plus faciles·

1236· **Dictionnaire Français-Turc,** par N· Mallouf, Paris 1850· 1 vol. in 16⁰.
Exemplaire avec la prononciation figurée, seconde édition soigneusement corrigée et considérablement augmentée.

1237. **Vocabulaire Français-Turc,** par Georges Khasis, Sᵗ. Petersbourg 1828· 1 vol· in 8⁰·
Edition originale·

1238· **Loughâtî Ahvâl,** par M*** C***, Paris 1852· 2 vol· in 4⁰.
Précieuse édition, chef-d'œuvre typographique.

1239. **Kitabi Durr-ul-Osmanlyé-fy-Loughâtî Nonmanlyé,** par C* B***· Paris 1820. in 8⁰·
Magnifique exemplaire d'un recueil fort recherché·

1240· **Medjmouaï Isthilâhâtî Resmiyé,** par T***· Paris 1838. 2 vol. in 4⁰.
Bel exemplaire et le seul connu de la première édition de cette importante pièce.

1241· **Manuel Terminologique Français-Ottoman**, par le Baron de Schlechta, Vienne 1870. in 8⁰·
Charmant exemplaire d'une reliure très élégante·

1242· **Grammaire Turque**, par Viguier, Constantinople 1790· 1 vol. in 8⁰.
Reliure en veau. Edition assez rare d'une conservation parfaite.

1243· **Eléments de la langue Turque**, par Viguier, Constantinople 1732. 1 v· in 8⁰·
Edition rare et d'une reliure élégante d. tr·

1244· **Recherches sur la langue Tartare**, par A, Rémusat, Paris 1820. 1 v. in 8⁰.
Joli exemplaire d'une édition originale·

1245· **Grammaire Arabe**, par Sylvestre de Sacy, 1810. 2 vol· in 4⁰·
Joli exemplaire en grand papier, avec un carmant frontispice gravé a la sanguine, et provenant de la bibliothèque de l'auteur·

1246. **Grammaire Arabe Vulgaire**, par Caussin de Perceval, Paris 1833. 1 v. in folio·
Edition et reliure soignées.

1247· **Eléments de la grammaire Turque**, par Amédée Jaubert, Paris 1833, 1v. in 8⁰.
Très bel exemplaire, d'une reliure admirablement conservée, dont le maroquin est curieusement préparé.

1248· **Développements des principes de la langue Arabe moderne**, par Aug· F.J. Herbin, Paris 1803· 1 vol· in 4⁰·
Edition remarquablement belle, d'une reliure admirablement conservée.

1249· **Christomatie Arabe**, par Sylvestre de Sacy, Paris 1827· 3 vol· in 4⁰·
Très bel exemplaire, d'une reliure admirablement conservée, dont le maroquin est curieusement préparé.

1250· **Christomatie Persane**, par Ch· Scheffer, Paris 1785. 1 vol· in 8⁰·
Joli exemplaire en grand papier avec une reliure soignée.

1251· **De la littérature des Turcs**, par l'Abbé Faderini, Paris 1789. 3 v· in 4⁰.
Exemplaire très grand de marges, chef-d'œuvre typographique recherché·

1252. **Grammaire raisonnée de la langue Ottomane**, par James W. Redhouse· Paris 1846· 1 vol. in 8⁰.
Joli exemplaire d'une édition soignée.

1253· **Dictionnaire militaire, Français, Russe, Turc et Persan**, par L***, Saint Petersbourg 1889· 1 vol. in 4⁰·
Charmant exemplaire d'une édition nouvelle·

1254· **Nouvelle syntaxe Française**, par Noël et Chapsal, Traduite en Turc· par Séraphin Lazian, Constantinople 1881· 1 vol. in 16⁰·
Exemplaire d'une belle édition.

1255· **Guerre des Français avec les Autrichiens**, par X***, 1865· 2 vol. in 8⁰·
Belle édition et belle reliure·

104

1256· **Relations du siège et de la Prise de Candie,** par l'armée ottomane · par L·,
M··, Paris 1835· in 8º. broché·
Belle édition·

1257· **Mémoires de Baber,** par A. Pavet de Courteille, Paris 1841. 2 v. in 4º.
Bel exemplaire d'une édition et d'une reliure élégantes.

1258· **Les Prolègomènes d'Ibni Khaldoun,** par M· Quatremères, Paris 1858.
Superbe exemplaire d'une reliure admirablement conservée, dont le maroquin est
curieusement préparé,

1259· **Les Prolègomènes d'Ibni Khaldoun,** par M. de Slane, Paris 1863. 2 vol·
in folio·
Très bel exemplaire, malgré quelques réparations de peu d'importance·

1260. **Canoun de Sultan Suléyman,** par M· V···, Paris 1725. 2 vol· in 4o·
Très joli exemplaire en grand papier vélin, lavé, encollé et auquel on a ajouté une
suite de figures (Monsiau)·

1261· **Histoire de Nadir Chah,** par M· Jones, Paris 1725. 2 vol. in 4o·
Très joli exemplaire en grand papier vélin, reliure (Beauzonnet·)

1262. **Histoire de Scanderbeg,** par R. P· Duponat, Paris 1709· 1 v· in 16º·
Edition rare, d'une reliure très bien conservée, dont le maroquin est curieusement préparé.

1263· **Ibni El-Athiri,** édit par C· Tornberg· (1864-74)· 14 vol, reliés en 7 in
8º. Demi maroquin·
Très jolis exemplaires, Lugduni Batavorum.

1264· **Al Bayano ul Mogrib d'Ibni Adhari,** par le R. P· Dozy· Leyde· 3 v.in 8º·
Très bel exemplaire, malgré quelques réparations de peu d'importance·

1265. **De la république des Turcs,** par Guillaume Pœstel, Poitiers 1550. 1v. in 8o
Superbe exemplaire d'une édition très recherchée pour ses curieuses figures en bois.
C'est un des plus rares volumes de la collection precieuse des impressions de Grü-
ninger· Riche reliure à la grolier.

1266· **Extraits de la chronique Persane d'Hérat,** par Barbier de Meynard, Paris
1861· 1 vol. broché·
Edition orientale.

1267· **Histoire des Bérbères et des dynasties musulmanes de l'Afrique, d'Ibni Khaldoun,** par de Slane, Alger (1847-51) 2 vol· in 4º· d· mar· bleu.
Très belle exemplaire d'une édition soignée.

1268· **Tarikhi Geughian,** par P· de la Croix, Paris 1701. 1 vol· in 16º· mar.
bleu, doré en tête, non rogné. (Duru)
Superbe exemplaire d'une édition estimée et peu connue. Portrait gravé par Savart.

1269· **Tymour-Namé,** par P· de la Croix, Paris 1720· 8 vol. in 16º·
Bel exemplaire d'un volume curieux et réglé, dans une splendide reliure italienne, d'un
dessin le plus pur. le dos est habilement refait.

1270· **Géographie d'Ebulféda,** par Reinaud et De Blanc, Paris 1840· 2 v. in 4⁰·
Reliure dem. mar· rouge, édition soignée.

1271· **Géographie d'Ebulféda,** par Reinaud, Paris 1844· 2 vol. in 4⁰·
Très jolis volumes en reliure ancienne·

1272. **Géographie d'Ebulféda,** par Reinaud, Paris 1848. 2 vol. in 4⁰·
Bel exemplaire. reliure demi mar· rouge·

1273· **Description de l'Egypte d'Abdullahtif,** par Sylvestre de Şacy, Paris 1810·
in 4⁰ d. r.
Charmant exemplaire d'une édition originale.

1274· **Voyages d'Ibni Batouta,** par C. Defrémery et Sanguinetti, Paris (1853-58)
4 vol· in 8⁰·
Bel exemplaire dont l'index est relié avec le tôme III.

1275. **Les voyages de Sindebad le Marin, texte Arabe extrait des Mille et une Nuits,**
par L· Machuel, Alger 1874. 1 vol· in 8 carton·
Belle édition·

1276· **Sefernàmé,** par A· Pavet de Courteille, Paris 1882· 1 vol· in 8⁰·
Charmante édition illustrée.

1277· **Miradjnàmé,** par A· Pavet de Courteille, Paris 1882. 1 vol· in 8⁰.
Charmant exemplaire d'une reliure très élégante·

1278. **Evliya Tehélébi,** par J. Hammer, Constantinople 1830· 2 vol· in 8⁰.
Très belle édition, très originale·

1279· **Journal Asiatique ou Recueil de mémoires chez les peuples orientaux,** par
la Société Asiatique, Paris (1822-1874) 80 vol· in 8⁰· demi maroquin vert·
On trouvera dans la bibliothèque un autre exemplaire pareil.

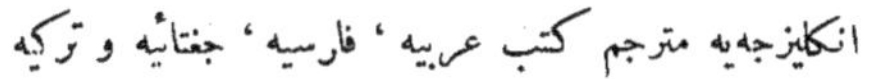

TRANSLATIONS OF THE BOOK'S	OUVRAGES
Arabian's, Persian's, Djaghatay's and Turkish's	Arabes, Persans, Djaghatays et Turcs
INTO ENGLISH	**TRADUITS EN ANGLAIS**

1280· The Koran· **Le Coran,** par Georges Sale, Londres 1615. 2 vol. in 4⁰·
Superbe exemplaire de la plus jolie et la plus recherchée des éditions elzéviriennes.
Reliure orientale, très élégante·

1281· An apology for Mahommed and the Koran. **Apologie de Mahomet et du
Koran,** par John Davenport, Londres 1869. 4 vol. in 4⁰.
Magnifique exemplaire. en grand papier vélin. Cette édition imprimée avec soin, est
fort estimée; reliure en maroquin vert.

1282· Mahommed anl Mahommetism· **Mahomet et le Mahometisme,** par R· Boswarth Smith. Londres 1750· 1 vol· in 8⁰.

Reliure anglaise de clarke. Exemplaire fort rare, enrichi de curieuses gravures.

1283· Mahommed· **Mahomet,** par Charles Wells, Londres 1865. 1 v.in4⁰.
Demi maroquin vert. Très bel exemplaire d'une édition originale.

1284. A Critical Examination of the life of Mahommed· **Perquisitions sur la vie de Mahomet,** par Seïd Ali, Londres 1873. 1 vol· in 8·

Très bel exemplaire réglé, la première partie est la meilleure édition du tiers livre, la seconde, l'édition originale du quart livre.

1285· . The life of Mahommed· **La vie de Mahomet,** par A· Sprenger, Londres 1851· 1 vol. in 4⁰·

Bel exemplaire d'un livre introuvrable de cette collection.

1286. The life of Mahommed· **La vie de Mahomet,** par Seïd Ali, Londres 1879· 3 vol. in 4⁰.

Reliure anglaise· Charmant exemplaire d'une édition très originale·

1287· A Digest of Mahommed Law· **Digeste des lois de Mahomet,** par Neil B· E· Baillie, Londres 1858· 1 vol· in 8⁰.

Superbe exemplaire d'une édition et d'une reliure originales.

1288· Tuffat-ul-Ahrar· **Touhfet-ul-Ahrar de Molla Djami,** par De Forbes Falconner, Londres 1858· 1 vol. in 4⁰·

Reliure demi maroquin. Superbe exemplaire d'une parfaite conservation et grand de marges.

1289· Dialogues and a Small Portion of the New Testament in the English, Arabic, Houssa and Bournou Languages. **Fragments du Nouveau Testament en Anglais, Arabe, Houssa et Bournou,** par X** L**, Londres 1853. 1 vol· in 8⁰. broché·

Belle édition.

1290· Kitabul-Méarif· **Kitab-ul Méarif d'Ibni Koutaybé,** par Ferdinand Wüsstenfeld, Londres 1850· 1 vol· in 8⁰·

Reliure demi maroquin. Superbe exemplaire d'une édition très soignée chef-d'œuvre typographique.

1291· Correspondance relative to the affairs of Syria· **Correspondance relative aux affaires de la Syrie,** par X'·*, Londres 1846· 1 vol· in 8⁰.

Reliure demi maroq· noir. Charmant exemplaire d'une édition perfectionnée.

1292· Derbend Namé· **Derbend Namé,** par Mirza A· Karemberg, St Petersbourg 1851· 1 vol· in 8⁰.

1293. Spécimens of the popular Pœtry of Persia. **Spécimen des Poésies populaires de la Perse,** par Alexandre Chodzko, Londres. 1841 8⁰.

Edition originale des six premières livres, superbe exemplaire.

1294. Ottoman Poëms. **Poëmes Ottomans**, par I. V. Gibb, Londres 1882.
1 vol. in 8º.
Belle édition nouvelle, reliure demi mar. tr. d.

1295. Book of the Thousand night's and a night. **Les Mille et une Nuits**, par
Richard F. Burton. Londres. 1805 10 vol. in 8º.
Très bel exemplaire d'un rare et curieux volume, édition illustrée.

1296. The Thousand night's and a night. **Les Mille et une Nuits**, par Edward
William Lane Londres. 1839. 3 vol. in 8º.
Edition originale en gros caractères, belle reliure.

1297. The Arabian Night's. **Les Nuits Arabes**, par Edward Villiam Lane.
Londres. 1839. 3 vol. in 8º.
Bel exemplaire d'une édition originale, rare et curieuse.

1298. The Arabian Night's **Les Nuits Arabes**, par N. Ducken. Londres.
1807. 1 vol. in 8º.
Fort joli exemplaire d'un livre rare, et des plus curieux.

1299. Seven Arabian Poëms. **Sept, Poëmes Arabes**. par Villiam Jones.
Londres. 1785. 2 vol. in folio
Joli exemplaire d'une édition rare et recherchée surtout pour ses gravures.

1300. Makâmât Hariri. **Les Séances de Hariri**, par Théodore Preston. Londres
1890. 1 vol. in 4º.
Belle édition très originale.

1301. A Turkish Dictionnary. **Dictionnaire Turc**, par Lehatt Oxford. 1735. 1v. in4º.
Reliure très ancienne. Fort joli exemplaire d'un livre rare et des plus curieux.

1302. A Dictionnary Persian, Arabic and English. **Dictionnaire Persan Arabe
et Anglais**, par J. Richardson Oxford 1767. 2 vol. in folio.
Très jolie édition d'une parfaite exécution, chef-d'œuvre de typographie.

1303. An English Arabic Lexicon. **Lexique Anglais Arabe**, par Georg. Percy
Badger Oxford 1881. 1 vol. in 8º.
Charmant exemplaire d'une reliure très élégante.

1304. Dictionnary Arabic English. **Dictionnaire Arabe Anglais**, par F. Johnson
Londres. 1852. 2 vol. in 8º.
Très bel exemplaire d'une reliure en maroquin noir.

1305. Vocabulary Persian Arabic and English. **Vocabulaire Persan Arabe et
Anglais**, par David Hokkins Londres 1870. 1 vol. in 4º.
Fort joli exemplaire d'une reliure très élégante et très riche.

1306. Grammar Turkish and English. **Grammaire Turque et Anglaise**, par
Sylvestre de Sacy. Paris. 1832. 1 vol. in 4º.
Bel exemplaire d'un livre assez rare, au sujet duquel on peut consulter les catalogues
de M. M. de Sacy.

1307· A. Lexicon English and Turkish. **Dictionnaire anglais et Turc**, par J. W· Redhouse, Londres 1860. 1 vol· in 4⁰ petit·
Reliure en veau· Très bel exemplaire d'une édition soignée.

1308· A Grammar of the Persian Language. **Grammaire de la langue Persane**, par Samuel Lee, Londres 1828· 1 vol· in 8⁰·

1309· A Grammar of the Turkish language· **Grammaire de la langue Turque**, par Ar· Thumley Davi', Londres 1832· 1 vol. in 4⁰·
Très belle édition à toutes marges.

1310. An English and Arabic Dictionary· **Dictionnaire anglais et Arabe**, par Joseph Catafago, Londres 1858· 1 vol. in 4⁰·
Belle édition et reliure élégante·

1311· A Simplifice Grammar Ottoman Language· **Grammaire simplifiée de la langue Ottomane**, par I. V· Redhouse, Londres 1884· 1 vol. in 4⁰·
Reliure en veau, belle édition revue et augmentée.

1312· A. Grammar of the Turkish language. **Grammaire de la langue Turque**, par R· Samuel Lee, Londres 1828· 1 vol· in 4⁰.
Bel exemplaire d'une reliure admirablement belle.

1313· Kitab Bagh vé Bahar. **Kitab-ul Baghou Béhar d'Ibni Fariss**, par Himself, Londres 1816· 2 vol· in 8⁰·
Bel exemplaire d'une édition originale·

1314· Memoirs of Zehireddin Muhammed Baber· **Mémoires de Zehireddin Mouhammed Baber**, par Williams Erskine, Londres 1826· 1 vol. in 8⁰·
Charmant exemplaire d'une édition très originale·

1315· Timoroun Nizamati askeriyé Rissalessi· **Traité des réglements militaires de Timour**, par Auguste Zwick, Londres 1714· 1 vol. in 8⁰·
Exemplaire d'un volume rare, de sa 1ᵉʳᵉ édition·

1316. The life of Séïd Muhammed Ali Hazin·' **La vie du cheïh Mouhammed Aly Hazin**, par C· F· Belfour, Londres 1830. 1 vol· in 4⁰·
Superbe exemplaire, avec les vignettes tirées dans le texte.

1317· History of the Rise of the Mahomedan Power in India· **Commencement de l'influence Mahométane aux Indes**, par John Briggs, Londres 1828. 4 v. in 4⁰
Superbe exemplaire d'une reliure remarquablement belle·

1318. The Captivity of Housstade· **La captivité d'Housstade**, par la société Haklapt, Londres 1864. 1 vol· in 4⁰.
Edition originale·

1319· The travels of Ibni Jubair·· **Les voyages d'Ibni Zubéir**, par William Wrigt, Londres 1852· 1 vol· in 8⁰·
Très bel exemplaire d'une édition et d'une reliure très élégantes.

1320· The travels of Ali bey· **Les voyages d'Aly bey**, par Himself, Londres 1716· 2 vol. in 8⁰·
Joli exemplaire d'une édition rare et ancienne.

1321· Travels of Mirza Abu Talib Khan· **Voyages de Mirza Ebou Thâlib Khân,** par Charles Stervat, Londres 1814. 3 vol· in 16⁰.
Bel exemplaire d'une reliure remarquable·

1322· Calmuc Tartary· **Kalmuk Tartares,** par. Auguste Zwick, Londres 1831. 1 vo· in· 4⁰.
Charmant exemplaire d'une édition originale·

1223· The Anvari Suhaili· **L'Invâri Suheyly**, par Ed· B· Eastwick, Lo dres 1854· 1 vol· in 4⁰·
Dem. reliure, dos en mar· Jolie édition bien soignée.

1324· Tohfut-ul Mujahidein· **Touhfet-ul Mudjâhidïn,** par L· M. J·Rouland-son 1833. 1 vol· in 4⁰.
Reliure en veau. Bel exemplaire d'une édition recherchée·

1325· The Gulistan· **Le Gulistan de Saady**, par Ed· B, Eastwick 1852. 1 v. in 4o
Bel exemplaire d'une édition très nette·

1326. Nuschat-ul Masabih· **Nushat-ul-Méssâbih,** par A. N. Mattews, Londres 1809· 2 vol· in 8⁰·
Reliure anglaise de Clark. Belle édition.

1327. The Adventures of Ha lji Baba. **Les Aventures de Hadji Baba,** par J· D· Morelle. A· M· Londres 1856. 2 vol· in 4⁰·
Belle exemplaire d'une édition soignée·

1328· Transactions of the Royal Asiatic society. **Traités de la Société Royale Asiatique,** par V· Parker, Londres 25 vol· in 8⁰· dem· mar· citron f· tr· d.
Cet ouvrage renferme dans ces 25 volumes. les années 1827-1852·

لاتينجهيه مترجم كتب عربيه ، فارسيه ، جتتائيه و تركيه

TRANSLATIO OPERUM | **OUVRAGES**
Arab. Pers. Djagh. et Turc. | Arabes, Persans, Djaghatays et Turcs
IN LATINO | **TRADUITS EN LATINS**

1329. Anthologia Sententiarum Arabicarum cum scholii Zamachjarii. **Anthologie des sentences arabes avec les scholies de Zimahchéry,** par Albert Schultus, Bône 1762. 1 vol. in 8⁰.
Superbe exemplaire de là plus jolie et la plus recherchée des éditions elzéviriennes.

1330· Gazofylacum Linguæ Persarum. **Gazofylatium de la langue des Perses,** par R· F· Angelo, Amsterdam 1684· 2 vol. in folio·

Edition précieuse et de la plus grand rareté· Cet exemplaire , très grand de marges est, sauf quelque légères piqûres parfaitement restaurées, d'une conservation remarquable, Lugduni Batavorum .

1331. Thesaurus Linguarum Orientalum· **Trésor des langues orientales,** par F· Meninski, Vienne 1680. 8 vol· in folio et un supplément· Lugduni B.

Bel exemplaire d'un volume très rare, quoique souvent reimprimée cette édition est une des plus anciennes et des meilleures.

1332· Anthologia Persica· **Anthologie Persane,** par Augusta Mariæ Theresiæ, Vienne 1788· 4 vol· in 4º

Edition très rare et originale, très bel exemplaire de l'un des plus important ouvrages orientaux, reliure très élégante et ancienne très bien conservée.

1333· Arabum Proverbia· **Proverbes Arabes,** par H· A· Schultus, Lugduni Batavorum 1775· 1 vol. in 4º·

Edition très rare et précieuse d'une reliure en veau très bien conservée .

1334· Arabum Proverbia· **Proverbes Arabes,** par G· V· Freytag, Bône 1838· 3 vol· in 4º·

Charmant exemplaire d'une collection rare et complète, et plus rare encore en grand papier· On y trouve, 100 figures gravées à l'eau forte et en taille douce, très bonnes épreuves.

1335· Consessus Hariri Monumenta· **Les Séances de Hariri,** par A· H· Schlutus, Lugduni Batavorum 1750· 1 vol. in 4º.

Edition imprimée en lettres rondes, très rare, et qu'on met à côté de la collection des jolis livres imprimés à cette époque ; grand de marges et d'une parfaite conservation, superbe reliure un peu fatiguée.

1336. Hamax Carmina. **Oeures Poétiques,** par G· V· Freytag· Leipzig 2 v· in 4º. bas.

Très bel exemplaire d'une édition fort recherchée pour ses gravures, reliure très élegante tr·d.

1337. Carminum Orientalum Triga. **Oeures Poétiques orientales,** par L· Hosegarten, Leipzig 1815· 1 vol. in 4º.

Bel exemplaire d'une édition originale.

1338· Grammatica Arabica. **Grammaire Arabe,** Lugduni Batavorum 1656· 10 vol. in 8º.

C'est la première édition de ce livre extrêmement rare; on ne connait que cinq autres exemplaires: c'est le plus beau spécimen des Batavorum qu'on trouvera dans ce catalogue·

1339. Christomathia Arabica. **Christomathie Arabe,** Par L· Kosegarten, Leipzig 1826. 1 vol· in 4º·

Très bel exemplaire, presque non rogné, dans une reliure très élégante.

1340· Lexicon Arabico Latinum· **Dictionnaire Arabe et Latin,** par G· W· Freytag, Leipzig 1837· 2 vol. in 8º·

Bel exemplaire d'un volume curieux. Belle reliure ancienne, à riches compartiments·

1341 Lexicon Bibliographicum et Encyclopedicum. **Dictionnaire Bibliographique et Encyclopedique,** par Mustafa bin Abdoullah, Leipzig 1563. 7 v. in folio.
Edition des plus rares, surtout lorsque les 6 livres y sont réunis, le septième est imprimé en caractères plus gros.

1342. Abul Abbasi Amedis Tulonidarum prima vita et res gestae· **La vie et les exploits d'Ebul Abbas Amédis,** par S T· J· Luchtmans, Lugduni Batavorum 1732· 1 vol· in 8⁰.
Edition rare et précieuse d'une reliure très élégante·

1343· Vita et res Gesta Abul Abbasi Amedis. **La Vie et les exploits d'Ebul Abbas Amedis,** par Takkorde Frisius, Batavorum 1725· 1 vol· in 8⁰·
Superbe exemplaire très grand de marges, édition imprimée par les Elzévirs; rare et fort recherchée, elle est ornée de jolies figures·

1344. Vitæ et rerum gestarum Timuri· **La Vie et les exploits de Timour,** par Samuel Henri Manga, Lugduni Batavorum 1635· 3 vol. in 4⁰·
Ouvrage fort rare et peut-être le seul connu, car c'est le même exemplaire qui a appartenu à Girardot de Préfont, à Gaignat, Reliure très bien conservée.

1345· Descriptio Ditionis Moslemice. **Description de la Puissance Musulmane,** par Ebu Ishâk ul Faris, Batavorum 1770. 1 vol. in 8⁰.
Bel exemplaire, aussi remarquable par sa belle conservation que sa charmante reliure, nous ne connaissons pas un autre exemplaire de ce précieux volume.

1346· Vitæ et Icones Sultanorum Turcicorum· **La vie et les Portraits des Sultans Ottomans,** par Boissardo Vesuntino, Batavorum 1572· 1 vol· in folio.
Ouvrage d'une parfaite conservation, très curieux et fort rare· 192 costumes gravés sur métal, probablement sur fer·

1347· Addimenta ad Historia Arabum. **Détails sur l'Histoire des Arabes,** par Jannus Lassen Rasmussen, Hauniæ 1821· 1 vol· in 8⁰ broché·
Belle et curieuse édition·

1348· Historia Saracenica Arabicé et Latiné. **Histoire des Sarrasins, des Arabes et des Latins,** par Thomas Erpénius, Batavorum 1625· 1 vol· in 8⁰.
Jolie reliure ancienne avec des M. et Φ. entrelacés. Très bel exemplaire réglé; on y a ajouté un beau portr· de l'auteur, gravé par Th· de Leu·

1349. Kara Mustafa grand Vizir Historia. **Histoire de Kara Moustafa grand-Vézir,** par M***, Venise 1675· in 4⁰·
Bel exemplaire d'un opuscnle rare et curieux. Belle reliure à compartiment du XVIᵉ siècle.

1350· Vitæ et Gestæ Sultani· **Vies et exploits des Sultans,** par Behaeddin Seddjády, Lugduni Batavorum 1732· 1 vol· in 8⁰.
Volume fort rare, orné de très curieuses figures en bois, très belle édition avec témoins.

1351. Spécimen Historia Arabum. **Spécimen de l'Histoire des Arabes,** par Edouard Pocockio, Oxoniæ 1886· 1 vol· in 8⁰·
Bel exemplaire papier vélin d'une édition originale·

1352. Historia Compendiosa dynastiarum arabice et Latiné. **Histoire abrégée des dynasties Arabes et Latines d'Ebul Feredj,** par Edw. Pocockio, Oxoniæ 1663. 2 vol. in 4⁰. vélin.

Admirable exemplaire. Cette édition précieuse imprimée au milieu du seizième siècle, est de la plus grande rareté, et c'est le seul exemplaire connu.

1353. Historia Regnum Islamiticorum in Abyssinia. **Histoire du Règne des Musulmans en Abyssinie,** par Fredéric Théodore Rinch, Lugduni Batavorum 1540. 2 vol. in folio.

Très rare et très précieuse édition imprimée, en lettres rondes et une des plus recherchée des bibliophiles. Cet exemplaire l'un des plus beaux connus, est parfaitement conservé, avec témoins, et revêtu d'une magnifique reliure exécutée dans le goût de XVI siècle.

1354. Libro de agricultura. **Kitab-uz Ziraât d'Ebou Zékérya,** par Josephe Antoine Bouqueri, Venise 1706. 2 vol. in 8⁰.

Bel exemplaire papier vélin, très belle édition.

1355. Historia Bilâd. **Histoire des Bilâd,** par X*** 1716. 2 vol. in 8⁰.

Reliure ancienne. Exemplaire d'une édition précieuse.

1356. Lexicon Geographicum. **Dictionnaire Géographique,** édit par T. G. T. Juynboll 1833. 4 vol. in 8⁰.

Bel exemplaire papier vélin, très belle édition.

1357. Bibliothéca Arabico Hispana. **Bibliothèque Arabo-Espanique,** par Michel Cafiri, Madrid 1760. 2 vol. in folio.

Superbe reliure anglaise, édition réglée, chef-d'œuvre de typographie.

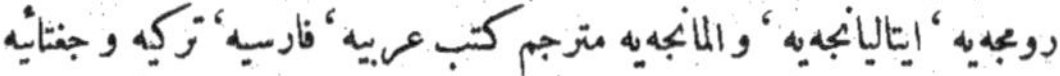

OUVRAGES ARABES, PERSANS, DJAGHATAYS & TURCS

TRADUITS EN ALLEMAND, ITALIEN & GREC.

1358. Kitab al Fihrist. **Kitab-ul-Féricbté,** par Gustave Flügel, Leipzig 1871. 1 vol. in 4⁰.

Edition nouvelle et originale.

1359. Grammatik Deutsche und Turkiche. **Grammaire Allemande et Turque,** par Goubbin Bey, Constantinople 1885. 1 vol. in 8⁰.

Belle édition nouvelle

1360. Die Scheibaniade. **Les Cheibaniades du Prince Mohamet Salih,** par Hermann Vambéry, Strasbourg 1885. 1. vol. in 4⁰.

Edition contenant 150 gravures en chromolythographie.

1361· Kavaïdi Lisani Allamaniyé· **Syntaxe Allemande,** par L··· S···, Vienne 1872· 1 vol. in 8⁰· \
Edition nouvelle·

1362· Jacut's Moschtarik, das ist Lexicon Geographischer Homonyme· **Dictionnaire Géographique,** par F. Vüsstenfcld, Gœttingen 1846. 1 vol· in 8⁰
Belle édition et reliure élégante·

1363· Tarikhi Beyrouth. **Histoire de Beyrouth Arabo Allemand,** par X···. Bône 1839, 1 vol· in 8⁰·

Belle édition et reliure demi mar. vert.

1364. Proverbii utili, evirtuosi in lingua araba, persiana e turca· **Proverbes utils en langue arabe, persane et turque,** par L··· C··, Padoue 1688· 1 v· in 8⁰. fig· goth· mar, rouge fil·. dor. doublé de maroq. bleu, dent·

Belle reliure de Bauzonnet-Trantz. Edition précieuse de la plus grande rareté. Cet exemplaire, très grand de marges, est sauf quelques légères piqûres parfaitement restaurées, d'une conservation remarquable·

1365. Τὸ Κοράνιον· **Le Koran,** par N. Arghiriadou, Athènes 1854. 1 vol. in 8⁰·
Bel exemplaire d'une édition remarquable·

1366· Ἐπιτομη τῆς τοῦ Μουχαμὲτ Βιογραφίας. **Abrégé de la Biographie de Mahomet,** par N. Arghiriadou, Athènes 1850· 1 vol· in 4⁰.

Belle édition soignée·

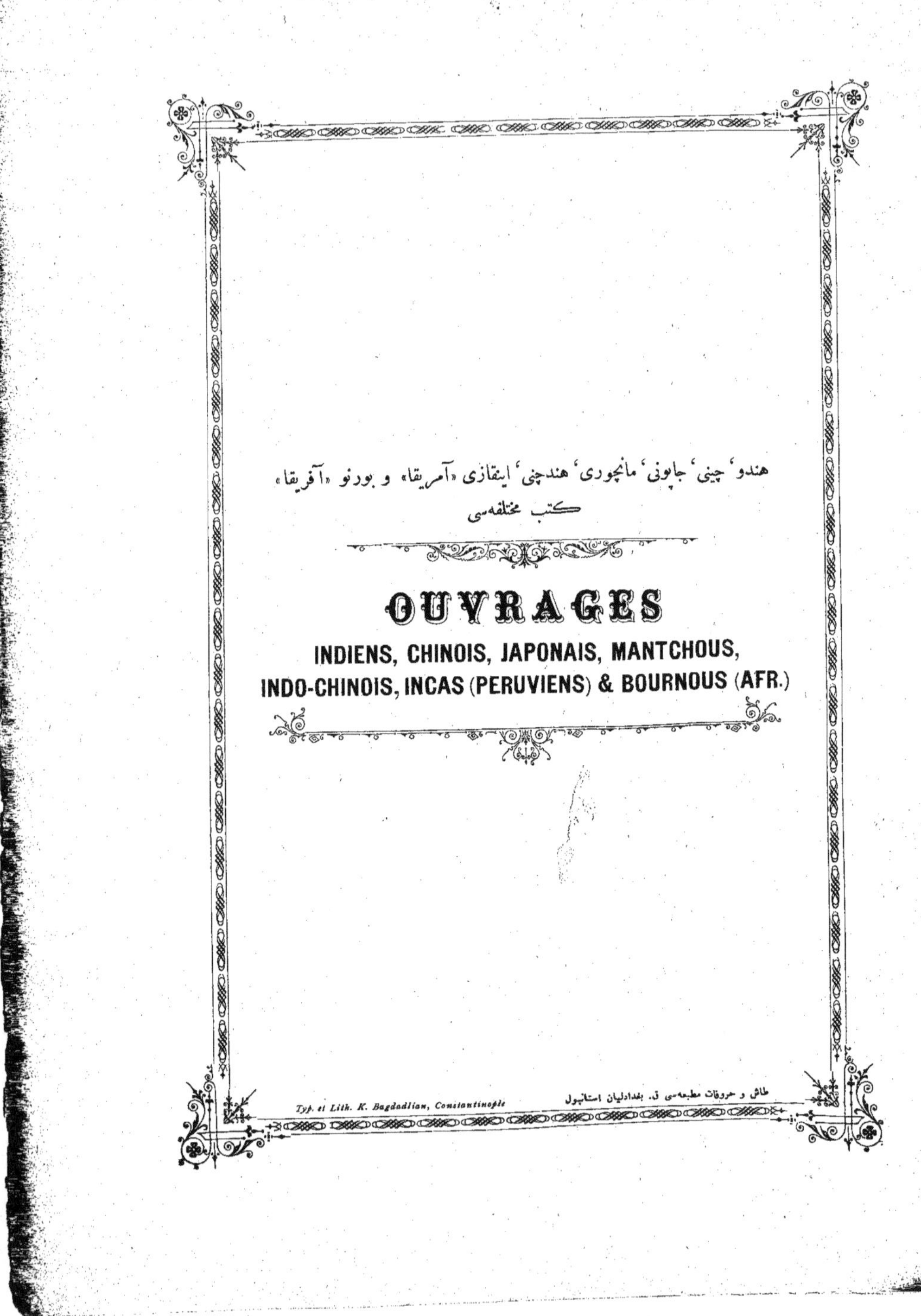

OUVRAGES

INDIENS, CHINOIS, JAPONAIS, MANTCHOUS,
INDO-CHINOIS, INCAS (PERUVIENS) & BOURNOUS (AFR.)

LANGUES DES INDES

1367· **Œuvres complètes de Kalidasa**, Traduites du Sanscrit· par Fauch, Paris 1859-1860· 2 vol· in 8⁰ broché.
Charmant exemplaire d'une édition originale·

1368· **La Reconnaissance de Sacountala**, Drame de Kalidasa. Traduit par A· C. Chézy, Paris 1830· in 12 broché·
Edition et reliure très élégantes·

1369· Sakoontala· **Sacountala**, Drame de Kalisada. Traduit par Morier Williams, Calcutta 1 vol· in 4⁰·
Reliure anglaise de Clarke· Charmante édition illustrée·

1370· **Malavika et Agnitmatra**, Drame Sanscrit· Traduit par Ed. Foucaux, Paris 1877· 1 vol. in 12⁰·
Bel exemplaire d'une bonne et très jolie édition.

1371· **Sribhagavatam**, par la Société Asiatique, Bombay 1840· 2 vol. in folio.
Bel exemplaire d'une édition jolie et originale.

1372· The Mutinies in Rajpootana· **Les Révoltes en Radjpoutanah**, par Thomas Prichard, Bombay 1860· 1 vol. in 4⁰.
Charmant exemplaire d'une édition originale ; reliure anglaise de Clarke.

1373· Cgazpacho. **Cgazpacho**, par Georges Clark, Londres 1891. 1 v. in 18⁰·
Bel exemplaire d'une très jolie édition·

1374· The Satakos of Bahrtrihari· **Le Satakos de Bahrtrihari**, par B· Hale Worthan, Londres 1886· 1 vol. in 4⁰·
Très joli exemplaire d'une belle édition moderne.

1375· **Scharkam**, par Garcin de Tassy, Paris 1829· 1 vol· in 4⁰· demi· mar· rouge en tête dor.
Très jolie et très belle édition·

1376· Tara a Mahratta Tale. **Conte de Tara et de Mahratta**, par Meadows Taylor, Londres 1874. 1 vol. in 4⁰·
Charmant exemplaire d'une édition bien réglée.

1377· Tales of the Zenana. **Les contes de Zenana**, par W. Hochley, Bombay 1857. 1 vol· in 4⁰·
Très bel exemplaire, dans une reliure vénitienne, en veau noir repoussé.

1378. **Les Aventures de Kamrup, de Tahcin-uddin**, Traduites par Garcin de Tassy, Paris 1834· 1 vol. in 8⁰·
Chef-d'œuvre typographique, superbe exemplaire reglé et dans une reliure très élégante.

1379· A Comparative Dictionnary of Language of India· **Dictionnaire comparé du language des Indes**, par V· V· Hunter, Oxford 1688· 1 vol· in 8⁰· demi-maroq. noir·
Charmant exemplaire d'une édition réglée·

1380· **Histoire de la littérature Indienne,** par Garcin de Tassy , Paris 2 v. in 8o·
Charmant exemplaire d'une édition complète·

1381. **Histoire du Buddisme indien.** par E. Burnouf, Paris 1842. 2 vol· in 8o·
Reliure élégante. Belle édition·

1382. **Histoire de Maha Radja Singh,** par H· C. Princeps, Paris 1836· 1 v. in 4o·
Bel exemplaire et bonne reliure en maroquin.

1383· **Histoire de l'Empéreur Akbar,** par Alfred Maury, Paris 1883. 1 vol· in 4o.
Superbe exemplaire dans une reliure vénitienne en veau noir·

1384· History of the Imams and Seyyeds of Oman. **Histoire des Imams et des Seyyeds de l'Oman,** par Salih ibni Razih, Calcutta 1881· 1 vol· in 4o.
Très bel exemplaire, imprimé en gros caractères, reliure orientale

1385.ʹ The Indians Musulmans· **Les Musulmans des Indes,** par P· V. Hunter, Londres 1871· 1 vol. in 4o·
Belle édition et belle reliure anglais de Clarke·

1386. Autobiography of Lufullah· **Autobiographie de Loutfoullah,** par Edw· B· Eastivick, Calcutta 1857. 1 vol. in 4o.
Lettres rondes. Bel exemplaire, jolie reliure·

LANGUE CHINOISE

1387· Dictionnary of chinese Language· **Dictionnaire de la langue chinoise,** par Dundas Thompson, Londres 1812. 1 vol· in 4o.
Magnifique exemplaire de la plus parfaite conservation·

1388· Dictionnary of the chinese language· **Dictionnaire du langage chinois,** par Robert Morisson, Londres 1815· 3 vol· in 8o·
Précieux exemplaire sur papier chamois.

1389. Chinese Manuel· **Manuel chinois,** par Harrisson· 1854· 1 vol· in 8o· demi maroq. rouge·
Belle édition en gros caractères.

1390· Christianity in China Tartary and Thibet· **Les Christianisme en chine en Tartarie et au Thibet,** par l'Abbé Hue, Londres 1857. 2 vol· in 4o.
Edition très belle, illustrée de 50 gravures en acier.

1391. **Contes chinois,** Traduits par A· Rémusat, Paris 1827. 3 vol. in 12o·
Magnifique exemplaire d'une édition et d'une reliure très riches et très élégantes·

LANGUE MANTCHOU

1392. **Alphabet Mantchou,** par J· C. Langlès, Paris 1807· 1 vol· in 4o.
Bel exemplaire d'une édition très originale·

1393. **Dictionnaire Tartare-Mantchou-Français,** par J. C. Langlès, Paris 1850, 4 vol. in 4⁰.
Bel exemplaire, imprimé sur vélin; reliure restaurée avec soin.

LANGUE JAPONNAISE

1394. Nipon o Daï itsi rau. **Annales de l'Empire du Japon,** par Isaac Titsingh, Paris 1834. 1 vol. in folio.
Magnifique exemplaire de la plus parfaite conservation, et d'une reliure dem. m. vert.

1395. San Kohf Tson Ran to seto. **Aperçu général des trois royaumes,** par J. Klaproth, Paris 1832. 1 vol. in 4⁰.
Edition belle et précieuse; reliure très élégante.

1396. Niphon and Pecheli. **Niphon et Pécheli,** par Ed. Barrington de Fonblangue 1863. 1 vol. in 4⁰.
Magnifique exemplaire dont la reliure anglaise est très élégante et très riche.

1397. A Dictionnary of the Malayian Language. **Dictionnaire de la langue Malaise,** par Villiam Marsden, Londres 1812. 1 vol. in 8⁰.
Très bel exemplaire d'une conversation parfaite.

1398. Grammar of the Language Dravidian. **Grammaire de la langue Dravidienne,** par Rob. Caldvill, Londres 1875. 1 vol. in 4⁰.
Charmant exemplaire d'une édition originale.

LANGUE INDO-CHINOISE

1399. **Grammaire comparée des langues Indo-Européennes,** par P***, Paris 1864. 4 vol. in 4⁰.
Edition soignée et reliure en maroquin noir.

1400. The Indo-chinesse Dictionnary. **Dictionnaire Indo-chinois,** par P***, 1818. 3 vol. in 4⁰.
Reliure anglaise de Clarke. Edition remarquablement belle.

1401. Of commentaries of Incas. **Commentaires des Incas,** par Carcilasso de la Véga, Londres 1869. 3 vol. in 4⁰.
Bel exemplaire d'une édition et d'une reliure très soignée.

1402. Narratives of the Rites and Laws of Incas. **Histoires des Cérémonies religieuses et des Lois des Incas,** par R. Markham, Londres 1872. 1 vol. in 4⁰.
Charmant exemplaire d'une édition très soignée.

1403. Grammar of the Bornu. **Grammaire des Bornous,** par P. R. V. Velle, Londres 1854. 1 vol. in 4⁰.
Belle édition et reliure demi mar. noir.

1404. **Essai sur la langue du Bornou,** par X***. 1826. 1 vol. in 8⁰.
Edition précieuse, reliure élégante.

طاش و حروفات مطبعه‌سی ق. بغدادليان استانبول   Typ. et Lith. K. Bagdadlian, Constantinople

THÉOLOGIE & HISTOIRE DES RÉLIGIONS

THÉOLOGIE

ECRITURE SAINTE

1405. **La Sainte Bible,** contenant le Viel et le Nouveau Testament. Lat. Franç. trad. par Réné Benoist. Angevin, Paris Mich. Guillard de G. Desbois 1568. 2 vol. in 4º. mar. v. fil tr. d.

Ancienne reliure aux armes de Dufresmoy. Bible rare, censurée à Rome et rangée parmi les bibles hérétiques.

1406. **La Sainte Bible,** Traduite par M. de Sacy, Paris Defer, de Maissonneuve, 1789. 12 vol. gr. in 4º. demi rel. viol. non rognés.

Exemplaire en grand papier, orné de 300 figures de Morilièr, épreuves avant la lettre.

1407. **La Sainte Bible,** Traduite de Fabre Olivet, Lugduni Batavorum 1715. 18 vol. in 8º. mar. vert fil. tr. d.

Ancienne reliure, très bel exemplaire d'une édition précieuse, imprimée à deux colonnes; enrichie de charmantes vignettes sur bois dans la manière d'Holbeïn.

1408. **La Sainte Bible,** suivie d'un dictionnaire Etymologique par Lefèvre éditeur, Paris 1828. 13 vol. in 8º. mar. vert fil tr. d.

Belle reliure moderne, Bible protestante d'une très belle exécution typographique; elle est imprimée à deux colonnes, en caractères très nets, quoique très petits et terminée par les Psaumes de Marot en musique.

1409. **La Bible,** de Saurin, La Haye 1728. 2 vol. in folio. demi mar. rouge. fil. tr. d.

Belle reliure ancienne, Bible d'une très belle éxécution typographique imprimée avec soin.

THÉOLOGIE MORALE & CATÉCHÉTIQUE

1410. **Maximes et Réflexions sur la comédie,** par J. B. Bossuet, Paris 1694. in-12. mar. bleu fil. tr. dor. (Trautz Bauzonnet).

Bel exemplaire d'un livre rare.

1411. **Les Provinciales ou lettres écrites,** par Louis de Montalte à un provincial de ses amis. par B. Pascal, Cologne Pierre de la Vallée 1657. in 4º. mar. r. tr. d. (Thompson).

Ce sont les lettres publiées séparement. les unes en édition originale, les autres en contrefaçons ou réimpressions de la même année, les pièces en éditions originales ont été imprimées, en 1656, clandestinement à Montrieux, près Vendôme.

1412. **Catéchisme du diocèse de Meaux,** par J. B. Bossuet, Paris Séb. Mabre-Cramoisy 1690. in-12. mar. r. f. tr. d.

Edition originale.

1413· **Catéchisme,** par J. B· Say, Paris 1834· 1 vol· in 4⁰· mar· vert compartiments tr. d· (aux armes du Pape Clément XIII).
Superbe exemplaire d'une édition fort originale·

1414· **La Théologie naturelle de Raymond Sebon,** Traduite du Latin par Michel de Montaigne, Paris Gourbin 1569· in 8⁰· mar. br· fil tr. d· (Duru)
Très bel exemplaire de l'édition originale.

1415. **Sermons du P· Bourdaloue,** publiés par le P. Bretonneau, Paris, Rigaud 1708· 16 vol· in 8⁰· mar. vert f· tr· d· (Simier)
Edition originale et la plus belle des œuvres de Bourdaloue. Cet exemplaire provient de la bibliothèque célèbre d'un illustre bibliophile·

1416· **Sermons de J. B· Bossuet,** publiés par Burigny, Paris 1850· 2 vol. in 4⁰. mar bl· tr. d.
Bel exemplaire de l'édition originale·

1417· **Petit Carême de Massilon,** édit par Lefèvre, Paris 1843. 2 vol· in 4o·
Edition de luxe, grand papier fort, culs· de lampe etc·

THÉOLOGIE MYSTIQUE & ASCÉTIQUE

1418· **Imitation de N. S. Jésus-Christ,** Traduite par M. Banzo, Paris 1816. in 4o mar· r· tr· a. fig·
Magnifique édition, ornée de très belles vignettes en miniature et d'encadrement en or et en couleur à chaque page, copiées sur les plus beaux manuscrits anciens, et exécutées par le procédé chromolythographique.

1419· **La Mort de Jésus,** par S· O· J***, Paris 1863 1 vol· in 32. édit par Veber, Salgues et Cohen.
Demi reliure· Bel exemplaire de choix, bien complet; édition recherchée.

1429· **La Tentation de St. Antoine,** par L. R· P***, Paris 1782· 1 vol. in 4o·
Volume rare, superbe exemplaire intact et grand de marges, édition illustrée.

1421· **Instruction sur l'Etat d'oraison,** par J. B. Bossuet, Paris J. Anisson 1697. in- 8⁰ mar· r. fil tr. d·
Edition originale. Exemplaire aux armes de Bossuet·

1422· **Correspondance de Fénélon,** publiée pour la première fois sur les manuscrits originaux, la plupart inédits, Paris 1827. 11 vol· in 12⁰. demi rel.

1423· **Les Bossuetines,** lettres sur Bossuet adressées à un homme d'Etat, par Poujoulat, Paris 1854· in 8· demi-reliure mar·
Reliure mar· Très belle édition.

1424· **Abrégé de l'origine de tous les cultes,** par Tenré, Paris 1821· 1 v. in 4⁰·
Deuxième édition. publiée la même année, revue et corrigée·

1425. **La Science des Réligions**, par Emile Burnouf, Paris 1872· 1 vol· in 4º·
Reliure élégante. Superbe exemplaire en grand papier de la première édition·

1426· **Méditations sur la Rémission des péchés**, par J. B· Bossuet, Paris 1702·
in-12· mar· fil· tr· d.
Edition originale·

THÉOLOGIE POLÉMIQUE

1427· **Pensées de M· Pascal sur la religion et sur quelques autres sujets**, Paris G.
Desprez 1670· mar· r· tr· d· (Duru)
Edition originale. très bel exemplaire·

1428· **Exposition de la Doctrine Chrétienne**, par J. B. Bossuet, Paris Seb. Mabre-
Cramoisy 1671· in 12. mar· r· tr. d. (Duru)
Première édition rendue publique, très bel exemplaire·

1429· **Histoires des variations des Eglises protestantes**, par J· B· Bossuet, Paris
1689. in-4º· mar· r. tr· d·
Edition originale.

1430· **Défense de l'Histoire des variations contre la réponse de M. Basnage**, ministre de Rotterdam, par J. B. Bossuet, Paris 1691. in 12· maroq· r. tr. d.
Edition originale·

1431. **De l'Importance des opinions Réligieuses**, par J· Necker, Paris 1788·
1 vol· in 4º·
Exemplaire d'une reliure très élégante, grand de marges et d'une parfaite conservation,
on trouve très rarement une si belle édition·

1432. **Les observations sur les Réligions**, par Pierre Belon, Paris 1555· 2 v·
in 4º· veau· ant· fil· comp· tr· dor· ciselée.
Exemplaire dans sa première reliure, grand de marges et d'une parfaite conservation,
on trouve très rarement ces deux volumes réunis et en bonne conservation·

HISTOIRE DES RELIGIONS.

GÉNÉRALITÉS

1433· **Cérémonies et Coutumes Religieuses de tous les Peuples du Monde**, représentées par des figures dessinées par B· Picart· avec des explications historiques, etc. Amsterdam (1723-43), 8 tomes en 9 vol· in folio. Superstitions
anciennes et modernes, Amsterdam (1733-36) 2 vol. in folio. ensemble 11
vol· in folio· mar· rouge· fil· tr· dor·
Reliure ancienne. Superbe exemplaire en grand papier de la première édition, il provient de la Bibliotèque de M. de Martainville·

1434· **Les Mœurs des Chrétiens**, par l'Abbé Fleury, Paris 1612· in 12º. lavé,
réglé· mar· v. large dent. tr. d·
Ancienne reliure. édition originale··

1435· **Le Catéchisme Historique,** par l'Abbé Fleury, Paris 1679· in 12⁰· lavé·
réglé. mar· v· large· dent· tr. d·
Ancienne reliure. Edition originale.

1436· **L'Eglise et l'Etat au XIXᵐᵉ siècle,** par le Duc de Valmy, Paris 1861·
2 vol· in 8⁰·
Reliure et édition riches et élégantes·

1437· **Histoire des Papes,** par P** C***, depuis Saint-Pierre jusqu'à Gré-
goire XVI, Paris 1842. 10 vol· in 4⁰·
Magnifique exemplaire d'une édition enrichie de 800 figures gravées à l'eau-forte et
en taille douce, très bonnes épreuves·

1438· **Histoire des Jésuites,** par C· Munster, Amsterdam 1751· 4 v. in 16⁰.
Reliure ancienne. Très bel exemplaire d'une édition réglée.

1439· **Histoire sur l'Arianisme,** par Maimbourg, Paris 1783. 3 vol. in 4⁰.
Reliure ancienne· Superbe exemplaire d'une édition réglée· Chef-d'œuvre typographique.

1440· **Erreurs et Préjugés,** par J. B· Salgues, Paris 1810. 3 vol· in 4⁰· demi
mar· vert. fil. tr. d·
Bel exemplaire en ancienne reliure·

1441. **Recherches sur la Réligion des Romains,** par L· Lacroix, Paris 1846·
1 vol. in 4⁰.
Charmant exemplaire, belle reliure·

1442. **Les Livres Sacrés de l'Orient,** par G. Pauthier, Paris 1794· 1 vol. in 8⁰·
mar· r· comp· tr· d·
Bel exemplaire d'une édition illustrée·

1443. **Histoire de la Réligion des Turcs avec la naissance de Mahomet,** par J. Necker, Paris Baudier 1625· 1 vol· in 8⁰. mar. r. fil. tr. dor. (Trautz Bauzonnet)
Bel exemplaire d'un livre fort rare et imprimé par les Elzévirs, le frontispice gravé
en latin; il est en outre orné de figures d'une remarquable finesse·

1444· **L'Islamisme,** par le Dʳ Perron, Paris 1877· 1 vol· in 16⁰.
Belle édition nouvelle·

1445· **La Turquie Chrétienne,** par M· de la Croix, Paris 2 vol. in 16⁰.
Charmant exemplaire d'une édition réglée·

1446· **Mœurs et coutumes des Ottomans,** par F*** L***, Paris 1812. 6 v. in 32⁰.
Reliure en mar. jaune glacé, fil. d. tr. Charmante édition avec des gravures peintes,
bonnes épreuves·

1447· **Œuvres de S. Sévère,** par M. Herbert, Paris 1843· 2 vol· in 4⁰.
Edition de M. M· C· L· F· Panckouke.

JURISPRUDENCE

INTRODUCTION

1448· **De l'Esprit des Lois,** par Montesquieu· A Genève, Barillot S.d· 1748. 2 vol. in 4⁰· mar· r. fil· tr· d.
Bel exemplaire de l'édition originale, avec la carte géographique·

1449· **Des Delits et Peines,** par Beccaria, Paris 1821. 1 vol· in 16⁰. mar. r· fil. tr. dor. (Derome)
Exemplaire imprimé sur papier vélin.

1450· **Mémoires de Josephe de Touché Duc d'Otrante,** par le Ministère de la Police, Paris 1824. 2 vol. in 4⁰·
Magnifique exemplaire d'une édition réglée et soignée.

1451. **Le Livre de Justice,** par B· Chabaille, Paris 1850· 1 vol. in 8⁰·
Admirable exemplaire d'une édition et d'une reliure élégantes·

DROIT

1452· **Philosophie du Droit,** par Leminier, Paris 1831· 2 vol. in 4⁰. vélin r·
Admirable exemplaire, imprimé sur vélin, d'une édition réglée, avec témoins.

1453. **Notice sur le Doctorat du Droit,** par A· De Fontaines de Resbecq, Paris 1857· 1 vol· in 8⁰· dem. mar· vert. fil· tr· d.
Reliure ancienne. Charmant exemplaire d'une édition originale.

1454· **Droit administratif,** par le Baron Gerando, Paris 1829· 1 vol· in 4⁰·
Magnifique exemplaire d'une volume fort curieux.

1455· **Cours d'administration,** par Marcel. Paris 1853· 1 vol· in 4⁰.
Bel exemplaire de dédicace en grand papier; reliure en maroquin noir, curieusement préparé·

1456· **Le Droit des gens,** par Jean Louis Klüber, Paris 1844. 2 vol. in 4⁰· mar. r· fil. tr. d.
Seul exemplaire connu de cette édition.

1457. **Précis du Droit des gens,** par G. F. Martins, Paris 1831· 2 vol. in 4⁰·
Superbe exemplaire d'une édition très recherchée·

1458. **Histoire du Droit des Gens,** par Vattel, Paris 1819. 2 vol. in 4⁰.
Charmant exemplaire d'une édition et d'une reliure fort recherchées·

1459· **Droit Naturel,** par Alphonse Fritot, Paris 1827· 4 vol. in 16⁰·
Très bel exemplaire d'une édition que l'on peut considérer comme la première.

1460. **Principes du Droit Naturel,** par Burlamaque, Paris 1830· 1 vol· in 4⁰.
Reliure élégante. Exemplaire à grandes marges, mais mouillé.

CODES

1461. **Les six Codes,** par Michel Baudier, Paris 1814. 1 vol· in 16⁰.
Très bel exemplaire d'une édition et d'une reliure élégante·

1462. **Code de la Législation Française,** par Napoléon Bacqua, Paris 1856.1v.in 8⁰
Charmante reliure aux chiffres de Napoléon III.

1463. **Code civil des Français,** par X** X***, Paris 1804. 1 vol. in 8o.
Reliure ancienne· Seul exemplaire connu de cette édition.

1464· **Mélanges pour servir de code,** par Gauthier, Paris 1854. 1 vol. in 4o.
Deuxième édition, la première est dâtée de 1825; reliure dem. maroquin·

1465. **Code de commerce Ottoman,** Manuscrit éxécuté en 1848. à Constantinople 1 vol. in 8⁰. 300 feuillets.
Mss. d'une très bonne calligraphie; reliure recouverte de velour rouge à compartiments.

1466· **Le ode des Cétrangers,** par Amédée Lebaron, Paris 1848. 1 vol. in 4o.
On trouvera dans la bibliothèque l'édition de 1849.

LÉGISLATION

1467. **Lois administratives Françaises,** par Vuatum, Paris 1876. 1 vol. in 4o.
Edition nouvelle et reliure élégante.

1468. **La législation ottomane,** par Aristarchi Bey, Cons/ple 1873. 1 vol. in 4o
Bel exemplaire d'une édition originale,

1469· **Législation des contributions indirectes,** par A. Perroux, Paris 1860.1v. in4o
Charmant exemplaire d'un livre réglé et d'une reliure dem. mar· noir·

1470· **Dictionnaire de la législation usuelle,** par E. Chabral-Chamal, Paris 1850.
4 vol. in 4⁰.
On trouvera dans la bibliothèque l'édition de 1852·

SCIENCES & ARTS

SCIENCES PHILOSOPHIQUES

PHILOSOPHIE GÉNÉRALE, METAPHYSIQUE, LOGIQUE

1471· **Œuvres complètes de Platon,** par L** X**, Venise 1513· 2 vol. p. in folio
dem. reliure·
Edition princeps donnée par Marc Musurus et Alde l'ancien. Elle est fort rare.

1472. **Œuvres complètes d'Aristote,** Venise 1550. 6 vol· in folio v. f. fil. (aux
armes des Foscari)·
Bel exemplaire de l'édition princeps·

1473· **Œuvres complètes de Cicéron,** Traduites par C. P· L· Panckouke, Paris 33 vol· in 4⁰. reliure dos mar· vert· tr· d·
Reliure dos mar· vert. tr. d· Charmant exemplaire d'une édition parfaite.

1474· **Philosophie de M. T. Cicéron,** Lugduni Seb. Gryphius 1551· 2 vol· in 16. v. br· tr· d·
Jolie reliure italienne, à compartiments d'or et couleur.

1475· **Œuvres philosophiques de L. A. Sénèque,** B. Moreti, Anvers 1652· in folio mar· r· fil· tr. d. (aux armes du prince Eugène de Savoie)·
Charmant exemplaire d'une édition rare·

1476· **Œuvres philosophiques de L. A. Sénèque,** Traduites par Charles Rozoir, Paris 1834· 8 vol. in 8⁰. reliure dos maroquin vert· fil. tr· d·
Reliure dos maroquin vert fil. tr. d. Edition de MM. C. P. F. Panckouke·

1477· **Œuvres philosophiques, morales et Politiques de François Baçon,** avec notes par Buchon, Paris 1836. 2 vol. gr. in 8⁰·
Demi reliure.

1478· **Les méditations métaphysiques de Descartes,** Traduites par Le Duc Luynes, Paris 1647·
Volume curieux et rare, où sont traitées toutes sortes de questions de physique et métaphysique·

1479· **Les principes de philosophie de Descartes,** Trad. par L· Duc Luynes, Paris 1644· mar. r. fil· tr· d. (Padeloup)·
Bel exemplaire d'un rare volume·

1480· **Œuvres philosophiques de Descartes,** publiées par L· Aimé Martin, Paris 1843. gr. in 8⁰·
Demi reliure v. f.

1481. **Essais de Théodicée sur la bonté de Dieu,** par M. Leibnitz, Amsterdam, Isaac Troyel 1712· in 8⁰· mar· r. fil tr· d· (Padeloup)
Très bel exemplaire de la seconde édition de cet illustre livre, aux armes du comte d'Hoym·

1482· **Lettres et opuscules inèdits de Leibnitz,** Paris 1854· 1 volume in 8⁰·
Belle reliure· Cet ouvrage a été traduit par M. Foucher de Careil·

1483· **L'an 2440,** par Leibnitz, Paris 1786· 3 vol· in 8⁰· mar· r· fil· tr· d· (Padeloup),
Très bel exemplaire aux armes du comte d'Hoym·

1484· **Œuvres philosophiques de Leibnitz,** par Louis Duteus, Genève 1768· 6 vol· in 8⁰· mar· r· fil· tr. d·
Ancienne reliure· Recueil d'une parfaite conservation.

1485· **Œuvres philosophiques de Leibnitz,** par F. de C*, Paris 1768. 7 v· in 8⁰· mar· r· fil· tr· d·
Reliure ancienne· Ouvrage curieux et rare.

126

1486· **St. Paul et Sénèque ou Recherches sur les rapports du philosophe avec l'apôtre**, par l'Abbé Fleury, Paris 1853· 2 vol· in 8º·
Bel exemplaire d'une édition et d'une reliure élégantes.

1487· **Recherches sur les preuves du christianisme,** par P· Bonnet, Genève 1770. 3 vol· in 8º· mar. r· fil· tr. d·
Reliure ancienne· Bel exemplaire d'une édition réglée et originale·

1488· **Œuvres de P. Bonnet,** par Lamontaigne, Paris 1779· 9 vol. in 8º· mar· rouge tr· d.
Edition remarquablement belle par ses nombreuses gravures en acier·

1489· **Œuvres de Montesquieu,** par L· Parrèle, Paris 1825· 9 vol. in 8º·
Superbe exemplaire d'une édition et d'une reliure très élegantes·

1490· **Discours sur l'Etude Philosophique des Langues,** par C· F· de Volney, Paris 1819· 1 vol· in 8º·
Charmant exemplaire d'une édition soignée·

1491· **Dialogues et entretiens philosophiques,** par Voltaire 1785· 2 v. in 12º·
Belle édition de Cramer·

1492· **Dictionnaire philosophique,** par Voltaire· édit par Cramer, Paris 1785. 14 vol· in 12º· v. br· f· tr· d·
Ancienne reliure. Bel exemplaire d'une édition conservée·

1493. **Emile ou l'Education,** par J· J· Rousseau, Paris 1712. 1 vol. in 4º· m· vert· fil· tr· d.
Reliure en parfaite conservation· Bel exemplaire de l'édition (Tousou)·

1494· **Les Conféssions,** par J· J. Rousseau, Paris 1712· 1 vol· in 4º. mar· vert· fil tr· dor·
Belle édition et reliure en parfaite conservation·

1495· **Philosophie Positive,** par E· Littré de l'Académie Française, Paris 1863· 1 vol· in 4º·
Charmant exemplaire d'une édition estimée, reliure élégante·

1496· **Lettres philosophiques sur les physionomies,** par Bernetti, Paris 1773· 1 vol· in 16º. mar· vert· fil· tr d·
Reliure ancienne· superbe exemplaire de l'édition originale.

1497· **Mélanges Politiques et Philosophiques,** par T· Ch· Misner, Paris 1858· 1 vol. in 4º·
Exemplaire d'une édition soignée et d'une reliure charmante.

1498. **Philosophie de l'Histoire,** par Fréderic de Schegel, Paris 1836. 2 v. in 4º
Bel exemplaire· ·

1499· **Histoire de la philosophie,** par Gatien Arnoult, Paris 1815. 1 v· in 8º·
Belle édition et reliure élégante·

1500· **Histoire Philosophique et Politique,** par G· T. Raynal, Paris 1820· 10 v· in 8⁰· reliure dos mar. vert· fil· tr. d·
Superbe exemplaire d'une édition réglée, chef-d'œuvre typographique.

1501· **Œuvres complètes de Fréret,** par Leclerc de Septchênes, Paris 1776. 20 v· in 16⁰. vélin. mar· vert· tr. d·
Recueil d'une parfaite conservation·

1502. **Œuvres de Frédéric Le Grand,** par E· Becker, Berlin 1883· 6 vol· in 4⁰·
Charmant exemplaire d'une édition et d'une reliure bien soignée·

MORALE

1503· **Les moralistes Latins,** par J· P· Morel, Paris 1879. 1 vol· in 4⁰.
Bel exemplaire d'une reliure avec dos en mar· vert·

1504· **Les moralistes Grecs,** par J· P· Morel, Paris 1879. 1 vol. in 4⁰·
Très bel exemplaire d'une édition nette et reglée.

1505· **Les morales d'Epictète, de Socrate, de Plutarque et de Sénéque,** choisies et traduites par Desmarets de Saint-Sorbin, au château de Richelieu, 1653 ; très petit in 8⁰ de 196 pages, plus 3 ff. de table, mar· r· fil· tr· dor·
Reliure ancienne. Charmant exemplaire de ce joli et rare volume , il provient de la bibliothèque de Fixérecourt·

1506· **Socrate,** Trad· par M· Lévesque, Paris P· Didot l'aîné 1783· 2 vol. in 16⁰· mar· v· dent· tr· d. (Derome jeune)
Exemplaire imprimé sur vélin, (de la collection des Moralistes anciens)·

1507. **Xénophon,** Trad. par M· Lévesque, Paris P· Didot· l'aî é 1783· 1 v· in 16⁰· mar. v· dent. tr· d· (Derome jeune)
Bel exemplaire imprimé sur vélin (de la collection des Moralistes anciens)·

1508· **Isocrate,** Trad. par M. Lévesque, Paris P· Didot l'aîné 1783· in 16⁰. mar· v· dent· tr· d· (Derome jeune)
Bel exemplaire imprimé sur vélin (de la collection des Moralistes anciens).

1509· **Epictète,** Trad. par M· Lévesque, Paris P· Didot l'aîné 1783· 2 vol· in 16⁰· mar· v· dent. tr. d· (Derome jeune)
Exemplaire imprimé sur vélin (de la collection des Moralistes anciens).

1510. **Cicéron,** Trad· par M. Lévesque, Paris 1783· 1 vol· in 16⁰· mar. vert· dent· tr·d. (Derome jeune)
Exemplaire imprimé sur vélin (de la collection des Moralistes anciens)·

1511· **Sénéque,** Trad· par M· Lévesque, Paris P· Didot l'aîné, 1783· 2 vol. in 16⁰· Mar· vert· fil· tr· d· dent (Derome jeune)
Bel exemplaire imprimé sur vélin (de la collection des moralistes anciens).

1512· **Plutarque**, Trad· par M· Lévesque, Paris P· Didot l'aîné 1784. 2 vol. in 16⁰. mar· vert· fil· tr· dor. (Dérome jeune)
Exemplaire imprimé sur vélin (de la collection des Moralistes anciens)·

1513· **Ménandre**, Trad· par M· Lévesque, Paris P· Didot l'aîné 1784· 2 v· in 16⁰· mar· vert dent· fil· tr· d· (Dérome jeune)
Bel exemplaire imprimé sur vélin (de la collection des Moralistes anciens).

1514· **Les sentences de Téognis**, Trad· par M. Lévesque, Paris P. Didot l'aîné 1784. 1 vol. in 16⁰. mar· vert dent· fil. tr· p. (Dérome jeune)
Exemplaire imprimé sur vélin (de la collection des Moralistes anciens)·

1515· **Lacédemoniens**, Trad· par M· Lévesque, Paris P· Didot l'aîné 1784· 1 vol· in 16⁰· mar. vert dent· fil. tr. d.
(De la collection des Moralistes anciens)· '

1516· **Les caractères de Théophraste**, traduits du grec, avec les caractères ou les mœurs de ce siècle par La Bruyère, Paris Etienne Michallet 1688. in 12⁰ veau. cé. tr. d·
Reliure ancienne. Edition originale, rare, une contrefaçon a été faite sous la même dâte; elle est imprimée en plus petits caractères.

1517· **Caractères de Théophraste et Pensées Morales de Ménandre**, par M. Lévesque, Paris P. Didot l'aîné 1782. 1 vol· in 16⁰· mar· v. dent· tr· d. (Dérome jeune).
Exemplaire imprimé sur vélin (de la collection des Moralistes anciens·)

1518· **Les moralistes Français**, par J· F. Morel, Paris 1879· 1 vol· in 4⁰.
Edition nouvelle et reliure très élégante·

1519· **Les Essais de Michel Seigneur de Montaigne**, Paris Abel Langelier 1595· 1 vol· in folio· v· br. tr· d· (aux armes du comte d'Hoym·)
Bel exemplaire de la première édition des Essais, donnée après la Mort de Montaigne par Mademoiselle de Gournay, sur un exemplaire de 1689, chargés des corrections de l'auteur, elle y a joint une préface apologétique. C'est, comme autorité et comme authenticité, la plus importante des anciennes éditions de Montaigne· On a ajouté à cet exemplaire les Variantes publiées par le Docteur Payen et tirées in folio.

1520· **Les Essais de Michel de Montaigne**, Paris 1595. 1 vol· in 12⁰. pour François le Febure de Lyon.
Edition rare·

1521. **Les Essais de Michel de Montaigne**, ensemble la vie de l'auteur et deux tables. Amsterdam chez Ant· Michiels 1659· 3 v· in 12⁰, mar. r. fil. tr. d·
Reliure ancienne. Portrait de Montaigne, Contrefaçon de l'édition de Paris, Chr. Journel 1659, avec une table analyptique ajoutée. Elle se joint à la collection des Elzévirs.

1522. **Œuvres complètes de Condorcet**, par Schoelle, Paris 1804. 21 vol· in 4⁰. mar. vert. fil· tr· d·
Reliure élégante. Magnifique exemplaire d'une édition originale.

1523. **Œuvres de Duclos,** par Auger, Paris 1820· 9 vol· in 4⁰·
Belle reliure en maroquin curieusement préparé.Edition réglée,chef-d'œuvre typographique.

1524· **Réflexions ou Sentences et Maximes morales,** par le Duc de La Rochefoucauld, Paris Claude Barbin 1665· pet: in 12⁰. veau fauve fil· tr· d.
Ancienne reliure· Edition originale· Le discours préliminaire de Segrais qui accompagne cette édition n'est pas reproduit dans la plupart des autres éditions.

1525· **Caractères de la Bruyère,** Les caractères de Théophraste, tard. du grec, avec les caractères ou les mœurs de ce siècle, par M. de la Bruyère, avec la clef en marge, publi· par Costé. Amsterdam 1720· 3 vol· in 12· fig· mar. bleu, dorés en tête, non rognés· (Duru)·
Superbe exemplaire d'une édition estimée et peu commune· Portrait gravé par Savert ajouté.

1526. **Pensées et Maximes,** par Le Comte de Ségur, Paris 1823. 1 vol. in 12⁰.
Magnifique exemplaire d'une édition soignée et d'une reliure élégante·

1527· **Maximes et Pensées,** par Nicolas Champfort, Paris 1796· 1 vol· in 4⁰· mar· v. dent· tr. d·
Reliure ancienne. Bel exemplaire d'une édition en gros caractères·

1528. **Contes moraux,** par Marmontel, Paris Seb· Mabre-Cramoisy 1765· 2 vol· in 12⁰. mar. v. fil. tr. d· (Trautz-Bauzonnet)
Edition originale·

1529· **Le monde physique et le monde moral,** par A· Libes 2 vol· in 4⁰.
Belle édition·

1530. **Œuvres Badines et morales de Jacques Cazotte,** Paris 1817. 2 v. in 16⁰.
Charmant exemplaire d'une édition soignée·

1531· **Les moralistes anglais,** par A· Esquiros, Paris 1879· 1 vol. in 4⁰.
Edition enrichie de 42 gravures en acier.

1532· **Les œuvres de mylord comte de Shaftsbury,** contenant les caracteris-kicks, ses lettres et autres ouvrages, publi. par J. Robinet, Génève 1769· 3 vol· in 8⁰. mar. v· fil tr. d· (Derome jeune)·
Bel exemplaire d'une édition réglée·

1533· **Les moralistes Italiens,** par J· Martin, Paris 1879. 1 vol· in 4⁰·
Charmant exemplaire d'une reliure élégante·

1534· **La logique d'Aristote,** Traduit en Italien par X··· Florence, Lorenzo Torrentino 1600. in 4⁰. v· f· filp
Beau spécimen de l'une des plus célèbres imprimeries italiennes.

1535· **Des moralistes Espagnols,** par J. Morel, Paris 1879· 1 v· in 4⁰. reliure en mar· noir fil tr. d·
Edition illustrée.

1536· **Les moralistes Orientaux,** par J. Morel, Paris 1879. 1 vol. in 4⁰· reliure en mar· vert fil· tr· d.
Charmante édition d'un volume réglé.

1537. **Confucius,** Trad· par M· Lévesque, Paris P· Didot l'aîné 1782. 1 vol· in 16⁰· mar· v. dent· tr· d· (Dérome jeune.)
Exemplaire imprimé sur vélin (de la collection des Moralistes anciens)·

1538. **Auteurs chinois,** Traduit par M· Lévesque, Paris Didot l'ainé 1792· 1 vol. in 16⁰· mar. v· dent· tr· d· (Dérome jeune.)
Bel exemplaire imprimé sur vélin (de la collection des Moralisté anciens.)

1539· **Pensées et maximes de Fénélon,** recueillies par M· Duval, Paris 1821· 2 vol· in 18⁰. demi mar· fil· tr. d·
Charmant exemplaire d'une édition complète.

1540. **Pensées et maximes de J. J. Rousseau,** Paris 1822· 2 vol· in 18⁰. rel· mar· vert, fil· tr· d.
Charmante édition, enrichie d'un portait de Rousseau·

1541· **Pensées et maximes de Voltaire,** recueillies par Réné Périn, Paris 1821. 2 vol· in-18⁰·
3ᵐᵉ édition·

1542· **Morale Universelle,** par le Baron d'Holbach, Paris 1820. 3 vol· in 4⁰.
Charmant exemplaire d'une reliure très élégante·

1543. **Histoire des Théories et des Lois Morales,** par J· Denis, Paris 1896· 2 v· in 4⁰· reliure en mar· rouge, fil. tr. d.
Charmante édition·

POLITIQUE & DIPLOMATIE

1544. **La Politique d'Aristote ou la science des Gouvernements,** Trad· du Grec par le citoyen Champagne, Paris 1797· 3 vol. in 8⁰. demi rel· v· f·

1545· **Politique tirée des propres parole de l'Ecriture Sainte,** ouvrage posthume de mess· J· B· Bossuet, Paris 1709· in-4⁰. mar· r· f· tr. d·
Très bel exemplaire de l'édition originale en grand papier, aux armes du duc du Maine, portait gravé par Edelinck·

1546· **Macchiavelli, Les Discours de l'Etat de paix et de guerre de N. Macchiavelli, sur la première décade de Tite-Live,** Traduit de l'Italien en Français par Gohory, Roma, Nic, Lesenyer 1579. 2 tomes en 1 vol· in 16⁰· mar. bleu, tr. dor· Rel· jans·· (Trautz-Bauzonnet)·
Très joli exemplaire, rempli de témoins, d'un livre rare et imprimé avec soin·

1547· **Le Prince de Machiavel,** 3ᵐᵉ édition, Trad. par Amelot de la Houssage, Amsterdam, Wetstein 1685. in-12. v· f· tr· d· aux armes du comte d'Hoym.

1548. **La Politique de l'Europe,** par Biglaud, Paris 1819. 3 vol· in 4⁰.
Charmante édition imprimée avec soin.

1549. **Abrégé des Principes d'Administration,** par C. J. B. Bonnin, Paris 1829. 1 vol. in 4⁰.
Très joli exemplaire rempli de témoins.

1550. **Papiers d'Etat du Cardinal de Grandville,** parCh. Veiss, Paris 1841. 9v. in8⁰
Edition originale.

1551. **Remarques sur les Turcs,** par D. Vanery, Paris 1771. 1 vol. in 8⁰.
Exemplaire grand de marges et de la plus parfaite conservation.

1552. **Recherches sur l'origine du Despotisme en Orient,** par B. J. D. E. C, Paris 1771. 1 vol. in 4⁰. mar. cit. comp. tr. d.
Lettres rondes, très-bel exemplaire.

1553. **Appel à la Justice Internationnale,** par Cleanthi Scalieri 1782. 1 v. in 4⁰.
Très bel exemplaire de l'édition originale, en grand papier.

1554. **Puissance des divers Etats Européens,** par Maurice Block, Paris 1846. 1 vol. in 4⁰.
Charmant exemplaire, très jolie édition.

1555. **Etat actuel de l'Empire Ottoman,** par Elias Abesci, Paris 1792. 2 vol. in 4⁰. v. f. tr. d. aux armes du comte d'Hoym.
Charmante édition imprimée avec soin.

1556. **La Question d'Orient,** par X***, Paris 1854. 1 vol in 4⁰.
Charmant exemplaire de l'édition originale.

1557. **Guerre ou Paix en Orient,** par E. Barrault. Paris 1836. 1 vol. in 4⁰.
Charmante édition d'une reliure élégante.

1558. **Guerre ou Paix en Orient,** par E. Barrault, Paris 1840. 1 vol. in 4⁰.
Très bel exemplaire d'un livre orné des remarquables gravures en acier.

1559. **La Questions d'Orient devant l'Europe,** par S. J. Ubicini, Paris 1885. 1 vol. in 16⁰.
Edition nouvelle et reliure élégante.

1560. **Pièces Intéressantes et peu connues,** par Delaplace, Paris 1781. 1 v. in 16⁰
Reliure en veau. Bel exemplaire d'un livre rare, imprimé sur vélin.

1561. **Négociations de la France dans le Levant,** par Charrière, Paris 1848. 2v. in 8⁰
Joli exemplaire, rempli de témoins.

1562. **Le Traité de Paris,** par Louis Debrang, Paris 1856. 1 vol. in 4⁰.
Superbe exemplaire d'une reliure riche et élégante.

1563. **Traité des Turcs,** par L. Blesson, Paris 1850. 1 vol. in 4⁰.
Bel exemplaire de l'édition originale.

1564. **Recueil des Traités de la Sublime Porte,** par le Baron J. de Testa, Constantinople 6 vol. in 8⁰.
Superbe exemplaire de l'édition originale.

1565. **Mémoires d'Etat,** par M· D· Villeroy, Paris 1724· 7 vol· in 16⁰·
Belle édition imprimée avec soin sur papier vélin·

1566. **Mémoires des Turcs en France,** par D· L˙˙˙, Paris 1796· 2 v. in 16⁰.
Très beau spécimen de typographique.

1567· **Mémorial de Sainte-Hélène,** par L. C· de Cases, Paris 1801. 1v. in 8⁰
Superbe exemplaire de l'édition originale.

1568· **Documents Diplomatiques,** Ministère des affaires étrangères Français·
Paris 1848· 1 vol. in 8⁰·
Bel exemplaire d'une édition soignée·

1569· **La Diplomatie Française,** par M. D· Flassian, Paris 1815. 7 vol· in 8⁰·
mar· vert, fil, tr· d.
Reliure élégante sur papier vélin. Superbe exemplaire d'une édition soignée·

1570. **Les Diplomates Européens,** par Capefigue, Paris 1845· 4 vol. in 4⁰.
Superbe édition et reliure avec dos de maroquin jaune fil. tr. d.

1571· **Négociations Diplomatiques entre la France et l'Autriche,** par Leglay. Paris
1845· 2 vol. in 8⁰.
Bel exemplaire d'un édition originale·

1572· **La Diplomatie du second Empire,** par Eugène Poujade, Paris 1871. 1 v. in 4⁰
Charmante reliure·

1573. **L'Espion Turc dans les cours Européennes,** par le Duc de Toscane, Paris
1742· 7 vol· in 16⁰· mar· r· fil· tr· d·
Ancienne reliure· Superbe exemplaire d'une édition sur papier vélin.

1574· **L'Ambassadeur et ses fonctions,** Par Viquefort, Paris 1730· 1 vol· in 8⁰
mar· vert, fil. tr. d.
Reliure ancienne· Très beau spécimen de l'une des plus illustrés imprimeries du
XVIIIème siècle·

1575. **Mémoires touchant les Ambassadeurs,** par L· M· Paris 1877. 1 v. in 18⁰.
Edition nouvelle et belle reliure·

1576· **Rélations des Ambassadeurs vénitiens,** par H· V· Tamenasco, Venise
1838· 2 vol· in 8⁰·
Sur papier vélin. Edition soignée·

1577· **Histoire de la Politique extérieure,** par M·O. D· Haussouille, Paris 1890·
1 vol. in 4⁰.
Bel exemplaire d'une reliure charmante·

1578· **Histoire Diplomatique.** par Le Beau, Paris 1717· 27 vol. in 16⁰· veau
f· fil· tr· d.
Reliure ancienne· Charmant exemplaire de l'édition originale·

1579. **Histoire Politique**, par C. L. Panckouke, Paris 1713. 1 vol. in 16⁰.
Bel exemplaire d'une édition soignée. Lettres rondes.

1580. **Histoire Politique des Principautés Danubiennes**, par Russo, Paris 1855.
1 vol. in 4⁰.
Très bel spécimen de reliure.

1581. **Eléments de Statistique**, par Moreau de Jonnes, Paris 1850. 1 v. in 4⁰.
Bel exemplaire réglé, dans une splendide reliure italienne.

1582. **Réponses aux confidences de la Turquie**, par Emile Tarin, Constantinople
1856. 1 vol. in 4⁰.
Superbe édition d'une reliure élégante.

1583. **Annuaire Diplomatique**, par A. Berger, Paris 1860. 2 vol in 16⁰.
Bel exemplaire d'une édition réglée.

1584. **Le Livre Rouge**, par X X X···, Paris 1790. 1 vol. in 4⁰. m. r. fil. tr. d.
Bel exemplaire d'une reliure ancienne.

ÉCONOMIE POLITIQUE

1585. **Traité d'économie Politique**, par J. B. Say, Paris 1803. 2 vol. in 8⁰.
reliure en maroq. noir. comp. tr. d.
Exemplaire remarquable par la méthode, la clarté, et l'esprit d'observation.

1586. **Epitome des principes fondamentaux de l'économie Politique**, par J. B. Say.
Paris 1814. 1 vol. in 8⁰.
Cet ouvrage a eu 6 éditions. Charmante reliure.

1587. **Cours complet d'économie politique**, par J. B. Say, Paris 1830. 6 vol.
in 8⁰ Broché.
Ouvrage plus étendu que le traité, mais développant les mêmes doctrines.

1588. **La liberté Politique**, par Jules Simon de l'Académie Française, Paris
1865. 1 vol. in 16⁰.
5ᵉᵐᵉ édition.

1589. **La liberté Civile**, par Jules Simon de l'Académie Française, Paris 1 v.
in 16⁰ broché.
6ᵉᵐᵉ édition.

1590. **La liberté de Conscience**, par Jules Simon de l'Académie Française.
1 vol. in 16⁰ broché.
6ᵉᵐᵉ édition.

1591. **Reformes nécessaires aux états Musulmans**, par le Général Kérédine.
Constantinople 1868. 1 vol. in 8⁰.
Bel. édition et belle reliure.

134

1592· **Economie politique,** par Block, Paris 1870· 1 v· in 16⁰. m· v· tr· d·
Bel exemplaire d'une édition soignée·

1593· **Principes d'économie politique,** par T· R· Maltus, Paris 1820. 2 v. in 4⁰
Belle reliure· Superbe exemplaire d'une édition soignée·

1594· **Système d'économie politique,** par P. Hecru, Paris 1841. 2 vol· in 4⁰·
Beau spécimen de reliure·

1595· **Economie politique,** par Guillanin, Paris 1844· 1 vol. in 4⁰· dem.rel·
Demi reliure. Bel exemplaire d'une édition originale.

1596· **Vauban économiste financier,** par Eugène Daire, Paris 1843· 1 v in 4⁰.
Edition enrichie de gravures en acier, belle reliure.

1597· **Eléments d'économie Politique,** par J· Mill, Paris 1823. 2 vol. in 16⁰·
Charmant exemplaire d'une reliure élégante·

1598· **Rapport à son Excellence le Ministre de l'Agriculture,** par Heurtier, Paris 1854· 1 vol. in 4⁰·
Superbe exemplaire de l'édition originale·

1599· **Notions Statistisque sur la Moldavie,** par le Prince Nicolas [Soutzo, Paris 1849· 1 vol· in 4⁰·
Belle reliure· Réimpression de l'édition de 1830.

1600· **Mémoires de l'achévement des travaux du Danube,** par La Commission Européenne, Paris 1873· 1 vol· in 8⁰·
Edition nouvelle·

1601· **Observations sur les routes du Danube à Constantinople,** par le comté de T***, Paris 1828. 1 vol· in 4⁰.
Bel exemplaire d'une édition perfectionnée.

1602· **Réformes en Turquie,** par Edmond Chertier, Paris 1898· 1 vol· in 8⁰·
Belle édition et belle reliure.

1603. **Système des contradictions économiques,** par Proudhon, Paris 1846· 2 vol· in 8⁰· demi rel·
Demi reliure.

ÉCONOMIE RURALE

1604· **L'économie Rurale de Columelle,** Trad. de Louis Dubois, Paris 1844. 3 v. in 4⁰
Bel exemplaire d'une édition sur papier vélin·

1605. **L'économie rurale de Palladius,** Trad. de Cabaret Duplaty, Paris 1845.
1 volume in 4⁰·
Charmante édition.

1606· **L'économie rurale de Varron**, Trad. de Rousselot, Paris 1843· 1 v· in 4º.
Belle édition.

1607· **L'économie rurale**, par Reynier, Paris 1819· 1 vol· in 1º.
Charmant exemplaire d'une édition et d'une réliure élégantes.

ÉCONOMIE

1608· **La Ménagerie d'Aristote et de Xenophon, c'est-à-dire la manière de bien gouverner une famille**, Traduite du grec par feu Etienne de la Bœtie, conseiller du Roy en son Parlement de Bordeaux; et mise en lumière avec quelques vers français et Latins dudit la Beotie, par Michel Sieur de Montaigne, Paris Cl· Morel 1600. in 8º· mar. r· fil. tr· d· (Bauzonnet)·
Réimpressions de l'édition de 1571, avec 3 ff· nouveaux, contenant les Economiques d'Aristote, sous un nouveau titre·

1609· **Education de Filles**, par l'Abbé de Fénélon, Paris 1687· in 12· mar· rouge, fil· tr· dor·
Bel exemplaire de l'édition originale, en reliure ancienne, condition rare pour ce livre.

1610· **Education des Filles**, par M· L'Abbé de Fénélon, Paris 1687. in 12º· mar· br· fil· tr· d· (Trautz-Bauzonnet)·
Superbe exemplaire de l'édition originale. Charmante reliure.

1611· **L'éducation**, par Mme Campan, Paris 1826. 2 vol· in 4o·
Charmate édition·

1612· **Education des Mères de Famille**, par Aimé Martin, Paris 1865. 1 vol. in 4 sur papier vélin.
Bel exemplaire d'une édition soignée.

1613· **Manuel de la maîtresse de la maison**, par Mme Pouset, Paris 1 vol· in 8º. dos de mar· rouge·
Reliure soignée. Collection de (l'Encyclopédie Foret·)

1614. **Nouveau Manuel Complet des Habitants de Campagne**, par Mme Celnart, Paris 1834· 1 vol· in 16º·
(Collection de l'Encyclopédie Foret·)

1615. **Nouveau Manuel complet des domestiques**, par Mme Celnart, Paris 1836· 1 vol· in 16º.
Collection de l'Encyclopédie Foret.

SCIENCES PHYSIQUES & CHIMIQUES

1616· **Discours Physique de la Parole**, dédié au roy, par L'Abbé de Cordemoy, Paris, Michel le Petit 1617· in 12. v. f· fil. tr· d·
Ancienne reliure (Capé). Grand papier; beau portrait du grand Léopold, gravé par Spierri, planches gravées, culs de lampe, etc.

1617. **Cours de Chimie,** de P. Thibaut, distillateur ordinaire du Roy, Leyde 1672· pet· in 12⁰ frontispice gravé, mar· r· fil.·tr. d· (Trautz Bauzonnet).
Très joli exemplaire d'un petit volume curieux, qui fait partie de la collection elzévirienne et fort rare·

1618· **Physiologie du Tout,** par B. Savari , Paris 1879· 1 vol· in 8⁰· Reliure mar· vert. fil· tr· d·
Ouvrage écrit avec élégance, dans une style attrayant et varié·

1619· **Manuel de la Physique,** par Malepeyre, Paris 1860. 1 vol· in 16⁰· reliure en mar· vert.
Exemplaire de la collection (Encyclopedie Foret).

1620· **Physiocratres,** par Eugène Daire, Paris 1846· 2 vol· in 4⁰·
Edition imprimée avec des lettres rondes et d'une reliure élégante·

1621· **Manuel du Physiologue,** par Boitard, Paris 1864. 1 vol· in 16⁰·
Bel exemplaire d'une volume curieux par son excellente reliure·

1622· **Manuel du Physicien préparateur,** par Ch. Chevalier, Paris 1854. 1 v. in 16⁰
Bel exemplaire (collection de l'Encyclopedie Foret.)

1623· **L'Esprit des Bêtes,** par Toussenel, Paris 1853· 1 vol· in 8⁰.
Ouvrage écrit avec élégance, dans un style varié·

1624· **L'art de Connaître les hommes,** par Lavater, Paris 1806· 10 vol. in 8⁰.
Joli exemplaire d'un livre curieux dans une splendide reliure·

1625. **Force et Matière,** par Louis Buchner, Paris 1869. 1 vol. in 4⁰·
Belle reliure à riches compartiments, dans le genre de Grolier.

1626· **Les Sens et l'Art d'aimer,** par Mallier, Génève 1734. 1 vol· in 4⁰· mar. bleu, tr· dor. janséniste (Duru).
Charmant exemplaire.

1627· **Races Humains,** par J· J. D'omalines, Paris 1859· 1 vol· in 4⁰·
Exemplaire doublement précieux par sa reliure et par sa belle édition·

1628· **Chimie Organique,** par Th. Graham, Paris 1845· 1 vol· in 8⁰·
Jolie édition d'un livre orné de curieuses gravures·

1629. **Manuel complet de Chimie,** par Vergnaul, Paris 1843· 1 vol. in 16⁰·
Exemplaire de la (collection Encyclopedie Foret).

1630· **Manuel complet de chimie analyptique,** par F· Malepeyre, Paris 1855· 2 vol. in 16⁰·
Edition de l'Encyclopedie Forêt.

1631· **Manuel Complet de chimie Agricole,** par A. D· Vergnaud, Paris 1838· 1 vol· in 16⁰·
Bel exemplaire d'une édition reglée·

1632. **De l'électricité,** par Mantal Rifflaut, Paris 1865· 1 vol. in 16⁰·
Jolie édition enrichie de superbes gravures en acier.

1633. **Appareils Eléctriques,** par J· Jaubert, Paris 1845· 1 vol· in folio·
Edition avec planches·

1634· **Essai sur l'Identité des Agents,** par G. H· Love, Paris 1861· 1 vol· in 8⁰.
Très bel exemplaire d'un livre curieux.

1635. **Manuel de l'électricité,** par J. Murray, Paris 1831· 1 vol· in 16⁰.
Superbe édition de la collection de (l'Encyclopedie Foret). Reliure élegante·

1636· **De l'électricité Médicale,** par Matter, Paris 1834· 1 vol· in 16⁰.
Jolie édition (Encyclopedie Foret)·

SCIENCES NATURELLES

1637· **Histoire Naturelle de Pline,** Trad· par Christ· Landino, Venise Gabriel
Jolio di Ferrarii 1543· in 4⁰. mar· br· tr· d.
Belle reliure ancienne, a riches compartiments, dans le genre de Grolier.

1638. **Histoire Naturelle de Pline,** Trad· de T· M· Ajasson de Grandagne,
Paris 1833· 20 vol. in 4⁰.
Exemplaire imprimé sur papier de Chine, superbe reliure·

1639· **Histoire Naturelle générale et particulière,** par Buffon avec la description anatomique, par Daubenton, continuée par Lacèpéde, Paris 1749-1804·
imprimerie royale, 45 vol· in 4⁰· rel. en veau fauve, aux armes de France.
Bel exemplaire dont les figures sont des premières épreuves.

1640. **Œuvres complètes de Buffon,** par Lamouroux, Paris 1824.
L'Histoire générale et particulière, 15 vol· **Suplément aux quadrupèdes,** 7
vol· **Les oiseaux,** 9 vol. **Les Minéraux,** 6 vol. **Quadrupèdes Ovipares et serpents,**
2 vol. **Les Poissons,** 5 vol· **Les Cétacées,** 1 vol·
En tout 45 vol· in 4⁰· rel· mar. rouge, tr· d. fil·
Edition seule originale, et dont il ne reste plus dans le commerce.

1641· **Histoire Naturelle des Poissons,** par Le comte de Lacépéde, publiée par
A· G· Dumaret, Paris 1855. 3 vol. in 4⁰.
Edition avec toutes les figures coloriées et d'une superbe reliure.

1642· **Œuvres de Georges Cuvier,** par Guérin Meneville, Paris 3 vol· in 8⁰·
fil· tr. dor.
Très bel exemplaire enrichi de magnifiques gravures, reliure très riche et très élégante.

1643· **Ossements Fossiles,** par Georges Cuvier, Paris 1834· 10 vol· in 4⁰.
Reliure mar· noir fil· tr d·
Beau spécimen d'une édition illustrée.

1644· **Recherches sur les Ossements,** par Georges Cuvier, Paris 1836· 2 vol· in 4⁰. Reliure en mar· vert, fil· tr· d·
Très bel exemplaire d'une édition et d'une reliure élégantes.

1645· **Les Mammifères,** par Louis Figuier, Paris 1869· 1 vol. in 8⁰·
Reliure en maroquin vert fil· tr· dor· très riche. Superbe édition enrichie de gravures des meilleurs artistes Français.

1646· **Les Oiseaux,** par Louis Figuier, Paris 1869· 1 vol· in 8⁰·
Reliure en maroquin vert, fil· tr· d. très riche· Superbe édition enrichie de gravures des meilleurs artistes Français.

1647· **Histoire des Plantes,** par Louis Figuier, Paris 1865· 1 vol· in 8⁰·
Reliure en maroquin vert, fil tr. d· très riche. Superbe édition enrichie de gravures des meilleurs artistes Français.

1648· **La terre avant le Déluge,** par Louis Figuier, Paris 1872. 1 vol· in 8⁰.
Reliure en maroquin vert, fil. tr. d. très riche· Superbe édition enrichie de gravures des meilleurs artistes Français.

1649· **Manuel Complet d'Histoire Naturelle,** par R· P. Lesson, Paris 1840. 1 v. in 16⁰
Ouvrage appartenant à la (collection de l'Encyclopédie Foret.)

1650. **Histoire Naturelle (végétaux),** par Moritz Willkomm, Paris 1845· 1 vol. in folio.
Bel exemplaire d'une édition remplie de gravures coloriées et d'une reliure très riche.

1651· **Les Oiseaux et les Fleurs,** par Garcin de Tassy· Paris 1829. 1 vol. in 4⁰.
Charmante édition imprimée avec soin, d'une reliure élégante·

1652· **Musée de Culture,** par F. De Claroc, Paris 1851· 6 vol· in 8⁰· reliure mar· rouge, fil· tr. d.
Edition illustrée·

1653· **Les Fleurs,** par J. J· Grandville, Paris 1845. 1 vol· in 8⁰.
Bel exemplaire avec un portrait et des figures·

1654. **Histoire des Animaux d'Aristote,** Trad. par G. A· Camus en 1783. 2 v. in 4⁰. mar· vert, tr. d. (Duru)·
Magnifique édition très nette, enrichie de figures·

1655. **Le Jardin des Plantes,** par P. Bernard, Paris 1842· 2 vol· in 8⁰· demi rel· dos de veau, non rogné·
Superbe édition avec 300 gravures.

1656· **Museum d'Histoire Naturelle,** par des Professeurs du Museum, Paris 1823· 20 vol· in 4⁰· rel· dos maroq· vert, non rogné·
Exemplaire d'une édition imprimée avec soin, chef-d'œuvre typographique.

1657· **Les trois Règnes de la nature,** par K. Cortambert, Paris 1870. 1 v. in 4⁰.
Edition soignée avec une reliure élégante·

1658· **Les Sens,** par M· C˙˙˙, Paris 1769· 1 vol· in 8⁰. Rel· Cuir de Russie.
Edition avec gravures sur bois, par A· La Vieille·

1659· **Du Cœur de l'Esprit Humain**, par Duquelar, Paris 1840. 1 vol. in 4⁰. rel.
maroquin vert.
Exemplaire imprimé sur papier de Chine·

1660. **L'Homme Fossile,** par Frédéric Troyon, Paris 1868· 1 vol· in 4⁰·
Charmant exemplaire d'une reliure, à riches compartiments·

1661· **Botanique,** par E. Capron, Paris 1835. 1 vol. in 8⁰·
Bel exemplaire réglé, dans une reliure italienne.

1662· **Le Poulailler, Monagraphie des poules indigènes et exotiques, texte et
dessins,** par Ch· Jacques, gravures sur bois, par A· La Vieille, Paris 1858·
in 8⁰· cuir de Russie·
Exemplaire imprimé sur papier de Chine·

1663· **Description populaire du régue des animaux,** par A· E· Brehm, Paris
1884· 2 vol· in 8⁰· mar. noir, fil· tr· d·
Edition française revue par Z. Gebre·

1664· **Histoire Naturelle,** par G. Delafosse, Paris 1868· 1 v. in 4⁰. Reliure m.
rouge, fil· or. tr. d·
Magnifique exemplaire d'une édition ayant des gravures coloriées.

1665· **Histoire Naturelle,** par M· Edwards, Paris 1875· 1 vol· in 4⁰.
2ᵐᵉ édilion avec des figures coloriées, reliure riche·

1666· **Zoologie,** par M. Edwards, Paris 1882· 1 vol. in 4⁰.
Nouvelle édition avec des figures coloriées et une reliure en maroquin vert· fil. tr· 8.

1667· **Histoire des animaux,** par M· Edwards, Paris 1 vol. in 4⁰.
Bel exemplaire d'une reliure anglaise dorée. s. pl· édition avec gravures sur bois·
1668· **Manuel complet de Géologie,** par J· J· Huot, Paris 1841· 1 v· in 16⁰·
Belle reliure. Ouvrage appartenant à (l'Encyclopédie Roret)·

1669· **Manuel complet de Minéralogie,** par J. J· Huot, Paris 1811· 2 v· in 16⁰·
Belle reliure. Exemplaire appartenant à (l'Encyclopédie Roret)·

1670. **Atlas de Minéralogie,** par J· J· Huot, Paris 1852· 1 v· in folio· mar·
vert· fil· tr· d· reliure anglaise·
Superbe édition illustrée.

1671· **Manuel de l'Aménagement des Forets,** par L. Tassy, Paris 1872. 1 v. in4
Belle reliure. Bel exemplaire de l'Encyclopédie Roret.

1672· **Etude sur l'Amenagements des Forets,** par L· Tassy, Paris 1872. 1 v. in 4
Belle édition illustré et reliure élégante·

140

1673. **Agriculture de Toscane,** par J. C. L. Simonde, Paris 1801. 1 volume in 4⁰. mar. fauve, fil. tr. dor.
Lettres rondes, belle édition.

1674. **Manuel des Assolements,** par Victor Voïart, Paris 1842. 2. vol. in 4⁰.
Belle reliure. (Encyclopedie Roret).

1675. **De la Thessalie Agricole,** par J. Foresco, Paris 1851. 1 vol. in 16⁰.
Superbe édition et reliure élégante.

1676. **Manuel complet du Fermier,** par B. Lepinois, Paris 1843. 1 vol. in 16⁰.
Onvrage appartenant à (l'Encyclopédie Roret.)

1677. **Botanique,** par Adrien de Jussieu, Paris 1862. 1 vol. in 4⁰. mar. noir fil. tr. dor.
Belle édition et reliure anglaise.

1678. **Monographie des Crucifères,** par Baillon, Paris 1874. 3 vol. in 8⁰. mar. vert, fil. tr. d.
Superbe édition illustrée et reliure très riche.

1679. **Arboriculture,** par A. Dubreuil, Paris 1861. 2 vol. in 4⁰.
Superbe exemplaire de cent cinquante figures remarquablement gravées à l'eau-forte.

1680. **Sur la culture du Pavot à œillet,** par Dr. O. Reveil, Paris 1860. 1 v. in 4⁰
Bel exemplaire d'une édition avec figures sur acier.

1681. **Le bon Jardinier,** par Vilmain, Paris 1882. 1 vol. in 16⁰.
Bel exemplaire.

SCIENCES MÉDICALES

1682. **Livre de la Génération de l'homme, receuilly des antiques et plus seurs autheurs de médecine et philosophie,** par Jacques Sylvius, iadis docteur en médecine, mis en fr. par G. Chrestian, médecin ord. du Roy, Paris G. Morel 1559. — Livre de la nature et utilité des moys des femmes, composé en Latin par le même J. Sylvius, et traduit par le même Chrestian Id. Ibid 1559. Deux pièces rares en un vol. in 8⁰. v. r. dent.

1683. **Deux Livres de chirurgie, 1. De la Génération de l'Homme, 2. Des monstres tant terrestres que marins,** par Ambroise Paré, premier chirurgien du Roy, Paris André Wéchel 1573, in-8. mar. r. f. tr. d. (Capé).
Curieuses figures sur bois et une beau portrait de l'auteur à l'âge de 55 ans,

1684. **Traité de Pathéologie,** par J. M. Beyron, Paris 1863. 1 vol. in 4⁰.
Très bel exemplaire d'une édition soignée.

1685. **Thèse pour le Doctorat en médecine, (sur l'opium)** par Dr. O. Reveil, Paris 1856. 1 vol. in 8⁰.
Bel exemplaire de l'édition originale.

1686· **Le Système des Femmes**, par J· L. Alibert, Paris 1805· 1 vol. in 4⁰· m·
f· cit· fil. tr . d·
Reliure ancienne· Exemplaire de Dédicace en grand papier.

1687· **Rappport des Aliénés**, par Dupont, Paris 1859· 1 vol. in 8⁰.
Edition avec figures·

1688. **Manuel d'Hygiène**, par F. Morin, Paris 1835. 1 vol· in 16⁰·
Charmant exemplaire de (l'Encyclopedie Roret.)

1689· **Hygiène du Mariage**, par A. Debay, Paris 1856· 1 vol· in 8⁰. broché.

1690· **Médecine et Chirurgie**, par F. Morin, Paris 1847. 1 vol. in 4⁰.
Superbe exemplaire d'une édition imprimée avec soin·

1691· **Clinique Chirurgicale**, par A· Tavernier, Paris 1826· 1 vol. in 8⁰.
Belle édition d'une reliure élégante·.

1692. **Eu quel temps on doit donner medecine - si finist la nature des douze signes
avec les sept planettes et coposition du Kadran a cognoistre les heures iour et nuyt,**
Imprimé à Lyon aux depens de Claude Dauphin S. A. 12 f. in 16. impr. sur
vélin mar. v. fil. tr. d. (Kochler)·
Avec des jolies lettres peintes en miniature, sign: ✠. Paraissant faire suite à une autre;
mais pourtant, formant un tout bien complet·

1693. **Carlsbad Topographique et médicale**, par W. Pichler, Paris 1873·
1 volume in 16⁰.
Edition avec cartes géographiques et planches·

1694. **L'art de conserver et de prolonger la vie**, par Le Dr· Brunetti, Constantinople 1876· 1 vol· in 8⁰· broché·
Edition originale.

1695· **Les serviteurs de l'Estomac**, par Jean Macé, Paris 1863· 1 vol· in 16⁰·
reliure avec dos de mar· noir, fil· tr. d·
Edition réglée

1696. **Manuel Complet des Pharmaciens**, par Julia de Fontenelle, Paris 1859.
2 vol· in 16⁰·
Ouvrage appartenant à (l'Encylocpédie Roret·)

1697· **Manuel complet des Gardes-Malades**, par F· Morin, Paris 1846·1v. in 16⁰.
Belle édition de l'Encyclopedie Roret·

SCIENCES MATHEMATIQUES

GÉOMETRIE

1698· **Lettres de A. Dettonville (Bl. Pascal)**, contenant quelques-unes de ses
inventions de géométrie, Paris Desprez 1659· in 4· v· f· fil. tr. d. (Niedrie)
Edition originale rare.

142

1699. **Œuvres Complètes de Bernard,** par M·ˑˑ B· Londres 1735· 1 vol· in 4º.
mar· r· comp· tr· d· (Trautz Bauzonnet)·
Nombreuses figures en bois et un portrait d'après A· Dürer·

1700. **Œuvres Complètes de Bernard,** par X·· C·, Paris 1763· 1 vol. in folio.
mar. r. tr· d· (Trautz Bauzonnet),
Belle édition, lettres rondes.

1701. **Sciences Mathématiques,** par A· Sedillot, Paris 1849· 1 vol· in 4º·
Bel exemplaire d'une édition avec figures.

1702· **Mathématiques,** par O· V· X·ˑˑ, Paris 1853· 1 vol· in 4º·
Bel exemplaire en grand papier avec figures.

1703· **Manuel des Mathématiques,** par T· Richard, Paris 1870· 1 vol· in 16º·
Belle reliure· Ouvrage appartenant à (l'Encyclopedie Roret)·

1704· **Traité de Géodosie,** par L. Puissant, Paris 1819. 2 vol. in 8º· mar· noir,
comp· tr· d. (Trautz Bauzonnet)·
Superbe exemplaire d'une édition reglée·

1705. **Géodosie,** par R· Radan, Paris 1840· 1 vol. in 8º· mar. rouge,
comp· tr. dor·
Belle édition soignée et reliure élégante·

1706· **Traité de Géometrie,** par Lefebure de Fourey, Paris 1824· 1 vol. in 4º·
Reliure élégante. Bel exemplaire d'une édition réglée avec figures.

1707. **Géometrie,** par Lacroix, Paris 1830. 1 vol. in 4º·
Edition avec planches.

1708. **Manuel des Ponts et Chaussées,** par J. D. Gayffier Paris 1868. 2 vol. in 16º.
Belle reliure. Exemplaire de (l'Encyclopédie Roret.)

1709· **Traité d'Arithmetique,** par Reynard, Paris 1840· in 4º·
Riche reliure de mosaïque en maroqnin citron, rouge et vert·

1710. **Arithmétique,** par Eug· Cassagnac, Paris 1833· 1 vol. in 4º.
Exemplaire superieurement relié et d'une édition réglée.

1711· **Solutions Raisonnées de Problèmes,** par Amiot, Paris 1861. 1 vol· in 4º·
Bel exemplaire grand de marges·

ASTRONOMIE

1712· **Astronomie,** par Ch· Delau nay, Paris 1860· 1 vol· in 4º·
Exemplaire d'une édition soignée avec figures.

1713· **Astronomie,** par Arago, Paris 1837. 1 vol· in 8º· mar. noir, fil. tr. d.
Superbe édition avec 50 belles gravures sur cuivre.

1714· **Astronomie,** Par A· O· Pannilhé, Paris 1822· 1 vol· in 4⁰.
Belle édition et reliure élégante.

1715· **Prolégomènes Astronomiques,** par A· Sedillot, Paris 1847. 3 vol· in 8⁰.
Bel exemplaire d'une édition avec 150 belles gravures sur acier·

1716. **Traité des Institutions Astronomiques,** par A· Sedillot, Paris 1847.
Riche reliure de mosaïque en maroquin citron, noir, rouge et vert, Bel exemplaire
d'une édition réglée·

1717· **Cosmographie,** par L· Bergeray, Paris 1839· 1 vol· in 4⁰·
Belle édition et reliure élégante·

1718. **La Révolution du Globe,** par G· Cuvier, Paris 1828· 1 vol· in 4⁰.
Exemplaire supérieurement relié et d'une conservation parfaite·

1719· **Description de la Terre,** par Avienus, Paris 1843· 1 v. in 4⁰· m. r· tr· d·
Superbe édition réglée.

1720· **Le Ciel,** par Henri Fabre, Paris 1882. 1 vol· in 4⁰. broché·
Belle édition·

1721· **La Terre,** par Henri Fabre, Paris 1865· 1 vol· in 4⁰· broché.
Edition illustrée·

1722· **Manuel de Gnomonique,** par Boutereau, Paris 1845. in 16⁰·
Belle reliure. Ouvrage appartenant à (l'Encyclopédie Roret).

MÉCANIQUE ET OPTIQUE

1723· **Traité de Mécanique,** par M· Payrot, Paris 1834· 1 vol· in 8⁰·
Superbe exemplaire avec planches et figures·

1724· **Traité de Mécanique,** par M· Payrot, Paris 1834· 1 vol· in 8⁰·
Très bel exemplaire d'une édition avec nombreuses figures en bois.

1725· **Mécanique,** par M· Tarquem, Paris 1851· in 16⁰·
Charmant exemplaire d'une reliure anglaise et d'une édition illustrée.

1726. **Manuel complet de Mécanique,** par P· Benoulle, Paris 1863· 1 v. in 16⁰
Belle reliure· Belle édition appartenante à la collection de l' (Encyclopédie Roret)·

1727. **Cours de Mécanique,** par Ch· Delaunnay, Paris 1863. 1 vol. in 16⁰·
Belle reliure (Encyclopédie Roret)·

1728· **Traité de Mécanique,** par Bossut, Paris 1775. 1 vol. in 4⁰· maroquin
rouge, fil· tr· d. (Dusseuil)·
Aux armes de Charron de Mémars· Bel exemplaire en grand papier, avec figures et
envoi d'auteur.

1729· **L'Optique,** par Marion, Paris 1822. 1 vol. in 4⁰. m. r· tr. dor.
Exemplaire supérieurement relié et d'une conservation parfaite.

1730. **Manuel complet d'Optique,** par Brewster, Paris 1833. 1 vol· in 16⁰·
Belle reliure. (Encyclopédie Roret)·

1731. **Traités des lévés à la Boussole,** par Benoit, Paris 1825. 1 vol· in 4⁰·
Belle reliure de mosaïque de maroquin citron, rouge, et vert. Charmante édition illustrée.

1732· **Manuel complet du Microscope,** par Dujardin, Paris 1843· 1 vol. in 16⁰.
Belle reliure. Bel exemplaire de (l'Encyclopédie Roret.)

1733. **Le Téléphone,** par Th· Du Moncel, Paris 1882. 1 vol· in 4⁰·
Riche reliure en maroquin rouge, fil. tr. d. Superbe édition nouvelle.

1734· **Le Microphone,** par Th· Du Moncel, Paris 1882· 1 vol· in 4⁰·
Belle et riche reliure. Edition ornée de 35 figures sur bois·

ART MILITAIRE

1735. **L'Art de Guerre,** par le Prince de Jomini, Paris 1 vol· in 4⁰·
Un fort volume accompagné de sept cartes· charmante reliure.

1736. **Principes Militaires,** par le colonnel de Veiss, Paris 1828· 2 v· in 4⁰.
Belle édition ornée de plans coloriés avec une reliure très élégante·.

1737· **Mémoires du comte de Bonneval,** par X. C**, Paris 1738· 3 vol· in 16⁰
mar· rouge, fil· tr· dor· (Hardy)·
Très joli exemplaire d'une édition fort recherchée·

1738. **Mémoires de Montecuculli,** par Turpin de Crissé, Paris 1770. 3 vol·
in 4⁰. mar· noir· tr· dor· (Trautz Bauzonnet)·
Bel exemplaire grand de marges· Le frontispice de cette édition est gravé.

1730· **Rapports militaires écrits à Berlin,** par le Baron Stoffel, Paris 1871.
1 vol· in 4⁰·
Charmant exemplaire d'une édition et d'une reliure élégantes·

1740· **Etude sur les Formations du combat,** par le Général Brialmont, Paris
1880· 1 volume in 4⁰·
Charmante reliure· Edition nouvelle·

1741· **Stratagèmes Militaires,** par C· Pochard, Paris 4 vol· in 16⁰·
Charmante reliure supérieurement relié à comp. tr· d.

1742· **Instructions sur les Fortifications,** par Gaillard, Paris 1835· 1 vol. in 16⁰,
Bel exemplaire d'une édition réglée.

1743· **Construction de Batteries,** par un comité d'artillerie, Metz 1834. 1 v. in4⁰
Exemplaire grand de marges avec 37 plans·

1744· **Stragèmes, Aqueducs de la ville de Rome,** par Ch. Billy, Paris 1848·
1 volume in 4⁰.
Belle exemplaire d'une édition soignée.·

1745· **Traité des Batteries,** par Laney, Paris 1827· 1 vol· in 8⁰·
Volume supérieurement relié, avec une édition ornée de superbes gravures et 4 plans·

1746· **Traité secondaire de la Guerre,** par A. Lallemand, Paris 1824· 2 v. in 8⁰·
Riche reliure de mosaïque en maroquin citron, rouge et vert·

1747· **Annuaire de l'Etat militaire,** par L. S***, Paris 1845. 1 vol· in 4o·
Exemplaire supérieurement relié, d'une édition réglée.

1748. **Instruction pour les Bataillons,** par M***. C***, Bruxelles· 1838. 1 v·
in 16⁰. mar· rouge, fil.· tr dor. (Hardy).
Bel exemplaire·

1749· **Aide mémoire d'art militaire,** par Lebas Lucien, Paris 1834. 2 v. in 16o·
Bel exemplaire d'une édition parfaite.

1750· **Administration militaire,** par Bernier, Paris 1835· 1 vol· in 16⁰· broché·
Edition parfaitement réglée.

1751· **Mémorial de l'officier d'Etat major,** par Bonjonan de Lavarame, Paris
1832. 1 vol. in 4⁰·
Belle édition et reliure élégante·

1752· **Aide mémoire de l'officier,** par J. B· Say· Paris 1836· 1 vol· in 16⁰·
Charmante édition et reliure en mar· n· fil· tr· dor·

1753 **Souvenirs et Impressions de la vie militaire,** Par Misner, Paris 1789·1v·
in 4⁰. mar· rouge, fil· tr. d· (Duru).
Volume recherché, fort joli exemplaire·

1754. **Manuel des pensions militaires,** par le Duc de Dalmatie, Paris 1831·
1 volume in 8⁰·
Edition avec frontispice gravé. Charmante reliure·

MARINE

1755· **Traité pratique des marins,** par M· D. Poterat, Paris 1826· 1 v· in 4o·
Edition ornée de gravures et de 2 planches· Belle reliure·

1756. **Manuel du Canotier,** par un Loup de mer, Paris 1876. 1 vol· in 16⁰·
veau· f· tr· dor·
Très joli exemplaire·

1757· **Manuel de la navigation,** par E. Giquet, Paris 1861· 1 vol· in 16⁰·
Belle reliure· Charmant exemplaire appartenant à (l'Encyclopédie Roret·)

1758· **Théorie du navire,** par M· De Poterat, Paris 1826· 2 vol. in 8o·
Très belle édition, enrichie de très belles figures.

1759·. **Le Pilote de la mer noire,** par Th· Taitbaut de Marigny, Paris 1850·
1 vol· in 4⁰.
Charmant exemplaire de l'édition originale.

1760· **Manuel complet de Sauvetage,** par V. Maigne, Paris 1866· 1 vol· in 4⁰·
Belle reliure· Edition de (l'Encyclopédie Roret.)

1761. **Phares des mers du Globe,** par A. Le Gros, Paris 1859. 1 vol· in 4⁰·
Charmante édition ornée de belles gravures coloriées· Belle reliure·

COMMERCE & FINANCES

1762· **Dictionnaire du commerce,** par Andraud, Paris 1839· 2 volumes in 8⁰.
veau f· fil· tr. dor·
Edition imprimée en 2 colonnes, avec des lettres microscopiques·

1763. **Inventaire des Monnaies,** par Dorn, Paris 1881· 1 vol· in 8⁰·
Belle reliure. Bel exemplaire d'une édition ornée 100 figures sur acier.

1764. **Manuel complet de l'alliage métallique,** par A. Hervé, Paris 1844. 1v. in 4⁰.
Belle reliure· Bel exemplaire de (l'Encyclopédie Roret.)

1765· **Manuel complet de commerce et change,** par A· Piyon, Paris 1847·
2 volume in 16⁰·
Belle reliure. Bel exemplaire de (l'Encyclopédie Roret·)

1766· **Manuel complet de Bourse et des spéculations,** par J. B. Boyard, Paris
1852. 1 vol· in 16⁰.
Belle reliure; manuel de (l'Encyclopédie Roret).

1767· **Manuel complet des Poids et Mesures,** par J. Bogelet, Paris 1860. 1 v· in 16⁰.
Belle reliure· Beau spécimen appartenant à (l'Encyclopédie Roret·)

1768· **Comptabilité,** par Concelle Leneville, Paris 1867· 1 vol· in 4⁰.
Très joli exemplaire d'une édition et d'une reliure élégante.

1769· **L'année scientifique et Industrielle,** par Louis Figuier, Paris 1866. 1 v. in 4⁰
Très belle édition ornée de gravures; reliure mar· vert f. dor. s· tr·

SCIENCES OCCULTES

1770. **Apomazaz de significations et événements des songes, selon la doctrine des
Indiens, Perses et Egyptiens, pris de la bibliothèque de Sambucus, puis tourné du
grec en Latin,** par J. Leunclavius et mis en français par J· Duval, Paris 1581.
in 8⁰· mar. vert, fil. tr· dor· (Derome).
Exemplaire de la vente Nodier (1829), il est grand de marges et parfaitement conservé
dans une reliure ancienne·

1771. **Les Vrayes centuries et propheties de maistre Michel Nostradamus, avec la
vie de l'autheur,** Amsterdam (Elzevir) 1668· pet. in 12⁰· mar· rouge, tr. dor·
(Trautz Bauzonnet)·
Bel exemplaire, grand de marges, le frontispice de cette édition est gravé.

1772· **Les Vrayes centuries et prophéties de M. Michel Nostradamus,** Amsterdam (Elzevir), 1668· in 12· mar· r. fil· tr· d·
·Frontispice gravé, représentant le supplice de Charles 1er et l'Incendie de Londres·

1773· **Les livres des Médiums,** par Allan Karder, Paris 1875. 1 vol· in 4o·
Belle exemplaire d'une édition et d'une reliure très élégantes.

1774· **Le Livre des Esprits,** par Allan Karder, Paris 1883· 1 vol, in 4o·
Bel reliure. Charmante exemplaire d'une édition illustrée.

1775· **Le Magicien des salons,** par Richard, Paris 1876· 1 vol· in 8o· broché·
Belle édition·

1776. **Manuel Complet de Sorcellerie,** par F· N· Pousin, Paris 1858· 1 volume in 16o.
Belle reliure. Exemplaire de (l'Encyclopédie Roret)·

ARTS

1777· **Dictionnaire Raisonné des Sciences et Arts,** par une Société de Gens de Lettres 1751. 17 vol. in folio· veau fauve, fil· tr· dor· (Duru)·
Volumes rares et fort recherchés. Très jolis exemplaires·

1778· **Recueil de Planches sur les sciences et les Arts,** par une Société de Gens Lettres, Paris 1762· 12 vol· in folio·
Volumes rares, curieux et très recherchés, ces exemplaires sont d'une parfaite conservation dans leur reliure originale.

1779· **Table Analyptique et raisonnée des matières contenues dans le Dictionnaire des sciences et arts,** 1770. 6 vol· in folio· par une Société de Gens de lettres, Paris Veau fauve. fil. tr· d· (Duru).
Très bel exemplaire d'une édition rare et curieuse en lettre rondes, d'une parfaite conservation·

1780· **Archives des Découvertes et Inventions,** par C· Prévost, Paris 1829· 1 vol. in 8o. mar· noir, fil· tr· dor·
Très belle édition.

1781· **Les Arts du Moyen Age,** par Paul Lacroix, Paris 1839. 1 vol. in 8o· mar· f. fil. tr· dor.
Superbe exemplaire d'une édition enrichie de gravures sur fer·

1782. **L'art de l'Inde,** par Bichnoff, Paris 1834. 1 vol· in 4o.
Charmant exemplaire rempli de gravures coloriées avec une très élégante reliure·

1783. **Réglements sur les arts de Paris,** par A· Deville, Paris 1837· 1 vol· in 8o·
Très joli exemplaire d'une reliure très riche·

ÉCRITURE, TYPOGRAPHIE

1784· **Champfleury, auquel est contenu lart et science de la deue et vraye proportion des lettres attiques, qu'on dit autrement antiques etc. est à vendre à Paris sur Petit Pout a lenseigne du Pot cassé,** par Maistre Geoffroy Tory de Bourges 1529. in folio v· br· à comp·
Volume rare curieux et très recherché. Cet exemplaire est d'une parfaite conservation dans sa reliure originale avec écu aux armes de France.

1785· **Polygraphie et universelle escriture cabalistique de M. J. Tritheme, Abbé⸗** Trad· par Gabriel de Collange, Paris Kerver 1561· in 4o· m· r· fil· tr· dor· Anc· rel· Avec une note autographe d'aimié Martin, auquel à appartenu le volume·

1786· **Epreuve de caractères de la fonderie de Isaac et Jean Enschede,** à Harlem 1757· in 8o. mar· rouge.
Reliure Hollandaise·

1787· **Hieroghlyphes,** par Cassas, Paris 1811. 1 vol. in folio· m· v· fil· tr. d·· Ancienne reliure· Très beau spécimen.

1788· **Manuel complet de Galvanoplastie,** par E. de Valicant, Paris 1845. 1v. in16o Belle reliure· Exemplaire appartenant à (l'Encyclopédie Roret)·

1789· **Manuel complet de Sténographie,** par H· Prévost, Paris 1844. 1v· in 16o. Belle reliure· Bel exemplaire de (l'Encyclopédie Roret).

BEAUX-ARTS

ARTS DU DESSIN

1790· **Annales du Musée des Beaux-Arts,** par C. P· Landon ,Paris 1810. 4 v. in 8o. Superbes volumes avec des gravures coloriées et non coloriées·

1791· **Iconologie par figures, ou traité complet des allégories, emblèmes etc,** dessinée par M. M. Gravelot et Cochin , Paris Lattré graveur· S· D· 4 volume in 8o· mar· vert· comp· tr. d· (Hardy)·
Bel exemplaire en grand papier; épreuves avant la lettre.

1792· **Ordre de Chevalerie et marques d'honneur,** par Auguste Wahlen, Bruxelles 1844· in 8o· v· br· f· tr. d·
Edition avec portrait·

1793· **Abrahamus Bloemart inventor,** Ecole du dessin, in folio· mar· r· fil· (relié sur brochure· 166 planches gravées à l'acqua tinta et à l'acqua forte par Nic· Visscher, plus un beau portrait de Blœmart·
C'est la bonne édition de ce recuil précieux : elle a été faite à Amsterdam· M. Brunet ne cite que celle de 1740, gravée par B. Picart·

1794· **Fables de la Fontaine,** dessinées par J. B. Oudry, peintre ordinaire du Roy. ouvrage commencé en 1729 et terminé en 1734· contenant 243 fables. 2 vol· in folio· mar· v· dent· tr. d·

Dessins originaux d'Oudry. Gravés pour la belle édition de 1755–59 en 4 vol. in folio. Ils sont au nombre de 277 sur la garde on lit une note manuscrite de M. de Bure, auquel ont appartenu ces deux volumes si précieux·

1795· **Molière suite 133 dessins,** admirablement destinés par J· Plunt d'après les originaux de Boucher, pour les œuvres de Molière, montés avec soin et reliés en un vol· in fol. mar· rouge, tr· dor· (Thompson).

1796. **Dessins pour les confessions de J. J. Rousseau,** 10 dessins lavés à la sépia, dont 4 de Moreau et 6 de Chasselat, avec les gravures avant la lettre; montés et reliés en demi reliure mar· r.

1797. **Antiquités des Arabes d'Espagne,** Paris 1830. 1 vol. in plano· reliure dos mar· noir, fil· tr· d·

Ce beau et intéressant recueil renferme un grand nombre d'études, de croquis, lavés à la sépia ou à la sanguine·

1798. **Manuel complet du dessin linéaire,** par Allain, Paris 1 vol in 16o·

Belle reliure. Charmante édition de l'encyclopédie Roret.

1799· **L'Art du dessinataire,** par Bouteraud, Paris 1872· 1 vol· in 16o.

Belle reliure· Encyclopédie Roret.

1800· **Monuments des arts du Dessin,** par Amaury Duval, Paris 1824· 4 vol· in folio· mar· fauve, fil· tr· d·

Ce beau et intéressant recueil renferme un grande nombre d'études, de croquis, lavés à la sanguine·

1801. **Monuments d'Egypte,** par J· C· D**, Paris 1802· 1 vol· in folio· reliure dos maroquin citron fil. tr. dor.

Superbe exemplaire, bonne épreuves.

1802. **Monuments de Perse,** par C· D·, Paris 1847· 1 vol. in plano·

C'est un des plus beaux monuments de l'art moderne·

1803· **Monuments Primitifs de l'Eglise Chrétienne,** par A· C· Buchon, Paris 1765· 1 vol. in folio·

Reliure de Luxe, style moyen âge, en maroquin du Levant. Charmante édition dont les dessins sont d'après nature·

1804. **Monuments,** par Pascal Coste, Paris 1843· 1 vol· in Plano·

Reliure demi-maroquin plaque dorée· Dessins d'après nature, lithographiés en plusieurs teintes·

1805· **Photographies monumentales,** par Pascal Coste, Paris 1863· 6 vol· in plano·

Reliure spéciale avec plaque en relief, représentant un ancien tabernacle richement sculpté en bois, et d'un genre tout nouveau et d'une exécution admirable.

1806· **Monuments de la vie privée des 12 Césars**, par Sabellius, Paris 1782· 1 vol· in 4⁰.
Reliure de luxe· Bel exemplaire dont les dessins sont d'après nature·

1807. **Monuments,** par Henry Layard, Paris 1844· 1 vol· in folio· reliure
Reliure demi mar· plaque dorée. Beau vol, 136 dessin·

1808· **Statistique Monumentale de Paris,** par Albert Lenoir, Paris 1844· 36 v· in folio·
Reliure de luxe· Dessins d'après nature, lithographiés en plusieurs teintes·

1809· **Collection Orientale,** par F· Mahl, Paris 1838. 1 vol. in folio·
Reliure de luxe. Style moyen-âge, en maroquin du Levant.

1810· **Musée Napoléon,** par Lavallée, Paris 1813. 12 vol· in 8⁰.
Reliure de luxe spécialement faite pour ces livres· Beaux volumes contenant 80 planches.

1811· **Palais de Fontenaibleau,** par X· T., Paris 1881· 1 vol· in folio.
Dessins d'après nature, reliure demi maroquin, plaque dorée·

1812· **L'Exposition Vaticane,** par Bianchi· Paris 1888· 1 vol· in folio.
Dessin d'après nature. Reliure de luxe·

1813· **Exposition Universelle de 1867. (Section de Roumanie),** par E. F· Paris 1867· 17 vol· in folio.
Dessins d'après nature, reliure de luxe, spécialement faite pour ces livres.

1814· **Rapport sur l'Exposition,** par Gustave Halphen, Paris 1 vol. in 8⁰.
Edition et reliure de luxe·

1815. **Visites d'un Ingénieur à l'Exposition de 1867,** par C. A· Oppermam, Paris 1868· 1 vol· in 8⁰·
Belle édition et belle reliure.

1816· **Les Galeries Publiques de l'Europe,** par Armengaud, Paris 1863. 3 v· in 8⁰
Reliure demi maroquin, plaque dorée, dessins d'après nature·

1817· **Les Fastes Universels,** par M· Buret. Paris 1721. 1 vol· in folio. demi reliure plaque dorée·
Belle édition ornée de gravures.

1818· **Hôtel de ville de Paris,** par le Roux de Lincy, Paris 1844· 1 v· in folio.
Reliure spécialement faite pour ce livre·

1819· **Tableaux de Paris,** par J· Balzac. Paris 1845· 1 vol. in 8⁰.
Reliure de luxe. Edition avec dessins d'après nature·

1820· **Tableaux de Paris,** par E· Texier, Paris 1853. 2 vol· in 4⁰.
Edition de luxe reliure très riche·

1821· **Tableaux de l'Empire Ottoman,** par Mahmoud Raïf efendy, Constantinople 1798· 1 vol. Oblong·
C'est la première édition Française qui a été imprimée à Constantinople, reliure de luxe·

1822. **Tableaux d'Asie,** par H· Klaporth, Paris 1827. 1 v· in folio.
Reliure de luxe· Charmante édition, contenant des dessins d'après nature·

1823· **Tableaux Chinois,** par Conficius 1638· 1 vol· in folio. demi rel· m· r·
Frontispice gravé et nombreux fac· simile à l'eau-forte·

1824· **Iconographie Chrétienne,** par M. Didron, Paris 1843· 1 vol· in 4º. rel·
demi mar· plaque dorée.
Bel exemplaire·

1825· **Iconographie,** par C· L· Panckouk, Paris 1844· 1 vol· in 4º. reliure
demi mar· plaque dorée.
Superbe édition contenant des dessins d'après nature·

1826· **Monographie de la Cathédrale de Chartres,** par Roy, Paris 1865· 6 vol·
in folio·
Reliure spécialement faite pour ces livres· Frontispice gravé et nombreux fac. simile.

PEINTURE

1827· **Dictionnaire des Arts de peinture, sculpture et gravure,** par Watelet et
Lévesque, Paris 1792. 2 vol· in 8º·
Demi reliure·

1828· **Abrégé de la vie des plus fameux Peintres, avec leurs portraits gravés en
taille-douce, quelques réflexions sur leurs caractères et la manière de connaitre
les dessins des grands maitres,** par d'Argenville, Paris 1745· 3 vol. in-4º. portr.
mar· rouge, fil· tr· dor· (Hardy)·
Superbe exemplaire, pour la condition et les épreuves, d'une édition très recherchée.

1829· **Manuel Complet de Peinture,** par Malepeyre, Paris 1870· 1 vol· in 16º·
Belle reliure. Exemplaire appartenant à (l'Encyclopédie Roret)·

1830· **La Peinture,** par le Mierre, Paris 1 vol. in 8º·
Superbe édition ornée de Peintures.

1831. **Manuel complet de Peinture,** par Joseph Panier, Paris 1856· 1 v. in 16º·
Belle reliure. Charmante exemplaire appartenant de l'Encyclopédie Roret.

1832· **Peintures de l'Eglise de Savin,** par Morimée, Paris 1845· 2 v. in folio·
Reliure demi reliure plaque dorée· Chefs-d'œuvre d'art·

1833· **Les Images de Tableaux de Platte,** par Arthur Seigneur D'Embry· Paris
1734· 1 vol. in 8º·
Dessins photographiés sur trés-Grande dimension.

1834· **Vues de Constantinople,** Charmant album avec 80 tableaux peints par un peinture anglais, offert à S. M. I. Le Sultan Abdul-Médjid·

PORTRAITS & COSTUMES

1835. **Recueil de Portraits de Souverains, princes, Seigneurs, Gravés,** par Baltazar Moncornet 1663· in 4⁰. mar· orange, fil. dent· tr· dor. 46 port.
Reliure ancienne. Très bonnes épreuves.

1836. **Costumes de tous les Peuples du Monde,** Gr· in fol. mar· r. à comp. tr. d.
92 costumes gravés au trait sur métal probablement sur fer vers 1550, à Nuremberg en à Augsbourg. avec des titres manuscrits en Allemand·

1837· **Habillement de la noblesse française sous le règne de Louis XIII,** in 4. de· rel. v· fauve. (Trautz-Bauzonnet)·
Onze pièces. épreuves du premier état avant les numéros·

ARCHITECTURE

1838· **Les dix Livres d'Architecture de Vitruve, corrigez et traduits nouvellement en français, avec des notes et des figures, seconde édition, revue corrigée et Augm,** par Perrault, Paris Coignard 1684· in folio mar· r· fil· tr· d·
Très bel exemplaire en ancienne reliure.

1839. **L'Architecture de Vitruve,** par C. L. Maupas, Paris 1847· 2 vol· in 4o·
Reliure demi mar· plaque dorée :
Superbe édition·

1840· **Traité d'architecture,** par Demont. Paris 1863· 3 vol. in 4⁰.
Edition et reliure de luxe·

1841· **Cabinet d'architecture et Peintures,** par Floret le Comte, Bruxelles 1702· 3 vol. in 16⁰.
Belle édition.

1842. **Architecture Arabe du Caire,** par Pascal Coste, Paris 1837· 1 v. in folio.
Belle édition ornée de gravures·

1843· **Architecture Monastique,** par M· Albert Lenoir, Paris 1852· 1 v. in 8o.
Charmante édition·

SCULPTURE

1844· **Musée de Sculpture,** par Clarac, Paris 1826· 4 vol. obl·
Reliure de luxe. Edition la plus complète et une des plus belles de Clarac·

ARTS. & MÉTIERS
COLLECTION DE L'ENCYCLOPÉDIE RORET

1845· **Manuel complet de Photographie,** par E· de Valicourt, Paris 1862· 2 vol. in 16⁰.
Belle reliure·

1846· **Annuaire de Photographie**, par A· Danne, Paris 1866· 1 vol in 16⁰·
Reliure soignée·

1847· **Manuel complet de soieries**, par Alex. Devilliers, Paris 1839· 2 vol·in16⁰
relié.

1848· **Manuel complet du Fabricant des Produits Chimiques**, par Eugène Lormé,
4 vol· in 16⁰· reliés.

1849· **Diamants et Pierres Précieuses**, par E. Fontenay, Paris 1881· 1 vol·
in 8⁰· relié·

1850· **Manuel de l'artificier**, par A. D. Vergnaud, Paris 1830. 1 v. in 16⁰. relié.

1851· **Le confiseur moderne**, par J· J. Machet, Paris 1821· 1 vol. in 16⁰ relié.

1852. **Manuel complet de cartes Géographiques**, par A· M· Perrot, Paris 1830.

1853· **Manuel complet du Maître des Forges**, par A· Laudrin, Paris 1859· 2 v.
in 16⁰. relié·

1854· **Manuel complet des Jeux**, par T. Richard, Paris 1859· 2 vol· in 16⁰ relié.

1855· **Manuel complet de Paléontologie**, par Marcel de Serres, Paris 1846. 2 v·
in 16⁰. relié·

1856. **Manuel complet des couleurs d'aniline**, par Théodore Chateau, Paris
1868· 2 vol· in 16⁰. relié·

1857· **Manuel complet de distillations des graines**, par F. Malepeyre, Paris 1873.
1 vol· in 16⁰· relié·

1858· **Manuel complet de l'Orthographiste**, par F. Trémary, Paris 1833· 1 vol·
in 16⁰. relié·

1859· **Manuel complet des Roses**, par Boitard, Paris 1833· 1 vol. in 16⁰. relié.

1860· **Manuel complet de la construction des Escaliers en Bois**, par Allain, Paris
1833· 1 vol· in 16⁰. relié·

1861· **Manuel complet de la Garantie des ouvrages**, par M. Lachèze Degeneste,
1833. 1 vol. in vol. in 16⁰. relié·

1862· **Manuel complet de l'Exploitation des Mines**, par J· T· Blanc, Paris 1844·
1 vol· in 16⁰. relié·

1863· **Manuel complet de l'Oiseleur**, par J· F. Conrad, Paris 1867· 1 volume
in 16⁰. relié·

1864· **Manuel complet des demoiselles**, par Mᵐᵉ Celnart, Paris 1837· 1 vol·
in 16⁰. relié·

154

1865· **Manuel complet de l'Ebéniste,** par Nosbân et Maigne, Paris 1861· 1 v. in 16⁰· relié·

1866· **Manuel complet de Numismatique,** par J· A· B· Bartelemy, Paris 1861. 1 vol· in 16⁰. relié·

1867· **Manuel complet d'étoffes imprimées,** par S. L· Norman 1, Paris 1865. 1 vol· in 16⁰. relié·

1868· **Manuel complet du Marchand papetier,** par P. Poisson, Paris 1865· 1 v. in 16⁰· relié·

1869· **Manuel complet de la taille des Arbres,** par M· De Bavay, Paris 1850. 1 vol. in 16⁰. relié·

1870· **Manuel complet du Tenturier,** par M· Riffault, Paris 1848. 1 v. in 16⁰ relié.

1871· **Manuel complet du Tonnelier,** par W· Maigne, Paris 1875. 1 v. in 16⁰ relié.

1872· **Manuel complet des Gardes-Champêtres,** par W· Boyard, Paris 1847· 1v. in 16⁰· relié.

1873. **Manuel complet des Octrois,** par M. Beret, Paris 1838· 1 v· in 16⁰ relié.

1874· **Manuel complet du Terrassier,** par D· Casalongo, Paris 1870· 1 volume in 16⁰. relié·

1875· **Manuel complet du Teneur des livres,** par Auguste Lurrière, Paris 1860. 1 vol· in 16⁰· relié·

1876· **Manuel complet du Vinaigrier,** par J. A· de Fontenelle, Paris 1860· 1 vol· in 16₀· relié·

1877. **Manuel complet du teneur des Livres,** par Ang. Demesmary, Paris 1860. 1 vol· in 16⁰. relié.

1878· **Manuel complet des Solitudes,** par Temery, Paris 1860· 1 vol. in 16⁰. relié.

1879. **Manuel complet de Chronologie,** par A. Sedillot. Paris 1834. 1 v. in 16⁰ relié.

1880· **Manuel complet du Fermier,** par B. Lepinois, Paris 1843. 1 v. in 16⁰. relié.

1881· **Manuel complet du Savonnier,** par F· Malpeyre, Paris 1870. 1 v. in 16⁰ relié.

1882· **Manuel complet de Machines à outils,** par J· Chretien, Paris 1874. 1 v. in 16⁰. relié·

1883· **Manuel complet du Tonnelier,** par V. Maigne, Paris 1849. 1 v. in 16⁰ relié.

1884· **Manuel complet du Souffleur de lampes,** Paris 1849· 1 vol· in 16⁰. relié.

1885· **Manuel complet du Cultivateur Forestier,** par Boitard, Paris 1849· 1 vol. in 16⁰· relié·

1886· **Manuel complet des Contributions Directes,** par Boyard, Paris 1846. 2 v· in 16⁰. relié·

1887· **Manuel complet des Conserves Alimentaires,** par V. Marigne, Paris 1865. 1 vol. in 16₀. relié·

1888· **Manuel complet de l'éducation du cheval,** Par V· de Montigny, Paris 1864· 1 vol. in 16⁰. relié·

1889· **Manuel complet du Couteleur,** par Laudrin, Paris 1855· 1 v. in 16⁰ relié.

1890· **Manuel complet du chaudronnier,** par A. Casalonga, Paris 1873. 1 v. in 16₀. relié·

1891· **Manuel complet du Cultivateur Français,** par Thiebaud de Bernard, Paris 1873· 1 vol· in 16⁰· relié.

1892. **Manuel complet du Fabricant de couleurs en verre,** par F. Malepeyre, Paris 1862· 1 vol. in 16⁰. relié·

1893. **Manuel complet du Cordier,** par Boitard, Paris 1839· 1 v· in 16₀. relié·

1894· **Manuel complet du Chamoiseur,** par V· Maigne, Paris 1876· 1 vol. in 16⁰ relié:

1895· **Manuel complet du Cartonnier,** par M. Lebrun, Paris 1876· 1 volume in 16₀· relié.

1896. **Manuel complet du Ciseleur,** par G· Garnier, Paris 1859· 1vol· in 16⁰· relié. ·

1897· **Manuel complet de la Fabrication des colliers,** par F. Malepeyre, Paris 1876. 1 vol· in 16⁰· relié.

1898· **Manuel complet de coupe de pierre,** par C· J. Toussaint, Paris 1877. 1 vol. in 16₀. relié.

1899· **Manuel complet du Charpentier,** par C· Boutereau, Paris 1861· 1 vol· in 16⁰· relié·

1900· **Manuel complet du Coloriste,** par Vergnaud, Paris 1856. 1 v· in 16⁰ relié.

1901· **Manuel complet de la Fabrication des colliérs,** par F· Malepeyre, Paris 1876. 1 vol· in 16⁰. relié.

1902· **Manuel complet de sculpture en bois,** par S· Lacombe, Paris 1861· 1 v. in 16₀. relié·

156

1903·   **Manuel complet du distillateur liquoriste,** par F· Malepeyre, Paris 1868· 1 vol· in 16⁰· relié·

1904·   **Manuel complet des Fleurs artificielles,** par Mme Celnart, Paris 1854· 1 v. in 16⁰ relié.

1905·   **Manuel complet des Falsifications des Vins,** par Pedroni fils, Paris 1848. 1 vol. in 16⁰. relié·

1906·   **Manuel complet de Littérature,** par Hautpont, Paris 1848. 1 v. in 16⁰. relié.

1907.   **Manuel complet du destructeur des Animaux Nuisibles,** par C· Joly, Paris 1860· 1 vol· in 16⁰· relié·

1908·   **Manuel complet d'Equitation des deux sexes,** par Vergnaud, Paris 1860· 1 vol. in 16⁰. relié.

1909.   **Manuel complet du Fleuriste Artificiel,** par Sourdou, Paris 1858. 1 vol. in 16⁰· relié.

1910·   **Manuel complet des Eleveurs des oiseaux de volier,** par Plesson, Paris 1867· 1 vol, in 16⁰. relié.

1911.   **Manuel complet du Relieur,** par Lenomard, Paris 1867. 1 v. in 16⁰. relié

1912·   **Manuel complet de la Dorure et Argenture,** par W· Maigne, Paris 1870. 1 v· in 16⁰· relié·

1913·   **Manuel complet du Fabricant du Sucre,** par S· Zoega, Paris 1868· 1 vol· in 16⁰. relié·

1914·   **Manuel complet du Serrurier,** par H. Landrin, Paris 1838. 1 v. in 16⁰ relié.

1915.   **Manuel complet des Mines de Houille,** par J· F· Blanc. Paris 1843· 1 vol. in 16⁰· relié.

1916.   **Manuel complet du Pêcheur Praticieut,** par Lambert, Paris 1875. 1 vol· in 16⁰· relié.

1917.   **Manuel complet du Drainage,** par Victor Teneu, Paris 1844· 1 volume in 16⁰· relié·

1918·   **Manuel complet du Forestier,** par T. L. Crinon, Paris 1865. 1 v. in 16⁰. relié.

1919·   **Manuel complet du Fabricant des Tissus,** par Félix Toustain, Paris 1861. 1 vol· in 16⁰. relié·

1920·   **Manuel complet du Fabricant d'Indiennes,** par Vergnaud, Paris 1857· 1 vol. in 16⁰· relié·

1921.   **Manuel complet de l'Artificier,** par Vergnaud, Paris 1844. 1 vol. in 16⁰. relié.

1922.   **Manuel complet du Bijoutier**, par J· de Fontenelle, Paris 1840· 1 vol· in 16⁰· relié.

1923·   **Manuel complet du bonnetier et de bas**, par Mme Celnart, Paris 1840· 1 v· in 16⁰· relié·

1924.   **Manuel Complet du Physionomiste des dames**, par un Amateur, Paris 1843· 1 vol. in 16⁰· relié.

1925·   **Manuel complet du Verrier**, par Fontenelle et Malepeyre, Paris 1854. 2 vol· in 16⁰· relié·

1926·   **Manuel complet des Huiles Minérales**, par M· D. Magnier, Paris 1867. 1 vol· in 16⁰. relié.

1927·   **Manuel complet du Fabricant d'Huiles épuratives**, par F· Malepeyre, Paris 1856· 1 vol. in 16⁰· relié·

1928·   **Manuel complet des engrais**, par D'Arcet, Paris 1804· 1 vol· in 16⁰. relié·

1929·   **Manuel complet de l'Essayeur**, par Vergnaud, Paris 1831. 1 v. in 16⁰. relié.

1930.   **Manuel complet de l'Horloger**, par L. S· T· Paris 1876· 1 v. in 16⁰. relié.

1931·   **Manuel complet de la Fabrication des Encres**, par Chamfour, Paris 1875. 1 vol. in 16⁰· relié·

1932.   **Manuel complet des Ecoles primaires**, par Matter, Paris 1834. 1 vol. in 16⁰ relié·

1933·   **Manuel complet de la Fabrication des Encres**, par Chamfour, Paris 1880. 1 vol· in 16⁰. relié·

1934·   **Manuel complet des écoles primaires**, par Matter, Paris 1834· 1 volume in 16⁰. relié·

1835.   **Manuel complet des Eaux-de-vie**, par Malepeyre, Paris 1871. 1 v. in 16⁰ relié.

1936·   **Manuel complet des Fabricants des Cadres**, par Victor, Paris 1871 1 vol. in 16⁰· relié·

1937·   **Manuel complet des Eaux et de Boissons Gazeuses**, par Rouget de l'Isle, Paris 1863. 1 vol· in 16⁰· relié·

1938·   **Manuel complet des Cadres**, par Victor, Paris 1871. 1 vol. in 16⁰· relié·

1939·   **Manuel complet du Bottier**, par J. Morin, 1863 1 vol· in 16⁰· relié.

1940·   **Manuel complet du Briquetur**, par F· Malepeyre, Paris 1 v· in 16⁰. relié·

1941·   **Manuel complet du Bourrelier**, par M·Lebrum, Paris 1860· 1 v. in 16⁰ relié·

1942. **Manuel complet du Contre-Poison**, par Hoct. Chaussier, Paris 1836. 1 vol. in 16°. relié.

1943. **Manuel complet des Bougies Stéariques**, par F. Malepeyre, Paris 1869. 2 vol. in 16°. relié.

1944. **Manuel complet du Boulanger**, par F. Malepeyre, Paris 1871. 2v. in 16° relié

1945. **Manuel complet du Capitaine**, par Jouvier. Paris 1846. 1v. in 16°. relié.

1946. **Manuel complet de Tchnologie**, par L. Ansiaux, Paris 1863. 1 volume in 16o. relié.

1947. **Manuel complet du Calculateur**, par Aug. Terière, Paris 1860. 1 vol. in 16°. relié.

1948. **Manuel complet du Confiseur**, par E. Malepeyre, Paris 1870. 1 vol. in 16°. relié.

1949. **Manuel complet du chandelier et cirier**, par F. Malepeyre, Paris 1870. 1 vol. in 16°. relié.

1950. **Manuel complet du chaufournier**, par W. Mappier, Paris 1864. 1 vol. in 16o. relié.

1951. **Manuel complet des vins**, des F. Lebœuf, Paris 1876. 1 v. in 16o relié.

1952. **Manuel complet du Parfait Maréchal**, par A. De Garsault, Paris 1843. 1 vol. in 16°. relié.

1953. **Manuel complet d'Architecture**, par Toussaint, Paris 1852. 2 volumes in 16o. relié.

1954. **Manuel complet du Fabricant de Bleus**, par F. Capron, Paris 1858. 1 v. in 16°. relié.

1955. **Manuel complet d'Eclairage et de chauffage**, par M. D. Magnier, Paris 1866. 2 vol. in 16o. relié.

1956. **Manuel complet du Brasseur**, par F. Malepeyre, Paris 1869. 2 volumes in 16o. relié.

1957. **Manuel complet de la Fabrication des Vins des Fruits**, par F. Malepeyre, Paris 1872. 1 vol. in 16°. relié.

1958. **Manuel complet des Ouvrages d'or et d'argent**, par Lachèze Degeneste, Paris 1839. 1 vol. in 16°. relié.

1959. **Manuel complet pour l'Administration des Bibliothèques**, par J. B. Boyard, Paris 1852. 1 vol. in 16. relié.

1960· **Manuel complet de Bourses et des spéculations**, par J. B. Boyard, Paris 1852· 1 vol· in 16⁰· relié·

1961· **Manuel complet de Bronzage**, par J· Debouliez, Paris 1870. 1 volume in 16⁰. relié.

1962· **Manuel complet du Bouvier**, par M· Boyard, Paris 1844· 1 v· in 16⁰· relié·

1963. **Manuel complet des Jeux d'adresse**, par Dumond, Paris 1844· 1 vol· in 16⁰. relié.

1964· **Manuel complet du Travail de Métaux**, par A· de Vergnaud, Paris 1865. 1 vol· in 16⁰. relié·

1965· **Manuel complet de Jeux de Calcul**, par M. Lebrun, Paris 1840· 1 vol. in 16⁰· relié.

1966· **Manuel complet des Régulateurs des Horlogers**, par J· Jauvier, Paris 1842. 1 vol· in 16⁰. rélié·

1967. **Manuel complet des Gourmands**, par Cardelli, Paris 1842· 1 v. in 16⁰ relié.

1968· **Manuel complet de Culture et traitement de la vigne**, Paris 1831· 1 volume in 16⁰· relié·

1969· **Manuel complet de Jeuns Gens**, par P. Vergnaud, Paris 1831. 1 vol· in 16⁰. relié·

1970· **Manuel complet de cultiver les Jardins**, par Bossin, Paris 1876· 1 vol· in 16⁰· relié·

1971. **Manuel complet du propriétaire**, par Sergent, Paris 1865· 1 v. in 16⁰ relié.

1972· **Manuel complet du Fabricant du papier de Fantaisie**, par Fichtemberg, Paris 1852· 1 vol· in 16⁰· relié.

1973· **Manuel Complet du Porcelainier**, par M· D. Magnier, Paris 1864· 1 vol· in 16⁰. relié.

1974· **Manuel complet de la perspective du dessinateur**, par D· Vergnaud, Paris 1860· 1 vol· in 16⁰. relié·

1975· **Manuel complet du repertoire de Photographie**, par Ed· Latreille, Paris 1861. 1 vol. in 16⁰· relié.

1976· **Manuel complet du Parfumeur**, par F. Malepeyre, Paris 1873. 1 volume in 16⁰ relié.

1977· **Manuel complet du Pécheur Praticien**, par M. C· B· Paris 1838· 1 vol· in 16⁰· relié·

1978· **Manuel complet des Abeilles**, par F· Malepeyre, Paris 1860· 1 v. in 16⁰ relié.

160

1979· **Manuel complet des Gourmands,** par F· M***, Paris 1848· 1 volume in 16⁰ relié·

1980· **Manuel complet des Greffes,** par A· Thonin, Paris 1843. 1v. in 16⁰ relié·

1981· **Manuel complet des Graveurs,** par M· Perrot, Paris 1844· 1 v. in 16⁰ relié.

1982· **Manuel complet de Géographie Physique,** par J· J· Herot, Paris 1839· 1 vol. in 16⁰· relié.

1983. **Manuel complet de Gymnastique,** par Martin de Sotelo, Paris 1848· 1 v. in 16⁰. relié·

1984. **Manuel complet du Monteur,** par M***, Paris 1850. 1v· in 16⁰ relié.

1985. **Manuel complet du Fabricant de papier,** Paris 1838· 1 vol· in 16⁰. relié·

1986. **Manuel complet de la Construction moderne,** par A· Bataille, Paris 1859· 1 vol· in 16⁰. relié·

1987· **Manuel complet de l'Aréostation,** par Dupuis Delcourt, Paris 1850· 1 vol. in 16o· relié.

1988· **Manuel complet d'Alcoométrie,** par F· Malepeyre, Paris 1868. 1v. in 16⁰ relié

1989· **Manuel complet d'Arpentage,** par Dupuis Delcourt, Paris 1850· 1 vol. in 16⁰· relié.

1990· **Manuel complet de l'Armurier,** par Paulin. Desormeaux, Paris 1852· 1 vol· in 16⁰· relié·

1991. **Manuel complet de l'Irrigation,** par Raphael Pareto, Paris 1851. 1 vol· in 16⁰. relié·

1992· **Manuel complet du Fabricant d'Instruments,** par Boitard, Paris 1860. 1 v. in 16⁰· relié·

1993· **Manuel complet de l'Imprimeur en taille,** par Boitard, Paris 1860. 1 vol. in 16⁰· relié·

1994· **Manuel complet du Treillageur,** par M· Paulin Delormeaux, Paris 1836. 1 vol. in 16⁰· relié·

1995. **Manuel complet du Tourneur,** par E· de Vericourt, Paris 1872. 3 vol· in 16⁰· relié·

1996· **Manuel complet du Typographe,** par E· Bouchez, Paris 1857. 2 vol· in 16⁰ relié.

1997· **Manuel complet de l'Amidonier,** par E· Malepeyre, Paris 1855· 1 vol. in 16⁰· relié·

1998· **Manuel complet de l'Artificier,** par Vergnaud, Paris 1865· 1 v. in 16º. relié.

1999· **Manuel complet du Tonnenr,** par W· Maigne, Paris 1869· 1 v. in 16º relié.

2000· **Manuel complet Théatrale,** par Bernier de Maligny, Paris 1854· 1 vol· in 16º· relié·

2001· **Manuel complet du Tapissier,** par Garnier Audiger, Paris 1854· 1 vol. in 16º· relié.

2002. **Manuel complet du Tissage Mécanique,** par Eugène Burel. Paris 1869· 1 vol· in 16º· relié·

2003. **Manuel complet des Notaires et des Greffiers,** par M· Combes, Paris 1858· 1 vol. in 16º· relié·

2004· **Manuel complet des Poids et Mesures,** par M· Ravon, Paris 1843· 1 vol· in 16º· relié·

2005· **Manuel complet de Patinage,** par Paulin Des Ornnaux, Paris 1843· 1 v. in 16º· relié·

2006. **Manuel complet du Marbrier,** par N. J· B· Paris 1855· 1 v. in 16º relié·

2007· **Manuel complet de Magie,** par A· D· Vergnaud, Paris 1839· 1 v· in 16º.

2008. **Manuel complet du Tapissier,** par Garnier Audiger, Paris 1851. 1 vol· in 16º· relié·

2009· **Manuel complet du Maître d'Hôtel,** par Chevrier, Paris 1842· 1 volume in 16º· relié.

2010. **Manuel complet de l'Amélioration des liquides,** par V· E· Lebeux, Paris 1819. 1 v· in 16º· relié·

2011· **Manuel complet du Ménuisier,** par V· Maigne, Paris 1873· 2 v· in 16º r·

2012. **Manuel complet du Mouleur,** par F· Malepeyre, Paris 1885· 1 v. in 16º r·

2013· **Manuel complet du Mécanicien Fontainier,** par M. Biston. Paris 1844· 1 vol. in 16º. relié·

2014. **Manuel complet du Luthier,** par V· Maigne, Paris 1869· 1 v· in 16º·

2015. **Manuel complet du constructeur des Locomotives,** par C. E. Julien, Paris 1842· 1 vol· in 16º· relié·

2016· **Manuel complet du Limonadier,** par J· de Fontenelle, Paris 1863· 1 v· in 16º· relié·

2017· **Manuel complet de l'Imprimeur Lithographe,** par M· Knut, Paris 1863. 1 vol· in 16º· relié·

2018· **Manuel complet de la levure,** par F. Malepeyre, Paris 1875· 1 volume in 16o· relié·

2019· **Manuel complet du Patissier,** par Leblanc, Paris 1870· 1·v· in 16⁰ relié·

2020· **Manuel complet de la Peinture,** par Malepeyre, Paris 1870· 1 volume in 16o· relié·

2021· **Manuel complet de Teinture sur verre,** par M· De Gayffier, Paris 1866· 1 vol· in 16⁰· relié·

2022· **Manuel complet de la Police en France,** par E· Truy, Paris 1855· 1 vol· in 16o· relié·

2023· **Manuel complet du Propriétaire,** par F. Sergent, Paris 1865· 1 v. in 16o relié·

2024· **Manuel complet des odeurs et parfums,** par Dr. O· Reveil, Paris 1860· 1 vol· in 16⁰· relié·

2025· **Manuel complet du Zingueur,** par H· Gardissard, Paris 1851· 1 volume in 16o· relié·

2026· **Manuel complet du Parfait Cuisinier,** par A. T. Raimbaut, Paris 1822. 1 vol· in 16⁰. relié·

EXERCICES GYMNASTIQUES

ESCRIME & DANSE

2027· **L'Académie de l'homme d'épée ou la science parfaite des exercices deffensifs et offensifs, en 116 plans en taille-douce, accompagnés d'explications détaillées avec soin,** par Mons· Girard, La Haye 1755· in-4· ob· v· ec·
On y trouve les exercices de l'esponton, du fusil, etc·

2028· **Escrime,** par Z· F· Lafayère, 1865· 1 vol· in 16⁰.
Belle édition avec gravures·

2029. **Manuel complet d'escrime,** par Ivanonski, Paris 1867· 1 v. in 16o· relié.

2030· **Orchésographie, méthode et théorie en forme de discours et Tablature pour apprendre à dancer, battre le tambour en toute sorte et diversité de batteries, jouir du fifre et arigot, tirer des armes et escrimer etc.** par Thoinot Arbeau demeurant à Langres, Langres 1600 in 4⁰ fig· s· b· v· f· fil· (anc. rel·)
Bel exemplaire d'un livre fort rare et précieux, provenant· De la bibliothéque de M. Singer·

2031. **Manuel de Danse,** par P· M· Lemaistre, Paris 1866. 1 vol· in 16⁰.
Encyclopédie Roret·

2032· **Les Saltimbanques,** par Le Cᵗ de Montferrier, Paris 1873· 1 v· in 4⁰.
Edition illustrée et reliure riche·

2033· **Manuel complet de Gymnastique,** par X**, Paris 1 vol· in 8⁰.
Demi reliure plaque dorée·

BELLES-LETTRES

LINGUISTIQUE

GRAMMAIRE GÉNÉRALE, VOCABULAIRES POLYGLOTTES

2034· **Monde primitif Analysé et avec le monde moderne, considéré dans l'histoire naturelle de la parole**, par Court de Gébelin, Paris 1774· in-4⁰ demi r· fig.
Exemplaire relié sur brochure·

2035· **Nouvelle Nomenclature en quatre langues, Française, Allemande, Italienne etLatine**, par Nath Duesius, Lugduni Batavorum, collection Elzévirienne 1652. pet· in 8⁰· mar. r· tr· sup.
Exemplaire relié sur brochure·

LANGUE GRECQUE

2036. **Le Jardin des racines Grecques, mises en vers français**, par Cl. Lancelot, Paris P· le petit 1657· in-12⁰· mar· v. tr· d. (Capé).
Première édition.

2037· **Glossarium ad scriptores mediæ et infimæ græcitalis, auctore Carolo du Fresn e domino du Cange**, Lugduni 1688. 2 vol. in folio.
Vélin cordé·

LANGUE LATINE

2038. **Les Principes et premiers éléments de la langue Latine**, parlesquels tous jeunes enfants seront facilement introduits à la cognoissance d'icelle ; le tout reveu et corrigé en grande diligence, Paris Regn· Chauldiere 1546; petit in-8⁰. mar· r· tr· dor· (Trautz Beauzonnet)·
Volume grand de marges et d'une parfaite conservation, les petites grammaires du seizième siècle sont fort rares en bon état·

2039· **Petit Jardin des enfants avec une petit dictionnaire latin français**, Paris, Chez L· Thiboust, S· d. 1725· in-16⁰· mar· r· à comp· tr· d·
Très curieuse reliure, réprésentant sur le milieu des plats un chinois avec un parasol et au quatres coins, des dauphins· Chef-d'œuvre de dorure·

LANGUE FRANÇAISE

2040· **Recueil de l'Origine de la langue et poésie françoise, plus les noms et sommaires des œuvres de cent vingt-sept poetes français vivant avant l'an 1300**, par Claude Fauchet, Paris Mamest Patisson 1581, in 4⁰· mar· r· fil· tr· dorée· (Trautz Beauzonnet)·
Très bel, exemplaire réglé, on y a ajouté un beau portr, de l'auteur, gravé par Th. de Leu, il provient de la bibliothèque de M· Armand Bertin.

2041. **Dictionnaire Etymologique de la langue Française** , par M. Ménage, Paris 1750. 2 vol· in 8⁰· v· gr·
Joli exemplaire.

GRAMMAIRE. MÉLANGES

2042· **Grammaire générale et raisonnée, contenant les fondements de l'art de parler; expliquée d'une manière claire et naturelle etc.** Paris P. le Petit 1660· in 12. v· f. tr· d· (Capé)·
Edition originale de la Grammaire du Port Royal, redigée par A· Lancelot·

2043· **Grammaire des Grammaires** , par Girauet Duvivier, Paris 1822. 2 v. in 4⁰
Belle reliure chef-d'œuvre de dorure·

2044· **Œuvres de Dumarsais** , par J** T** , Paris 1797· 7 vol. in 8⁰· maroq· f. fil· tr· d·
Edition fort estimée.

2045· **Le Livre de Censorinus,** Traduit en français par J. M. Mangerart, Paris 1843. 1 vol. in 8⁰· reliure dos mar· vert, fil· tr· d·
Bibliothèque Latine-Française de Panckouke, belle édition.

2046· **Récréations Grammaticales,** par Daniel, Paris 1722· 4 vol· in 12. mar· fil· tr· d. (Duru).
Bel exemplaire d'une édition élzévirienne·

2047· **Les Langues Perdues,** par Joachim Menaut, Paris 1885· 1 vol· in 12⁰.
Belle reliure, nouvelle édition soignée.

2048. **Cours Pratique de la langue Française,** par F· Poitevin, Paris 1 v. in 8⁰·
Belle reliure et bel exemplaire d'une édition soignée.

2049· **Manière de Penser. Dialogue** , par C* D*, Amsterdam 1553· 1 vol· in 12⁰· mar· bleu, fil· tr· d· (Beauzonnet).
Bel exemplaire de M. Fossé d'Arcosse, édition originale très rare d'un livre curieux.

2050· **Nouveau Guide de conversation,** par G· Hamonière, Paris 1828· 1 vol. in 16⁰·
Demi reliure en maroquin du levant·

2051· **Grammaire de la langue Arménienne,** par J· C· Cerbied, Paris 1823. 1 vol· in 4⁰· fil· tr· d.
Belle édition soignée, superbe reliure italienne·

2052· **L'art de Parler,** par A**, Paris 1778· 1 vol. in 16⁰· m· fil· tr· d. (Duru)
Bel exemplaire d'un volume rare.

2053· **Manière d'Enseigner les Humanités** , par Rigault, D'Harcourt, Paris 1819. 1 vol· in 4⁰.
Demi reliure, en maroquin du levant.

2054· **Le langage des fleurs,** par Charlotte Latour, Paris 1819· 1 volume in 12⁰· broché·
Belle édition avec vignettes.

2055· **L'éclaircissement de la langue Française,** par F. Genin, Paris 1852· 1 vol. in 8⁰·demi reliure plaque dorée·
Bel exemplaire d'un édition soignée·

DICTIONNAIRES

2056· **Dictionnaire François, contenant les mots et les choses, plusieurs nouvelles remarques sur langue Françoise, les expressions propres, figurées et burlesques, etc,** par P. Richelet, A· Genève, chez J· Hermann Wiserhold, 1680· 2 part. ou 1 vol· in 4⁰· v. ec. fil·
Edition originale, non expurgée.

2057· **Dictionnaire de la langue Française,** par Littré, Paris 1874· 4 vol.in 4⁰ à 3 colonnes et un supplément·
Reliure très élégante·

Ce Dictionnaire contient.

1. **Pour la nomenclature :** Tous les mots qui se trouvent dans le dictionnaire de l'Académie Française et tous les termes usuels des sciences, des arts, des métiers et de la vie pratique·

2. **Pour la grammaire;** La prononciation de chaque mot figurée et, quand il y a lieu, discutée, l'examen des locutions, des idiotismes, des exceptions et, en certains cas de l'orthographe actuelle, avec des remarques critiques sur les difficultés et les irrégularités de la langue.

3· **Pour la signification des mots;** Les définitions, les diverses acceptions rangées dans leur ordre logique, avec de nombreux exemples tirés des auteurs classiques et autres; les synonymes. principalement considérés dans leurs rélations avec les définitions·

4· **Pour la partie historique;** Une collection de phrases appartenant aux anciens écrivains depuis les premiers temps de la langue Française, jusqu'au seizième siècle, et disposées dans l'ordre chronologique à la suite des mots auxquels elles se rapportent.

5. **Pour l'Etymologie;** La détermination ou du moins la discussion de l'origine de chaque mot, établie pour la comparaison des mêmes formes dans le Français, dans le patois, dans l'Espagnol, l'Italien et le provençal ou langue d'Oc·

2058. **Dictionnaire National ou Grand Dictionnaire Classique de la langue Française,** par M. Bescherelle ainé, Paris 1845-46. 2 vol. in 4⁰· reliure dos de maroquin noir, f· d·
Ouvrage plus exact et plus complet que tous les dictionnaires qui existent, et dans lequel toutes les définitions, toutes les acceptions des mots et les nuances infinies qu'ils ont reçues du bon goût et de l'usage, sont justifiées par plus de quinze cent mille exemples choisis, fidèlement extraits de tous les écrivains moralistes et poètes, philosophes et historiens, !politiques et savants,⁹ conteurs et romanciers, dont l'autorité est généralement reconnue; le seul qui présente l'examen critique des dictionnaires les plus estimés, et principalement de ceux de l'Académie, de Laveaux, de Boiste et de Napoléon Landais.

2059. **Dictionnaire Universel de la langue Française**, par P. C. Boiste, Paris 1834. 1 vol. in 8⁰.
Belle édition à deux colonnes, et belle reliure.

2060. **Dictionnaire de l'Académie Française**, par L'Institut de France, Paris 1786. 2 vol. in folio. veau f. fil. tr. d.
Superbe exemplaire d'une édition très soignée

2061. **Dictionnaire de l'Académie Française**, par L'Institut de France, Paris 1835. 2 vol. in folio et un supplément.
Belle édition revue corrigée et augmentée.

2062. **Dictionnaire de la langue Française**, par F. Raymond, Paris 1832. 2 v. in 8⁰
Reliure, dos de maroquin rouge fil. tr. d.

2063. **Nouveau dictionnaire de la langue Française**, par P. J. Ch. Laveaux, Paris 1820. 2 vol. in 4⁰. mar. noir, fil. tr. dor. (Duru).
Jsli exemplaire.

2064. **Dictionnaire pour la correspondance Télégraphique**, par un Sécrètaire de la légation, Paris 1867. 1 vol. in 4⁰.
Belle édition et belle reliure.

2065. **Dictionnaire complet**, par Pierre Larousse, Paris 1835. 1 vol. in 16⁰.
Bel exemplaire.

2066. **Dictionnaire de Poche Italien**, par G. Hamonière, Paris 1819. 1 v. in 12⁰
Belle édition et belle reliure.

RHÉTORIQUE

RHÉTEURS

2067. **La Rhétorique Française**, par Réné Barri, Amsterdam 1669. 1 v. in 16⁰. mar. f. fil. tr. dor. (Trautz Bauzonnet).
Bel exemplaire d'un livre rare.

2068. **L'Eloquence du temps enseignée à une dame de qualité selon les règles d'une réthorique aisée et galante**, suivant la copie impr. à Paris 1749. in 12⁰. v. prorph. dent.
La dedicace est signée J.-P-N. du Commun, dit Véron.

2069. **Lycée au cours de la Littérature ancienne et moderne**, Paris 1818. 16 volume in 8⁰.
Reliure demi-maroquin fil. tr. d. Belle édition.

ORATEURS

2070. **M. T. C. (Ciceronis), pro Magno Pompeio lueulentissima ad quirites oratio feliciter incipit, Hoc. ingens ciceronis opus: causas, forenses, quas inter patres dixit et in populo tu quicunq leges: Ambergau natus abenis (sic)**, impressit formis ecce magister Adam 1575. in folio p. de Truie.
Bel exemplaire d'une édition précieuse, imprimée à Venise selon Panzer, par Adam d'Ambergau, qui imprima le Lactance de 1471.

2071· **Les Œuvres complètes de Cicéron**, par S`···` T`··`, Traduites par F· C·L· Panckouke, Paris 1843. 33 vol· in 8º· reliure dos en mar· vert, fil· tr. d· Bibliothèque Latine Française de F· L. C. Panckouke·

2072. **Oraison funèbre de Henriette-Marie de France, reine d'Angleterre, prononcée le 16 Novembre 1669**, par Mess. J· B· Bossuet, Paris Cramoisy 1669· in 4º maroquin r· f· tr· d.
Ancienne reliure· Dans le même volume: Oraison funèbre de Henriette-Anne d'Angleterre, duchesse d'Orléans, prononcée à Saint Denis, le 21 Août 1670· Paris Cramoisy 1670· Editions originales·

2073· **Oraison funèbre de Marie-Thérèse d'Austriche, reine de France, prononcée à St. Denis, le 1er Septembre 1683**, par mess J. B· Bossuet, Paris Cramoisy 1683 in 4º·
Demi reliure· Edition originale.

2074· **Oraison funèbre de Marie Thérèse d'Austriche, reine de France, prononcée à St. Denis le 1er. Septembre 1683**, Paris Cramoisy 1683· — **Oraison funèbre de très-haute et très puissante princesse Anne de Conzague de Clèves, princesse Palatine**, Paris Cramoisy 1685· — **Oraison funèbre de Louis de Bourbon, prince de Condé, prononcée à Notre-Dame le 10 Mars 1687**, Paris id· 1687. 3 parties en 1 vol· in 4º· mar. v· tr· d· (Duru)·
Editions originales en grand papier, Beau recueil provenant, de la bibliothèque de M. Charles Giraud.

2075· **Recueil des Oraisons funèbres**, prononcées par Mess· Esprit Fléchier évesque de Nimes, 1 vol. in 4º· mar· v. tr. d· (Duru)·
Savoir Julie-Lucile d'Angennes de Rambouillet, duchesse de Montausier, Paris, seb. M· Cramoisy. 1672. — Marie de Wignerod, duchesse d'Aiguillon Paris. seb. M· Cramoisy. 1675. — Henri de la Tour d'Auvergne, vicomte de Turenne, Paris, seb. M. Cramoisy, 1676. — M· le premier président de Lamoignon, Paris, seb, M. Cramoisy, 1579. — Marie Thérèse d'Autriche reine de France, Paris, seb. M· Cramoisy 1684· — Marie-Anne-Christine de Bavière, Dauphine de France Paris, Ant· Dezallier, 1890· — Charles de 1er. St. Maure, duc de Montausier, Paris. Ant· Dezallier, 1690· — Toutes, ces oraisons funèbres sont en éditions originales et en très beaux exemplaires, la plupart sont ornées de vignettes par Sébastien Leclerc.

2076· **Eloge funèbre de très haut et très puissant prince Henri de Bourbon, prince de Condé (père du grand Condé, mort en 1646**, prononcé le 10 Décembre 1683, par le P· Bourdaloue, Paris Séb· M. Cramoisy 1684. in 4º.
Demi reliure· Edition originale, Vignettes de Seb· Leclerc.

2077· **Oraison funèbre de très haut et très puissant prince Louis de Bourbon, prince de Condé**, par le P· Bourdaloue, de la compagnie de Jésus, Paris Est. Michallet 1687· in 4º· mar· r. doub· de mar. bl. tr· d· (Gruel)·
Edition originale·

2078. **Oraison funèbre de très haut et très puissant prince Henry de la Tour-d'Auvergne vicomte de Turenne**, par Mascaron, Paris V· J. Dupuis 1676. in 4º mar. r· fil· doubl· bl· comp· tr· d· (Gruel)·
Edition originale. Vignettes de seb. Leclere·

2079· **Oraisons funèbres de J.B. Bossuet, avec les Variantes de texte et de notes de tous les commentateurs (La Harpe, Maury, de Bausset, de Vauxcelles, etc. etc.)** précédés d'une Notice biographique sur Bossuet, et des jugements par M· de Chateaubriand, Dussauet et Villemain, Paris 1826· 1 v. in 8⁰. avec portrait.
Oraisons funèbres suivies du sermon de Bossuet sur l'unité de l'Eglise.

2080· **Oraisons funèbre de Fléchier avec notes de la Harpe, Batteux, Maury etc.** Paris 1826· 1 vol· avec portrait·
Suivies de l'Oraison funèbre de Turenne. par Mascaron, et de celle du prince de Condé par· Bourdaloue·

2081· **Chefs-d'œuvre oratoires de Mirabeau, ou choix des plus éloquents discours de cet orateur célèbre,** précédés d'une notice biographique, Paris 1823. 2 vol· in 18⁰. papier fin.
2ème édition revue augmentée et ornée d'un beau portrait· Cet exemplaire est suivi du plaidoyer que Mirabeau prononça à la Sénéchaussée d'Aix dans son procès avec sa femme·

2082· **Discours sur le Gouvernement,** par Sidney, Traduits de l'anglais par P. A· Samson, Paris 1791· 3 vol· in 8⁰· mar· roug· fil· tr· dorée· (Duru)
Bel exemplaire d'une édition parfaitement conservée·

2083. **Discours historique sur l'Apocalypse,** par Abauzit, Londres 1770· 1 vol. in 8⁰· papier fin·
Volume rare et recherché·

2084· **Discours de Mirabeau,** par M· Barthe, Paris 1820. 3 vol· in 8⁰. reliure en maroquin rouge tr· d.
Charmant exemplaire d'une édition très nette et très soignée·

2085· **Institution oratoire de Quintilien,** par Ouizelle, Paris 6 vol· in 8⁰· rel· dos en mar. vert fil· tr· d·
Bibliothèque Latine-Français de C. L. Panckouke·

POÉSIE

POÈTES GRECS

2086· ΟΜΗΡΟΥ ΙΛΙΑΣ ('Οδύσσεια, Βατραχομυομαχία καὶ ὕμνοι.) Venetis, Apud Aldum (1504), Cun vita Homeri post hymnos, Græce, 2 v. in 8⁰ m. cit. comp. tr· d·
Très bel exemplaire de cette édition rare·

2087· **L'Illiade et l'odyssée d'Homère,** Tra.l. en français avec des remarques, par Mᵐᵉ Dacier, Paris chez Rigaud 1711. 6 vol. in 12⁰. m· v· fil· tr· d.
L'odyssée est imprimée à Amsterdam, aux dépens de la compagnie.

2088· **Œuvres d'Homère,** Trad· par P· J· Bitauché, Paris 1788. 12 vol· in 8⁰ reliure dos maroq. vert, f· tr·
Cet exemplaire contient, L'Illiade, l'odyssée etc.

2089· **Odyssée d'Homère,** Traduite par Eugène du Bareste, Paris 1842· 2 vol·
in 8⁰. reliure dos maroquin vert f· tr·
Bibliothèque Latine Française de Panckouke.

2090· **Pindari Olympia, Pythia, Nemea, Isthmia (gr. Lat.) Johannes Benedictus, med.
doct. repurgavit, Salmurii,** typ· Pudedii 1620· in 4⁰· mar. r. dent· comp. tr. d.
Ancienne reliure aux armes et aux chiffres de Henry Bolacre, gouverneur, de Nevers
sous Louis XIII.

2091. **Pindari Carmina et Fragmenta,** par Ch. G· Heyne Oxonii 1807· 3 v·
in 4⁰. mar· vert, dent· compt· tr· d.
Charmant exemplaire d'une édition soignée.

2092· **Pindari Carmina,** par Ch. G. Heyne, Lugduni Batavorum 1810· 1 v·
in 4⁰· mar· vert· dent·
Joli exemplaire d'une édition en parfaite conservation·

2093. **Les Odes de Pindare,** par P· L. C. Guin, Paris 1801. 1 vol. in 8⁰.
Demi reliure en maroquin du Levant.

2094· **Les Amours d'Héro et de Léandre,** Traduit par M· Dacier, Paris 1784·
1 vol· in 8⁰. reliure veau f· tr· d·
Joli exemplaire en papier fin, édition avec figures de Chauveau·

2095. **Les amours de Théagènes et Chariclée d'Héliodore,** Trad. en vers par J·
Amyot, Londres 1743. 1 vol. in 8⁰.
Reliure ancienne. Belle édition avec des figures de Chauveau.

2096. **Lucien,** Trad. de A. Perrot, Amsterdam 1664. 1 vol. in 12⁰. réglé.
mar. rouge fil. comp. tr. dor.
Charmante reliure de la Gascon, avec les chiffres de Louis Habert de Montmaur.

2097. **Les Poëtes Grecs,** par une Société de professeurs et d'Hellenistes, Paris
1865. 7 vol. in 4⁰.
Demi reliure, édition avec des caractères microscopiques.

2098. **Jeux de Calliope,** Trad. par Ruault, Londres 1776. 1 vol. in 8o.
Reliure dos en maroquin noir fil. tr· édition soignée·

2099. **Tarsin et Zélie,** par Lavager de Botigny, Paris 1774. 3 vol. in 8⁰. mar.
fil. tr. dorée.
Charmant exemplaire d'une édition en parfaite conversation.

POÈTES LATINS

2100. **Virgilii Maronis opera,** Lugduni Batavorum Elzévir 1636. pet. in 12⁰.
tit. gr. mar. rouge, fil. tr. dor. (Derome).
Charmant exemplaire de l'édition originale sous cette dâte·

2101. **Œuvres complètes de Virgile,** Traduction de M. Fec., Paris 1833. 4 vol. in 8º. dos mar. verl, fil. tr. d.
Bibliothèque Latine Française de Panckouke. Belle reliure.

2102. **Œuvres de Virgile,** Traduites par l'Abbé des Fontaines, Paris 1796. 4 v. in 8º. mar. cit. f. tr. g. (Simier).
Exemplaire reglé.

2103. **L'Eneide,** Traduite en vers par J. Delille, Paris 1832. 2 vol. in 12º. mar. rouge, fil. tr. dor. (Duru).
Très belle édition d'une reliure remarquablement belle.

2104. **Les Amours d'Ismène,** par Virgile, La Haye 1723. 1 vol. in 12º. veau br. tr. d. (anc. reliure).
Edition originale.

2105. **Les Amours d'Ismène de Virgile,** Trad. par Beauchelle, Paris 1761. 1 v. in 12º. s. b. mar. br. fil. tr. d.
Joli exemplaire.

2106. **Les Géorgiques de Virgile,** translatées en vers et moralisées par Michel de Tours, Paris Durand Gerlier 1670. 1 vol. in 8º. m. br. fil. tr. d.
Belle édition

2107. **Les Géorgiques de Virgile,** Trad. par M. Delille, Paris 1770. 1 v. in 8º rel. dos m. vert, fil. tr. d.
Bibliothèque Latine Française de M·M· Panckouke.

2108. **Les Œuvres de P. Virgile Maro. prince des Poètes Latins,** Rouen R. du Petit-Val 1608. in 17º. mar. fil. tr. d. (Trautz-Bauzonnet).
Traduction du Latin en Français: Les Bucoliques et Georgiques, par R· le Blanc; l'Enéide, par Loys des Mazures, avec un 13 livre ajoûté par Mapheus, etc.

2109. **Virgile et Horace,** par Florian St Ange, Paris 1859. 1 vol. in 8º. reliure dos mar. vert, fil. tr. d.
Bel exemplaire d'une édition soignée.

2110. **Œuvres complètes d'Horace,** Trad. de Léon Halévy, Paris 1831. 2 v. in 8º reliure dos mar. vert fil. tr. d.
Belle édition de la Bibliothèque de L· C· Panckouke·

2111. **Œuvres d'Ovide,** Traduction de Th. Rurette, Paris 1834. 10 vol. in 8º. dos mar. vert fil. tr. d.
Edition de la Bibliothèque Latine Française de M.M· Panckouke·

2112. **Les Métamorphoses d'Ovide en rouleaux'** imprimez et enrichis de figures, par Ordr. de S. M. Paris imp. royale 1676. in 4º. v. br.
Vers de M de· Benserade; figures de Chaveau et de Séb· le Leclerc; frontispice de Lebrun.

2113. **Les Métamorphoses d'Ovide,** par l'Abbé Bernier, Amsterdam 1732.
2 vol. in folio. v. br.
Figures de le Mire, frontispice de Lebrun·

2114. **Les Métamorphoses d'Ovide,** par L'Abbé Bernier, Amsterdam 1735.
3 vol. in 12⁰. v. br.
Bel exemplaire d'une édition et d'une reliure en parfaite conservation·

2115. **L'Argonautique de Valérius Flaccus,** Trad. par T. Caussin de Perceval,
Paris 1835. 1 vol. in 8⁰. mar. r. fil. tr. d.
Très joli volume en reliure élégante·

2116. **Œuvres complètes de Claudien,** Trad. par Héguin de Guesle, Paris 1840.
2 vol. in 8⁰.
Reliure dos mar· vert. fil. tr. dr. Edition MM. Panckouke.

2117. **Poésies de Prixien,** par E. F. Corpet, Paris 1845. 1 vol. in 8⁰. dos m.
vert. fil. tr.
Ouvrage faisant partie de la bibliothèque de MM. Panckouke·

2118. **Poésies de C. V. Catulle,** Trad. par Héguin de Guesle, Paris 1837. 1 vol.
in 8⁰. dos mar. vert fil. tr. d.
Bibliothèque de MM· Panckouke.

2119. **Œuvres complètes d'Ausone,** Trad. de E. F. Corpet, Paris 1842. 2 vol.
in 8⁰. dos mar. vert fil. tr. d.
Belle édition de la bibiliothèque Latine Française de MM· Panckouke·

2120. **Œuvres de C. Tacite,** Trad. de E. C. P. Panckouke, Paris 1830. 9 vol.
in 8⁰. dos mar. vert fil. tr. d.
Bibliothèque de MM. Panckouke·

2121. **Œuvres complètes de Stace,** Trad. de Ruiner, Paris 1827. 4 vol. in 8º.
mar. rouge fil. tr. d.
Joli exemplaire.

2122. **Lucrèce,** Trad. par P. M. X** G**, Paris 1768. 2 vol. in 8⁰.
Superbe édition d'une reliure remarquable·

2123. **Lucrèce,** Traduit en vers par Blanc de Guillet, Paris 1778. 2 vol. in 8º
mar. vert fil. tr. (Bauzonnet).
Très jolis volumes en reliure ancienne.

2124. **Nature des choses de Lucrère,** Tr. de T. Ajassou de Grandage, Paris
1830. 3 vol. in 8⁰.
Edition de MM. C· L. Panckouke·

2125. **Italicus,** Traduction de E. F. Corpet, Paris 1836. 3 vol. in 8⁰· dos m.
vert fil. tr. d.
Bibliothèque Latine Française, de MM· Panckouke.

2126. **Elégies de A. Tibulla,** Trad. par M. Valatour, Paris 1834. 1 vol. in 8⁰.
dos mar. vert fil. tr. d.
Edition de M. M. Panckouke·

2127. **Elégies de Prosper,** Trad. par T. F. Genouille, Paris 1834. 1 vol. in 8⁰
dos mar. vert fil. tr. d.
Bibliothèque Latine Française de M·M· Panckouke·

2128. **Les Amours de Tibulle,** Trad. par Lachapelle, Paris 1761. 3 vol. in 8⁰.
Superbe éditon avec gravures·

2129. **Les Donisinques,** par Mannus, Paris 1625. 1 vol. in 8⁰. mar. f. fil.
comp. tr. dor. reliure avec armoiries. (Capé).
Charmant exemplaire relié sur brochure·

POÈTES FRANÇAIS

HISTOIRES, TRAITÉS SUR LA POÉSIE

2130. **Histoire de la Poèsie Française,** par l'Abbé Mervesin, Paris 1706. in 12⁰
v. f. f. tr. d. (Kochler).
Reliure ancienne.

2131. **L'Art de la poésie Française et Latine, avec une idée de la musique sous
une nouvelle méthode,** par le S. de la Croix, Lyon 1694. in 12⁰. plus gr. v. f.
fil. tr. d. (Kochler).

2132. **Histoire de la Poèsie Provençale,** par M. Faudride, Paris 3735. 3 vol.
in-16⁰. v. ec.
Reliure ancienne. Livre rare.

2133. **Annales Poètiques,** par D. Delalain, Paris 1778. 3 vol. in 12⁰ v. f. fil.
tr. d. (Duru).
Superbe exemplaire (sauf un raccommodage dans la marge blanche du titre.)

2134. **Poètes Mineurs,** par Cabarlt Desprasy, Paris 1842. 1 vol. in 8⁰. dos
de mar. vert, fil. tr. dor.
Bel exemplaire d'une édition soignée·

POÈTES FRANÇAIS

2135. **Les Œuvres de Clément Marot de Cahors, valet de chambre du Roy, augmentées
de deux épigrammes et d'un grand nombre d'aultres œuvres,** par cy devant non
imprimées, le tout songneusement par luy mesmes reveu et mieulx ordonné,
A. Lyon, au logis de Monsieur Dolet 1538. in 8⁰. mar. rouge fil. tr. dor.
dorure du seizième siècle. (Trautz Bauzonnet)·
Le plus bel exemplaire connu de cette innapréciable édition au double point de vue
littéraire et de curiosité.

2136. **Les Œuvres de Pierre de Ronsard, gentilhomme vendosmois, prince des poëtes françois**, Paris chez Nicolas Buon 1609. in folio port. mar. v. fil. tr. d.
Très bel exemplaire au grand papier, il provient de la vente Renouard.

2137. **Œuvres de Malherbes**, par Le Parrèle, Paris 1825. 2 vol. in 8⁰. dos m. vert fil. tr. d.
Belle édition.

2138. **Œuvres de N. Boileau Despréaux, avec des éclaircissements historiques donnés par lui-même**, fig. gr. par B. Picart, La Haye 1729. 2 vol. in folio. mar. r. fil. tr. d. Padeloup.
Bel exemplaire Caillard au grand papier.

2139. **Œuvres de N. Boileau Despréaux**, par Saint-Marc, Paris 1743. 5 vol. in 4⁰ mar. rouge de Tanger (Trautz Bauzonnet).
Très joli exemplaire de M. Armand Bertin.

2140. **Œuvres de N. Boileau Despéraux**, par Saint-Marc, Paris 1771. 5 v. in 4⁰ maroq. rouge de Tanger. (Trautz Bauzonnet).
Exemplaire d'une édition parfaitement conservée.

2141. **Œuvres de N. Boileau Despréaux**, par Ed. Chapelet, Paris 1798. 4 v. in 4⁰ mar. vert gl. tr. d.
Riche reliure et édition illustrées.

2142. **Œuvres de N. Boileau Despréaux**, par Amar, Paris 1821. 4 vol. in 8⁰.
Belle reliure, superbe édition illustrée.

2143. **Œuvres de N. Boileau Despréaux**, par M. M. Daunon, Paris 1845. 1 v. in 8⁰, mar. rouge gaufré.
Bel exemplaire d'une belle édition avec portrait.

2144. **Œuvres complètes de J. La Fontaine**, par Sᵗ Sᵗ, Paris 1820. 18 vol. in 16⁰ mar. vert fil. tr. dorée.
Superbe édition avec vignettes et un portrait, reliure très riche.

2145. **Œuvres de J. La Fontaine**, par G. A. Walckemer, Paris 1822. 6 v. in 8⁰.
Belle reliure, 2 vol. contes, 2 Théatres, 2 vol. Œuvres diverses.

2146. **Les Amours de Psyché et Cupidon**, par J. La Fontaine, Paris 1817. 1 v. in 12⁰. veau f. fil. tr. d.
Belle édition avec vignettes et un portrait.

2147. **Histoire de la vie et des ouvrages de J. A. La Fontaine**, par C. A. Walckemer, Paris 1824. 1 vol. in 4⁰.
Bel exemplaire et belle reliure.

2148. **Œuvres choisies de Parny**, par Lefèvre, Paris 1826. 3 vol. in 8⁰. dos mar. vert fil. tr. d.
Charmante édition avec portrait.

174

2149. **Œuvres de Gresset,** Furne éditeur, Paris 1830. 2 vol. iu 8⁰. mar. f. fil. tr. dorée.
Charmant exemplaire rempli de témoins.

2150. **Œuvres de Colordeau,** par Ballard, Paris 1779. 2 vol. in 4⁰. demi reliure maroq. du levant.
Edition illustrée·

2151. **Œuvres de Scarron,** par F. Bastien, Paris 1786. 7 vol. in 8⁰.
Demi reliure, édition illustrée et soignée.

2152. **Œuvres de Voiture,** par Amédée le Roux, Paris 1858. 1 vol. in 8⁰. veau noir fil. tr.
Reliure et édition élégantes.

2153. **Œuvres de Regnard,** par Garnier, Paris 1820. 6 vol. in 4⁰. mar. rouge fil. tr. dorée.
Superbe reliure et édition de luxe.

2154. **Œuvres Choisies de Lebrun,** par P. M. D**, Paris 1830. 1 vol. in 8⁰.
Bel exemplaire grand de marges.

2155. **Œuvres de Stanislas de Boufflers,** par Paul X**, Paris 1805. 2 v. in 16⁰. dos maroquin rouge fil. tr. compart.
Edition rognée.

2166. **Œuvres de St. de Boufflers,** par Ed. Braud, Paris 1813. 2 vol. in 8⁰. v. f.
Reliure élégante. Exemplaire d'une édition soignée.

2157. **Œuvres du Chévalier de Rocan,** par Léfèvre, Paris 1722. 2 vol. mar. bleu tr. dor. (Trautz Bauzonnet).
Charmant exemplaire·

2158. **Œuvres de J. F. Ducis,** par Boulanger, Paris 1827. 6 vol. in 16·. mar. f. fil. tr. dorée.
Belle édition avec vignettes et portrait.

2159. **Œuvres complètes de Chamfort,** par P. R. Augnis, Paris 1824. 5 v. in 8⁰. mar. violet fil. tr. d.
Bel exemplaire d'une édition illustrée·

2160. **Œuvres de Volney,** par Bossange, Paris 1821. 8 vol. in 8⁰. veau f. fil.
Bel exemplaire sur papier vélin·

2161. **Poésies,** par Chanlieu, Paris 1803. 1 vol. in 8⁰.
Demi reliure en maroquin du levant·

2162. **Poésies Erotiques,** par Le Chevalier de Parny, Ile de Bourbon 1768. 1 vol. in 8⁰.
Belle édition et très riche reliure chef-d'œuvre de dorure·

2163. **Méditations Poétiques,** par Alphonse Lamartine, Paris 1833. 2 v. in 8⁰
Splendide reliure chef-d'œuvre d'art.

2164. **Poésies complètes d'Alfred de Musset,** Léfèvre éditeur, Paris 1844. 1 v.
in 8⁰. gr. mar. vert fil. tr. d. comp.
Charmant exemplaire d'une édition soignée.

POEMES

2165. **Les Saisons Poëme,** par S'. Lambert, Paris 1799. 1 vol. in 8⁰. mar. r.
fil. tr. d. (Padeloup).
Bel exemplaire en grand papier, édition illustrée.

2166. **Poemes pour les Jésuites,** par Pagliarini, Delphes 1762. 1 vol. in 8⁰.
mar. bleu f. tr. d. (Capé).
Edition sur papier vélin avec vignettes.

2167. **Les Saisons,** par Moreau le Jeune, Amsterdam 1775. 1 vol. in 8⁰.
mar. cit. f. tr. d. (Duru).
Belle édition d'une assez bonne conservation.

2168. **Les Jardins Poeme,** par l'Abbé Delille, Paris 1782. 1 vol. in 8⁰. mar.
noir fil. tr. d. (Duru).
Très bel exemplaire, avec témoins.

2169. **Ollivier Poëme,** par Cazotte, Paris 1798. 2 vol. in 16⁰. mar. rouge de
Tanger. (Trautz-Bauzonnet)
Edition originale.

2170. **Narcisse dans l'île de Vénus,** par M. D. Malfilatre, Paris 1733. 1 vol.
in 8⁰. mar. vert de Tanger. (Duru.)
Bel exemplaire d'une édition parfaitement conservée.

2171. **La Déclamation Théatrale,** par S. Jorry, Paris 1764. 2 vol. in 8⁰.
Superbe exemplaire dont la reliure est d'une perfection remarquable.

2172. **La Guerre des Dieux,** par Evariste Parny, Paris 1807. 1 vol. in 8⁰.
Demi reliure en maroquin du levant.

2173. **Les Tourterelles de Zelmis,** par De Banevelt, Amsterdam 1753. 2 v. in 8⁰
Très bel exemplaire, avec témoins, d'une édition élzévirienne.

FABLES & CONTES

2174. **Contes et Nouvelles de J. Lafontaine,** par Adrien Picart, Paris 1665. 1 v.
in 8⁰. mar. rouge fil. tr. dor.
Très bel exemplaire de l'édition des Fermiers généraux, figures d'Eisen, culs-de-lampe.

2175. **Contes et Nouvelles de M. de La Fontaine,** nouvelle édition revue et augmentée de plusieurs contes du même auteur et d'une dissertation sur la Joconde, Leyde Jean Sambix 1669. in-12⁰. mar. bl. fil. tr. d. (Niedrée).

Edition que l'on peut rattacher à la collection des élzévirs, bien qu'elle soit imprimée à Bruxelles chez Foppens.

2176. **Les Fables de la Fontaine,** par Chamfort, Paris 1825. 2 vol. in 18⁰. imp. de Jules Didot. maroquin vert clair, larges dentelles Jolie rel. de Hardy.

Cette édition contient des observations, notes et préface de M. Valkenaer. Exemplaire papier vélin lavé, encollé et orné de la charmante suite des figures de Duplessis-Bertaux, imprimé sur peau de vélin.

2177. **Fables de la Fontaine,** par J. S. Grandville in 4⁰. J, Didot. mar. r. clair. dent.

Jolie reliure de Hardy, Edition avec figures d'Eisen.

2178. **Fables de la Fontaine,** Edites par Henri Plon 1850. 1 vol. in 144⁰. reliure en maroq. vert. fil. tr. d.

Magnifique édition en caractères microscopiques, volume recherché,

2179. **Fables de la Fontaine,** Hachette éditeur 1868. 1 vol. in folio. maroq. rouge fil. tr. dor.

Très bel exemplaire avec les dessins de Gustave Doré, Portrait du même. Edition de luxe.

2180. **Fables complètes,** par Viennet, Paris 1865. 1 vol. in 8⁰. mar. vert clair fil. tr. dorée.

Superbe édition très soignée·

2181. **Fables de Phèdre,** Trad. de M. F. Panckouke, Paris 1839. 1 v. in 8⁰. reliure dos de mar. vert.

Charmant exemplaire de la bibliothèque de MM · C · L · Panckouke.

2182. **Le Cabinet de Fées, ou collection choisie de fées et autres contes merveilleux,** Génève 1785. 41 vol. in 8⁰. v. f. tr. d. (Duru).

Contes en vers très piquants, mais bien écrits, édition avec figures·

ODES, SATIRES, EPIGRAMMES

2183. **Œuvres de J. B. Rousseau, odes, cantates et poésies diverses,** Paris 1818. 4 vol. in 8⁰.

Nouvelle édition avec figures, revue et corrigée et augmentée sur les manuscrits de l'auteur, et conforme à l'édition in 4⁰ donnée par Seguy, superbe exemplaire ornée d'un portrait, papier fin.

2184. **Satyre Ménippée contre les femmes sur les poignantes traverses et incommodité du mariage,** par Thomas Gentilhomme, virois, A Lyon, pour Vincent de Cœursilly 1623. in 8⁰. mar. r. f. tr. d. (Capé).

Superbe exemplaire parfaitement conservé et grand de marges, d'un livre piquant et recherché.

2185. **Satyre de Juvénal**, Traduit de J. Dusauets, Paris 1825. 2 vol. in 8⁰.
dos mar. vert. fil. tr. d.
Bibliothèque·Latine Française de M.M· C·L. Panckouke·

2186. **Le Satyricon de Pétrone**, Trad. de T. C. D. Paris 1834. 2 vol. in 8⁰.
Exemplaire de M.M. C·L. Panckouke·

2187. **Satyre de Perse de Tarnus**, Trad. de A. Perreau, Paris 1832. 1 v. in 8·.
dos mar. vert fil. tr. dor.
Edition C· L. Panckouke·

2188. **Satyre de Lucilius**, Trad. de E. F. Corpet, Paris 1845. 1 vol. in 8⁰.
dos en mar. vert f. tr. d.
Exemplaire de la bibliothèque Latine Française de C· L· Panckouke·

2189. **Epigrammes de M· Val. Martial**, Tr. T. M. V. Verger, Paris 1824. 4 vol.
in 8⁰. dos de maroq. vert fil. tr. d.
Edition C· L· Panckouke·

CHANSONS

2190. **Chansons de Gustave Nadaud**, par Ch. Roujet, Paris 1865. 1 vol. in 4⁰.
Edition avec musique, Belle reliure en maroquin rouge de Tanger·

2191. **Chants du peuple en Grèce**, par M. De Marcellus, Paris 1851. 2 v. in 8⁰.
Belle édition et belle reliure·

2192. **Chants populaires Serviens**, par Mᵐᵉ Elise Voïart, Paris 1834. 1 v. in 8⁰
Maroq. vert claire tr. d.
Superbe édition avec vignettes et musique·

POÉTES ITALIENS

2193. **Canto Primo de la Prima Cantica del Divino Poeta Fiorentino Dante Alighieri Col commento di Christ. Landino**, Impresso in Vinegia per Petro Cremoneso
dito Veronesi 1504 in folio. lettres rondes fig. s. b.
Demi reliure, édition conforme à la description du Manuel, et précieuse par des charmantes gravures sur bois.

2194. **Dante Alighieri La comedia, col commento di Marino Paulo Nidobeato et di Guido Terzago Mediolani, Lud et Alberto Pedemontani**, 1578. petit in-fol. c.
de Russie, fers à fr. tr. d.
Bel exemplaire d'une édition rare et précieuse, donnée d'après d'excellents manuscrits.

2195. **Dante la Divina comédia**, Milano 1843. 1 vol. in 144⁰. mar. vert fil. tr. d.
Superbe reliure, Magnifique exemplaire contenant tout la divine comédie en caractères
microscopiques·

2196. **Le Rime Di Petrarca**, D. E. W. Venise 1879. 1 vol. in 144⁰. mar. vert
fil. tr. d.
Superbe reliure, magnifique édition en caractères microscopiques·

178

2197. **Œuvres complètes de Guarini**, par J. Helzel, Paris 1846. 1 vol. in 8º.
Belle édition et reliure élégante.

2198. **Le Berger Fidèle**, par Guarini, Paris 1668. 1 vol. in 8º. papier Hollandais. mar. rouge fil. tr. dor. (Derome).
Superbe exemplaire par sa belle reliure et par une série nombreuse de figures dessinées par Moreau, Eisen, Cipriani, gravées par de Longueil.

2199. **Le Divin Arioste ou Rolland furieux,** nouvellement traduit en français par F. de Rosset, Paris 1644.
Demi reliure maroquin vert frontispice, figures de Léonard Gaultier·

2200. **Rolland Furieux, poème héroïque de l'Arioste,** Traduction nouvelle par J. B. de Mirabaud, La Haye 1741. 4 vol. in 8º. pap. Hollandais. mar. rouge fil. tr. dor. (Derome).
Superbe exemplaire par sa belle reliure et par une série nombreuse de figures dessinées par Moreau, Eisin, Cipriani, gravées par de Longueil, Bartolozzi et autres, artistes distingués, plusieurs de ces estampes sont en premières épreuves avant la lettre, ou non terminées.

2201. **La Gerusalemme Liberata di Torquato Tasso**, Venezia 1745. in fol. v. ec. dent. tr. d.
Exemplaire en grand papier de Hollande, figures avant la lettre; très beau portrait de Marie-Therèse d'Autriche, à qui l'édition est dédier·

2202. **La Gerusalemme liberata di Torquato Tasso**, Firinze 1820. 2 vol. in fol. mar. r. comp. tr. d.
Exemplaire en grand papier de la bibliothèque de Romy, de cette édition de luxe enrichie de portraits et de gravures·

2203. **La Jérusalem délivrée de T. Tasso**, Trad. C** X*, Paris 1844. 2 vol. in 4º. grand. mar. vert fil. tr. d. comp. (Hardy).
Superbe édition de luxe enrichie de gravures.

POÈTES ANGLAIS & ALLEMANDS

2204. **Le Paradis Perdu,** par Milton. Trad. en vers par X* Paris 1792. 2 v. in 8º. toile rouge cisel. fil. tr. d.
Superbe reliure anglaise, édition enrichie de magnifiques gravures·

2205. **Œuvres complètes d'Alexandre Pope,** Paris 1779. 8 vol. in 4º. veau fil. tr. dorée.
Reliure ancienne, bel exemplaire en grand papier, figures avant la lettre·

2206. **Œuvres de T. B. Hoffmann,** Trad. par Lefèvre, Paris 1829. 10 v. in 8º.
Superbe édition de luxe et reliure anglaise·

2207. **Œuvres complètes de Gesner,** Génève 1802. 2 vol. in 8º. v. f. tr. d.
Ancienne reliure et édition (Dorat·)

2208. **Mort d'Abel de Gesner,** Tr. par Hubert, Paris 1793. 1 vol. in 8º. veau f. tr. d. (Dorat).
Superbe édition avec gravures.

POÈSIE DRAMATIQUE

INTRODUCTION

2209. **Recherches sur les costumes et sur les théâtres de toutes les nations, tant anciennes que modernes,** par M. le Vacher de Charnois, Paris 1802. 2 tomes en un vol. in 4º. papier vélin demi rel.
Deuxième édition, avec 56 estampes dont 45 en couleur, et au lavis, avec le portrait de l'auteur.

2210. **Origines Latines du théâtre moderne,** publiées et annotées par Ed. du Merel, Paris 1849. in 8º.
Demi reliure.

POÈTES DRAMATIQUES GRECS

2211. **Æschylus, Parisiis,** ex offic. adr. Turnebi 1552. in-8º. mar. veau tr. dorée. (Trautz Bauzonnet).
Bel exemplaire Renouard, avec une longue note autog· ms· en grec du célébre Pierre du Chastel évêque de Mâcon·

2212. **La Tragédie d'Euripide nommée Hecuba,** Trad. de Grec en rhythme française par Baïf, dédié au Roi, Paris de l'Imprimerie de Robert Estienne 1544. in 8º. mar. v. fil. tr. dor. larg. dent. (Niedrée).
Exemplaire grand de margess et d'une parfaite conservation, d'une édition rare·

2213. **Théâtre de Sophocle,** par Rochefort, Paris 1788. 1 vol. in 8º. dos mar. vert fil. tr. dorée.
Belle édition et charmante reliure.

POÈTES DRAMATIQUES LATINS

2214. **Plautii comœdiæ XX,** impressum Venetiis per Lazarum Soardum 1634. in folio. fig. sur Bois. v. ant. comp. tr. s. dorée·
Reliure ancienne en mauvais état.

2215· **Théâtre de Plaute,** Trad. F· Naudet, Paris 1831· 9 vol· in 8º. reliure dos en maroquin vert fil. tr. dorée·
Charmant exemplaire de la bibliothèque Latine française de M.M· C. L. Panckouke·

2216. **Terentii comœdiæ VI. Basilœ sumplibus,** Jacobi Decker 1797. 2 volume in folio.
Demi reliure, bel exemplaire imprimé sur vélin.

2217. **Les Comédies de P. Terence,** Trad. de M. J. A. Amar, Paris 1830. 3 vol. in 8º· dos en mar. vert fil. tr. dorée.
Edition C. L. Panckouke·

2218· **Les Comédies de P. Terence,** Trad. par L'Abbé Le Monnier 1771· Paris 4 vol. in 8º. v. f.
Reliure riche, superbe édition·

2219. **L. Annæi Senecæ, Tragœdiæ cum, exquisitis variorum observationibus et nova recensione Antonii Thysii J. Cti.** Lugduni Batavorum, ex offic Francisci Moyardi 1652. in 8⁰. mar. v. f. tr. doıée.
Belle reliure ancienne.

2220. **Tragédies de A. Sénèque,** Trad. par T. M. E. Gressau, Paris 1834. 3vol· in 8⁰. dos en mar. vert fil. tr. d·
Bibliothèque Latine française de M.M· C. L. Panckouke·

POÈTES DRAMATIQUES FRANÇAIS

2221· **Le Théâtre du P. Corneille,** Paris Th· Jolly 1664-1666· 12 vol· in 8⁰· mar· rouge fil· à comp· tr· dorée·
Magnifique exemplaire dans sa première reliure du temps, il provient de la bibliothèque de M· de Soleinne, et on lit dans le catalogue de M· Paul Lacroix, la note suivante sur cet exemplaire : « Les premiers titres gravés aux trois premiers volumes de P. Corneille et au 1ᵉʳ de Thomas portent la date de 1660· le IV volume n'a pas de titre gravé, et celui du 11 volume de Thomas est daté de 1661· on lit à la fin du même volume achevé d'imprimer pour la première fois, le 15 décembre 1660· a Rouen, par Laurens Maury·
« Le IVᵉ volume de Pierre Corneille a été imprimé en 1665, il ne contient que trois pièces (Sertorius, Sophonishe et Othon) de l'auteur, qui avait promis de la compléter avec les tragédies qu'il publierait par la suite, mais il ajouta seulement quatre pièces de son frère : Le Galant doublé Stilion, Comma et Maximien, le IVᵉ volume manque dans la plupart des exemplaires, parceque les personnes qui avaient acheté les trois premiers avec les trois pièces supplémentaires attendaient toujours, pour faire relier ces dernières que l'éditeur imprimat celles publiées depuis. Cette édition, qui n'est presque jamais citer, et qu'on regarde comme une reimpression identique de l'édition in folio en diffère pourtant dans plusieurs endroits.

2222· **Le Cid, tragi-comédie,** Paris chez Fr· Targa, A· Courbé, S· d· 1637· in 16⁰· mar· cit· f· tr· d·
Très jolie édition. publié la même année que l'originale in 4⁰

2223· **Les Œuvres de Molière,** Paris Denys Therry et Claude Barbin 1674· 8 vol. in 16⁰. mar. rouge fil· tr· dor· (Trautz Bauzonnet)·
Cette édition est la première de toutes où les œuvres de Molières, publiées de son vivant, aient été recueillies avec une pagination suivie· La pièce de Don Juan ne s'y trouve point ; elle ne se trouve point non plus dans le recueil de 1666· Don Juan fut joué en 1665· Exemplaire très bien conservé de cette édition précieuse.

2224· **Les Œuvres complètes de Molière,** avec les notes de tous les commentateurs ; édition publiée par L. Aimé Martin, Paris Lefèvre 1824-26. 8 vol. gr· in 8⁰. v. fauve fil· tr· d. (Niedrée)·
Edition admirablement imprimée par Jules Didot aîné. Exemplaire en papier cavalier vélin (de la collection des classiques français) et qui a été lavé, encollé et relié avec le plus grand soin.

2225. **Vie de Molière avec des jugements sur ses ouvrages,** Paris 1739· in-12· mar· rouge fil· tr· dor· (Trautz Bauzonnet)·
Joli exemplaire de la bibliothèque de M. Armand Bertin·

2226· **Œuvres de Racine,** Imprimées par ordre du Roy pour l'éducation du Dauphin· A. Paris de l'imprimerie de Didot l'ainé 1784. 4 v. in 8⁰. cart·
Bel exemplaire l'un des trois imprimés sur vélin.

2227. **Les Œuvres de Racine,** Paris de l'imprimerie de P. Didot l'ainé an 1801-1805. 3 vol. in 4⁰. max. mar. r. dent. doublé de mar. v. dent. pet. fers. tr. d·
(Capé)·
Le plus remarquable chef-d'œuvre de la typographie française, accompagné de 57 grav. d'après les dessin originaux faits par Prudhon, Gérard etc· Très bel exemplaire, épreuves avant la lettre dans une splendide reliure.

2228. **Esther et Athalie,** par Racine, Paris Denis Thierry et Claude Barbin 1689-169. in 12⁰. mar. rouge de ces deux pièces.
Exemplaire de Longepierre·

2229. **Poemes dramatiques de T. Corneille,** Paris Courbé et C· de Leyne 1660-61. 2 vol. in 8⁰. mar. r. fil. tr. d·
Exemplaire Colbert·

2230. **Œuvres Dramatiques de Destouches précédées d'une notice sur sa vie et ses ouvrages,** par de Saint-Surin, Paris impr· de Crapelet 1822. 6 vol. in 8⁰. gr. pap. vélin port· mar. r. tr. d. (Niedrée).
Un des 80 exemplaires tirés sur papier grand raisin vélin.

THÉATRE

2231· **Théatre de Fagan,** par Fagan, Paris 1750. 4 vol· in 16⁰. mar· f· fil· tr· dorée· (Capé)·
Edition originale·

2232· **Théatre de Brumoy,** par Raoul Rochette, Paris 1820· 16 vol. in 8⁰. mar. f· fil· tr· dor· (Trautz Bauzonnet)·
Superbe exemplaire d'un livre rare.

2233· **Théatre complet d'Eugène Labiche,** Edit par Lefèvre, Paris 1880· 10 v· in 4⁰· mar· v· comp· tr· d·
Bel exemplaire d'une édition soignée·

2234. **Théatre complet d'Emile Augier,** Paris 1881. 6 vol· in 8⁰.
Reliure et édition très riches et très élégantes-

2235· **Théatre de Victor Hugo,** Paris 1882· 2 vol· in 8⁰·
Edition avec vignettes, belle reliure·

2236· **Comédies,** par Alfred de Musset, Paris 1867· 2 vol· in 8⁰. mar· vert, clair fil· tr· dorée·
Bel exemplaire d'une édition très nette et très soignée·

OPÉRAS FARCES

2237. **Chronique de l'opéra,** par Touchard Lafosse, Paris 4 vol· in 4⁰. maroq· f· fil. dorée·
Belle édition et reliure en maroquin du levant. ·

2238. **Les Beautés de l'opéra,** par Théophile Gautier, Paris 1845· 1 vol· in 8₀·
Curieuse reliure ancienne.

2239. **Acajou, opéra comique,** par Favart, Paris 1774· 1 vol. in 8⁰· veau brun comp· tr· dorée·
Ancienne reliure avec des Y entrelacés sur les plats·

2240. **La belle Hélène, opéra comique,** par H· Meilhac et Halevy, Paris 1869· 1 vol· in 4⁰·
Bel exemplaire d'une édition soignée, belle reliure.

2241. **L'avocat trouble ménage,** par champfleury, Paris 1870· 1 v. in 16⁰· br·

2242. **Les Grisettes, comédie,** par C· C***, Paris 1873· 1 vol· in 16⁰· broché·

2243. **Au jour le jour,** par Frédéric Soulié, Paris 1858. 1 vol· in 8⁰·

2244. **La Surprise de l'amour, comédie,** par Marivaux, Paris 1 vol. in 16⁰. br·

2245. **La Celestine, tragi-comédie,** Traduit de l'Espag ol en français par Jacques de Lavardin, où se voyent les ruses et tromperies dont les macquerelles usent envers les fols amoureux· Rouen, Théodore Remsort 1598· pet· in 12₀. mar· vert, fil· tr· d· (Derome)·
Charmant exemplaire de M. de Labédoyère·

2246. **Œuvres complètes de Shakspeare,** nouvelle édition précédée d'une notice biographique et littéraire sur Shakspeare, par Guizot et Amedée Pichot, Paris Ladvocat 1821· 13 vol· in 8 fig. demi rel· cuir de Russie, non rognés.
Exemplaire grand papier vélin, rare, portrait sur papier de Chine avant la lettre·

FICTION EN PROSE

FABLES, ROMANS, CONTES & NOUVELLES

2247. **Traduction des meilleurs romans Grecs, Latins et Gaulois,** Paris Didot 1785· 2 tomes en 1 vol· in 4⁰.
Bibliothèque universelle des romans·

2248. **Les amours pastorales de Daphnis et Chloé,** Trad· du grec de Longus, par J· Amyot, imprimé par les soins de Lancelot, à Paris 1818. in 8₀· mar· rouge fil. tr· dorée· (Anc. rel· de Derome)·
Bel exemplaire de l'édition qui contient les planches originales des figures par Ben· Andrau, sur les dessins du Duc, régent du royaume, on y a ajouté la figure des petits pieds.

2249· **Les Amours Pastorales de Daphnis et Chloé,** Trad. du Grec de Longus, par Amyot , Paris P. Didot , an VIII in 12⁰. mar. bleu fil. tr. dor. (Trautz-Bauzonnet).

Très joli exemplaire en grand papier vélin, lavé, encollé, et auquel on a ajouté une suites de figures d'après Monsiau, avant la lettre.

2250. **Daphnis et Chloé,** Traduction complète d'après le manuscrit de l'Abbaye de Florence, Imprimé à Florence, chez Piotte 1810. in 8⁰.

Demi reliure, traduction de P.C· Courier, publiée après l'histoire de la fameuse tache d'encre du Ms· de Longus. Tiré a petit nombre, on a joint a cet exemplaire la lettre à Renouard et d'autres pièces·

2251. **Les adventures Amoureuses de Théagènes et Chariclée, Sommairement descrites et représentées,** par figures, dédié au Roy, par Pierre Vallet son brodeur ordinaire, Paris chez Gabriel Tavernier 1613. in 8⁰. mar. rouge fil. tr. d· (Anc. reliure).

Très bel exemplaire, M· Robert Duménil, page 101 du tome VI (Le Peintre, graveur décrit ce volume qui contient 120, eaux-fortes dues à Pierre Vallet, artiste distingué, né à Orléans en 1575, et il ajoute que parmi les estampes dues à Vallet, les plus remarquables décorent le livre des aventures amoureuses de Theagènes et de chariclée, véritable bijou bibliographique de la plus grande rareté.

2252. **Les amours de Théagène et Chariclée,** histoire éthiopique d'Héliodore, seconde édition , Paris Samuel Thibourt 1626· in 8⁰. de Michel Lasne, Matheus, etc. mar. v. f. tr. d. (Derome).

2253. **Les amours d'Ismène et de la chaste Ismine,**noble de Grèce , Trad. de Grec en vulgaire Toscan, et depuis fais français par Hirosme d'Avost de Laval, Paris Nic. Bonfous 1582. in 16⁰. mar. v. comp. tr. d.

2254. **Les Métamorphoses ou l'Asne d'or d'Apulée,** Paris Nic. et J. de la Coste 1648. in 8⁰. mar. viol. dent. tr. d· doublé de Tabis.

Exemplaire Renouard figures de Crispin de Passe.

2255. **Les Métamorphoses ou l'âne d'Apulée,** Trad. de Bastien 1789. Paris 1 v. in 4⁰. mar. noir fil. tr. dor. (Capé).

Bel exemplaire d'une édition soignée·

2256. **L'Ane d'or d'Apulée,** Trad. J. A. Maury, Paris 1892. 2 vol. in 8⁰. veau f. tr. d. (Trautz Bauzonnet).

Superbe édition figures d'Eisin·

2257. **L'Ane d'or d'Apulée,** Trad. P. M. V. Bertoland, Paris 1835. 4 v. in 8⁰. rel. dos mar. vert fil. tr. dorée.

Bel exemplaire de la Bibliothèque Latine Française de MM. Panckouke·

ROMANS EN PROSE POÉTIQUE

2258. **Les Amours de Psyché et de Cupidon,** par M. De La Fontaine, Paris Cl. Barbin 1669. in 8⁰. mar. rouge fil. tr. dor.

Edition originale· Exemplaire très grand de marges et bien conservé.

2259. **L'amour de Cupido et de Psiché, Mère de Volupté,** prise des Ve et VIe
livres de la métamorphose de Lucius Apuleius, nouvellement historiée et
exposée en vers français par Jehan Maugin ; in 8⁰. mar. bleu fil. larges den-
till. dorure à la rose. (Trautz Bauzonnet).

Ce volume consiste en 32 estampes gravées sur cuivre par Léonard Gaultier d'après
Raphaël, et avec lesquelles on a relié l'ouvrage de la Fontaine insitulé; Les amours
de Psyché et de Cupidon, 1714, comme une explication détaillée de ces célèbres com-
positions, Belle reliure.

2260. **Les amours de Psyché et de Cupidon avec le Poëme d'Adonis,** par J. de la
Fontaine, Paris Saugrain et Didot 1797. 2 vol. in 12⁰. maroq. r. fil. tr. dor.
Bozerian.

Les figures de Moreau le jeume sont en double épreuves·

2261. **Les aventures de Télémaque,** par Fénélon, Paris 1662. 5 tomes en 3 v.
in 12⁰. mar. r. tr. d. (ancienne reliure)·

Les tomes II. III· IV. et V· portent le nom de P· Marteau·

2262. **Les aventures de Télémaque,** par Fénélon, Paris 1785. 2 vol. très gr.
in 4⁰. dos et coins de mar. viol. non rognés. (Koehler).

Edition remarquable par la beauté de ses caractères, superbe exemplaire provenant de
la bibliothèque de M. Armand Bertin, auquel on a ajouté un portrait de Fénélon, par
Vivien, un portrait de Louis VX et la très belle suite ces figures de Bernard Picard, les
figures de l'édition, d'après les dessins de Monnet, sont avant la lettre·

2263. **Les aventures de Télémaque,** par Fénélon, Paris 1796. 4 in 12⁰· dos en
maroq. vert non rogné. (Koehler).

Superbe édition avec figures·

2264. **Les aventures de Télémaque,** par Fénélon, Paris 1824. 2 vol. in 8⁰. dos
et coins mar. rouge non rogné. (Kochler).

Superbe édition avec des gravures de (Monsiau)·

2265. **Les aventures de Télémaque,** par Fénélon, Paris 1829. 2 vol. in 4⁰. m.
f. fil. tr. d. (Capé).

Belle édition·

2266. **Romans du comte de Poitiers,** par Francisque Michel, Paris 1831. 1 vol.
in 4⁰. dos et coins mar. vert clair.

Superbe édition et reliure élégante.

ROMANS DIVERS GENRES

2267. **Œuvres complètes de Mme Riccoboni,** par Foucaut, Paris 1818. 6 v. in 4⁰
mar. cit. f. tr. d.

Lettres rondes, édition et reliure soignées·

2268. **La Diane des Bois,** par le Sieur de Prefontaine, Rouen J. Cailloiiél 632.
in 8⁰. mar. r. tr. d. fig.

Edition avec figures de Crispin de Passe·

2269. **Histoire des amours de Lysandre et de Caliste,** par d'Audiguier, Amsterdam J. de Ravestein 1659. in 12º. v. f. f. tr. d.

2270. **Le Roman Bourgeois, ouvrage comique,** par Furetière, Paris Cl. Barbin 1666. in-8º. v. f. f. tr. d. (Koehler).
Edition originale, on y a ajouté un dessin et une clef manuscrite.

2271. **Scanderbeg,** par M. Chevreau, Paris T. Quinet et Nic. de Sercy 1644. 2 vol. in 8º. m. r. fil. tr. d.
Aux armes de madame de Pompadour.

2272. **Œuvres complètes des Mesdames de la Fayette, de Tencin et de Fontaine,** precédées de notices historiques et littéraires, par Etienne et Jay, Paris 1825. 5 vol. gr. in 8º. demi rel. dos et coins de mar. vert non rognés. (élég. rel.)
Exemplaire en papier vélin, bien relié par les soins d'un amateur qui à ajouté a cet exemplaire quatre vingt quatre portraits et gravures, plusieurs sur papier de Chine avant la lettre et rares.

2273. **Zaïde, Histoire espagnole,** de M. de Segrais, par Mme de la Fayette, avec une traité de l'origine des romans, par Huet, Paris Cl. Barbin 1670-71. 2 vol. pet. in 9º. mar. vert fil. tr. dor. (Duru).
Superbe exemplaire de l'édition originale fort rare·

2274. **La Princesse de Montpensier,** par Mme la Marquise de la Fayette, Paris Charles de Sercy 1662. in 12º. mar. bleu tr. dor. doub. de mar. rouge dent tr. d. (Trautz Bauzonnet).
Edition originale très recherchée, superbe exemplaire sous tous les rapports.

2275. **Les amours du comte de Dunois,** par M. Dejardins, Paris Claude Barbin 1675. pet. in 13º. veau fauve, fil. tr. dor.

2276. **Mathilde,** dédié à Monsieur avec les Jeux lui servant de préface, par Madeleine de Scudéry, Paris Edin, Martin 1667. in 8º. v. mar. fil.

2277. **Histoire de Gil Blas de Santillane,** par M. Le Sage, Paris libr. associés 1747. 4 vol. in 12º. v. f. tr. d.
Edition originale, figures·

2278. **Le Bachelier du Calamanque, ou les mémoires de D. Cherubin de la Ronde,** tirés d'un manuscrit espagnol, par Le Sage, Paris 1736. 2 vol. in 12º. mar. bleu fil. tr. dor. (Duru).
Très bel exemplaire de l'édition originale, figures.

2279. **Histoire de Gil Blas,** par Le Sage, Paris 1834. 1 vol. in 8º. mar. vert fil. tr. dorée. (Capé).
Belle édition illustrée·

2280. **Histoire de Gil Blas,** par Le Sage, Paris 1836. 1 vol. in folio. Dos et coins maroq. noir fil. tr. dorée.
Superbe édition illustrée et reliure élégante.

186

2281. **Le Diable Boiteux,** par Le Sage, Paris Cl. Barbin 1702. in 12⁰. maroq. rouge fil. tr. dor. (Trautz Bauzonnet).
Superbe exemplaire de la bibliothèque de M. Armand Bertin édition originale fort rare, le frontispice gravé de cet exemplaire est avant la lettre.

2282. **Le Diable Boiteux,** par Le Sage, nouvelle édition augmentée d'une journée de Parques, avec les entretiens serieux et comiques des cheminées de Madrid, et les béquilles du Diable boiteux, Paris 1756. 2 vol. in 12⁰. fig. mar. rouge fil. tr. dor. (Trautz Bauzonnet).
Charmant exemplaire d'une édition rare et fort recherchée·

2283. **Le Diable Boiteux,** par Le Sage, nouvelle édition augmentée d'une Journée des Parques, etc. Paris 1756. 3 vol. in 12 fig. mar. v. f. dent. tr. dorée. (Bradel).
Exemplaire de Bure en grand papier de Hollande, fort· rare en cette condition.

2284. **Œuvres de Le Sage et de l'Abbé Prévost, avec figures,** Amsterdam Paris 1783 4 vol. in 8⁰. v. m. figures de Marilier.

2285. **Suites des Mémoires et Aventures d'un hommes de qualités qui s'est relié du monde,** par l'Abbé Prévost, Amsterdam 1733. in 12⁰. mar. r. comp. tr. dor.
Première édition de Manon Lescaut.

2286. **Histoire de Manon Lescaut et du Chevalier des Grieux,** par l'Abbé Prévost, Paris Didot 1797. 2 vol. in 12⁰. mar. v. dent. tr. d. (Duru).
Papier vélin, figures de Lefévre avec les eaux-fortes.

2287. **Histoire de Manon Lescaut et du Chevalier des Grieux,** par l'Abbé Prévost édition illustrée par Tony Johannot, précédée d'une notice historique sur l'auteur par Jules Janin, Paris gr. in-8⁰. mar. bleu fil. comp. tr. dor.
Très belle reliure de Trautz-Bauzonnet. Cet exemplaire est unique, il a appartenu à Adrien Feart, l'artiste qui a dessiné les gracieux ornements et les culs de lampe gravées pour cette édition, et qui sont dans cette exemplaire coloriés à la miniature en or et en couleur avec une rare perfection.

2288. **Mémoires de d'Artagnan,** par Courtilz de Saudrag. Amsterdam 1715. 3 vol. in 12⁰. v. j.

2289. **Œuvres complètes de Crébillon,** Mæstricht 1776. 11 vol. in 12⁰. demi rel.
Edition avec portrait·

2290. **Lettres d'une Péruvienne,** par Mᵐᵉ de Graffigny à Peine, sans date, in 12⁰ mar. rouge fil. tr. dor. Dorure à la rose (Trautz Bauzonnet).
Très joli exemplaire de l'édition originale, avec la suite de 60 pages.

2291. **Lettres d'une Péruvienne,** par Mᵐᵉ de Graffigny à Peine, Amsterdam s. d. — Lettres d'Aza ou d'un Péruvien, Amsterdam 1749. in-12⁰. mar. rouge comp. tr. dorée.
Edition originale·

2292. **Lettres d'une Péruvienne,** par Mme de Graffigny, nouvelle édition, augmentée d'une suite qui n'a point encore été imprimée, Paris P. Didot 1797. 2 vol. pet. in-12⁰. mar. vert fil. tr. dor. dos à la rose. (Trautz Bauzonnet).
Papier vélin, jolies figures avant la lettre.

2293. **Lettres de deux amants,** habitants d'une petite ville au pied des Alpes Julie ou la nouvelle Héloïse, par J. J. Rousseau, Génève 1761. 6 tomes en 3 vol. in 12⁰. mar. v. f. fil. tr. d.
Reliure ancienne aux armes de Le Clerc, sieur de Lesseville.

2294. **Emile, ou l'Education,** par J. J. Rousseau, Londres Paris Cazin 1781. 4 vol. in 18⁰. tirés in 12⁰. veau fauve fil tr. d. (Capé).
Cet exemplaire, en grand papier, est orné de jolies figures de Moreau, charmante reliure.

2295. **Paul et Virginie et la chaumière indienne,** par J. H. Bernardin de Saint-Pierre, Paris Curmer 1838. gr. in 8⁰ figures sur bois et sur acier. m. rouge fil. tr. dor. (Hardy).

Edition remarquablement illustrée de figures par Tony. Johannot, Meissonnier, Paul Huet, Français etc· Superbe exemplaire lavé, encollé, et auquel on a ajouté une très belle série de figures gravées par Corbould, épreuves avant la lettre et eaux-fortes, ensembles 28 pièces ajoutées.

2296. **Zelomir et Primerose,** par Morel de Vindé, Paris Bluet Didot 1797. 2 vol. in 18 figures.
Demi reliure non rogné.

CONTES & NOUVELLES

2297. **Histoires ou contes du temps passé, avec des moralités,** par Ch. Perrault, de l'Académie française, Paris Claude Barbin 1697. in 12⁰. mar. rouge à compartiments, petits fers, doublé de mar. riche dorure. (Trautz Bauzonnet).
Le plus bel exemplaire connu, revêtu d'une reliure de Trautz-Bauzonnet, regardée comme chef-d'œuvre de bon goût, d'élégance et d'exécution, Ch· Nodier disait en parlant de ce petit livre «Edition originale de ces contes ingénieux, une des plus ravissantes productions de la prose Française, c'est aussi un des volumes les plus difficiles à trouver de cette jolie collection·de petits classiques à laquelle je porte un amour passionné qui m'a fait peu de rivaux·

2298. **Histoires ou contes du temps passé,** par Charles Perrault à Paris chez Cl. Barbin 1697. in 12⁰. mar. r. f. double de mar. vert. compart. tr. d. (Trautz Bauzonnet).
Edition originale de la plus grande rareté, exemplaire de la bibliothèque de M. Arm. Bertin, dont le frontispice a été photographié·

2299. **Contes des Fées,** par Charles Perrault, Paris Lamy 1781. in 12⁰. fig. mar. r. riche dent. tr. d. (Derome).
Charmant exemplaire en papier de Hollande, provenant de la vente de M· de Bure. Dans une note écrite sur le premier f· de garde, cet excellent bibliophile fait remarquer qu'il manque la figure du dernier conte, et qu'on a tiré à la place celle de Griselidis, qui se trouve double, cette tranposition provient de ce qu'il n'a point été gravé de figures pour les souhaits ridicules·

2300. **Les contes Drolatiques de Balzac,** Paris 1850. 1 vol. in 12⁰. maroq. r. tr. d. 7 fig. sur bois de M. Gust. Doré.
Très bel exemplaire sur papier de chine·

2301. **Contes,** par Guillaume Vade, Paris 1764. 1 vol. in 8⁰. frontispice m. rouge fil. tr. d. Ancienne reliure.
Charmant exemplaire.

2302. **Trois nouvelles chinoises,** par le Mar. D. Hervey S' Denis, Paris 1885. 1 vol. in 16⁰. dos mar. noir f. tr. d.
Nouvelle édition bien soignée·

2303. **Les milles et une folles contes Français,** par M*** Amsterdam 1782. 4 v. in 8⁰. frontispice mar. rouge fil. tr. dor. (Bauzonnet).
Jolie réimpression du texte original, Charmant exemplaire·

2304. **Les 35 contes d'un Perroquet,** par Mme Marie D'Heures, Paris 1826. 10 v. in 12⁰. mar. r. fil. tr. d.
Bel exemplaire d'une édition bien reglée.

2305. **L'Heptaméron ou Histoire des amans fortunez,** des nouvelles de très-illustre et très-excellente princesse Marguerite de Valois remis en son vrai ordre par Cl. Gruget, sur l'imprimé à Paris chez Jacques Bessin, Hollande 1698 2 vol. petit in-12⁰ frontispice, mar. rouge tr. dor. (Bauzonnet).
Jolie réimpression du texte original. Charmant exemplaire·

ROMANS & CONTES ITALIENS

2306. **Hypnerotomachia Poliphili,** ubi humana omnia non insi somnium esse docet, Venetiis. mense decembri 1659. in folio. maroq. v. comp. tr. dorée. (Thompson).
Très bel exemplaire, les figures en bois qui ornent ce beau et célèbre livre sont attribuées à Andrea et·Giovanni Bellino·

2307. **La Stratonice,** trad. de l'ital. de Luc Asserino, par d'Audiguier le Jeune Paris Courbé 1641. in 8⁰. mar. bl. tr. d.
Ancienne reliure.

2308. **Contes et nouvelles de Bocace,** trad. libre accommodée au goût de ce temps, Amsterdam 1699. 2 vol. pet. in 8⁰. mar. vert à comp. tr. d. (Capé).
Superbe exemplaire d'une édition enrichie de figures gravées à l'eau-forte par Romain de Hooghe, pour chaque nouvelle, bonnes épreuves·

2309. **Contes de J. Bocace,** traduction nouvelle, par Sabatier de Castres, Londres 1779. 10 vol. in 8⁰. mar. rouge fil. comp. tr. dor·
Bel exemplaire d'une édition enrichie de figures gravées à l'eau-forte par Romain de Hooghe, pour chaque nouvelle, Bonnes epreuves·

ROMANS ESPAGNOLS, ANGLAIS ETC.

2310. **L'Ingénieux Hidalgo Don Quichotte de Cervantes Saavedra,** Paris 1834. 2 v.
in 8⁰. mar. vert fil. tr. dor. (Capé).
Edition avec gravures sur bois, charmant exemplaire.

2311. **Don Quichotte de Cervantes,** Paris 1836. 2 vol. in 8⁰. dos. mar. rouge,
fil. tr. d. comp.
Edition avec gravures sur bois, bel exemplaire.

2312. **Don Quichotte de Cervantes,** Trad. de Louis Viardot, Paris 1853. 1 vol.
in 8⁰. v. tr. f. d.
Edition illustrée et reliure élégante.

2313. **La Vie et les Avantures surprenantes de Robinson Crusoë,** par Daniel de
Foë, tr. par Th. de Saint-Hyacinthe et Van Effen, Amsterdam 1770. 3 v.
in 12⁰. mar. rouge fil. tr. dor. aux armes de la comtesse d'Artois.
Très bel exemplaire d'une édition ornée de jolies figures et fort recherchée.

2314. **Voyages de Gulliver,** Paris impr. de Pierre Didot 1797. 4 tomes en 2 v.
pet. in 12⁰. papier vélin dos et coins de mar. vert dorés en tête, non rognés.
(Niedrée).
Jolie édition, charmante figures.

2315. **Le Robinson Suisse** par Mᵐᵉ Voiart, Paris 1843. 1 vol. in 8⁰. papier
vélin dos et coins de mar. rouge non rognés.
Bel exemplaire, charmante édition.

2316. **Collection de romans et contes imités de l'Anglais,** par M. De La Place,
Paris 1788. 8 vol. in 8⁰.
Demi reliure, figures. Suite de figures assez curieuses.

2317. **Les Mille et un Jours, contes persans,** trad. en fr. par Petit de la Croix,
Amsterdam 1712. 5 vol. petit in 12⁰. v. br.

2318. **Tablettes des Boudoirs,** par Cazotte, Paris 1818. 1 vol. in 12⁰.
Demi reliure en maroquin du levant, charmante édition.

2319. **Fables de Florian,** par E. D. P. 1798. Paris 10 vol. in 8⁰. papier vélin
dos et coins de mar. rouge non rognés.
Jolie édition, charmantes figures.

2320. **Nouvelles de Florian,** par Lefèvre éditeur Nantes 1827. 1 vol. in 12⁰.
dos et coins mar. vert dorés en tête non rognés.
Charmante exemplaire.

2321. **Contes Albanais,** par Auguste Dozon, Paris 1880. 1 vol. in 18⁰.
Demi reliure en maroquin du levant.

190

2322. **Contes Albanais,** par Auguste Dozon, Paris 1881. 1 vol. in 18o.
Demi reliure en maroquin du Levant·

2323. **Recueil de Contes Populaires Grecs,** par Emile Legrand 1881. Paris 2
volumes in 16o.
Demi reliure en maroquin du Levant·

2324. **Contes du Pélich de Carmen Sylva,** Trad. F. Salles, Paris 1814. 3 vol.
in 16o. dos et coins maroquin noir fil. tr. dor.
Charmante édition·

2325. **Nouvelles Espagnoles,** de Michel Cervantes, Traduct, par Lefèvre de
Willebrun, Paris 1788. 2 vol. in 8o.
Demi reliure, édition élégante.

ROMANS FRANÇAIS

2326. **Le Moyen de Parvenir,** par G^{··} M· Londres 1773. 3 vol. in 8o. maroq.
vert tr. f. t. (Trautz Bauzonnet).
Bel exemplaire·

2327. **Lady Tartuffe,** par Emile de Girardin, Paris 1753. 1 vol. in 8o.
Demi reliure en maroquin rouge de Tanger, Belle édition.

2328. **Les Contactes des prompts. Amours,** par Barthelemy d'Anglès, Paris
1773. 1 vol. in 12o. veau fauve f. tr. d.
Belle reliure de Trautz-Bauzonnet·

2329. **Le Médecin du Cœur,** par Alphonse Brot, Paris 1844. 1 v. in 12o broché.
Edition stéréotypes.

2330. **Emaux et Camées,** par Théophile Gautier, Paris 1853. 1 vol. in 8o. dos
et coins mar. noir fil. tr. dor.
Edition avec plusieurs gravures, vignettes et portrait.

2331. **Madame du Croisy,** par Marc. de Montifaud, Bruxelles 1879. 1 v. in 4o.
Reliure très élégante édition, nouvelle.

2332. **Chatouillements et Piqûres,** par Emile Julliard, Paris 1872. 1 v. in 8o.
mar. tr. dor. Lettres rondes.
Superbe exemplaire·

2333. **La Dernière Sœur-Grise,** par Léon Gozlau, Paris 1858. 1 vol. in 8o.
Dos et coins maroq. vert fil. tr. dor.
Edition et reliure soignées·

2334. **La Bohéme Galante,** par Gerard de Nerval, Paris 1855. 1 vol. in 4o.
Demi reliure en maroquin du Levant.

2335. **Georges,** par H. Armand, Bruxelles 1839. 1 vol. in 4o.
Belle reliure et édition avec portrait.

2336. **Les Etrangers à Paris,** par L. Huart, Paris 1852. 1 vol. in 8º.
Edition et reliure en bon état.

2337. **L'Assemblée Nationale comique,** par Auguste Sireux, Paris 1850. 1 v. in 8º.
Charmante édition avec gravures sur bois·

2338. **Jerôme Paturol,** par Louis Reybaud, Paris 1849. 1 vol. in 8º.
Bel exemplaire et reliure élégante.

2339. **Les Mystères de L'Inquisition,** par M. V. D. Féréal, Paris 1 vol. in 4º.
dos maroquin noir.
Belle édition illustrée·

2340. **Les Nuits au Caire,** par Charles Didier, Paris 1860. 1 vol. in 4º. dos et
coins maroq. vert clair f. tr. d.
Exemplaire d'une édition avec vignettes et portrait·

2341. **Peaux Rouges,** par Xavier Eyma, Paris 1860. 1 vol. in 4o.
Demi reliure, édition avec figures coloriées.

2342. **Les Souvenirs de Félicie L***,** par Mme de Genlis, Paris 1806. 2 v. in 8º.
Belle édition et belle reliure·

2343. **Le Merite des Femmes,** par Legville, Paris 1813. 1 vol. in 18º. dos m.
vert fil· tr. dor.
Bel exemplaire d'une reliure élégante·

2344. **Les Fraudes,** par Clermont Gommeau, Paris 1889. in 8º. broché.
Edition nouvelle·

2345. **La Régence de Louis XV,** par Alex. Dumas Père, Paris 1855. 2 v. in 16º.
Edi.ion soignée·

2346. **Esclavage et Liberté,** par Alphonse Ride, Paris 1842. 2 vol. in 8º.
dos et coins maroq. viol. f. tr. d.
Superbe exemplaire·

2347. **Les Larmes de l'Angleterre,** par M*** P*** Cologne 1653. 1 vol. in 12º.
demi reliure mar. r. dent. tr. d. (Trautz Bauzonnet).
Superbe exemplaire d'une volume rare, relié sur brochure·

2348. **La Croix de Berny,** par Emile de Girardin, Paris 1857. 1 vol. in 12º.
dos mar. rouge fil. tr. d.
Bel exemplaire d'une reliure élégante·

2349. **Elisabeth ou les Exilés en Sibérie,** par Ristaud Cottin, Paris 1820. 1 v.
in 12º. demi reliure cuir de Russie.
Bel exemplaire d'une édition soignée·

2350. **Joseph,** par M. Bitaubé, Paris 1784. 2 vol. in 8º. mar. orange fil.
parsemé de fleurs.
Délicieuse reliure de Trautz Bauzonnet·

2351. **Quel est votre nou ou une étrange histoire devoilée,** par N. ou M. Bruxelles 1870. 1 vol. in 8⁰.
Belle édition.

2352. **Les Désespérés,** par D. de Séré, Paris 1762. 1 vol. in 12⁰. v. f.
Bel exemplaire d'une édition avec gravures sur bois.

2353. **Palmyre,** par M. De Renville, Paris 1823. 2 vol. in 8⁰.
Belle édition et belle reliure en parfaite conservation·

2354. **Averrœs et l'Averroïsme,** par Ernest Rénan, Paris 1852. 1 vol. in 8⁰. dos mar. fil. tr. dorée.
Belle édition·

2355. **La Boule de Neige,** par Alex. Dumas Père, Paris 1866. 1 v. in 8⁰. demi reliure en maroquin du levant.
Edition soignée·

2356. **Le Roman d'un Capucin,** par Henri Murger, Paris 1869. 1 vol. in 8⁰.
Bel exemplaire, belle reliure.

2357. **La Justice·** par Alex. Dumas Fils, Paris 1866. 1 v. in 8⁰. dos m. noir.
Edition et reliure élégantes·

2358. **Histoire d'un Sous Maître,** par Er. Chatrian, Paris 1871. 1 vol. in 4⁰.
Belle reliure et édition illustrée·

2359. **Les Dames de Ribeaupin,** par Daudet, Paris 1870. 1 vol. in 8⁰. broché.

2360. **Les Animaux Parlants,** par J. B. Casti, Trad. L. Mareschal, Paris 1819. 1 vol. in 4⁰. mar. noir fil. tr. d.
Très bel exemplaire d'une édition ornée de jolies figures·

2361. **Les 20 mille Lieues Sous Mer,** par Jules Verne, Paris 1888. 1 vol. in 8⁰. dos et coins maroq. noir fil. tr. d.
Jolie édition avec gravures.

2362. **De la Terre à la Lune,** par Jules Verne, Paris 1875. 1 vol. in 4⁰. mar. vert fil. tr. d.
Jolie édition avec figures et vignettes.

2363. **Jugements Nouveaux,** par Xavier Aubryet, Paris 1860. 1 vol. in 4⁰,
Bel exemplaire d'une reliure élégante.

2364. **Les Communeux de Paris,** par Bertall, Paris 1871. 1 vol. in 8⁰.
Belle édition et belle reliure·

2365. **Les Couvents,** par Alphonse Brot, Paris 1846. 1 vol. in 8⁰. mar. noir fil. tr. dor.
Belle édition et belle reliure.

2366. **Les Mondes,** par Louis Gigault, Paris 1839. 1 vol. in 4⁰. dos et coins
de mar. noir fil. tr. d.
Joli exemplaire avec gravures·

2367. **Histoire de F. Joseph,** par Gilbert Genbraut, Paris 1569. 1 vol. in 8⁰.
mar. rouge fil. à comp. dor. a pet. fers tr. dor. double de mar. citron dent.
(Trautz Bauzonnet).
Charmant exemplaire d'une édition de toute rareté·

2368. **Les Egarements de l'Amour,** par M. Imbert, Amsterdam 1775. 2 v. in 8⁰.
mar. vert fil. à camp. (Capé).
Charmante édition avec gravures sur bois.

2369. **Les Sacrifices de l'Amour,** par La Vicomtesse de Seinanges, Amsterdam
Belle édition rare et reliure élégante·

2370. **Vénus Physique,** par Lewennock, Paris 1777. 1 vol. in 12⁰. mar. rouge
fil. à comp. (Capé).
Jolie édition avec gravures sur bois·

2371. **Nelader de Bassora,** par F. C. Masselin, Paris 1819. 1 vol. in 12⁰. m.
vert fil. tr. d.
Bel exemplaire d'une édition soignée·

2372. **La Moscovie,** par Duchinski, Paris 1855. 1 vol. in 8⁰. dos maroquin
vert fil. tr. dor.
Belle édition et reliure élégante.

2373. **La Vie de Marianne,** par Marrivaux, Paris 1798. 4 vol. in 12⁰. veau f.
(Capé).
Edition élégante et rare.

2374. **L'Ami des Vieillards,** par L'Abbé Roy, Paris 1795. mar. vert fil. à comp.
dor. à pet. fers tr. dor. doublé de mar. citron dent. (Trautz Bauzonnet).
Charmant exemplaire·

2375. **Les Soirées Amusantes,** par Florian, Amsterdam 1784. 3 vol. in 8⁰.
mar. rouge fil. à comp. dent. (Capé).
Edition et reliure élégantes·

2376. **Pierre de Bogis et Blanche de Gerbaut,** par Elisabeth de Bon, Paris 1805.
1 vol. in 16⁰.
Charmant exemplaire d'une édition et d'une reliure soignées·

2377. **Thérèse Dunoyer,** par Eugène Sue, Bruxelles 1842. 1 vol. in 8⁰. dos et
coins de mar. orange f. tr. d.
Edition illustrée·

2378. **Autrefois ou le bon vieux temps,** par Tony Johanot. Paris 1828. 1 v. in 4⁰
Belle édition illustrée et belle reliure.

2279. **Les Mystère d'Udolphe,** par Anne Radelieff, Paris 1797, 4 vol. in 12. mar. Marron. fil. tr. d.
Edition sur papier vélin·

2380. **Les Trois Reines,** par X. B. Saintine, Paris 1859. I vol. in 8⁰. broché.
Belle édition.

2381. **Les Petits Français,** par Ch. Roujet, Paris 1842. 1 vol. in 4⁰.
Edition soignée·

2382. **Drames et Paysages,** par Mᵐᵒ Lydie Paschoff, Paris 1880. 1 vol. in 8⁰. dos et coins maroq. rouge fil. tr. d. à compartiments dor. à pet. fers. doublé de mar. orange dent.
Charmant reliure de Trautz-Bauzonnet·

FACÉTIES & DISSERTATIONS SINGULIÈRES
FACÉTIES

2383. **Les Œuvres de Maistre François Rabelais,** docteur en médecine. S. l. Amsterdam Louis et Dan. Elzevir 1663. 2 vol. in 12⁰. mar. v. doub. de mar. rouge dent. tr. d. (Duru).
Très bel exemplaire réglé, en ancienne reliure, daté de Août 1695. On a ajouté une épreuve du rare portrait de Rabelais, gravé par Sablon sur métal, et presque contemporain.

2384. **Les Œuvres de François, Rabelais,** (Holl. Elzevir) 1663. 2 v. pet. in 12⁰ mar. rouge doublé de mar. dent. tr. dor. (Thouvenin)·
Edition recherchée, exemplaire très grand de marges, provenant de la bibliothèque de M. A. Cigongne, qui avait ajouté la suite des figures dessinées par Desenne, et gravées au trait dans le goût du seizième siécle par Thompson·

2385. **Les Songes Drolatiques de Pantagruel,** où sont contenues plusieurs figures de l'invention de maistre François Rabelais et dernière œuvre d'icelny pour la récréation des bons esprits, à Paris pour Richard Breton 1665 pet. in 8⁰. mar. r. dent. tr. d. (Trautz Bauzonnet).
Superbe exemplaire d'un vol. très rare et très précieux.

2386. **Les Fantaisies de Bruscabille,** contenant plusieurs discours, paradoxes, haraugues et prologues facétieux, Paris Holl. 1668. pet. in 12⁰. mar. vert, fil. tr. dor. Bauzonnet.
Charmant exemplaire d'une édition élzévirienne de toute rareté.

2387. **Les Amours du Chevalier de Faublas,** par Louvet de Couvray, Paris Tardieu 1825. 4 vol. in 8⁰. vélin mar. r. fil. tr. d.
Bel exemplaire avec un grand nombre de figures ajoutées.

2388. **Les Dites et ne dites pas,** par F. Munier, Metz 1824. 1 vol. in 8⁰. mar. rouge f. tr. d.
Belle édition sur papier fin avec figures.

2389. **La Chronique Scandaleuse,** Dans un coint d'où l'on voit tout, Paris 1786. 1 vol. in 16⁰. mar. vert fil. tr. d.
Belle édition.

2390. **Les Amours de Mirtel,** par M. D·· Constantinople 1761. 1 vol. in 8⁰.
Belle et ancienne édition d'une reliure remarquable·

2391. **Les Folles du Siècle,** par P. M···, Paris 1817. 1 v. in 8⁰. veau f. f. tr. d.
Belle et ancienne reliure·

PHILOLOGIE

INTRODUCTION CRITIQUE

2392. **Mémoires de Littérature,** par M. D. S. Sallegre La Haye du Sauzet 1715-17. 2 vol. pet. in 8⁰ fig.
Edition avec figures 2 portraits v· f. fil.

2393. **Mélanges d'Histoire et de Littérature,** par M. de Vigneul-Marville, Paris 1725. 3 vol. in 12⁰. v. f. fil. (Chaumon).

2394. **Littérature au XVIIIème Siècle,** par Villemain, Paris 1858. 4 vol. in 8⁰. mar. vert fil. tr. d.
Delicieuse reliure et éditon soignée.

2395. **Littérature au Moyen-âge,** par M. Villemain, Paris 1858. 4 vol. in 8⁰. mar. v. fil. tr. d.
Delicieuse reliure et édition soignée.

2396. **Etude sur la Littérature,** par Villemain, Paris 1858. 1 vol. in 4⁰. dos mar. vert, fil. tr. d.
Délicieuse reliure et édition soignée.

2397. **Les Livres Classiques de la Chine,** par le Père Noël, Paris 1783. 7 vol. in 12⁰. veau f. f. tr. d.
Reliure ancienne avec une édition très nette.

2398. **Traduction de plusieurs pièces tirées de Pétrone,** suivant le Ms. trouvé à Belgrade en 1688, avec remarques par M. Nodot, Paris chez Thomas Moete 1694. in 8⁰. mar. r. fil. tr. d.
Exemplaire de dédicace aux armes du duc de Vendôme.

2399. **La Prétieuse ou le Mystère de la ruelle,** par. l'Abbé de Pure, Paris P. Lamy 1660. 4 vol. in 8⁰. éc. fil. tr. d. (Trautz Bauzonnet).
Exemplaire de M· Ar· Bertin d'un livre rare·

2400. **Le Grand Dictionnaire des Prétieuses, ou la clef de la langue des ruelles,** Paris Jean Ribon 1660. in 12⁰. mar. fl. fil. tr. d.
Plaquette fort rare de 84 pages donnée par Somaize une année avant la publication de son grand ouvrage sur les Prétieuses.

2401. **Sentences et Proverbes italiens, tirés de plusieurs autres, tant anciens que modernes,** et trad. en françois, par Jacques du Bois de Gomicourt, Lyon 1702. in 12⁰. v. f. fil.

2402. **Scènes et Proverbes,** par Octave Feuillet, Paris 1862. 1 vol. in 8⁰. m. vert tr. dorée.
Belle édition et belle reliure.

2403. **Les Entretiens de M. de Voiture et de M. Costar,** Paris 1665. in 4⁰. v. f. f. tr. d. (Niedrée.)

2404. **Les Dialogues des Morts,** par Fontenelle, Paris 1683. in 12⁰. mar. v. tr. d. (Duru).
Edition originale·

EPISTOLAIRES

EPISTOLAIRES GRECS & LATINS

2405. **Les Epistres familières de Marc Tulle Cicero, père d'éloquence Latine,** traduites en françois par Estienne Dolet, natif d'Orléans, Lyon Jean de Tournes 1549. in 16⁰. m. brun. tr. . (Duru).
Très joli exemplaire d'un volume d'une charmante éxécution, petit chef-d'œuvre typographique·

2406 **C. Plinii Secundi Novocomensis Epistolarum Lib. X ejusdem. Panegyricus, etc·** Parissiis, ex offic Rob. Stephani 1529. in-8⁰. mar. r. fil. doublé de m. r. tr. d. (Boyet).
Dans le même vol. élementorum Rhetorices lebri duo authore Phil· Melanchthon·

2407. **Lettres de Pline le Jeune,** par L***, Paris 1722. 4 vol. in 12⁰. maroq. olive fil. tr. dor. à comp.
Magnifique exemplaire dans sa reliure originale à riches compartiments à la Grolier, et avec la devise (Nulli plus fortuna quam consilium valet)·

2408. **Lettres de Pline le Jeune de Pierrot,** Trad. de Sylvestre de Sacy, Paris 1832. 3 vol. in 18⁰. dos mar. vert fil. tr. d.
Edition de la bibliothèque de MM· Panckouke·

2409. **Lettres Grecques de Mme. de Chénier,** par Dufufe Paris 1879. 1 v. in 8⁰.
Belle édition et belle reliure·

EPISTOLAIRES FRANÇAIS ET ETRANGERS

2410. **Le Sécretaire à la mode,** par le Sieur de la Serre, à Amsterdam, chez Louys Elzevir 1650. in-12⁰. v. f. fil. tr. d. (Koehler).

2411. **Lettres d'Estienne Pasquier,** conseiller et advocat général du roy en la chambre des comptes à Paris Abel L'Angelier 1586. in 4⁰. mar. r. fil. tr. d.
Bel exemplaire de l'édition originale·

2412. **Lettres de Marie Rabutin-Chantal,** marquise de Sevigné, à Madame la Comtesse de Grinan, sa fille, S. l. 1726. 2 tomes en 1 vol in 12⁰. 1ᵉʳ tome 271 p. 2ᵉ 220. mar. v. fil. tr. d. (Duru).
Edition originale, préface de de Bussy, les notes sont de Thiriot·

2413. **Recueil des Lettres de madame la Marquise de Sevigné à madame la Comtesse de Grinan Sa fille,** publiées par le chevalier de Perrin, Paris Rollin fils 1738. 6 vol. — **Lettres nouvelles de madame la marquise de Sevigné...,** pour servir de supplément à l'édition de Paris en 6 vol. Paris De Saint et Saillant 1754. 2 vol. Ensemble 8 vol. in 12⁰. mar. v. fil. tr. dor.

2414. **Lettres de Madame de Sévigné, de sa famille et de ses amis,** publiées par M. de Monmerqué, et notice par M. de Saint-Surin, Paris Blaise 1818. 10 v. — **Mémoires de Coulanges,** 1820. 1 vol. — **Collection de portraits du siècle de Louis XIV,** 1 vol. — **Lettres inédites,** 1827. 1 vol. ens. 13 vol. in 8⁰. dem rel. vélin·non rogné.
Un des deux exemplaires tirés sur papier de Hollande, armoiries coloriées, épreuves choisies avec soin des portraits et des figures. Cet exemplaire est l'un des deux que M· de Monnmerqué avait fait imprimer pour lui-même.

2415. **Lettres de Madame de Sevigné,** Paris Blaise 1820. 11 vol. in 8⁰.
Demi reliure·

2416. **Lettres de Ninon de Linclos,** par Mᵐᵉ de Sevigné, Paris 1813. 2 v. in 16⁰
Edition avec papier vélin, portrait avant la lettre·

2417. **Correspondance de Mylady Cécile,** par F. J. Freville, Paris 1805. 2 v. in 8⁰.
Belle edition et reliure élégante·

2418. **Lettres de Lady Varley,** Montaigne Paris 1789. 12. vol. in 12⁰. dos et coins mar. marron fil. tr. d. à comp. (Duru).
Charmant exemplaire d'une édition soignée·

2419. **Lettres sur la Turquie,** par J. C. Ubicini, Paris 1835. 1 vol. in 8⁰. dos mar. noir f. tr. d.
Très joli exemplaire d'une édition très nette·

2420. **Lettres Chinoises,** par le Baron de Fusch, La Haye 1751. 5 vol. in 12⁰. veau f. fil. tr. dor.
Charmant reliure de Trautz Bauzonnet·

2421. **Correspondance littéraire entre Boileau Despréaux et Brosette,** publiée sur les Mss. originaux, par A. Laverdet, avec une préface de Jules Janin, Paris 1858. gr. in-8⁰. demi reliure d. et C. mar. r. tr. sup. d. fac-simile.
Un des 25 exemplaire imprimés sur grand papier de Hollande.

POLYGRAPHES

POLYGRAPHES GRECS & LATINS

2422. **Plutarchi Opera Silicet: Plutarchi Chœronensis quæ exstant. Opera, cum Lat interpret, et notis Henrici Stephani (græce)-Opuscula varia philosophica seu moralia, ex diversorum interpretationibus (Latine). Parallela seu Viæ parallela enterp. Hermanno Cruseris' Latine,** S. L. Parisiis 1572. excud. Henricus Stephanus 13 vol: in 8º. v. f. tr. d.
Exemplaire Soubise.

2423. **Les Vies des Hommes Illustres Grecs et Romains,** par Plutarque, Translatées de Grec en françois par J. Amyot, Paris Vascosan 1567. — **Decade contenant les Vies des Empereurs Trajanus, Adrianus, Antonius, Pius etc.,** parAntoine Allegre id ibid. — **Œuvres morales et meslées de Plutarque,** Translatées de grec en françois par J, Amyot, Paris Vascosan"1574. 14 vol. in 8º. reglés mar. r. fil. tr. d.
Ancienne reliure exemplaire du duc de la Vallière, les Vies d'Annibal et de Scipion, trad· par Ch· de l'Escluse, sont jointes au tome VI· des Vies.

2424. **M. Tullii Ciceronis Opera, cunc Optimis exemplaribus, accurato Collata,** Lugduni Batavorum, ex officina Elzeviriana A. 1642. 10 vol. in 12º, mar. vert, dent. tr. dor. doublé de Tabis. (Derome jeune).
Portrait ajouté, exemplaire de M. Renouard·

2425. **M· Tullii Ciceronis Opera omnia, cum Gruteri et Selectis variorum notis, et indicibus locupletissimis accurante C. Schreveles,** Amstelodami , Ludov et D. Elzevirii 1665. 2 vol. in 4º. mar. r. fil. double de mar. rouge fil. dent. reglé. (Dusseuil).
Très bel exemplaire, et dans une condition magnifique ·il provient de la collection de M· Debure·

2426. **C. Plinii Secundi Novocomensis· Epistolaru Libre X-Ejusdem Panegyricus-Ejusdem de Viris illustribus in re militari-Suetonii Tranquille de Claris Gramaticis etc,** Venetiis, in ædibus Al et Andræ Asulani Soceri 1508. in 8º. mar. br. comp. tr. d.
Les nombreuses notes manuscrites qui convient les marges de ce volume ·sont de la main du donateur, l'illustre Arsénius, archevêque in partibus de Monembasie.

POLYGRAPHES FRANÇAIS & ETRANGERS

2427. **Œuvres d'Est. Pasquier,** Amsterdam 1723. 2 vol. in folio veau fauve.
Ancienne reliure, très bel exemplaire en grand papier aux armes du chancelier d'Aguesseau·

2428. **Œuvres de J. L. De Balzac,** savoir **Œuvre diverses** Dan. Elzev. 1664.
— **Aristippe ou de la Cour,** Leide J. Elzév. 1658. — **Les Entretiens,** Amsterdam
L. et Dan. Elzevir. 1663· — **Lettres Choisies,** Amsterdam Les Elzevirs 1678.
— **Lettres à Conrart,** id. ibid. 1664. — **Lettres à Chapelain,** id. ibid. 1661. —
Socrate Chrestien, Ornheim, J. F. Haagen 1675. 7 vol. pet. in 12⁰. mar. r.
fil. Bauzonnet.

Bel exemplaire, non rogné, des ouvrage de Balzac, imprimés par les Elzévirs, ils sont
complétés par le vol· suivant, Le Prince de Balzac, reveu, corrigé et augmenté de
nouveau par l'Autheur Imprimé à Rouen et le vend à Paris chez A Courbé, 1661, in
12⁰ mar· r· tr· (Rare). On y a joint un double du Socrate Chrestien, Amsterdam Pluy-
mer 1662, in 12. mar· lit. fil. tr· d· (Rel anc.)· En tout. 9 vol· in 12 formant. l'Œuvre
complet de Balzac, en petit format·

2429. **Les Œuvres de Balzac,** publiées par l'Abbé Cassagne, Paris L. Billaine
1665. 2 vol. in folio. portrait mar. r. fil. tr. d. (Capé).
Seule édition complète de Balzac, en grand papier.

2430. **Les Œuvres de M. De Voiture,** Paris 1713. 2 vol. in 12⁰. v. f.
Ancienne reliure·

2431. **Suite de la Défense des Œuvres de M. De Voiture à M. Ménage,** Paris 1655.
in 4⁰. v. f. fil. tr. d. (Niedrée).
Superbe exemplaire.

2432. **Défense des Ouvages de M. Voiture à M. De Balzac,** Paris 1664. in 4o. v.
f. fil. tr. d. (Niedrée).

2433. **Les Œuvres de Scarron,** Paris 1668-84. 10 vol. in 12⁰. v. f. fil. tr. d.
Reliure ancienne du temps.

2434. **Œuvres Mélées de St· Evremond à M. le Marquis de Berny,** Paris Cl. Barbin
1668. in 12⁰. mar. v f. tr. d. (Duru).
Edition originale en gros caractères et fort rare.

2435. **Les œuvres de St. Evremond,** avec la vie de l'auteur, par M. Des Mai-
zeaux, S. L. Hollande 1740. 10 vol. in 12⁰. f. v. ec.
Bonne édition·

2436. **Œuvres Complètes de François de Salignac de la Mothe-Fénélon,** Paris P.
Didot l'ainé 1787-92. 9 vol. in 4⁰. mar. cit. fil. tr. d. pap. vél. (Derome).
Belle édition avec portraits·

2437. **Œuvres diverses de Fénélon,** Paris Léfèvre 1824. 11 vol. in 8o. dos et
coins mar noir fil. tr. dor.
Superbe édition illustrée·

2438. **Œuvres de M. Houdard de la Motte,** Paris 11 vol. pet. in 8⁰. v. f. fil.
Reliure ancienne·

200

2439. **Œuvres Diverses de Fontenelle,** La Haye 1728. 3 vol. i˙ 4⁰. ec. f. tr. d.
Figures de B Picart.

2440. **Œuvres Complètes de Montesquieu,** Paris Didot 1795. 12 vol. in 18. mar.
citron dent. tr. d. (Bozérian).
Joli exemplaire sur papier vélin.

2441. **Œuvre Complètes de Voltaire,** par Cramer, Paris 1785. 72. vol. in 12⁰.
veau f. fil. tr. d.
Ancienne reliure, superbe exemplaire d'une édition réglée et non rognée, ayant 48
figures.

2442. **Œuvres Inédites de J. J. Rousseau,** suivies d'un supplément à l'histoire
de sa vie et de ses ouvrages par M. Musset-Pathay, Paris 1825. 18 v. in 8⁰.
Edition sur papier vélin, avec portrait et gravures.

2443. **Œuvres de J. J. Rousseau,** par D. F. Maissonneuve, Paris 1793. 18 vol.
in 8⁰. dos et coins de mar. noir fil. tr. d.
Superbe édition remplie de gravures.

2444. **Œuvres de J. J. Rousseau,** par Tonson, Paris 1723. 2 vol. in 8⁰.
Belle édition et belle reliure.

2445. **Œuvres Complètes de Bernardin De Saint-Pierre,** Paris 1827. 12 vol. in
8⁰. mar. vert tr. f. dor.
Edition nouvelle, revue et corrigée et augmentée par L. Aimé Martin, et quatre ca-
hiers du figures d'après les dessins de Girodét, Isatey, Vernet, Prudon, Desenne.

2446. **Œuvres Complètes de Volney,** Paris 1825. 8 vol. in 8⁰.
2ème. édition revue de corrigée par Alph. Bossange.

2447. **Œuvres de Béranger,** par J. Grandville, T. Raffe 1837. 3 vol. in 8⁰.
dos et coins de mar. noir fil. tr. d.
Superbe édition.

2448. **Œuvres de Florian,** par Menard, Paris 1838. 12 vol. in 8⁰.
Edition réglée.

2419. **Œuvres de Florian,** Paris 1823. 13 vol. in 8⁰.
Très bel exemplaire d'une édition ornée d'un portrait et de 24 gravures.

2450. **Œuvres Complètes du Comte de Tressan,** par Capenon, Paris 1828. 10
volumes in 8⁰.
Demi reliure en mar. du Levant.

2451. **Œuvres Choisies du Comte de Tressan,** par Nicolas D'Herberay, Paris
1786. 12 vol. in 8⁰. dos mar. rouge fil. tr. dor.
Superbe édition ornée de 40 gravures.

2452. **Œuvres Badines du Comte de Caylus,** Edites par Visse, Amsterdam 12 v. in 8⁰. veau f. fil. tr. d.
Charmant exemplaire d'une édition soignée et d'une reliure ancienne.

2453. **Œuvres du Comte du Corint,** par M. L. L. D. B. Londres 1767. 2 v. in 16⁰
Belle édition et belle reliure.

2454. **Mémoires du Comte de Grammont,** par Hamilton, Paris 1842. 2 vol. in 16⁰. mar. noir fil. tr. d.
Charmant édition non rognée.

2455. **Œuvres du Cardinal de Reims,** par M. Delangle, Paris 1825. 5 v. in 4⁰. maroquin rouge tr. dorée.
Belle édition avec portrait.

2456. **Œuvres Choisies du Roi Réné,** par Le C** de Quatrebarbes, Paris 1844. 4 vol. in folio.
Splendide édition avec des figures coloriées et portraits.

COLLECTION D'OUVRAGES

FRAGMENTS & EXTRAITS

2457. **Collection des Poëtes français,** imprimés par les soins de Coustelier, Paris 1722. avec le Racan 10 vol. in 12⁰. v.

2458. **Collection du Comte D'Artois,** 1780-81. 27 vol. in 18⁰. mar. v. doublé de tabis, dentelle tr. d. (Dans les coins des plats, la croix de Lorraine surmontée d'une couronne). La Temple de Gnide. — Acajou et Zirphile. — Histoire de Tristan de Léonois. — Histoire d'Aloyse de Livarot, par madame Riccoboni. — Gérard comte de Nevers.—Ismène et Ismenias.—Daphnis et Chloé. — Ollivier poëme, par Cazotte. — La Prince de Clèves. — Manont Lescaut. — Mémoires de Grammont. — Les Confèssions du comte d***. — Le Berceau de la France. — Lettre d'un Péruvienne.
Cette collection complète de compose de 64 vol.

2459. **Bibliothèque Elzévirienne,** publiée par P. Jannet, Paris 1853-58. 70 in 12⁰. demi reliure d. et c. mar. r.
Exemplaire en papier de Hollande relié sur brochure, d'une collection intéressante d'ouvrages dont les éditions originales sont introuvables ou d'un grand prix.

2460. **Collection des Anciens Monuments de la langue française,** publiée par Crapelet, Paris 1827-1835. 10 vol. gr. in 8⁰. demi reliure mar. —Le combat de trente anglais contre trente Bretons. — Le Pas d'armes de la Bergère maintenu au Tournoi de Tarascon. — L'Histoire du châtelain de Concy. — Chansons du Châtelain de Concy, avec musique, Proverbes et dictons populaires; Poèsies morales et Historiques d'Eustache Deschamps; Les Demandes faites par le Roi Charles VI. Partonopeus de Blois 2 vol. papier de Hollande; Vers sur la Mort, par Thibault de Marly.

COLLECTION STÉRÉOTYPE BROCHÉE

2461. **Le Trésor des pièces rares ou inédites,** Paris. Aubry 1857-60. 2 vol. pet. in 8⁰. cart. et broché.

2462. **La Ruelle mal assortie,** par L* X**, Paris 1857. 2 vol. in 8⁰ broché.

2463. **Mémoire du Voyage en Russie,** suivie de l'Exposition de Drake en Amérique, Paris 1858. 4 vol. in 8⁰. broché.

2464. **Description de la Ville de Paris au XV siècle,** Paris 1857. 2 vol. in 8⁰ broché.

2465. **Les Lois de la Galanterie,** Paris 1858. 2 vol. in 8⁰. broché.

2466. **Les Œuvres inédits de Ronsard,** p. C* L*, Paris 2 vol. in 8⁰. broché.

2467. **Charles du Lis,** Paris 1 vol. in 8⁰ broché.

2468. **Opuscules relatifs,** à Jeanne d'Arc., Paris 2 vol. in 8⁰ broché.

2469. **Les Vers de Henri Baude,** Paris 1859. 1 vol. in 8⁰ broché.

2470. **La Journée des Madrigaux,** Paris 1860. 1 vol. in 8⁰ broché.

2471. **Eglises et Monastères de Paris,** Paris 1860. 2 vol. in 8⁰ broché.

2472. **Philobiblion,** excellent traité sur l'amour des livres, Paris 1858. 2 v. in 8⁰ broché.

2473. **Chansons et Saluts d'Amour de Guill. de Ferrières Vidame de Chartres,** Paris 1859. 2 vol. in 8⁰ broché.

2474. **Chants inédits français du temps de Charles VII et de Louis XI,** Paris 1856 2 vol. in 8⁰ broché.

2475. **Le livre de la Chasse du Grand Seneschal de Normandie,** Paris 1857. 1 v. in 8⁰ broché.

2476. **Récit des funérailles d'Anne de Bretagne,** Paris 1858. 2 v. in 8⁰ broché.

2477. **Le Journal de la Comtesse de Sauzay,** Paris 1858. 2 vol. in 8⁰ broché. Edition avec gravures en bois d'Authome Verard, papier de Hollande.

HISTOIRE

GÉOGRAPHIE

2478. **Lexicon Geographicum,** illud primum in lucem ed Phil Ferrarius Alexandrinas, nunc Mich. Ant. Baudrand hanc édit emendavit, Parissiis 1670. in folio. mar. r. fil. tr. d.
Aux armes du Cardinal Barberini.

2479. **Geographica,** Marciani Heracleotæ ; Scylacis Caryandensis, Artemidori Ephesii ; Dicœarchi Mesenii, Isidori Characeni ; omnia nunc primum, prœter Davide Hæeschelio aug. ec manuscript. Codd. edita. Aug. Vindelicorum 1600. in 8º. mar. rouge fil. tr. d.
Très joli exemplaire dans sa première reliure, belle édition·

2480. **Strabonis Geographia XVII libros cotineus, e græco in latino conversa,** Parisiis, H. le Feure 1512. in folio goth. à 2 col. mar. br. f. tr. d.
Edition Thompson·

2481. **Strabonis Geographia,** Basileæ, in Ædibus Valentini Curionis 1523. in folio. mar. f. tr. d. et ciselée.
Reliure ancienne·

2482. **Géographie de Strabou,** Traduite par Amédée Tardien, Paris 1867. 3 v. in 4º. mar. vert fil. tr. dorée.
Superbe exemplaire d'une édition réglée, chef-d'œuvre typographique·

2483. **Géographie de Strabou,** Paris 1805. 5 vol. in 8º. dos et coins maroq. vert fil. tr. d. à compart. (Capé).
Bel exemplaire de dédicace, en papier réglé·

2484. **Géographie de Pomponius Méla,** Traduction de Louis Boudet, Paris 1843. 1 vol. in 4º. mar. vert fil. tr. dorée.
Belle édition et belle reliure.

2485. **Périple de Marcien d'Héraclée,** par E. Miller, Paris 1839. 1 vol. in 8º. vcau f.
Reliure ancienne, édition sur papier vélin.

2486. **Géographie universelle,** par J. J. N. Huot, Paris 1841. 6 vol. in 4º. dos et coins maroquin marron fil tr. dorée. ·
Charmant édition en grand papier et reliure élégante.

2487. **Géographie ancienne,** par M. Gosselin, Paris 1834. 1 vol. in 8º. frontispice gravé, figures et cartes. mar. rouge fil. tr. d.
Très bel exemplaire de l'édition originale.

2488. **Géographie Générale Comparée,** par Th. Buret et Edmond Desor, Paris 1836. 3 vol. in 4º.
Edition avec figures et cartes coloriées, reliure élégante.

204

2489.   **Géographie Historique,** par F. Amsart, Paris 1833. 1 vol. in 16⁰. mar.
v. f. tr. fig. en bois.
Reliure ancienne·

2490.   **Géographie,** par Charles Périgot, Paris 1870. 1 vol. in 16⁰.
Edition nouvelle.

2491.   **Géographie,** par Adrien Balbi, Paris 1845. 1 vol. in 8⁰. mar. marron,
fil. tr. dorée.
Charmante exemplaire d'une édition avec cartes coloriées.

2492.   **Géographie,** par Er. Cortambert, Paris 1859. 1 v. in 16⁰. dos m. noir.
Bel exemplaire d'une édition soignée·

2493.   **Géographie de Constantinople,** par M. P. R. Paris 1846. 1 vol. in 4⁰.
Belle reliure en maroquin du Levant·

2494.   **Géographie de Tunis,** par A. D. Flaux, Paris 1865. 1 vol. in 4⁰.
Bel exemplaire de dédicace en grand papier réglé.

2495.   **Lectures Géographiques,** par Raffy, Paris 1866-67. 1 vol. in 4⁰. dos
maroquin noir fil.

2496.   **Dictionnaire de Géographie,** par La Société de Géographie, Paris 1824.
10 vol. in 4⁰. dos de maroq. rouge à comp. doublé de mar. fauve.
Superbe édition avec cartes géographiques coloriées, dans une reliure très riche et
très élégante.

ATLAS

2497.   **Le Grand Atlas,** par Fred. de Wit, Paris 1604. 1 vol. in plano.
Reliure ancienne, Splendide exemplaire fort recherché avec des cartes, peintes par
des artistes renommés.

2498.   **Atlas Universelle,** par A. Honzé, Paris 1840. 1 vol. in folio.
Cartes coloriées, chromolitographie.

2499.   **Atlas,** par Vivienne de S' Martin, Paris 1874. 1 vol. in folio.

2500.   **Atlas de toutes les parties du mondes,** par Raynal, Paris 1819. 1 v. in 8⁰.
Très joli exemplaire avec des cartes coloriées·

2501.   **Atlas,** par Martin Block, Paris 1862. 1 vol. oblong.

2502.   **Atlas de l'Empire Ottoman,** p. J. J. S' Hellert, Paris 1844. 1 v. in folio.

2503.   **Atlas de l'Empire Ottoman,** par Olivier, Paris 1851. 1 vol. in folio.

2504. **Nouvel Atlas de l'Empire Ottoman,** p. J. J. St Hellart, Paris 1843. 1 vol. in folio.

2505. **Atlas de la Mer Noire,** par Thailbourt de Marig y, Paris 1850. 1 v. infolio.

2506. **Cartes Géographiques de France,** par Charles, Paris 1845.
Splendide spécimen.

2507. **Cartes du Danemark,** par C. K. Hartley, Paris 1821.
Un bel étui contenant toutés les cartes du Danemark, chef-d'œuvre d'art.

2508. **Cartes de la Crimée,** par Long, Paris 1840.
Un charmant album contenant 10 cartes.

COLLECTION DE L'UNIVERS PITTORESQUE

2509. **Carte de Bosnie,** par Longuet, Paris 1840.
Toute cette collection est reliée ayant le dos en maroquin vert fil· tr. dor. et avec gravures·

2510. **Egypte Ancienne,** par Champollion Figeac, Paris 1889. 1 vol. in 8º.

2511. **Egypte Moderne,** par Champollion Figeac, Paris 1889. 1 vol. in 8º.

2512. **L'Egypte,** par M. M. P. et H. Paris 1848. 1 vol. in 8º.

2513. **L'Egypte,** par Gisque, Paris 1860. 2 vol. in 8º.

2514. **Afrique,** par J. Janosky, Paris 1844. 1 vol. in 8º.

2515. **Le Désert et Le Soudan,** par M. Le C** D'Ecayrac de Lanture, Paris 1853. 1 vol. in 8º.

2516. **Villes Anséfiques,** par Roux de Rochelle, Paris 1844. 1 vol. in 8º.

2517. **Carthage,** par E. de Sainte-Marie. Paris 1834. 1 vol. in 8º.

2518. **Algérie,** par J. J. Marcel, Paris 1844. 1 vol. in 8º.

2519. **Afrique Australe,** Cap de Bonne Espérance, par Hoffer, Paris 1838. 1 vol. in 8º.

2520. **Iles d'Espage, (Afrique)** par Avavezac, Paris 1847. 1 vol. in 8º.

2521. **Sénégambie et Guinée,** par Noël Devergas, Paris 1847. 1 vol. in 8º.

2522. **La France,** par Ph. Lebas, Paris 1840. 2 vol. in 8º.

2523. **France**, par Lemaitre, Paris 1845. 3 vol. in 8⁰.

2524. **La France**, par Ph. Lebas, Paris 1847. 12 vol. in 8⁰.

2525. **La Seine**, par C. Nodier, Paris 1836. 2 vol. in 8⁰.

2526. **La Russie**, par Chapping, Paris 1838. 1 vol. in 8⁰.

2527. **L'Angleterre**, par Léon Galibert, Paris 1842. 1 vol. in 8⁰.

2528. **L'Allemagne**, par Ph. Lebas, Paris 1838. 2 vol. in 8⁰.

2529. **La Confédération Germanique**, par Ph. Lebas, Paris 1842. 1 vol. in 8⁰.

2530· **Pologne**, par Charles Forster, Paris 1840. 1 vol. in 8⁰.

2531. **Belgique et Hollande**, par Van Hassent, Paris 1842. 1 vol. in 8⁰.

2532. **Danemark**, par J. B. Eyrics, Paris 1846. 1 vol. in 8⁰.

2533. **L'Espagne**, par Adolphe Gerauld, Paris 1844. 1 vol. in 8⁰.

2534. **Espagne**, par Friess de Colonna, Paris 1847. 1 vol. in 8⁰.

2535. **Portugal**, par Th. Denis, Paris 1846. 1 vol. in 8⁰.

2536. **Italie Ancienne**, par Victor Duruy, Paris 1850. 1 vol. in 8⁰.

2537. **L'Italie et Sicile**, par De La Salle, Paris 1835. 1 vol. in 8⁰.

2538. **Suisse et Tyrol**, par Ph. de Goberry, Paris 1838. 1 vol. in 8⁰.

2539. **Suède et Norvège**, par Ph. Lebas, Paris 1838. 1 vol. in 8⁰.

2540. **Grèce**, par Pouqueville, Paris 1840. 1 vol. in 8⁰.

2541. **Le Tyrol et la Corinthie**, par Albert Wolf, Paris 1872. 1 vol. in 8⁰.

2542. **Le Turquie Pittoresque**, par A. Duckett, Paris 1855. 1 vol. in 8⁰.

2543. **Provinces Danubiennes**, par G. Ubicini, Paris 1856. 1 vol. in 8⁰.

2544. **Constantinople et la Mer Noire**, par Mery, Paris 1852. 1 vol. in 8⁰.

2545. **Tournée Géographique de l'Empire Ottoman**, par A. Synvet, Paris 1847. 1 vol. in 8⁰.

2546. **Tartarie**, par Xavier Raymond, Paris 1847. 1 vol. in 8⁰.

2547. **L'Arabie**, par une Société de Savants, Amsterdam 1774. 1 vol. in 8⁰.

2548. **Arabie,**   par Jomar, Paris 1847. 1 vol. in 8⁰.

2549. **Chaldée,** par F. Hoffer, Paris 1852. 1 vol. in 8⁰.

2550. **Palestine,** per S. Mink. Paris 1845. 1 vol. in 8⁰.

2551. **Syrie,** par Jules David, Paris 1848. 1 vol. in 8o.

2552. **Syrie,** par Achille Laurent, Paris 1846. 2 vol. in 8o.

2553. **Syrie,** par Richard Edwards, Londres 1862. 1 vol. in 8⁰.

2554. **Damas et Liban,** par W. Jeffs, Paris 1861. 1 vol. in 8⁰.

2555. **Japon et Indo-Chine,** par Dubars Goncigny, Paris 1850. 1 vol. in 8⁰.

2556. **L'Inde,** par Xavier Raymaud, Paris 1845. 1 vol. in 8⁰.

2557. **Inde,** par Dubars Goncigny, Paris 1845. 1 vol. in 8o.

2558. **Chine,** par M. G. Pothier, Paris 1837. 1 vol. in 8o.

2559. **La Chine Moderne,** par M. Bazin, Paris 1853. 1 vol. in 8o.

2560. **La Perse,** par Champollion Figeac, Paris 1852. 1 vol. in 8o.

2561. **La Perse,** par A. M. Jourdain, Paris 1814. 6 vol. in 18⁰.

2562. **La Perse,** par Louis du Beuf, 1848. 1 vol. in 8⁰.

2563. **Etats-Unis d'Amérique,** par Roux de Rochelle, Paris 1837. 1 vol. in 8o.

2564. **Brésil,** par Ferdinand Denis, Paris 1837. 1 vol. in 8o.

2565. **Patagonie,** par Frédéric Lacroix, Paris 1840. 1 vol. in 8o.

2566. **Colombie et Guyanne,** par M. C. Fanin, Paris 1837. 1 vol. in 8⁰.

2567. **Antilles,** par Elias Regnaults, Paris 1849. 1 vol. in 8o.

2568. **Mexique et Guatemala,** par P. M. Lacroix, Paris 1849. 1 vol. in 8o.

2569. **Océanie,** par G. L. Domeny de Rienzi, Paris 1836. 1 vol. in 8o.

VOYAGES

2570. **Collection de tous les voyages faits autour du monde par differentes nations de l'Europe redigée,** par Bérenger, Paris 1795. 9 vol. in 8⁰.
Demi reliure v · f ·

2571. **Les Voyages et Observations du sieur de la Boullaye-le Gouz gentilhomme,** Angevin, Paris Fr. Clousier 1653. in 4º. mar. v. f. tr. d. fig. en bois.
Première édition·

2572. **Cosmographie du Levant,** par Fr. André Thevet d'Angoulême, à Lyon, par Jan de Tournes et Guil Gazeau 1554. in 4º. mar. r. tr. dorée. (Trautz-Bauzonnet).
Figures sur bois·

2573. **Les Voyages du Seigneur de Villamont Chevalier de L'Orde Jerusalem Divisez en trois livres,** à Lyon, par Claude Lariot 1606. in 8º. mar. brun tr. dor. (Duru).
Bel exemplaire d'un livre intéressant et rare.

2574. **Voyage en Asie,** par Pierre Bergeron, Paris 1735. 2 vol. in 8º. maroq. v. tr. dorée.
Belle édition et reliure de (Trautz Bauzonnet)·

2575. **Voyage au Levant,** par Corneille le Bruyn, Paris 1725. 5 vol. in 8º. m. fil. tr. dorée.
Charmante édition d'une reliure ancienne·

2576. **Voyage en Egypte et Nubie,** par L. Langles, Paris 1756. 3 vol. in 8º. m. v. tr. d. (Duru).
Deuxième édition·

2577. **Recueil de Voyages,** par la Société Géographique, Paris 1836. 7 v. in 8º. veau fauve.
Bel exemplaire d'une reliure ancienne·

2578. **Le Voyage d'Outremer de Juan Thenard,** par Scheffer 1834. 1 vol. in 8º. dos et coins de maroquin orange fil tr. d.
Charmante édition non rognée·

2579* **Paris en Amérique,** par Réné Léfèvre, Paris 1865. 1 vol. in 8º.
Belle édition et reliure élégante·

2580. **Pérégrinations,** par B. D. C***, Paris 1 vol. in folio.
Demi reliure. Belle édition.

2581. **Voyage à la Morée,** par Frédéric Caillard, Paris 1850. 1 vol. in folio. dos et coins de mar. fil. tr. d.
Edition originale·

2582. **L'Orient, Le Bosphore et Stamboul,** par Eugène Flaudin, Paris 1844. 1 v. in folio. dos et coins mar. orange.
Bel exemplaire·

2583. **Voyage en Perse,** par Eugène Flaudin, Paris 1851. 2 vol. in 4º. mar. vert fil. tr. dorée.
Reliure ancienne et charmante édition·

2584. **Voyages Pittoresques de Constantinople**, Paris 1819. in plano. dos mar. citron fil. tr. dorée.
Edition réglée avec planches·

2585. **Voyages de la Pérouse**, par M. L. Milet Mureau. Paris 1793. 4 v. in 8⁰.
veau f. f. tr. d.

2586. **Voyage de la Pérouse**, par M. et Milet Mureau, Paris 1797. 4 vol. in 8⁰.
Joli exemplaire avec des figures en bois·

2587. **Voyage en Chine,** par P. Off. Wick, Paris 1845. 1 vol. in 4⁰. m. marron foncé. tr. rouge.
Reliure en maroquin du levant, superbe édition avec des lettres rondes.

2588. **Voyage du Seigneur A. De la Motrage,** p. J. Johnson, Paris 1727. 2 vol. in folio. dos mar. noir.
Superbe exemplaire avec une riche reliure.

2589. **Voyage à Constantinople,** par Constantin Poujoulat, Paris 2 vol. in 4⁰.

2590. **Voyage en Egypte et en Nubie,** par Edmond Combes, Paris 1846. 2 vol. in 4⁰. mar. fil. tr. rouge.
Reliure en maroquin du Levant·

2591. **Voyage en Abyssinie,** par Edmond Combes, Paris 1839. 4 vol. in 4⁰.
Bel exemplaire d'une charmante édition·

2592. **Les voyageurs en Suisse,** par E. F. Lantier, Paris 1803. 3 vol. in 4⁰. mar. f. v. f. tr. d. fig. en bois.
Première édition.

2593. **Voyage des Indes,** par Carrés, Paris 1603. 1 vol. in 12⁰. frontispice gravé, figures et cartes, mar. rouge fil. tr. d. (Hardy.)
Très bel exemplaire de l'édition originale, rare et curieuse de ce voyages célébre·

2594. **Voyages de François Bernier,** par Paul Marret, Paris 1724. 2vol. in 8⁰. mar. vert fil. tr. dorée.
Reliure de Trautz Bauzonnet.

2595. **Voyage en Espagne,** par Jaubert de Passo, Paris 1823. 3 vol. in 4⁰.
Edition et reliure élégantes·

2596. **Voyage de Polyctète,** par B. Alex. de Theis, Paris 1828. 2 vol. in 8⁰. dos mar. citron.
Belle édition avec figures sur bois.

2597. **Voyages Imaginaires,** par M. Grivel, Amsterdam 1776. 40 vol. in 4⁰.
Très joli dans sa première reliure édition sur papier vélin·

210

2598. **Voyage en Terre Sainte,** par R. Phau Sj. Paris 1727. 6 vol. in 12º. veau
f. fil. tr. dorée.
Belle édition et reliure ancienne ·

2589. **Voyages de Thervénor,** par X. B. A. Paris 1727. 5 vol. in 12º. mar.
orange fil. tr. dorée.
Superbe exemplaire grand de marges ·

2600. **Les Voyages de J. S. Strnys,** par M. Glawies, Paris 1720. 3 vol. in 12º.
mar. vert fil. tr. dorée.
Edition avec gravures.

2601. **Les Six Voyages de J. B. Tavernier,** par un ami de l'auteur, Paris 1712.
3 vol. in 12º. fit. tr.
Superbe exemplaire d'une édition et d'une reliure élégantes ·

2602. **Nouveau Voyage en Italie,** par Marchand, Paris 1727. 4 vol. in 12º. mar.
f. fil. tr. dorée.
Bel exemplaire de dédicace.

2603. **Voyage au Royaume de Siam,** par La Loubère. Paris 1668. 2 vol. in 18º.
veau f. fil. tr. rouge. (Duru).
Edition précieuse et fort recherchée.

2604. **Voyage de Grèce,** par Georges Vheler La Haye 1723. 2 vol. in 4º. frontispice gravé, figures mar. rouge fil. tr. dor. (Hardy).
Très bel exemplaire d'un édition rare et curieuse ·

2605. **Voyage en Bulgarie,** par M. Blanqui, Paris 1843. 1 vol. in 4º. dos et
coins mar. fil. tr. dorée.
Très jolie édition avec gravures ·

2606. **Voyage en Orient,** par Adolphe Joanne, Paris 1850. 1 vol. in 4º.
Edition très élégante, demi reliure en maroquin du Levant ·

6207. **Voyage de Jeune Anarcharsis,** par J. J. Barthelemy, Paris 1834. 2 vol.
in 4º. fil. tr. d.
Demi reliure en maroquin rouge de Tanger ·

2608. **Souvenirs d'un Voyage dans la Chine et le Thibet,** par M. Hue, Paris
1850. 2 vol. in 8º. mar. r. fil. tr. dor. (Duru).
Exemplaire complet et parfait.

2609. **Voyage au Levant,** par Le Sieur des Hayes, Paris 1645. 1 vol. in 4º.
goth à longues lignes.
Bel exemplaire rare d'une édition en parfaite conservation et d'une reliure ancienne.

2610. **Voyages,** par Edouard, Paris 1764. 1 v. in 4º. Cuir de Russie fil. tr. d.
Reliure Anglaise de Clarke · Très bel exemplaire en grand papier.

2611. **Voyage en Orient,** par Israel Joseph Benjamin II, P. 1856. 1 vol. in 4º.
Belle édition et belle reliure ·

2612. **Voyage à l'Embouchure de la Mer Noire**, par Le Comte Andrassy, Constantinople 1879. 1 vol. in 4⁰.

2613. **Voyage en Arabie**, par Maurice Tamisier, Paris 1840. 2 vol. in 4⁰. m. vert fil. tr. d.
Exemplaire complet et parfait·

2614. **Voyage en Orient**, par Alph. de Lamartine, Paris 1835. 4 vol. in 4⁰. dos et coins mar. noir du Levant.
Charmant exemplaire d'une édition soignée.

2615. **Voyages chez les Kalmouks**, par P. Moris, Paris 1825. 1 vol. in 4⁰.
Exemplaire complet et parfait·

2616. **Voyage au Caucase**, par Jules Klaporth, Paris 1823· 2 vol· in 4⁰·
Belle édition et reliure élégante·

2617· **Voyage en Bosnie**, par Amédée Chaumette des Fossés, Paris 1812· 1 v. in 8⁰
Demi reliure en maroquin du Levant·

2618· **Voyage en Asie Mineure**, par Georges Perrot, Paris 1867. 1 vol. in 4⁰.
2ème édition.

2619· **Voyage à Janina**, par Smart Hughes, Paris 1821. 2 vol. in 4⁰.
Demi reliure et belle édition·

2620· **Voyage de Sophie**, par P· Smart Hughes, Paris 1802. 2 vol. in 4⁰.
Charmant exemplaire.

2621. **Voyage au Levant**, par Piston de Tournefort, Paris 1772. mar. rouge à compart. doublé de maroq. noir fil.
Reliure ancienne, édition assez rare et assez recherchée·

2622. **Voyage dans l'Intérieur de l'Afrique**, par A. Mingo, Paris 1807. 2 v. in 4⁰.
Demi reliure en maroquin du Levant·

2623. **Voyage en Grèce**, par Amée deGrosset, Saint Saveur, Paris 1802. 3 vol· in 4⁰. Cos et coins de mar. marron fil. tr. dorée.
Bel exemplaire d'une reliure et d'une édition très élégantes·

2624. **Voyage dans la Haute Egypte**, par C. S. Sommini, Paris 1826. 3 v. in 4⁰.
Demi reliure en maroquin rouge de Tanger.

2625. **Voyage en Afrique**, par le major Demham, Paris 1826. 3 vol. in 8⁰.
Charmante édition et reliure élégante·

2626. **Voyage en Russie**, par Edouard Clarke, Paris 1813. 3 vol. in 8⁰. dos en cuir de Russie.
Bel exemplaire d'une édition réglée·

2627. **Voyage dans l'Empire Ottoman**, par G. A. Olivier, Paris 1803. 6 vol. in 4⁰. mar. rouge fil. tr. dorée.
Superbe édition avec plusieurs gravures.

2628. **Voyage Militaire dans l'Empire Ottoman**, par F. de Beaujean, Paris 1824. 2 vol. in 4º.
Splendide spécimen de reliure et édition avec des cartes typographiques·

2629. **Voyage de J. Hugo**, par Langlès, Paris 1671. 1 vol. in 8º. v. f. fil. tr. d.
Ancienne reliure, rare exemplaire d'une édition fort estimée.

2630. **Les Voyage du Sieur Boulanger**, par P. Capponi, Paris 1651. 1 v. in 8º. mar. bl. fil. tr. d. (Trautz Bauzonnet)·
Première édition, rare·

2631. **Les Voyages du Sieur Boulanger**, par P. Capponi, Paris 1658. 1 vol. in 8º.
Bel exemplaire d'un volume fort rare·

2632. **Voyage en Hongrie**, par F. S. Beudant, Paris 1822. 4 volumes in 8º. dos mar. f. fil. tr. dorée.
Exemplaire complet et parfait·

2233· **Voyage dans les Mers des Indes**, par M. L· Gentil, Paris 1776· 2 vol· in 8º· mar· tr· dorée fil· tr· dor· Bauzonnet·
Pièce unique.

2634· **Voyage en Arabie**, par C· Niebruhr, Paris 1774· 2 vol. in 8º. mar· noir tr· dor· (Khœler)·
Superbe édition en parfaite conservation·

2635· **Voyage de Tavernier**, par M· P· P· Paris 1666· 3 v· in 8º· m· fil· tr· d·
Edition avec cartes et figures gravées.

2636· **Voyage de la Grèce** , par L'Abbé Gadoyn, Paris 1773· 1 v· in 8º
Edition et reliure ancienne·

2637· **Voyage en Perse**, par le Chevalier Chardin, Paris 1701· 3 vol· in 8º· veau fil· tr· d·
Edition rare et précieuse·

2638· **Voyage Pittoresque**, par Charles Lancy, Paris 1774· 2 vol· in 8º. dos en mar· du Levant·
Reliure et édition recherchées et rares·

2639· **Voyage dans le Bosphore et Batoum**, par T· Gyllée, Paris1634· 1 v· in 12º
Reliure ancienne, superbe exemplaire sur papier vélin, gravures sur bois.

2640· **Voyage de la Grèce**, par le Comte de Choiseul Gouffier, Paris 1782· 3 vol· in folio· dos en mar· citron fil· tr· dor·
Superbe exemplaire d'une édition en 2 colonnes·

2641· **Notions du Levant**, par M· Ferriol, Paris 1814· 1 vol· in folio·
Charmant exemplaire avec gravures sur bois et cartes·

2642· **Voyage Sentimental**, par Laurent Sterne, Amsterdam 1798· 2 v· in 8º·
Belle édition reliure très élégante·

2643. **Voyage de l'Inde à la Mecque,** par L. Langlès, Paris 1824. 2 v. in 12⁰.
Demi reliure en maroquin du Levant.

2644. **Voyage dans le Levant,** par M. L. D. Forbin, Paris 1830. 2 vol. in 12⁰.
dos et coins mar. orange f. tr. d.
Superbe édition d'une reliure anglaise de Clarke.

2645. **Voyage à Smyrne,** par J. M. Tancoigne, Paris 1817. 2 vol. in 18⁰.
Belle reliure et édition soignée.

2646. **Voyage d'Anténor,** par Lantier, Paris 1836. 3 vol. in 12⁰.
Bel exemplaire d'une édition réglée.

2647. **Rélation des Voyages,** par Reinaud, Paris 1845. 2 vol. in 12⁰. mar. r.
fil. tr. dorée.
Edition et reliure élégantes.

2648. **Voyage en Espagne,** par H. Sauvaire, Paris 1884. 1 vol. in 12⁰. maroq.
marron fil. tr. d.
Edition illustrée.

2649. **Voyage en Tunis,** par Delille Haige, 1593. 1 vol. in 8⁰. m. r. fil. tr. d.
Edition soignée.

2650. **Voyage au Maroc,** par M. S. Olon, Paris 1625. 1 vol. in folio. maroq.
rouge fil. tr. dorée.
Reliure ancienne, la bordure de l'édition est gravée, par Seb. le Clerc.

2651. **Voyage de Constantinople,** par Grelot, Paris 1625. 1 vol. in 18⁰.
Bel exemplaire parfait et complet.

2652. **Voyages et Récits,** par le Docteur Ivan, Paris 1853. 2 vol. in 4⁰. mar.
bleu fil. dorée.
Reliure ancienne, Bel exemplaire.

2653. **Voyage en Amérique,** par M. D. Chatellus, Paris 1788. 2 v. in 4⁰. veau
fauve fil. tr. dorée. (Duru).
Rare et curieux volume.

2654. **Voyage d'un Levatin,** par Pist de Tournefort, Paris 1783. 10 vol. in 4⁰.
dos mar. f. fil. tr. dorée.
2ème édition.

2655. **Voyage à Boukhara,** par Georges de Meyendorf, Paris 1827. 1 v. in 4⁰.
Bel exemplaire d'une édition en parfaite conservation.

2656. **Voyage en Afrique,** par Alphonse Fizaut, Paris 1840. 1 vol. in 8⁰.
Belle reliure et édition soignée.

2657. **Voyage à Tripoli d'Afrique,** par P. J. Mac Carthy, Paris 1819. 2 v. in 4⁰
Edition et reliure très élégantes.

2658. **Voyage à l'Océanie,** par Frédéric Calliaud, Paris 1821. 1 vol. in 4⁰. m. rouge f. tr. dorée.
Edition très nette et très soignée, dans une charmante reliure.

DESCRIPTIONS

2659. **Description de l'Arabie,** par Niebuhr, Paris 1774. 1 vol. in 8⁰. mar. r. fil. tr. dor. (Hardy).
Très bel exemqlaire de l'édition originale·

2660. **Description de l'Arabie,** par Niebuhr, Paris 1769. 2 vol. in 8⁰. maroq. orang. f. tr. d. (Trautz Bauzonnet)·
Edition avec figures sur bois·

2661. **Description de l'Afrique Septentrionale,** par E. Caretti, Paris 1845. 1 v. in 8⁰
Charmant exemplaire d'une reliure et d'une édition très élégantes.

2662. **Description de l'Algérie,** par Ordre du Gouvernement Français. Paris. 184. 51 vol. in 8⁰.
Délicieuse reliure et une édition réglée.

2663. **Description du Caucause,** par M. Klaproth, Paris 1827. 1 vol. in 4⁰.
Belle édition et belle reliure·

2664. **Description de l'Asie,** par Sylvestre de Sacy, Paris 1823. 4 vol. in 8⁰.
Très bel exemplaire provenant de la bibliothèque de l'auteur.

2665. **Description du Pachalik de Bagdad,** par Gentil. Paris 1809. 1 vol. in 4⁰.
Très joli exemplaire dans une reliure très élégante.

2666. **Description de l'Empire Ottoman,** par S. M. D'hosson, Paris 1778. 6 v. in 4⁰. mar. vert fil. tr. dorée.
Charmante édition de gravures coloriées et non coloriées.

2667. **Description du Tibère,** par Hac. Bitchorin, Paris 1831. 1 vol. in 4⁰. dos et coins mar. vert fil. tr. dorée.
Bel exemplaire avec une reliure très élégante.

2668. **Description de l'Egypte,** par C. L. F. Panckouke, Paris 1821. 24 in 8⁰ mar. rouge fil. tr. dorée.
Superbe édition avec gravures et vignettes·

2669. **Nouvelle Description des Villes de Paris et de Versailles,** Paris 1832. 1 volume in 16⁰.
Charmante édition·

2670. **Description Générale de la Chine,** par J. B. Du Holde S. J. Paris 1735. 40 vol. in 8⁰. dos de mar. vert fil. tr. d. figures·
Très jolie édition chef-d'œuvre typographique·

2671. **Description de l'Egypte,** par J. C. Panckouke, Paris 1852. 12 vol. in plano. dos mar. citron.
Charmants volumes d'une belle et riche reliure.

2672. **Description de L'Inde,** par Jean Bernoulli, Paris 1786. 3 vol. in 8⁰.
Belle édition et belle reliure.

2673. **Promenades dans Rome,** par M. De Stendhal, Paris 1829. 2 vol. in 8⁰ dos et coins mar. rouge fil. tr.
Charmant édition d'une reliure élégantes·

2674. **Coup d'Œil Général sur les possessions Nerlandaises,** par C. J. Temnenck, Génève 1846. 3 vol. in 4⁰. dos et coins mar. orange fil. tr.
Bel exemplaire d'une édition réglée.

2675. **Voyage de l'Arabie Heureuse,** par La Roque, Paris 1707. 1 vol. in 12⁰. demi reliure maroq. noir.
Edition avec gravures·

CHRONOLOGIE & HISTOIRE UNIVERSELLE·

2676. **L'Art de vérifier les dates des faits historiques, des Chartes etc. Depuis la Naissance de J. C.,** commencé par D. Clémencet François d'Autine, terminé par D. F. Clément, Paris 17832-184. 42 vol. in 4⁰. cuir de Russie fil. tr. d. (Rel. Angl. Clarke).
Très bel exemplaire en très-grand papier provenant de la bibliothèque de Lord Grandville, il y a eu seulement trente exemplaires tirés sur ce papier exceptionnel·

2677. **Discours sur l'Histoire universelle à Monseigneur Le Dauphin,** Jacq. Bégnigne Bossuet, Paris 1682. 2 tomes en 1 vol. in 12⁰. mar. vert f. tr. dor. (Derome).
Exemplaire de Pixerecourt, deuxième édition originale, la première dans ce format·

2678. **Histoire Universelle de Diodore de Sicile,** par Terrasson, Paris 1737. 7 v. in 8⁰. veau f. comp.
Ancienne reliure, Bel exemplaire en grand papier vélin.

2679. **Histoire Universelle sur l'Antiquité,** par P. N. D. Gabery, Paris 1828. 3 vol. in 8⁰. mar. r. f. tr. d.
Charmante édition avec gravures.

2680. **Histoire Universelle,** par Hortus, Paris 1836. 1 vol. in 4⁰. dos et coins de mar. rouge tr. dorée.
Exemplaire complet et parfait·

2681. **Discours sur l'Histoire Universelle, à Mgr. le Dauphin,** par J. B. Bossuet, Paris Séb. Mabre-Cramoisy 1681. in 4⁰. mar. r. fil. tr. d.
Edition originale·

2682. **Discours sur l'Histoire Universelle à monseigneur le Dauphin,** par M. M. J. B. Bossuet, évesque de Meaux, 3ᵉ édition, Paris Mabre-Cramoisy 1691. in 8⁰. mar. r. doublé de mar. r. dent. f. tr. d.
Charmant exemplaire réglé, aux armes de Marie-Adélaïde de Savoie, duchesse de Bourgogne.

2683. **Histoire Universelle depuis le commencement du monde jusqu'à présent,** traduite de l'anglois d'une Société de Gens de lettres (Joncourt, Chaufipié et Merkus) 1742-1802. 46 vol. in 4⁰. mar. r. f. tr. d.
Ancienne reliure, les 4 volumes de tables sont imprimés, à Paris, chez Delalain.

2684. **Manuel Chronologique,** par S. Sédillot, Paris 1850. 1 vol. in 16⁰. mar. vert clair f. tr. d.
Très bel exemplaire d'une édition et d'une reliure très élégantes.

2685. **Histoire des Peuples barbares,** par M. D. Peyssonnel, Paris 1765. 1 v. in 8⁰. veau f.
Reliure ancienne, édition avec des lettres rondes sur papier vélin.

2686. **Histoire des différents Cultes,** par J. A. Dulaure, Paris 1825. 2 vol. in 4⁰. mar. r. fil. tr. d.
Admirable exemplaire rempli des gravures coloriées.

HISTOIRE ANCIENNE

2687. **L'Histoire Universelle de Trogue Pompée reduite en abrégé,** par Justin, et traduite en françois par le sieur de Collomby Cauvigny, Rouen, Berthelin 1666. in 12⁰. v. f. fil. doublé de mar. r. d. tr. d.
Jolie reliure aux armes comte de Toulouse.

2688. **Histoire ancienne de Rollin,** Paris 1730. 13 vol. in 12⁰. mar. rouge.
Armoiries.

2689. **Histoire de Justin,** par P. E. Boitard, Paris 1828. 2 vol. in 4⁰.
Reliure Anglaise de Clarke, très belle édition.

2690. **Etudes sur l'Histoire Ancienne,** par Ch. Levesque, Paris 1811. 5 vol. in 4⁰. dos mar. vert fil. tr. d.
Admirable exemplaire d'une édition réglée sur papier vélin.

HISTOIRE DES JUIFS

2691. **Flavii Josephi Opera Lugduni,** apud. Seb. Gryphium, 1555. 3 v. in 16⁰. v. f. tr. d. les plats richement ornés de comp. d'or et couleurs.
Curieuse reliure du XVI siècle, genre Maïoli. On remarque sur le titre la signature d'un sieur de Baillon, (écriture du XVI siècle).

2692. **Le Grant Almageste du très noble et très illustre hystoriographe Josephe Flavie duc des Juifz,** contenant les annales et antiquitez iudaïcques, etc. nouvellement imprimé à Paris (chez Denis Janot) 1553. in folio. goth. mar. bleu tr. dorée.
Le dernier feuillet est remonté.

2693. **Œuvres de Josephe Flavius,** par J. A. C. Buchon, Paris 1843. 10 vol. in 8°. dos mar. marron f. tr. d.
Superbe édition et reliure élégante.

2694. **Histoire des Juifs,** par Bossange, Paris 1703. 15 vol. in 16°. mar. fil. tr. d. mar. vert f. tr. d.
Reliure ancienne, édition élzévirienne.

2695. **Histoire des Juifs et des peuples voisins,** par Prideaux, doyen de Norwich, trad. de l'anglois. Amsterd. 1728. figures, cartes et plans, 6 v. in 12°. mar. rouge fil. tr. d. (Derome).
Exemplaire de M. de Saint-Maurice.

HISTOIRE GRECQUE

2696. **Pausanias ou Voyage hist. pittor. et philos de la Grèce,** par l'Abbé Gedoyn, Paris 1797. 4 vol. in 8°.
Demi reliure veau fauve·

2697. **Herodoti historiarum lib. IX g. codicem Saucrofti manuscriptum denuo contulit,** Annotationes variorum adjecit T. Gaisford, Oxonii 1825. 6 vol. gr. in 18°. mar. rouge fil. tr. dor. en tête non rog.

Très belle reliure de Clarke. Magnifique exemplaire, l'un des 25 tirés en grand papier vélin, cette édition imprimée d'après celui de Reiz, et de Schœffer, et les variantes placées au bas du texte sont tirées des éditions de Vesseling et Schweighœuser, les deux derniers volumes contiennent un bon choix de notes.

2698. **Histoire d'Herodote,** par F. Miot. Paris 1822. 3 vol. in 4°. mar. vert fil. tr. dor. en tête, non rog.
Très belle édition et reliure bien conservée·

2699. **Histoire d'Herodote,** par M. L'Abbé Geinoz, Paris 1802. 9 vol. in 8°.
Les 3 derniers volumes contiennent un bon choix de notes·

2700. **Histoire d'Hérodote,** par P. Giguet, Paris 1860. 1 vol. in 4°. mar. fil. tr. dorée.
Superbe édition et reliure très élégante·

2701. **Histoire d'Hérodien,** par l'Abbé Mongault, Paris 1714. 1 vol. in 16°. veau f.
Reliure ancienne, exemplaire complet et parfait.

2702.   **L'Histoire de Thucydide Athénien,** translatée en français par feu Messire Cl. Seyssel, Paris Josse Baduis 1527. in folio. v. br. comp. tr. d.

Lettres rondes, volume de la plus parfaite conservation, sur plat, un médaillon frappé à froid, représentant d'un côté la mort d'Orphée, de l'autre Vulcain forgeant les armes d'Achille, Belle reliure ancienne, malgrée, quelques réparations·

2703.   **L'Histoire des Successeurs d'Alexandre le grande extraicte de Diodore sici-** **lien et quelque peu de Vies escriptes par Plutarque,** translatées par Messire Claude de Seysset. Laquelle histoire a este imprimée par M. Josse Badius à Paris l'an de grâce 1533. in fol. mar. br. comp. tr. d.

Lettres rondes·

2704.   **Les Guerres d'Alexandre,** par Arrian de la traduction de Perrot d'Ablancourt, sa vie tirée du Grec de Plutarque et ses apophthegmes de la même traduction, Paris 1664. in 12⁰. mar. rouge tr. dor. (Derome).

Joli volume en reliure ancienne·

2705.   **Œuvres de Thucydide et Xenophon,** par J. A. Buchon, Paris 1840. 1 vol. in 8⁰. mar. vert clair fil. tr. d.

Très beau livre, dans la plus parfaite conservation.

2706.   **Histoire de Thucydide,** par Charles Lévèsque, Paris 1795. 2 vol. in 8⁰. mar. vert f. t.

Admirable reliure anglaise de Clarke.

2707.   **Histoire de la décadence de l'Empire Grec,** par Vignère Bourbonnais, Paris 1612. 1 vol. in 13⁰. veau f. (Duru).

Très beau livre dans la plus parfaite conservation, édition rare·

2708.   **Histoire de la Génération de la Grèce,** par F. C. H. L. Pongueville, Paris 1824. 4 vol. in 4⁰. mar. brun fil. tr. d. à compart.

Reliure Ancienne·

2709.   **Choix des Historiens Grecs,** par J. A. C. Buchon, Paris 1844. 1 v. in 8⁰.

Belle édition et belle reliure.

2710.   **Histoire Grecque,** par Victor Duruy, Paris 1851. 1 vol. in 4⁰. dos m. noir.

Belle édition et belle reliure·

2711.   **Histoire Grecque,** par Victor Duruy, Paris 1873. 2 vol. in 12⁰. dos m. noir.

Edition revue et corrigée·

2712.   **La Grèce Contemporaine,** par Paspatis, 1875. 1 vol. in 8⁰ broché.

Charmante édition·

HISTOIRE ROMAINE & DU BAS-ENPIRE

2713. **Varii Historiæ Romanæ Scriptores, partim, græci, partim Latini, in unum Velut corpus redacte, (Sigonius, Vell. Paterculus, Dionis Nicæi epitome, Herodianus Suetonius, Spartianus, J. Capitolinus, Lampridius, Vulcatius, Vopiscus, Pollio, Pomp. Lætus, Egnatius, Amm. Marcellinus Eutropius.)** Henr. Stephanus, 1568. 4 vol. in 8⁰. mar. vert dent. tr. d. (Derome).
Superbe exemplaire de Renouard, d'une parfaite conservation.

2714. **Le XXXIIIe Livre de Tite-Live nouvellement trouvé à Bamberg en Allemagne,** Traduit par Le Sieur de Malherbe, gentilhomme ordinaire de la chambre du Roy, Paris T. du Bray 1621. in 8⁰. mar. r. f. tr. d.
Edition originale en gros caractères·

2715. **Œuvres de Salluste,** par Charles Durozoir, Paris 1833-35. 2 vol. in 8⁰ mar. f. tr. dorée.
Belle édition et reliure Anglaise de Clarke.

2716. **Aurélius Victor,** par T Dubois, Paris 1849. 1 vol. in 8⁰. dos et coins mar. vert fil. tr. dorée.
Superbe édition de la bibliothèque Latine-Française de C. L. Panckouke·

2717. **Histoire D'Auguste,** par F. Segay, Paris 1844. 3 vol, in 4⁰. dos de mar. vert fil. tr. dorée.
Belle édition et charmante reliure·

2718. **Eutropius,** Eutropius historigraphus et cum Paulus Diaconus de historiis Italice, provincie ac. Romanorum, Rome imp. A. M. 1575. in folio. mar. r. comp. tr. d.
Edition Princeps.

2719. **C. Sallustius Crispus, cum. veterum historicorum fragementis,** Lugduni Batavorum, ex offic Elzeviriana 1634. in 12⁰. mar. r. f. tr. d.
Aux armes du Cardinal de Richelieu·

2720. **Les Commentaires de Julius Cesar,** mis en français par Robert Gaguin. Imprimé à Paris par Anthoine Verard, libraire demeurant sur le pont de Notre-Dame. S. A. vers 1590. sans réclame. ni pagination, in folio goth. fig. s. b. mar. v. fil. tr. d. (Koehler).
Edition avec gravures sur bois·

2721. **Mémoires de Jules César,** par M. Artaud, Paris 1832. 3 vol. in 4⁰. mar. noir f. tr. d.
Edition réglée en grand papier.

2722· **C· Cornelii Tacite opera quæ exstant, cum comment. diversorum; ex recensione et cum notis,** Jacobi Gronovii, Trajecti Batavorum 1721. 2 vol. in 4⁰.
Vélin cordé·

2723. **Suétonius**, Rome, Pannartz 1572. in 4⁰. demi rel. quelques piqûres et raccommodages.

Edition fort rare et précieuse·

2724. **Tibère**, discours politiques sur Tacite du Sieur La Mothe-Josseval, D'Arousel. Amsterdam chez les héritiers de Daniel Elzevier 1683. in-4⁰. m. rouge fil. tr. d. (Boyet).

Très beau volume réglé, bien conservé, et sur la garde duquel, Ch· Nodier a écrit la note suivante. «Le prétendu La Mothe-Josseval d'Arousel, n'est autre, comme on sait, qu'Amelot de la Houssaie d'Orléans, dont les commentaires politiques sur Tacite n'ont rien perdu de leur réputation et de leur valeur· Cette belle édition est fort rare, car elle a échappé aux élzeviriographes, quoique essentiellement, remarquable dans l'histoire de l'imprimerie elzévirienne, dont je la crois le dernier produit· Ch· Nodier.

2725. **Histoire du Bas-Empire**, par Aimé Millet, Paris 1825. 2 vol. in 16⁰. m. rouge fil. tr. d. à comp.

Belle édition réglée.

2726. **Histoire du Bas-Empire**, par Rovier, Paris 1817. 2 vol. in 16⁰. dos et coins mor. noir.

Belle reliure et charmant exemplaire·

2727. **Histoire Romaine**, par Jean Louis Schultz, Paris 1783. 1 vol. in 4⁰. mar. v. tr. d. (Duru).

Superbe exemplaire complet et parfait.

2728. **Histoire Romaine**, par A. D. Carrion Nisas, Paris 1825. 2 vol. in 16⁰. veau f. reliure ancienne.

Bel exemplaire d'une édition réglée·

2729. **Histoire Romaine**, par Ch Durozoir, Paris 1832. 1 vol. in 4⁰. maroq. noir fil. tr. dor.

Superbe édition et reliure très élégante·

2730. **Histoire Romaine**, par N. A. Dubois, Paris 1843. 1 vol. in 8⁰.

Reliure en maroquin du levant·

2731. **Histoire Romaine**, par F. Rayon, Paris 1850. 1 vol. in 4⁰.

Charmante édition très soignée·

2732. **Histoire Romaine**, par M. Despré, Paris 1850. 1 vol. in 4⁰. dos et coins mar. vert fil tr. dor.

Belle édition et reliure élégante·

2733. **Histoire Romaine de Tite-Live**, Trad. Tr. Verger, Paris 1860. 17 v. in 8⁰. dos mar. vert clair. fil. tr. dor.

Bel exemplaire de MM. Panckouke·

2734. **Histoire de l'Empire Romain**, par Crevier, Paris 1824. 9 vol. in 47. dos de mar. citron f. tr. dor.

Superbe reliure anglaise de Clarke.

2735. **Histoire des Empereurs Romains,** par Crevier, Paris 1824. 4 vol. in
dos de mar. citron f. tr. dor.
Superbe édition avec gravures.

2736. **Histoire de la Décadence de l'Empire Romain,** par M. F. Guizot, Paris
1819. 13 vol. in 4º.
Demi reliure, charmante édition.

2737. **Histoire de la Chute de l'Empire Romain,** par J. C. L. Simonde de Simonde, Paris 1835. 2 vol. in 8º. mar. noir fil tr. d.
Bel exemplaire d'un édition complète et parfaite.

2738. **Histoire Romaine,** contenant tout ce qui s'est passé de plus mémorable depuis Auguste jusques à Constantin, par R. P. en Dieu. F. N. Cœf-
feteau, Paris Courbé 1637. 2 tomes en 1 vol. in 4º.
Edition grand papier réglé, mar · r · fil. tr. dor. Reliure ancienne.

2739. **Histoire de Constantinople depuis le règne de l'ancien Justin jusqu'à la fin
de l'Empire,** traduite sur les originaux grecs, par M. Cousin, président en
la cour des monnoyes, Paris Damien Foucault 1672-74. 8 vol. in 4º. mar.
r. comp. tr. dorée.
Bel exemplaire en grand papier, avec la signature du grand Armand en tête de chaque
volume ·

2740. **Histoire de Constantinople,** par le président Cousin. suivant la copie
imprimée à Paris 1685. 10 vol. pet. in 8º. f. v. f.
Ouvrage estimé ·

2741. **Histoire de Constantinople,** par Baptistin Poujoulat, Paris 1853. 3 vol.
in 8º. dos de mar. noir fil tr. dor.
Superbe édition réglée et reliure élégante·

MOYEN-AGE

2742. **Histoire Générale du Moyen-Age,** par C. O. Desmichels, Paris 1827. 2 v.
in 4º. mar. rouge fil. tr. d.
Edition en grand papier ·

2743. **Histoire du Moyen-Age,** par Victor Duruy, Paris 1873. 1 vol. in 8º.
Edition nouvelle, belle reliure ·

2744. **Précis de l'Histoire du Moyen-Age,** par D. Desmichels, Paris 1842. 1 v.
in 8º. dos et coins de mar. vert fil tr. dor.
Exemplaire complet et parfait ·

2745. **Histoire des Huns,** par M. Deguignes, Paris 1754. 5 vol. in 8º. maroq.
noir fil. tr. dor.
Superbe édition réglée et d'une reliure élégante.

2746. **Histoire des Goths,** par P. A. Savagner, Paris 1842. 1 vol. in 8⁰.
Bel exemplaire d'une édition complète·

HISTOIRE MODERNE

2747. **Précis de l'Histoire Moderne,** par J. Michelet, Paris 1829. 1 vol. in 4⁰.
mar. br. f. tr. d.
Très belle reliure de Capé, Superbe exemplaire·

2748. **Histoire Moderne,** par Michelet, Paris 1835. 1 vol. in 4⁰. dos de mar.
rouge fil. tr. dor.
Belle édition et superbe reliure Capé·

2749. **Etudes d'Histoire Moderne,** par Villemain, Paris 1858. 1 vol. in 8⁰.
Charmant exemplaire d'une reliure et d'une édition très élégante.

2750. **Œuvres Complètes de Roberston,** par J. Buchon, Paris 1842. 2 vol. in 8⁰.
mar. noir fil. tr. dorée.
Admirable exemplaire d'une reliure italienne·

2751. **Œuvres Choisies de l'Abbé St. Réal,** édites par Léfèvre, Paris 1735. 4 v. in 16⁰
Charmante exemplaire d'une édition en parfaite conservation.

2752. **Histoire de l'Empire d'Occident,** par Cousin 1683. 2 vol. in 16⁰. maroq.
rouge comp. tr. d.
Reliure ancienne, ouvrage estimé·

2753. **Cosmos,** par L'Abbé Moigno, Paris 1852. 4 vol. in 4⁰. dos maroquin
noir fil tr. dorée.
Edition complète.

2754. **Le Portofolio,** par Dejay, Paris 1836. 5 vol. in 4⁰. mar. noir fil tr. d.
Bel exemplaire d'une édition réglée·

2755. **Histoire Universelle De J. A De Thou,** depuis 1543. jusqu'au 1607. traduites de l'édition latine de Londres par Le Mascrier, Ch. Lebeau etc. Londres (Paris) 1734. 16 vol. in 4⁰. grand pap. mar. cit. f. tr. d. (Padeloup).
Aux armes de Mesdames.

2756. **Relation de ce qui s'est passé devant et dans la négociation de la paix à
Rysvic avec pièces authentiques,** La Haye 1697. in 12⁰. mar. vert fil. tr. dorée.
(aux armes de la princesse Victoire de France).
Où il est inséré un exact recueil de noms et qualités de tous les plénipotentiaires, a-
vec une réprésentation et description des armes de leurs carroses, de leurs domestiques
et une notice des hôtels·

HISTOIRE DE FRANCE

2757. **L'Histoire Mémorable des expéditions depuis le Déluge faites par les Gauloys ou Françoys**, depuis La France jusques en Asie, ou en Thrace et en l'orientale partie de l'Europe, par Guillaume Postel, Paris 1552. in 16⁰. lettres rondes m. rouge fil. tr. d: (Duru).
Petit volume rare, joli exemplaire.

2758. **Costumes historiques de la France**, d'après les monuments les plus authentiques, avec un texte explicatif, par le bibliophile Jacob. Paris 10 vol. gr. in 8⁰.
Demi reliure figures coloriées.

2759. **L'Histoire de France**, par Bernard de Girard, Seigneur du Haillan, historiographe de France, Paris L'Huillier 1576. 4 vol. in folio, grand papier réglé, mar. r. dent. doub. de mar. r. tr. d.
Reliure ancienne, très beau livre.

2760. **Abrégé Chronologique de l'Histoire de France**, par le sieur de Mizeray, historiographe de France, Amsterdam 1696. 2 vol. in 8⁰. mar. r. dent. tr. d.
Belle reliure aux armes de la Vieuville.

2761. **Histoire de France**, avant Clovis, par le sieur de Mézeray, historiographe de France, 3 vol. in 12⁰. avec portraits, mar. r. dent. tr. d.
Belle reliure aux armes de la Vieuville.

2762. **Nouvelle Histoire de France**, depuis l'origine jusqu'à la majorité de Louis XIV. avec les mœurs et coutumes des différents temps, par l'Abbé Le Gendre, Paris 1719. 8 vol. in 8⁰ pet. mar. vert fil tr. dor.
Ancienne reliure. Joli exemplaire classé et fait sur un plan tout à fait différent que l'Histoire de France de Mézeray, l'auteur s'est principalement occupé des mœurs, des usages, des institutions et des généalogies, des tables spéciales, fort curieuses, facilitent toutes les recherches.

2763. **Histoire des Français de Sismonde de Simonde**, Paris 1821. 31 vol. in 8⁰.
Demi reliure.

2764. **Histoire de France**, par Victor Duruy, Paris 1874. 2 vol. in 8⁰.
Demi reliure en mar. de Tanger.

2765. **Histoire de France Avant Clovis**, par Laureau, Paris 1789. 1 vol. fig. — Histoire de France depuis l'établissement de la monarchie, par Velly, continué par Villaret et Garnier, Paris 1770. 15 vol. table 1799. ces 17 vol. en papier fin. — Continuation jusqu'à la mort de Louis XVI, par Fantin des Odoarts, Paris 1816. 2 vol. — Recueil des portraits des hommes illustres dont il est fait mention, Paris 1786. 8 vol. contenant 777 portraits par Fiquet, Schmidt, eic. Recueil de cartes (96) pour servir à l'histoire de l'histoire de France, Paris 1787. 1 vol. ensemble 28 vol. in 4⁰. maroq. bl. fil. tr. dorée. (Reliure de Bradel-Derome).
Exemplairg de M. de Labédoyère, parfaitement complet.

2766. **Collection des meilleures dissertations, notices et traités particuliers, relatifs à l'Histoire de France,** composées en grande partie de pièces rares ou qui n'ont jamais été publiées séparément par M. M. Leber Salgues et Cohen, Paris 1826-42. 20 vol. in 8⁰.
Demi reliure en maroquin du levant·

2767. **Eléments de Statistiques,** par Marc de Jonnnès, Paris 1850. 1 v. in 4⁰. mar. r. fil. tr. d.
Superbe édition et reliure bien conservée·

HISTOIRE DE FRANCE SOUS DIFFÈRENTS RÈGNES

2768. **Chronique de Bertrand Du Guesclin,** par E. Charnière, Paris 1839. 2 v. in 8⁰. dos. de mar. citron fil. tr. dor.
Superbe exemplaire d'une édition parfaite.

2769. **Captivité du Roi François I,** par A. Champollion Figeac, Paris 1847. 11 vol. in 8⁰. dos mar. cit. fil. tr. dorée.
Admirable reliure de Capé.

2770. **Histoire de Louis XI,** par Duclos, Paris. 1745. 4 vol. in 16⁰ mar. bl. tr. d. Trautz Bauzonnet.
Magnifique exemplaire d'un très curieux volume.

2771. **Négociations, lettres au Règne de François II,** par Louis Paris, 1841. 1 vol. in 8⁰ dos en mar. Citr. fil. tr. dorée.
Superbe exemplaire d'une édition réglée,

2772. **Chronique des Ducs de Normandie,** par F. B. Michel, Paris 1834. 3 v. in 8⁰
Demi reliure en maroquin du levant.

2773. **Recueil des lettres, Missives de Henri IV,** par Berger de Scudèry, Paris 1841. 9 vol. in 8⁰ gr. dos mar. citron fil tr. dorée. (Capé).
Superbe exemplaire d'une édition et d'une reliure élégante·

2774. **Louis XIV Son Gouvernement,** par Capefigue, Paris 1847. 4 vol in 8 gr. dos mar. citron fil. tr. dorée. (Capé).
Magnifique exemplaire d'une édition et d'une reliure élégante·

2775. **Ordonnance du Roi,** par X* B. B***, Paris 1836. 1 vol. in 12⁰. dos m. noir fil tr. d.
Bel exemplaire.

2776. **Correspondance Administrative,** sous le règne de Louis XIV, Paris 1850. 4 vol. in 8⁰. dos mar. citron fil. tr. d. (Capé).
Superbe exemplaire d'une édition et d'une reliure élégantes.

2777. **Les Crimes des Reines de France,** par L. Prud'homme, Paris 1798. 1 v. in 8⁰. dos mar. citron fil tr. dor. (Capé).
Magnifique exemplaire d'une édition élégante·

2778. **Louis XVI, Son Administration**, par Capefigue, Paris 1844. 6 vol. in 8⁰.
dos mar. citron fil tr. dor. (Capé).
Superbe exemplaire d'une édition et d'une reliure élégantes.

2779. **Histoire du Midi de la France**, par Mary Lafon, Paris 1845. 4 vol. in 8⁰.
dos mar. citron fil tr. dor. (Capé).
Magnifique exemplaire d'une reliure élégante·

2780. **Lettres de Rois, Reines et Personnages**, par A. Champollion Figeac, Paris 1839. 2 vol. in 8⁰. dos mar. citron fil tr. dor. (Capé).
Belle édition et belle reliure.

2781. **Privilèges accordés à la Couronne de France**, par Le Saint-Siège, Paris 1 vol. in 8⁰. dos mar. citron fil tr. dor. (Capé).
Bel exemplaire d'une édilion réglée.

2782. **Les Quatre Livres des Rois**, par M. Le Roux de Lincey, Paris 1841. 1 v. in 8⁰. dos de mar. citron fil. tr. dor. (Capé).
Magnifique exemplaire d'un édition élégante·

2783. **Histoire de la Campagne de Russie**, par le Duc de Valmy, Paris 1854. 1 vol. in 8⁰. dos mar. citron fil. tr. dor. (Capé).
Bel exemplaire d'un reliure élégante·

2784. **Pièces relatives à l'Histoire de France**, par Leber, Paris 1838. 20 v. in 8⁰ dos mar. citron fil. tr. dor. (Capé).
Admirable exemplaire d'un édition soignée.

2785. **Siège de la Citadelle d'Anvers**, par Le Comte Gerard, Paris 1833. 1 vol. in 8⁰. dos mar. citron fil. tr. dor. (Capé).
Belle édition et jolie reliure.

2786. **Histoire des Rivalités de la France**, par Laponnerge, Paris 1843. 2 v. in 8⁰ dos mar. citron fil. tr. dor. (Capé).
Bel exemplaire d'un édition et d'une reliure élégantes·

2787. **Juridiction Française**, par L. J. D. Ferraud Géraud, Paris 1859. 1 vol. in 8⁰. dos mar. citron fil. tr. dor. (Capé).
Belle reliure et édition reglée·

2788. **L'Europe pendant la Révolution**, par M. Capefigue, Paris 1843. 4 v. in 8⁰. mar. noir. fil. tr. dor. (Capé).
Superbe exemplaire non rogné.

2789. **Histoire du Consulat et de l'Empire**, par Adolphe Thiers, Paris 1845. 20 vol. in 8⁰. mar. rouge fil. tr. dor.
Fort bel exemplaire d'une édition soignée·

2790. **Histoire de la Révolution Française**, par Dulaire, Paris 1823. 5 v. in 8⁰. mar. fauve fil. tr. dor.
Magnifique exemplaire d'une édition et d'une reliure très jolies.

2791. **Les Français sous la Revolution**, par Aug. Challoud, Paris 1805. 1 vol. in 8⁰. dos mar. citr. fil. tr. dor. (Capé).
Belle édition·

2792. **Bonaparte, Sa Famille et sa Cour**, par un Chambellan Forcé, Paris 1816. 2 vol. in 8⁰. dos de mar. citr. fil. tr. dor. (Capé).
Magnifique exemplaire d'une édition soignée·

2793. **Bonapartiana**, par Possard, Paris 1801. 1 vol. in 12⁰. mar. f. fil. tr.
Belle reliure Anglaise de Clarke·

2794. **Histoires de la Revolution de 1848**, par Alp. de Lamartine, Paris 1849. 2 vol. in 8⁰. dos de mar. noir fil. tr. dor.
Bel exemplaire sur papier vélin·

2795. **Le Siège de Paris**, par Francisque Sarcey, Paris 1871. 1 vol. in 8⁰. dos mar. noir fil. tr. d.
Bel exemplaire sur papier vélin·

2796. **Histoire de l'île de Corse**, par Thibaut, Nancy 1749. 1 vol. in 16⁰. mar. bl. fil. tr. dorée.
Edition originale·

2797. **Paris et Versaille**, par un Ancien officier des Gardes Françaises, Paris 1809. 2 vol. in 8⁰. dos de mar. citron fil. tr. dor. (Capé).
Belle édition et belle reliure·

2798. **Mémoires Relatifs á l'Histoires de France**, par Michaud et P. Poujoulat, Paris 1854. 34 vol. in 8⁰. dos pe mar. rouge fil tr· dorée. (Capé).
Bel exemplaire en grand Papier·

2799. **Mémoires Relatifs à la Succession d'Espagne sous Louis XIV**, par le ministre de l'Instruction publique, Paris 1859. 1 vol. in 8⁰. dos de mar. citron. fil. tr. dorée. (Capé).
Belle reliure d'amateur.

2800. **Mémoires pour Servir à l'Histoire de Louis le Grand**, par Donneau Visé, Paris 1697-1703. 10 vol. in 4⁰. mar. r. dent. tr. d.
Réliure ancienne, Bel exemplaire en grand papier, aux armes de Rochechouart.

2801. **Mémoires de M. de Montrésor-Diverses Pièces durant le ministère du Cardinal de Richelieu-Relation de M· de Fontrailles etc.**, Cologne, Jean Sambis Amsterdam Elzevir 1663. 2 vol. in 12⁰. mar. v. fil. tr. (Koehler).

2802. **Les Souvenirs de Madame de Caylus, Nouvelle édition publiée et Annotée**, par Charles Asselineau, Paris 1860. in 12⁰. mar. r. fil. compart tr. dor. (Hardy).
Exemplaire en Papier de Hollande avec le portrait et les figures doubles·

2803. **Mémoires de St. Simon Collationnés Sur le Ms· Original**, par M. Chéruel, précédés d'une notice par Ste Beuve, Paris Hachette 1856. 20 vol. in 8⁰. demi reliure d. et c. mar. tr. sup. d.
Un des cent exemplaires tirés sur papier de Hollande, avec autographes et portraits ajoutés·

2804. **Mémoires biographiques littéraires et politiques de Mirabeau**, écrits par lui-même, publiés par Lucas de Montigny, Paris 1834. 5 vol. in 8⁰.
Demi reliure·

2805. **Biographie de Camille Desmoulins**, par Ed. Fleury, Laon gr. in 8⁰.
Demi reliure maroquin du levant·

2806. **Mémoires de B. Barère membre de la Constituante**, publié par H. Carnot et David d'Angers, Paris 1842. 4 vol. in 8⁰.
Demi reliure·

2807. **Mémoires de Charlotte Robespierre et de ses deux frères**, Paris 1835. in 8⁰.
Demi reliure.

2808. **Mémoires, Correspondance et Manuscrits du général la Fayette**, Paris 1837 6 vol. in 8⁰.
Demi reliure·

2809. **Histoire des Girondins**, par A. de Lamartine, Paris 1817. 8 v. gr. in 8⁰.
Demi reliure.

2810. **Notice historique des événements qui se sont passés dans l'Administration de l'Opéra la nuit du 13 février 1820**, par Roullet, Paris imp. de P. Didot in 8⁰. maroquin noir fil tr. dor. (Trautz Bauzonnet).
Relation de l'Assassinat de M· le Duc de Berry· par Louvel, rare, n'ayant été distribué qu'à un très petit nombre d'exemplaires et détruits.

2811. **Faits et Mémoires de Valère Maxime**, par E. F. Corpet, Paris 1834. 3 vol in 8⁰. dos de mar. vert tr. dor.
Exemplaire de la bibliothique Latine française de M M· C· L. Panckouke.

2812. **Mémoires de la Comtesse du Berri**, par Recoules, Paris 1845. 5 v, in 8⁰. dos de mar. orange fil. tr. d. (Capé).
Bel exemplaire d'une édition de Luxe·

2813. **Mémoires d'une contemporaine**, par C. V**, Paris 1828. 10 vol. in 8⁰. mar. noir tr. d.
Reliure anglaise de Clarke, belle édition.

2814. **Commentaires de la Charte**, par R***, Paris 1845. 1 vol. in 8⁰. dos de mar. citron fil. tr. dor. (Capé).
Très belle édition et reliure élégante.

2815. **Mémoires d'un Bourgeois de Paris**, par L. Docteur L. Verron, Paris 1853. 6 vol. in 8⁰. dos de mar. noir fil. tr. dor.
Magnifique exemplaire d'une édition soignée.

2816. **Mémoires d'un jeune Grec**, par X. L***, Paris 1825. 1 vol. in 8⁰. veau f. fil. tr. dorée.
Ancienne reliure·

2817. **Mémoires du Baron de Coût**, par X***, Amsterdam, 1778. 1 vol. in 4⁰.
mar. r. f. tr. dor. (Trautz Bauzonnet).
L'Avant-propos qui a plus de 20 pages, est fort curieux.

2818. **Mémoires Du Dr. Tantommarchi**, par Barrois l'Ainé, Paris 1825. 2 vol.
in 8⁰. dos mar. marron fil. tr. dorée.
Exemplaire de l'édition originale.

2819. **Mémoires de la Comtesse Linska**, par Milon de Lavalle, Paris 1739. 1 v.
in 8⁰. dos de mar. noir fil. tr. d. (Capé).
Belle édition.

2820. **Mémoires de Mademoiselle de Bontemps**, par X. T***, Paris 1724. 1 v. in 8⁰
Belle édition et belle reliure.

2821. **Souvenirs Numismatiques de la Révolution**, par J. Rousseau, Paris 1848.
1 vol. in 8⁰. dos mar. orange fil. tr. dorée. (Capé).
Fort bel exemplaire sur papier grand vélin.

2822. **Souvenirs d'un Jeune Prisonnier**, par Duplessis, Paris 1801. 1 vol. in 12⁰
Belle reliure anglaise de Clarke.

2823. **Mélanges Historiques**, par la Princesse Elisabeth de Bavière, Paris 1802.
1 vol. in 8⁰.
Bel exemplaire d'une édition soignée.

2824. **Mémoires de L'Abbé Terray**, rédigés par Coquereau, Londres 1 v. in 16⁰
Edition sur papier vélin.

2825. **Mémoires de l'Intérieur de Palais de Napoléon**, par De Bausset, Paris 1827.
2 vol. in 4⁰. dos mar. rouge fil tr. dorée. (Capé).
Edition de Luxe parfaite.

2826. **Mémoires sur la vie de Marie-Antoinette**, par Madame Campeau, Paris
1826. 3 vol. in 8⁰.
Edition avec portrait.

2827. **Mémoires Secrets et Correspondance inédite de Cardinal Dubois premier
ministre sous la régence de duc d'Orléans**, recueillis par M. L. de Sévelinges,
Paris 1815. 2 vol. in 8⁰.
Exemplaire avec portrait.

2828. **Mémoires historiques et militaires sur Carnot rédigés d'après ses manuscrits etc. précédés d'une notice**, par P. F. Tissot, Paris 1824. 1 vol. in 8⁰.
Edition avec portrait.

HISTOIRE DE RUSSIE

2829. **Histoire de la Russie Ancienne**, par M. Le Clerc, Paris 1782. 3 v. in 8⁰.
dos de mar. rouge fil. tr. dor. (Capé).
Magnifique exemplaire avec gravures coloriées.

2830. **Histoire de la Russie Moderne,** par M. Le Clerc, Paris 1783. 3 v. in 8⁰. dos de mar. rouge fil. tr. dor. (Capé).
Superbe exemplaire avec gravures coloriées·

2831. **La Russie en 1839,** par Marc de Gustine, Paris 1813. 4 vol. in 4⁰. cuir de Russie.
Bel exemplaire d'une édition remarquable·

2832. **Histoire de l'Empire de Russie,** par Karamsin, Paris 1819. 12 vol. in 8⁰. dos de cuir de Russie. f. tr. dor.
Edition de luxe·

2833. **Histoire de la Nouvelle Russie,** par Gravier, Paris 1820. 5 vol. in 4⁰. m. marron fil. tr. d.
Edition illustrée.

2834. **Histoire de l'Empire Russe sous Pierre Le Grand,** par Voltaire, Paris 1828. 1 vol. in 16⁰.
Charmante édition et charmante reliure.

2835. **Histoire de Pierre le Grand,** par V⁎⁎⁎, Amsterdam 1742. 1 vol. in 8⁰. veau f. fil. tr. d. (Duru).
Bel exemplaire réglé·

2836. **Histoire de Catherine II,** par J. Castera, Paris 1803. 4 vol. in 4⁰. dos et coins de maroquin jaune fil. tr. dor. à compart. (Duru).
Superbe exemplaire d'un livre intéressant.

2837. **Histoire d'Alexandre I. Empereur de Russie,** par Jvan Zolovine, Paris 1859. 1 vol. in 4⁰. cuir de Russie..
Belle édition et reliure élégante.

2838. **Campagne de Russie dans la Turquie d'Europe,** par A. Demmler, Paris 1854. 1 vol. in 8⁰.
Demi reliure·

2839. **Siège de Sébastopol,** par un Artilleur, Paris 1868. 2 vol. in 4⁰.
Superbe exemplaire d'un livre intéressant.

2840. **Slaves,** par Braniski, Paris 1879. 1 vol. in 8⁰. mar. r. fil. tr. dor.
Nouvelle édition parfaite.

HISTOIRE D'ANGLETERRE

2841. **Histoire de Londres,** par d'Urbain Grandier, Paris 1752. 1 vol. in 4⁰.
Reliure anglaise de Clarke, chef-d'œuvre typographique·

2842. **Histoire d'Angleterre,** par John Lingard, Paris 1844. 5 vol. in 8⁰. mar. rouge fil. tr. d. à compart. (Duru).
Fort bel exemplaire avec gravures.

2843. **La décadence de l'Angleterre,** par Ledru Rollin, Paris 1850. 2 vol. in 8º. mar. noir fiil. tr. dor.
Exemplaire réglé, sur papier vélin.

2844. **Chute de la République en Angleterre,** par Guizot, Paris 1851. 1 v. in 4º
Fort bel exemplaire d'une reliure remarquablement belle.

HISTOIRE D'ALLEMAGNE

2845. **Histoire d'Allemagne,** par J. C. P. Fisther, Paris 1836. 11 vol. in 4º. dos mar. noir fil. tr. d. (Capé).
Superbe exemplaire en grand papier.

2846. **Histoire d'Allemagne,** par Luden, Paris 1844. 5 vol. in 8º. demi reliure fil. tr. d. (Capé).
Magnifique exemplaire d'une édition soignée.

2847. **Histoire d'Allemagne,** par M. P. Seffel, Paris 1777. 2 vol. in 16º mar. f. f. tr. dor. à comp. double de mar. rouge. (Trautz Beauzounet).
Ouvrage très intéressant d'un opuscule de plus curieux.

HISTOIRES D'ITALIE, D'ESPAGNE ET DE PORTUGAL

2848. **Histoire d'Italie,** par M. Dochez, Paris 1844. 3 vol. in 8º. dos de mar. fil. tr. dor.
Superbe édition d'une reliure élégante.

2849. **L'Italie avant la Domination des Romains,** par M. J. Micali. Paris, 1824. 4 vol. in 4º. dos de mar. rouge fil. tr. dor. (Capé).
Admirable exemplaire d'une édition réglée.

2850. **Compagne de Lombardie,** par Amédée Cesena, Paris 1860. 1 vol. in 8º. veau f. fil. t.
Belle édition d'une reliure ancienne.

2851. **Histoire d'Espagne,** par P. Briaud, Paris 1808. 4 vol. in 4º. mar. noir fil. tr. dorée. (Trautz Bauzonnet).
Splendide exemplaire sur papier vélin.

2852. **Histoire d'Espagne,** par Dorey, Paris 3 vol. in 8º. dos et coins de mar. orange fil. tr. dor.
Belle édition et belle reliure.

2853. **Histoire des Révolutions du Portugal,** par Vertot, Paris 1817. 1 v. in 8º. mar. noir fil. tr. dor.
Magnifique édition sur papier vélin ornée de gravures.

2854. **Histoire du Portugal**, par Schœfer, Paris 1844. 1 vol. in 8⁰. maroquin. f. tr. dorée.
Livre très intéressant ornée de belles gravures·

2855. **Histoire d'Espagne**, par Ch. Paques et Bochez, Paris 1844. 2 vol. in 4⁰. dos et coins de mar. cit. fil. tr. dor.
Joli exemplaire orné des gravures·

2856. **Histoire d'Espague**, par Jean de Ferreras, Paris 1751. 10 vol. in 8⁰.
Demi reliure (Duru). 28 figures sur acier, riche et belle reliure anglaise.

2857. **Histoire de Suède,** par Gustave Geyer, Paris 1844. 1 vol. in 8⁰. maroq. citron tr. dor. (Derome).
Joli exemplaire d'un livre fort riche·

2858. **Histoire de Pologne,** par Ed. Marchand, Paris 1756. 2 vol. in 8⁰. mar. rouge tr. d. (Boyet).
Aux armes du prince Eugène de Savoie.

HISTOIRE DE L'EMPIRE OTTOMAN

2859. **Histoire Orientale**, par Alexis de Menefis Anvers 1609. 1 vol. in 16⁰. cuir de Russie tr. d.
Livre très intéressant et fort rare orné d'un curieux portrait·

2860. **Relation du Serail du Grand Seigneur**, par J. P. Tavernier, Paris 1689. 1 vol. in 16⁰. veau f. fil. tr. dorée.
Très bel exemplaire d'un livre recherché·

2861. **L'Etat primitif de l'Empire Ottoman,** par le Sieur Bespier, Paris 1687. 3 v. in 12⁰. mar. rouge du Levant, dent. fil. tr. dorée.
28 figures sur acier riche et belle reliure anglaise·

2862. **Histoire de l'Empire Ottoman,** par M. Ricaut, Paris 1760. 1 vol. in 8⁰. mar. violet fil. dent. tr. dor.
Reliure anglaise. Joli exemplaire d'une édition parfaite.

2863. **Histoire de l'Empire Ottoman,** par Laurent, Paris 1742. 7 vol. in 16⁰. mar. br. comp. tr. dor. (Boyet).
Belle édition et belle reliure·

2864. **Histoires des Révolutions de Constantinople**, par M. D. Burigny, Paris 1750. 3 vol. in 16⁰. mar. rouge du levant fil. tr. dorée.
Riche et belle reliure et édition de luxe.

2865. **Histoire des Turcs**, par Lancelin, Constantinople 1760. 2 vol. in 16⁰.
Edition et reliure très recherchées.

2866. **Histoire de l'Empire Ottoman,** par Mignot, Paris 1771. 1 vol. in 8º mar. rouge tr. dorée. (Duru).

Edition rare ornée de curieuses figures sur bois.

2867. **Idée Générale de la Turquie,** par Leroy, Londres 1789. 1 vol. in 4º. m. br. tr. dorée.

Joli exemplaire dans une charmante reliure·

2868. **Histoire de l'Empire Ottoman,** par du Salaberry, Paris 1817. 4 v. in 4º. mar. vert fil. tr.

Ouvrage illustré de figures et de vignettes sur bois.

2869. **Histoire Ottomane,** par E. Palla, Paris 1825. 1 vol. in 16º.

Edition ornée de curieuses sur bois· Joli exemplaire dans une reliure charmante·

2870. **Correspondance de l'Orient 1831-32,** par Poujoulat et Michelet, Paris 1833. 7 vol. in 4º. mar. citr. fil. tr. dor. (Capé).

Charmante édition réglée·

2871. **Histoire de l'Empire Ottoman,** par J. De Hammer, Paris 1836. 18 in 8º. dos mar. noir fil. tr. (Capé).

Ouvrage très estimé, avec des gravures, exemplaire fort recherché·

2872. **L'Angleterre, La France, la Russie et la Turquie,** par Le Rédacteur en chef du Journal des Débats, Paris 1835. 1 vol. in 8º.

Très bel exemplaire dans une reliure élégante·

2873. **Histoire des Osmanlis,** par Léopold Banke, Paris 1839. 1 vol in 8º. dos et coins de mar. rouge fil. tr. d. (Capé).

Charmante édition·

2874. **Histoire de l'Empire Ottoman,** par J. De Hammer, Paris 1841. 12 vol. in 8º. mar. noir fil. tr. dor.

Bel exemplaire d'une édition fort estimée·

2875. **Histoire de l'Empire Ottoman,** par Le Baron Juchereau de St Denis, Paris 1844. 4 vol. in 4º. mar. noir fil. tr. dorée.

Belle édition et belle reliure·

2876. **Episode de l'Orient,** par M. D. Marcellus, Paris 1851. 1 vol. in 4º.

Demi reliure· Edition complète et parfaite.

2877. **Précis historique des opérations Militaires L'Orient,** par Albert du Casse, Paris 1850. 1 vol. in 4º.

Reliure anglaise de Clarke. Charmante édition·

2878. **Histoire de l'Empire Ottoman,** par Theophile Lavallée, Paris 1855. 1 v. in 8º. dos et coins de mar. vert fil. tr. dor.

Belle édition et belle reliure.

2879. **Les Turcs et la Turquie Contemporaine,** par P. Nicolaïdes, Constantinople 1856. 2 vol. in 16⁰. mar. noir fil. tr. d.
Belle reliure en maroquin du levant.

2880. **Histoire de Turquie,** par Ch. Barthelemy, Paris 1859. 1 vol. in 4⁰. dos et coins de mar. orange fil. tr. dor. (Capé).
Bel exemplaire d'une édition parfaite·

2881. **La Turquie en 1869,** par R. J. C. Paris 1860. 1 vol. in 16⁰. dos et coins de mar. noir fil. tr. dor.
Très belle édition complèt et parfait.

2882. **L'Empire de Turquie,** par X. Henschling, Paris 1860. 1 vol. in 4⁰. v.f.
Belle reliure.

2883. **La Bosnie et L'Herzegovine,** par Pasco Wassa Efendy, Constantinople 1865. 1 vol. in 8⁰.
Bel exemplaire·

2884. **Histoire de la Turquie,** par F. Belin, Paris 1865. 1 vol. in 8⁰. dos de mar. noir fil. tr. d.
Bel exemplaire d'une édition nouvelle·

2885. **Histoire des Musulmans d'Espagne,** par R. Dozy, Paris 1861. 4 vol. in 4⁰. mar. marron fil. tr. d.
Belle édition de luxe.

2886. **Histoire Ancienne de l'Orient,** par J. J. Guillemin, Paris 1869. 1 v. in 8⁰.
Belle édition et charmante reliure·

2887. **Les Turcs Anciens et Moderne,** par Moustafa Djelaledin, Constantinople 1869. 1 vol. in 4⁰.
Demi reliure en mar. du levant.

2888. **Récits d'Histoire,** par Démétrius Matzaraki, Paris 1870. 1 vol. in 4⁰. mar. fil. tr. dor.
Belle édition d'une reliure orientale.

2889. **Histoire de l'Empire Ottoman,** par Th. D'Oksza, Paris 1871. 1 vol. in 8⁰.
Reliure très riche d'une édition remplie de gravures sur acier·

2890. **Histoire de l'Orient,** par F. Lenormant, Paris 1881. 6 vol. in 8⁰. dos et coins de mar. noir fil. dorée.
Très bel exemplaire d'une édition nouvelle· Chef-d'œuvre typographique.

2891. **Histoire de Mahomet IV,** par P. R*** Lyon 1672. 1 vol. in 16⁰. veau f. fil. tr. dor.
Superbe reliure et admirable édition dans un état de parfaite conservation.

2892. **Histoire de la Campagne de Mohacz,** par Pavet de Courteille. Paris 1859. 1 vol. in 8⁰.
Belle édition et belle reliure·

2893. **Histoire de Janissaires,** par Bussi Rabutin, Paris 1778. 3 v. in 8⁰. v. f.
Très belle reliure ancienne, lettres rondes·

2894. **Histoire de la Guerre de Navarin,** par Francisque Michel, Paris 1856.
1 vol. in 8⁰.
Bel exemplaire d'une édition réglée·

2895. **Sultan Abdul-Médjid,** par Emile Tarin, Paris 1857. 1 vol. in 4⁰. mar. r.
f. tr. dorée.
Bel exemplaire d'une édition et d'une reliure élégante·

2896. **Les Slaves en Turquie,** par Cyprien Robert, Paris 1844. 1 vol. in 16⁰.
dos de mar. vert fil. tr. dorée.
Très belle reliure.

2897. **Histoire des Rois de Chypre et de Jérusalem,** par Dominique Fauna,
Paris 1747. 2 vol. in 8⁰.
Charmant exemplaire d'une édition en papier vélin·

2898. **Etudes sur Les Tchinghianès,** par Alexandre Paspatis, Paris 1870. 1 v.
in 8 broché.
Belle édition.

2899. **Histoire d'Afrique et D'Espagne,** par Cordonnet, Paris 1756. 3 v. in 16⁰.
dos de mar. vert fil. tr. dorée.
Charmante édition·

HISTOIRE ROUMAINE

2900. **Histoire de Roumanie,** par Heliade Radulesco, Paris 1851. 1 vol. in 8⁰.
dos de mar. noir fil. tr. dor.
Ouvrage très intéressant d'une édition réglée·

2901. **Notice sur la Roumanie,** par Le Duc de Valmy. Paris 1868. 1 v. in 8⁰
Demi reliure en maroq du Levant.

2902. **La Valachie moderne,** par Mᵐᵉ Aurélie Ghika, Paris 1850. 2 vol. in 8⁰.
Riche reliure et édition de Luxe·

2903. **La Roumanie,** par J. A. Vaillant, Paris 1844. 3 vol. in 16⁰. maroquin
citron f. tr. d. (Capé).
Bel exemplaire d'une édition remplie de gravures·

HISTOIRE DE L'ASIE DE L'AFRIQUE

2904. **Asiæ nova descriptio opus G. Fournier, receus exiit in lucene cura L. M. S.
Lutetive Parisiorum,** Setas Cramoisy 1656. in folio. Grand papier m. comp. t. d.
Bel exemplaire aux armes de la reine Christine de Suède à qui le livre est dédié.

2905. **Le Premier Liure de l'histoire de l'Inde,** contenant comment l'Inde a esté decouverte par le commadement du roy Emmanuel: et la guerre que les capitaines Portugalois ont menée contre Samorin, roy de Calecut : faict par Fernand Lopez de Castagenda, et traduict de portuguès en françoys, par Nicolas de Grouchy, Paris, Vascosan 1553. in 4º. mar. r. fil. tr. dor.
Livre rare.

2906. **Histoire de la conquête et de la fondation de l'Empire Anglais dans l'Inde,** par le Baron Barchou de Penhoën, Paris 1840. 6 vol. in 8º.
Demi reliure. ·

2907. **Histoire de la Nouvelle France,** contenant les navigations, découvertes et habitations faites par les Français aux Indes occidentales et nouvelles France, depuis cent ans jusqu'à lui, par Marc Lescarbot, Paris Millot 1612. in 8º. mar. rouge compart, petits fers pointillé, f. tr. d. riche rel. de Capé.
Superbe exemplaire avec toutes les cartes, d'un livre très recherché et fort rare on y a joint les muses de la nouvelle France, par le même auteur, recueil de récits poetiques que Lescarbot avait composé pendant son voyage en Amérique·

2908. **Histoire des Arabes,** par A. Sédillot, Paris 1854. 1 vol. in 8º. dos de mar. noir. fil. tr. dorée.
Superbe exemplaire d'une édition complète.

2909. **Histoire Arabe,** par Reinaud, Paris 1829. 1 vol. in 8º. mar. rouge.
Edition sur papier vélin.

2910. **Histoire des Tartares,** par P. D***, Paris 1726. 2 vol. in 8º. veau f. fil. tr. dorée. (Koehler).
Exemplaire grand de marges bien conservé.

2911. **Histoire des Kirghiz,** par Levchine, Paris 1840. 1 vol. in 8º.
Demi reliure. Belle édition·

2912. **Histoire d'Arménie,** par P. E. Le Vaillant de Florival, Paris 2 v. in 8º. mar. rouge. fil. tr. dor.
Superbe exemplaire d'une reliure élégante et d'une édition ornée de gravures,

2913. **Histoire de la Morée,** par Le Père Coronelli, Paris 1684. i vol. in 8º. m. br. fil. tr. dor. (Duru).
Superbe exemplaire d'un livre curieux, rempli de recherches historiques intéressantes. Les chapitres sont ornés d'une figure gravée à l'eau-forte.

2914. **Traité des Ennuques,** par P. M*** V***, Paris 1707. 1 vol. in 16º. fig. mar. v. tr. d. (Thompson).
Première édition·

2915. **Mémoires sur l'Indoustan;** par Gentil, Paris 1822. 1 vol. in 4º. dos de mar. r. fil. tr. dor.
Superbe exemplaire d'un livre curieux·

2916. **Mémoires sur la commission des Indes,** par J. M. Le Père, Paris 1787. 1 vol. in 8º. mar. r. dent. tr. dor.
Ancienne reliure, armoiries.

2917. **Histoire de l'Empire de Chine**, par J. B. Du Holde S. J. Paris 1736. 4 vol. in 8⁰. veau f. fil. tr. (Duru).
Très bel exemplaire d'un volume rare dans une semblable condition·

2918. **Histoire des Rois de Chypre**, par Giblet Cypriot, Paris 1734. 2 vol. in 16⁰. mar. r. dent. tr. dor.
Reliure ancienne, mais très bien conservée·

2919. **Histoire de Pharsale**, par M. Greslau, Paris 2 vol. in 4⁰. mar. noir fil. tr. dorée. (Duru).
Belle édition et belle reliure·

2920. **Campagne de Chine**, par F. Belin, Paris 1865. 1 vol. in 8⁰. dos de m. noir fil. tr. d.
Bel exemplaire·

2921. **Histoire de l'Inde et du Feu Grégeois**, par Reinaud. Paris 1849. 1 v. in 8⁰. dos de mar. citron fil. tr. d.
Ouvrage fort estimé.

2922. **Histoire des Perses**, par Le Comte de Gobineau, Paris 1844. 2 vol. in 8⁰. mar. r. dent. tr. dor. (Capé).
Magnifique exemplaire d'un livre recherché.

2923. **Histoire Civile des Indes**, par Bryan Edwards, Paris 1804. 2 vol. in 8⁰.
Joli exemplaire dans une charmante reliure·

2924. **Histoire des Mongols**, par Stanley, Paris 1824. 2 vol. in 8⁰. mar. roug. comp. petits fers pointillé. f. tr. dor.
Riche reliure de Capé.

2925. **Histoire des Rois du Kachmir**, par La Société Asiatique, Paris 1840. 2 v. in 8⁰. mar. brun fil. tr. dor.(Duru).
Superbe exemplaire d'un livre curieux.

2926. **Histoire de la cours du Royaume de la Chine**, par Michel Baudier, Paris 1668. 1 vol. in 16⁰. veau fauve fil. tr. dor. (Koehler).
Exemplaire grand de marges et bien conservé d'un livre rare.

2927. **Histoire de l'Inde Anglaise**, par Ed. de Varren, Paris 1852. 2 vol. in 4⁰. mar. r. dent. tr. dor.
Ancienne reliure armoiries·

2928. **Mémoires de Chine**, par Stanislas Julien, Paris 1857. 2 vol. in 8⁰. veau f. tr. dorée.
Belle édition·

2929. **La Vie réelle en Chine**, par Will. C. Milne, Paris 1860. 1 vol. in 8⁰. m. à compartiments fil. tr. dorée.
Très beau volume·

2930. **Histoire du Royaume de Siam,** par M. Turpin, Paris 1771. 2 vol. in 16º. mar. br. f. tr. d. (Niedrée).

Très bel exemplaire d'une reliure et d'une édition élégante·

2931. **Histoire d'Egypte,** par J. J. Marcel, Paris 1854. 1 v. in 4º. dos et coins de mar. rouge fil. tr. dorée.

Bel exemplaire d'une édition réglée·

2932. **Histoire d'Egypte,** par M. Degranges ainé, Paris 1839. 1 vol. in 8º.

Demi reliure en maroquin de Tenger·

2933. **L'Egypte au XIXème Siècle,** par J. A. Beaucé, Paris 1847. 1 vol. in 8º. mar. cit. f. tr. dor.

Ouvrage estimé·

2934. **Histoire des Maures ou Arabes d'Espagne,** par Albert de Circourt, Paris 1846. 3 vol. in 4º.

Ancienne reliure armoiries·

2935. **La Régence de Tunis,** par Eugène V. Guérin, Paris 1862. 2 vol. in 8º.

Belle édition et belle reliure·

2936. **Le Livre d'Abdel-Kader,** par Gustave Dugat, Paris 1858. 1 vol. in 8º.

Bel exemplaire.

2937. **Histoire de l'Ethiopie Occidentale,** par J. B. Labat, Paris 1732. 5 v. in 16º. veau fauve fil. tr. d.

Superbe exemplaire d'un livre recherché·

2938. **Histoire de l'Empire du Maroc,** par M. De Chenier 1787. 3 vol. in 8º. mar. f. fil. tr. dor.

Exmplaire grand de marges et bien conservé.

HISTOIRE DE LA NOBLESSE ET DE LA CHEVALERIE

2939. **De la Chevalerie ancienne et moderne avec la manière d'en faire les preuves** par le P. Ménestrier, Paris 1683. in 12º. mar. vert fil. tr. dor. (Duru).

Très bel exemplaire d'un volume rare dans une semblable condition·

2940. **Mémorial historique de la Noblesse,** publié par Duvergier, ancien magistrat, Paris 1839-40. 2 tomes en un vol. in 4º. mar. rouge.

Demi reliure,

2941. **Annuaire de la Noblesse en France,** par Borel D'Hauterive, Paris 1850. 1 vol. in 4º.

Belle reliure.

2942. **Histoire de l'Ordre du St. Esprit,** par M. De Ste Foix, Paris 1775. 2 vol. in 12º. veau fauve fil. tr. dor.

238

2943. **Fêtes et Cérémonies de la naissance et du Baptême du Prince Impérial,** par Charles Bourke, Paris 1875. 1 vol. in 8⁰.
Edition illustrée.

2944. **Histoire de l'Ordre des Assassins,** par J. Hammer, Paris 1835. 1 v. in 4⁰.
dos de mar. noir fil. tr. d.
Magnifique exemplaire d'un édition charmante·

2945. **Recherches sur l'Antiquité,** par Spon, Paris 1783. 1 vol. in 8⁰.
Demi reliure édition illustrée·

2946. **Société de secours aux blessés,** par X. X·· D···, Constantinople 3 vol.
in 8⁰ broché.

2947. **Sociétes Sécrètes,** par Lucien de la Hodde, Paris 1850. 1 vol. in 4⁰.
Belle édition et belle reliure·

2948. **Dictionnaire de la Noblesse contenant les généalogies etc. des familles nobles de France,** par La Chesnaye-Desbois, Paris F. Duschesne et l'auteur 1770-86. 15 vol. in 4⁰. mar. r. f. tr. d.
Bel exemplaire, c'est la meilleure édition de cet important ouvrage·

HISTOIRE LITTÉRAIRE

2949. **Histoire Littéraire de la France,** par des réligieux Bénédictins de la Congrégation de S⁺ Maurice, Paris 1733-11856. 23 vol. in 4⁰. v. éc.
Ouvrage important et indispensable à toute grande bibliothèque·

2950. **Histoire de la littérature Grecque profane,** par M. School, Paris 1825. 8 vol. in 4⁰.
Bel exemplaire dans une reliure italienne.

2951. **Histoire de l'Académie des Inscriptions et Belles-lettres, avec les Mémoires de Littérature,** tirez des registres de cette Academie de 1701 à 1793, Paris de l'Imprimerie royale 1717-1809. 30 vol. in folio. fig. mar. f. fil. tr. d.
Reliure ancienne. Collection très importante, Très bel exemplaire bien complet.

2952. **Sept Années en Chine,** par Pierre Dobel, Trad. du Russe par le Prince Em. Galitzine, Paris 1 vol. in 8⁰. dos de mar. noir fil. tr. d.
Belle édition et belle reliure·

2953. **Les Français peints par eux-mêmes,** par Achard 1840. 2 vol. in 8⁰.
Edition de Luxe et reliure élégante·

2954. **Les Anglais chez eux,** par Francis Wey, Paris 1857. 1 vol. in 8⁰. mar. dos fil. tr. dor.
Bel exemplaire d'une reliure très riche. ;

2955. **Histoire de Polybe,** par Vincent Thuillier, Amsterdam 1729. 6 v. in 8⁰.
frontispice gravé mar. r. fil. tr.
Ouvrage important·

2956. **Histoire des Favorites**, par Mlle de la Racheguilgen, Paris 1703. 1 vol. in 16⁰. mar. fil. tr. dor.
Reliure ancienne, Exemplaire sur papier vélin·

2957. **Histoire de Charlotte de Summerers**, par De la Place, Paris 1799. 6 v. in 16⁰
Bel exemplaire d'une édition en parfait état de conservation, reliure ancienne·

2958. **Histoire ou vie de Sethos**, par Terrasson, Paris 1813. 6 vol. in 16⁰. m. bl. fil. tr. d. (Bauzonnet).
Edition sur papier vélin·

2959. **Lettres sur l'Egypte**, par M. Savary, Paris 1789. 3 vol. in 4⁰. maroq. rouge fil. tr. d.
Edition sur grand papier vélin·

2960. **Lettres sur la Morée**, par A. L. Castellau, Paris 1820. 2 v. in 4⁰. v. ec.
Reliure ancienne.

2961. **Constantiniade**, par M. R. Paris 1846. 1 v. in 4⁰. m. bl. fil. tr. d.
Belle édition et reliure élégante.

2962. **Histoire des Temps contemporains**, par Victor Duruy, Paris 1875. 11 v. in 8⁰. dos mar. citr. fil. tr. dor.
Edition nouvelle.

2963. **Histoire des Naufrages**, par M. D. Avocat, Paris 1800. 3 vol. in 16⁰.
Riche édition et reliure·

2964. **Histoire générale des Voyages**, par J. L. Laharpe, Paris 1820. 24 vol. in 4⁰. dos mar. vert fil. tr. dor.
Ouvrage très estimé.

2965. **Histoire des Grands Vézirs**, par P***, Paris 1783. 1 vol. in 12⁰. maroq. fil. tr. dor. (Derome).
Ouvrage très bien conservé.

2966. **Correspondance d'Henri D'écoublean de Sourdes**, par Eugène Sue. Paris 1839. 3 vol. in 8⁰.
Demi reliure. Exemplaire sur grand papier vélin·

2967. **Histoire de Rasselas**, Madame X***, Paris 1832. 1 vol. in 4⁰.
Bel exemplaire et ancienne reliure en grand papier réglé·

2968. **Histoire de Paris**, par J. A. Dulaure, Paris 1853. 1 vol. in 8⁰. maroq. f. fil. tr. dor.
Edition avec figures gravées sur bois·

2969. **Histoire de Tymour**, par L. Langlès, Paris 1797. 1 vol. in 4⁰.
Riche reliure et édition illustrée·

240

2970. **Lettres sur la Morée et Constantinople,** Paris 1820. 2 vol. in 4⁰. dos et coins de mar. cit. fil. tr. dor.

Bel exemplaire sur grand papier réglé.

2971. **Tableaux des Nouveaux Réglements,** par Mahmoud Rayf éfendy, Constantinople 1863. 1 vol. in 8⁰.

Une des premières éditions en caractères latin imprimées à Constantinople.

2972. **Histoires des Principaux Lazarets de l'Europe,** par Jean Houard, Paris 1801. 1 vol. in 4⁰.

Bel exemplaire et belle reliure.

CATALOGUES

2973. **Catalogue des livres de la bibliothèque du feu M. Le Duc de la Lavallère,** par G. Debure, fils ainé et Van Praït, Paris 1783. 3 vol. in 8⁰. m. r. f. tr. d.
Ancienne reliure.

2974. **Catalogue de la bibliothèque de M. Ant. Augustin Renouard,** dont la vente a eu lieu le 20 novembre Paris, Potier et J. Renouard 1854. in 8⁰.
Demi reliure mar. rouge.

2975. **Catalogue des livres de la bibliothèque du prince d'Essling,** Paris Techener 1847. in 8⁰.
Demi reliure.

2976. **Catalogue des livres Imprimés,** par l'Imprimerie Royale, Paris 1735. 10 vol. in folio.
Veau fauve reliure ancienne.

2977. **Catalogue de la Bibliothèque de M. Félix Solar,** Paris J. Techner 1860. 1 v. in 8⁰.
Dos mar. noir du levant.

2978. **Bibliothèque Orientale,** par Herbelot, Paris 1782. 4 vol. in 8⁰.
Belle reliure.

MANUSCRITS ET CALENDRIERS

2979. **Notices et Extraits des Manuscrits,** par M····. 1787-89-90-99-1801-04-10-13-18-27-31-38, Paris 13 vol. in 8⁰.
Demi reliure.

2980. **Notices des Manuscrits des Rois,** par Raynal, Paris 1787. 3 v. in 8⁰.
Belle reliure.

2981.   **Les Manuscrits Arabes,** par Hartvig Derembourg, Paris 1884. 2 v. in 8⁰.
Reliure orientale ·

2982.   **Les Manuscrits Persans,** par le Baron Victor Rosen, Paris 1886. 1 v. in 4⁰.
Demi reliure ·

2983.   **Calendrier Musulman,** par R. Martin, Paris 1857. 1 vol. in 8⁰.
Belle édition et reliure élégante ·

2984.   **Manuel des Théories des Calendriers,** par Francœur, Paris 1842. 1 v. in 16⁰.
Belle reliure · (Encyclopédie Roret) ·

BIOGRAPHIE

2985.   **En ce present volume sont contenues les vyes de huict excellens et renommez personnages grecz et romains,** escriptes premièrement en langue grecque par Plutarque de cheronée et depuis translat en français par feu révérend Père en Dieu messire Georges de Selue, en son vivant enesque de Lavaur, Paris Galliot du Pré 1547. in 8⁰. mar. r. f. tr. d.
Reliure anglaise, Bel exemplaire réglé ·

2986.   **La Vie des hommes illustres,** par Plutarque, Paris 1818. 13 vol. in 4⁰.
dos mar. vert fil. tr. dor.
Belle édition de la bibliothèque Latine française de C. L. Panckouke ·

2987.   **Œuvres de Brantôme avec des remarques historiques et critiques,** par le Duchat, Lancelot et Prosper Marchand, La Haye 1740. 15 vol. in 16⁰. mar. r. tr. d. (Bauzonnet).
Très bel exemplaire non rogné d'une édition estimée il provient de la bibliothèque de M. Arm· Bertin.

2988.   **Œuvres complètes de Brantôme avec notices littéraires,** par Buchon, Paris 1838. 2 vol. in 8⁰.
Demi reliure · v. f.

2989.   **Biographie Universelle ancienne et moderne,** par une Société de Gens de lettres, Paris 1811. 64 vol. in 16⁰. dos mar. rouge fil. tr. dor. (Capé).
Très bel exemplaire, rempli de témoins, d'un livre fort recherché enrichi d'un grand nombre de figures gravées sur bois.

2990.   **Vies de Cornelius Nepos,** par C. L. F. Panckouke, Paris 1844. 1 v. in 8⁰.
dos mar. vert.
Edition de la bibliothèque Latine française ·

2991.   **Les Hommes Illustres de l'Orient,** par Alexandre Mazas, Paris 1847. 2 volumes in 4⁰.
Belle édition avec gravures et reliure élégante·

2992. **Noms d'hommes**, par Ensèle Salverte, Paris 1824. 2 vol. in 4º.
Demi reliure. Belle édition avec gravures coloriées.

2993. **Les Souverains du Monde**, par Terrason, Paris 1722. 4 vol. in 16º mar.
f. fil. tr. (Duru).
Superbe édition avec gravures et portraits.

2994. **Histoires des Grands Hommes**, par A. Lamartine, Paris 1850. 1 vol.
in 8º. broché.
Belle édition.

2995. **Les Femmes Célèbres**, par Sainte-Beuve, Paris 1859. 1 vol. in 8º. mar.
vert fil. tr. dor. à comp.
Magnifique exemplaire d'une édition remplie de gravures sur acier.

2996. **Galerie Historique, Généalogique et Biographique des Souverains Européens**,
actuellement regnants 1860-65, par Gustave Doré, Bruxelles 1865. pet. in
folio. mar. rouge fil. tr. dor.
Reliure de luxe. Superbe exemplaire d'une édition. avec des gravures de M. Gust.
Doré.

2997. **Les Femmes célèbres de l'Ancienne France**, par M. Le Roux de Linay,
Paris, le Roi 1852. mar. vert fil. tr. dor.
Reliure élégante. Gravures sur acier peintes par Lauté et Goutine. édition de luxe.

2998. **Journal d'Antoine Galland pendant son séjour à Constantinople**, par Ch.
Scheffer, Paris 1881. 1 vol. in 8º.
Belle édition.

EXTRAITS HISTORIQUES
ET MELANGES ENCYCLOPÉDIQUES

2999. **Encyclopédie portative**, Paris L. Deburé, 6 vol. in 32º. veau ant. fil.
(Trautz Bauzonnet).
Six petits volumes charmants, imprimés avec soin sur papier vélin et reliés avec goût,
comprenant; Resumé complet de morale, par V. Parisot, 1726 —

3000. **Encyclopédie Poétique**, par une Société de Gens de lettres, Paris 1804.
34 vol. in 16º. dos mar. vert fil. tr. dor.
Superbe édition sur papier vélin.

3001. **Encyclopédie du XIXème siécle**, par une Société de Gens de lettres, Paris
1867. 87 vol. in 4º.
Edition illustrée. Belle reliure.

3002. **Encyclopédie Universelle**, par Dupiney de Varepierre, Paris 1868. 4 vol.
in folio.
Edition illustrée. Superbe reliure.

ANNEXES.

BEAUX-ARTS

3003. **Architecture civile et religieuse du 1er. au VIIème siècle,** par Melchior de Vogué, Paris Noblet et Baudry 1865. 1 vol. in 4°. grand. dos mar. noir fil. tr. dor. (Duru).
Reliure élégante. Dessins d'Auguste Guillamot. Magnifique édition.

3004. **Les Constitutions de tous les pays civilisés,** par Mme La Princesse de Sesignana, Bruxelles 1880. petit in folio. mar. rouge fil. tr. dor.
Reliure très riche. Superbe édition avec des portraits peints par la princesse.

ROMANS

3005. **Œuvres illustrées d'Elie Berthet,** Paris Hipp. Boisgrand 1854. 1 v. in 4°.
Gravures de E. Coppin.

3006. **Œuvres Complètes de Fenimore Cooper,** Trad. De La Bedollière, Paris 1865. Gost Barba, 4 vol. in 4°.
Nouvelle édition illustrée par Bertall.

3007. **Œuvres de François Rabelais,** par P. L. Jacob, Paris 1854. 1 vol. in 4°.
Edition illustrée par Gustave Doré.

3008. **Œuvres illustrées de Clémence Robert,** Paris 1854. 1 vol. in 4°.
Edition illustrée par Drumond.

3009. **Œuvres illustrées de M. Eugène Scribe De l'Académie française,** Paris 1855.
Dessins par Tony et Alfred Johannot. Staal, Panquet.

3010. **Histoire, Pittoresque, Dramatique et Caricaturale de la Sainte Russie,** D'après les chroniqueurs et Historiens, Nestor, Nikan, Sylvestre, Karampir, Ségar, etc. commentée et illustrée de 500 magnifiques gravures par Gustave Doré. Gravée sur bois par toute la nouvelle école, sous la direction générale de Sotain, Paris 1854. 1 vol. in 4°.
Charmante édition.

3011. **Veillées Littéraires illustrées,** 2 vol. in 4°.
Charmante édition illustrées.

3012. **Romans Populaires,** Paris 1849. 14 vol. in 4°.
Edition illustrée par Bertall.

كتب انكليزيه

ENGLISH BOOKS

LIVRES ANGLAIS

Typ. et Lith. K. Bagdadlian, Constantinople   طاش و حروفات مطبعه‌سى ق. بغداديان استانبول

THEOLOGY & HISTORY OF RELIGIONS

THÉOLOGIE & HISTOIRES DES RÉLIGIONS

HOLY SCRIPTURES.   ECRITURE SAINTE

3013.   The Bible in the Levant   **La Bible dans le Levant,** par K. C. N. Righter Londres 1851. 1 vol in 16º. mar. vert. fil tr. dor.
Reliure Anglaise de Clarke. Magnifique exemplaire en papier vélin orné de 12 gravures sur acier·

3014.   Dictionary of the Bible   **Dictionnaire de la Bible,** par C. Boutell M. A. Londres 1871. 1 vol. in 4º. dos mar. vert. du levant fil. tr. dor. .
Superbe exemplaire d'une édition très soignée·

3015.   Origin of the four Gospels   **Origine des quatres Evangiles,** par. W. L. Gage Londres. 1868. 1 vol. in 8º. mar. vert fil tr. dor.
Superbe édition ornée de plusieurs gravures sur acier·

3016.   The Pentateuch   **Le Pentateuque,** par. Fohn V. Colenso Londres 1862 5 vol. in 4º. maroquin vert foncé fil tr. d...
Reliure très élégante, bel exemplaire sur papier vélin, éditeur Walker·

HISTORY GÉNÉRALITY.   HISTOIRES GÉNÉRALITÉS

3017.   The Religions of the World   **Les Religions du Monde,** par Fréderic Danison Maurice Londres. Walker. 1852. 1 vol. large in 8º. veau. f. rouge·
Bel exemplaire sur papier vélin. Belle reliure édition ornée de 24 figures coloriées.

3018.   The Popes.   **Les Papes,** par C. A. T. Wilks Londres. 1 vol. in 8º. dos de mar. noir. fil. tr.
Superbe édition et très belle reliure·

3019.   Introduction to the science of Religion   **Préliminaire sur la Science de la Religion,** par Max Muller, Londres, 1873. 1 vol in 8º. mar. rouge à compartiments fil tr. dor.
Reliure Anglaise de Clarke· Très belle édition avec quelques gravures·

3020.   Modern Christianity   **Le Christianisme moderne,** par. Dame Europa's School. Londres. 1875. 1 vol in 4₀. dos de mar. noir fil tr. dor.
Magnifique exemplaire d'une édition réglée chef-d'œuvre typohraphique·

246

3021· History of the Christian Church **Histoire de l'Eglise Chrétienne,** par
R. Alfred Lyall. Londres Walker. 3 vol in 4º.
Edition sur grand papier vélin, ornée de 24 gravures·

3022. Eastern Church **Eglise Orientale,** par. Arthur Stanley Londres.1861.
1 vol in 4º. mar. rouge fil. tr. dor. à compart.
Très bel exemplaire sur papier vélin·

3023. A History of the Georgian Church **Histoire de l'Eglise Géorgienne,**
par. S. C. Molan. Londres. 1838. 1 vol in 4º·
Superbe reliure anglaise et édition sur grand papier.

3024. History of Muhammedanism **Histoire du Mahométauisme,** par. Ch.
Mills. Londres Walker. 1818. 1 vol in 4º. mar. rouge fil tr. dor.
Belle édition et belle reliure.

3025. Personnal Narrative of a Pilgrinage to El. Medinah and Meccak **Récits
Personnels du Pelerinage en Medine et en Mecque,** par. Richard F. Burton
Londres 1855. 3 vol in 8º demi reliure en mar du levant.
Très bel exemplaire d'une édition réglée.

3026. The Pilgrim's Progress **Les Progrès des Pélérins,** par. John Burgam.
Londres 1760. 1 vol. in 8º.
Splendide reliure et édition de Luxe·

3027. Travels in the Religions Inda and China **Voyages de Réligion dans les
Indes et la Chine,** par. Thomas Will. Atkinson Londres. 1 vol. in 8º.
Belle édition et belle reliure·

JURISPRUDENCE. JURISPRUDENCE

3028. A Digest of the Laws of England **Digeste des Lois en Angleterre,** par.
Will Cruise. Londres 1834. 2 vol. in 8º. dos de mar. vert fil tr. dorée à
compart.
Superbe édition réglée, reliure élégante.

3029. Commentaries on the Law of Agency **Commentaires sur la Loi des
Agences,** par Joseph Story. Londres 1839. 1 vol in 4º. Toile verte fil tr. dor.
Walker.
Belle reliure anglaise édition nette et réglée.

3030. Commentaries on the conflict of Laws **Commentaires sur le conflit des
Lois,** par. Joseph Sory. Londres 1834. 1 vol in 4º.
Édition très soignée, reliure en toile rose bien conservée·

3031. The Law Relating to Inda **La Loi relative aux Indes,** par. H. Allen.
Londres Walker 1841. 1 volume in 8º. veau.
Belle édition et belle reliure.

3032.   Commentaries on American Law.   **Commentaires sur le Droit Améri-
cain,** par. James Kent. Londres 1832. 2 vol. in 4⁰.
Beau spécimen de reliure et édition soignée.

3033.   Principles of the Law of Nations   **Principes du Droit des Nations,**
par. A. Polson. Londres 1848.
Bel exemplaire d'une édition ornée de gravures et d'une reliure élégante.

3034.   A Treatise on the Law   **Traité sur le Droit,** Par. W. Paley. Londres
1822. 1 vol. in. 4⁰. mar. roug. fil tr. dor.
Belle reliure de Clarke. édition de Walker.

3035.   A Treatise on the Law of Evedence   **Traité sur le Droit du Témoignage,**
par. un Gentleman. Londres 1823. 1 vol. in 8⁰.
Belle édition.

3036.   Qanoon-e-Islam   **Lois Musulmanes,** Par. Jaffur Shurrof. Londres.
Walker 1832. 1 vol. in 4o.
Bel exemplaire sur papier vélin, reliure riche et élégante.

SCIENCES AND ARTS

SCIENCES & ARTS

PHILOSOPHY· METAPHYSICS· LOGIC·

PHILOSOPHIE· METAPHYSIQUE· LOGIQUE·

3037.   Natural Philosophy   **Philosophie Naturelle,** par. Thomas Tate. Londres
Walker. 1859. 1 vol. in 8⁰. dos de mar. rouge fil. tranche dorée.
Belle édition et belle reliure.

3038.   The Little Philosopher   **Le Petit Philosophe,** par. Thomas Tate. Londres 1860. 2 vol. in 16⁰.
Demi reliure en maroquin rouge de Tanger.

3039.   Proverbial Philosophy   **Philosophie Proverbiale,** par. Martin F. Tup-
per. 1 vol. in 4⁰. dos. de maroquin vert fil. tr. dor. Walker.
Bel exemplaire d'une édition réglée et parfaite.

3040.   The Philosophy of Education   **La Philosophie de l'Education,** par. T.
Tate. Londres 1860. 1 vol. in 8⁰. dos et coins mar. roug. fil tr. dor.
Belle édition et reliure anglaise de Clarke·

3041.   School of Manners   **L'Ecole des Mœurs,** par. David Shea. Londres 1843.
3 vol in 8⁰.
Demi reliure et belle édition.

3042. The Progress of the Nation **Le Progrès des Nations,** par. G . R . Porter 1837. 2 vol. in 8⁰. mar. roug. fil tr. dor.
Splendide exemplaire d'une édition ornée de belles gravures coloriées.

POLITIC AND DIPLOMATY. POLITIQUE & DIPLOMATIE

3043. The Political Life Robert Peel Burt **La Vie Politique de Sir Robert Peel Burt,** Par. Thomas Douldeday. Londres 1856, 1 vol. in 4⁰.
Charmante édition imprimée avec soin et reliure très élégante.

3044. Political Essays **Essais Politiques,** Par. Lord Hobart. Londres 1866. 1 vol. in 8⁰.
Charmante édition ornée de gravures.

3045. Jnstitutes Political and Military **Instituts Politiques et Militaires,** par. Joseph White. Londres. 1871. 1 vol. in 8⁰. dos de mar. noir fil tr. dor.
Charmante édition imprimée avec soin.

3046. Report of the Board of officers **Rapport sur la Pension des officiers,** par. X·· ·· 1873 Londres. 1 vol. in 8⁰·
Demi reliure en maroquin du levant·

3047. The Original Paper **Documents,** par. Monièr Williams. Londres 1859. 1 vol in 4⁰.
Belle édition et reliure élégantes.

3048. American Diplomatic Correspondance **Correspondance Diplomatique A-méricaine,** par. La 1ère Session du 39ème Congrès Washington 1866. 4⁰. vol. in 4⁰. mar. noir fil tr. dor.
Superbe exemplaire d'une édition soigneusement imprimée.

3049. Annual Reports **Rapports Annuels,** par. Smithsoman Institution. Washington 1855,-56,-58,-59,-63. 5 vol. in 4⁰.
Reliure toile rose fil. tr. dor. Belle édition.

3050. Reports **Rapports,** par· The Jurus. Londres 1852. 1 vol. in 8⁰.
Demi reliure en maroquin du levant.

3051. Narrative of the Portuguese Embassy **Récits de l'Embassade Portugaise,** par Father Francisco Alvarez London Walker 1871. 1 vol. in 8⁰. mar. noir fil tr. dor.
Charmante exemplaire d'une édition complète.

3052. Papers Relatifs to the Jurisdiction of her Majesty's Consul's in the Levant. **Documents relatifs de la Juridiction des Consulats de sa Majesté au Levant,** Londres 1845. 1 vol. in 4⁰.
Bel exemplaire d'une édition de luxe et d'une reliure très riche et très élégante.

3053.   Annual Report of the Secretary. of the Interior.   **Rapport Annuel du sécrétériat de l'Intérieur**, Wasingthon. par. G. ***1882. 4⁰. vol. in 8⁰.
Beau spécimen de reliure moderne.

3054.   Jubile Volume of the statiscal Society Volume. **Volume de Jubilé sur la Société de statistique,** par la Société même. Londres 1885. 1 vol. in 4⁰.
Belle édition et belle reliure.

3055.   Originals Letters and Pappers. **Lettres Originales et Papiers du Viscomte,** Stangfort Londres 1878. 1 vol. in 8⁰.
Bel exemplaire d'une édition imprimée avec soin et d'une reliure remarquablement belle.

3056.   Lectures of European Civilization **Lectures sur la Civilisation européenne,** par. Guizot Londres Walker. 1837· 1 vol. in 8⁰. dos de mar. noir fil tr dor.
Superbe édition de luxe et reliure très-élégante·

3057.   The Russian Question. **La Question Russe**, Par S. H. Urgunkare. Londres 1879. 1 vol. in 8⁰. dos et coins mar orange fil tr dor.
Bel exemplaire d'une édition ornée de plusieurs gravures·

3058.   Journal of Political to Afghanistan **Journal Politique de l'Afghanistan,** par H. W. Bellew. Londres. 1857. 1 vol. in 4⁰. mar. citron fil tr. dor.
Superbe édition ornée de figures coloriées.

3059.   Tewelve Year's study of the Eastern question in Bulgarian **Douze années d'Etude sur la question d'orient en Bulgarie,** par. S. G. B. Sᵗ. Clair Londres. 1877. 1 vol. in 4⁰. mar citron gaufré.
Bel exemplaire avec 6 plans·

3060.   Report of. the commissioner of Education **Rapport sur l'Education,** par. G. P*** Londres 1872. 1 vol. in 8⁰.
Belle édition et belle reliure·

3061.   Report of Washington the commissioner of Education **Rapport de Washington sur l'Education,** Washington 1872. G. Paff*** 1 vol. in 8⁰.
Bel exemplaire bien imprimé édition nouvelle.

3062.   Essays of Business **Essais sur les Travaux,** Par. W. Parker 1853. 1 vol. in 4⁰.
Bel exemplaire d'une édition et d'une reliure élégante.

3063.   Every Bodys Business. **Le Travail de chaque enfants,** par. X*** Londres 1805. Walker 1 vol. in 8⁰.
Demi reliure un maroquin du Levant·

3064.   Every Day Life **La vie de chaque jour,** par. Boz Londres. 1859. 1 vol. in 8⁰.
Belle édition et belle reliure.

1065.   The Domestic Oracle **L'Oracle Domestique**, par. B. Alexandre Murray. Londres 1864. 1 vol. in 8o. veau fauve.

Bel exemplaire·

3066.   Natural history **Histoire Naturelle**, par. R. T. G. Wood Londres 1 vol. in 16o. dos de mar. noir. fil. tr. dor.

Bel exemplaire d'une édition ornée de 140 gravures.

3067.   Natural History **Histoire Naturelle,** par. Worthington Hooker Londres. 1859. 1 vol. in 4o.

Demi reliure· Edition illustrée.

3068.   Natural History **Histoire Naturelle**, par Edv. Morris Londres. 1855. 2 vol. in 4o. reliure en toile verte fil tr. dor.

Magnifique exemplaire d'une édition remplie de gravures.

3669.   Natural History **Histoire Naturelle**, par. H. G. Adams Kendres 1856. 1 vol. in 8o.

Belle édition illustrée.

3070.   Natural History **Histoire Naturelle**, par. S. G. Wood. Londres 1852. 3 vol. in 8o. mar. rouge fil tr. dorée.

Edition contenant, Les mammifères, les oiseaux et les reptiles avec vignettes·

3071.   The Natural history Rewiew **Revue de l'Histoire Naturelle**, par. la société de la Revue, Londres 4870. 4 vol. in 4o· dos et coins mar. citr. fil tr. dor.

Charmante édition illustrée·

3072.   The Physical history **Histoire Physique**, par James Coules Richard Londres 1851. 3 vol. in 4o.

Demi reliure· Beau spécimen rempli de figures.

3073.   Treatise on the Falsification of food **Traité sur la Falsification des aliments**, par John Mitchell, Londres 1848· 1 vol. in 16o. broché.

Belle édition·

3074.   Lessons of the Phenomena **Leçons sur les Phenomènes**, par Richard Dawes, Londres 1861. 1 vol. in 16o.

Edition avec planches et figures·

3075.   History of the Earth **Histoire de la Terre**, par Oliver Goldsmith, Londres 1822. 6 vol. in 4o. mar. noir fil. tr. dor.

Magnifique exemplaire orné d'une grande quantité de figures·

3076.   Wilds Animals **Les Animaux Féroces**,   par Joseph Wolf, Lon:'res 1874. 1 vol. in 8o.

Belle édition ornée de figures.

3077.   The Descent of Man **Origine de l'homme**, par Charles Darvin, Londres 1871. 2 vol. in 8⁰.
Belle édition et belle reliure ·

3078.   The Earth and Man   **La Terre et l'homme**, par Arnold Gugot, Londres 1860. 1 vol. in 4⁰.
Bel exemplaire d'une reliure élégante.

3079.   Insectivorus Plants   **Plantes Insectivores**, par Charles Darvin, Londres 1875. 1 vol. in 8⁰. dos de mar. noir fil. tr. dor.
Bel exemplaire d'une édition complète ·

3080.   Pish **Poissons**, par Piscator, Londres 1854. 1 vol. in 16⁰.
Edition remplie de gravures.

2081.   The Human Race   **La Race Humaine**, par Georges Pouchet. 1. vol. in 4⁰.
Belle édition et belle reliure ·

3082.   Geology   **Géologie**, par David Page, Londres 1861. 1 vol. in 4⁰·
Demi reliure au maroquin rouge du Levant.

3083 .   Report on the Productions of Agriculture   **Rapport sur les Productions de l'Agriculture**,   par le Census Office, Londres 1883. 2. vol. in 8⁰.
Edition nouvelle et reliure élégante.

MEDICAL'S SCIENCES   SCIENCES MÉDICALES

3084.   Phatology   **Phatologie**, par Beyram, Londres. 1 vol. in 8⁰. grand. toile Jaune fil. tr, dor.
Magnifique exemplaire d'une édition remarquablement soignée .

3085.   First Book on anatomy   **Premier Livre d'Anatomie**, par Calvin Culter, Londres 1859 . 1 vol. in 4⁰. broché.
Belle édition ornée de plusieurs gravures ·

3086.   Phrenology   **Phrenologie**   par Fréderic Bridges, Londres 1861. 1 vol. in 16⁰.
Belle édition et belle reliure.

3087.   The Book of Blockeads   **Le Livre des Idiots**   par Charles Bennet, Londres 1864. 1 vol. in 8⁰. dos de mar. vert fil. tr. dor.
Belle édition.

MATHEMATICS SCIENCES
SCIENCES MATHEMATIQUES

3088.   Arithmetic **Arithmetique**, par Thomas Tate, Londres 1862. 1 vol. in 16⁰.
Belle reliure ·

3089. Principles of Geometry **Principes de Géometrie**, par Thomas Tate, Londres 1860. 1 vol. in 4⁰.
Demi reliure. Belle édition ornée de plusieurs gravures.

3090. Algebra **Algèbre**, par T. Tate, Londres 1863. 1 vol. in 4⁰·
Belle édition reliure élégante.

3091. Algebra **Algèbre**, par Frederic Rosen, Londres 1831. 1 vol. in 8⁰.
Bel exemplaire avec planches·

3092. The Work of Benjamin Franklin **Les Œuvres de Binjamin Franklin**, Londres 1824. 1 vol. in 8⁰.
Chef-d'œuvre typographique.

3093. The Cambridge University Calendrier **Calendrier de l'Université de Cambridge**, par John Deghton, Londres 1852. 1 vol. in 8⁰.
Reliure en toile rose fil tr· dorée·

3094. Annual Rapport of the Chief of Ordonance **Rapport Annuel du chef d'Ordonnance**, par Le Governement, Londres 1874. 3 vol. in 4.
Belle édition et belle reliure·

3095. A Treatise on Astronomy F. W. Herschel **Traité d'Astronomie**, par John, Londres 1850. 1 vol. in 8⁰.
Bel exemplaire d'une édition complète·

3096. Astro-Theology **Astrologie**, par Henry Mosleoy, Londres 1860· 1 vol. in 8⁰.
Bel exemplaire d'une reliure élégante·

3097. Astronomy **Astronomie**, par Marogo, Londres 1859. 1 vol. in 18⁰.
Belle édition avec planches·

3098. Manufactures and Commerce **Manufactures et Commerce**, par Harrison Londres 1859. 1 vol. in 8⁰.
Nouvelle édition avec des figures coloriées et reliure en maroquin vert.

3099. Capital and Labour **Capital et Travail**, par Charles Knigt, Londres 1845. 1 vol. in 8⁰. fil. tr. Toile rose.
Demi reliure. Edition imprimée avec soin.

3100. Theory of Credit **Théorie du Crédit**, par Dinning Macteod, Londres 2 vol. in 8⁰.
Charmante reliure d'une élégance artistique.

FINE-ARTS.   BEAUX-ARTS

3101. The fine History Natural Arts **Beaux-arts de l'histoire Naturelle**, par La Quarterly Rewiew, Londres 1866, 67. 37 vol. in 4⁰. mar. noir fil. tr. dor.
Sur papier vélin et d'une reliure très riche et très élégante.

3102. A Dictionnary of Greek and Roman Antiquities **Dictionnaire des Antiquités Grecques et Romaines,** par W. Smith, Londres 1 vol. in 4⁰. dos et coins de maroquin noir fil. tr. dor.
Charmante édition ornée de gravures coloriées.

3103. The Testimony Profane Antiquity **L'Attestation de l'Antiquité Profane,** par Mathew Bidges, Londres 1848. 1 vol. in 4⁰.
Demi reliure et charmante édition.

3104. Indian Antiquities **Antiquités Indiennes,** par John White Londres 1806. 3 vol. in 8⁰.
Bel exemplaire d'une édition illustrée et d'une reliure bien conservée.

3105. Normandy Antiquities **Antiquités de Normandie,** par Cassel, Londres 1 vol. in 4⁰.
Belle reliure et édition soigneusement imprimée.

3106. The Builder's Portofolio **Le Portefeuille des Architectes,** par J. Collis, 1 vol. in 8⁰. dos de mar. citron fil. tr. dor.
Superbe édition illustrée.

3107. The India Architectura **L'Architecture Indienne,** par Markans Kitton Calcutta, 1830. 1 vol. in folio.
Bel exemplaire d'une édition avec planches.

3108. History of Indian and Eastern Architectura **Histoire des Indes et de l'Architecture Orientale,** par James Fergusson, Londres 1870 1 vol. in 4⁰. mar. vert fil. tr. dor.
Superbe édition illustrée.

3109. The Illustrated Handbook of Architectura **Manuel illustré d'Architecture,** par Jones Fergusson, Londres 1815. 2 vol. in 8⁰.
Demi reliure et édition illustrée.

3110. Plans elevation Section Alhambra **Plans d'Elevations Section Alhambra,** par Jones, Londres 1855. 2 vol. in folio.
Charmante reliure et édition remplie de gravures.

3111. The Story The Universities Museum **Histoire du Musée de l'Université,** par Henri Rowley, Londres 1867. 1 vol. in 8⁰.
Belle édition et belle reliure.

3112. Phœnici Inscriptiones. **Inscriptions Phénicienne,** P. I. Dunbar, Londres 2 vol. in 4⁰. dos de mar. vert fil. tr. d.
Charmante édition illustrée.

3113. Catalogue of Seals and Whales in Bristh Museum **Catalogue des Veaux-Marins et des Baleines dans le Musée Anglais,** par John Edvard Gray, Londres 1866. 1 vol. in 4⁰. dos de mar. rouge.
Superbe édition avec figures.

3114. How to see the Bristish Museum   par P. Blanchard Jerrold. 1873.
1 vol in 18º.
Belle reliure et édition illustrée.

3115. History International exhibition **Histoire de l'Exposition Internationale,**
par John Hailing Shead, Londres 1862. 2 vol. in 3º. dos de mar. violet f. tr.
Belle reliure et Charmante édition illustrée.

3116. Exhibition of the Works of industria **Exposition des arts de l'Indrustrie,**
par Owen, Londres 1875. 1 vol. in folio.
Edition sur papier vélin, ornée de plusieurs gravures.

3117. Curiosities **Curiosités,** par Georges Kearly, Londres 1875. 1 vol. in 4º.
Superbe édition illustrée et très belle reliure.

3118. Pictures of Society Grave and Gay **Peintures de la société Grave et Gay,**
par des Auteurs Populaires, Londres 1864. 1 vol. in 8º.
Très joli exemplaire d'une reliure très riche.

3119. The Picture Scrap Book **Fragemements de Peinture,** par Joseph, Londres. 1 vol. in 8º. dos de mar. noir fil. tr. dor.
Superbe exemplaire d'une édition enrichie gravures sur fer.

3120. Pictures from the Battle Fieds   par Roving Inglishman,   Londres 4
vol. in 8º.
Belle édition.

3121. Aya Sofia Constantinople **Sainte Sophie Constantinople,** par Chevalier
Gaspard Fossati, Londres un vol. in folio.
Superbe édition ornée de peintures de Louis Hoche.

3122. Recollections of Massino D'Azeglio **Souvenirs de Massino D'Azeglio,**
par Le Count Maffie, Londres 1868. 2 vol. in 4º.
Superbe édition ornée de splendides peintures.

3123. Wiew's in Egypte **Vues en Egypte,** par Luigi Mayer, Londres 1 vol. in folio.
Plusieurs beaux tableaux.

3124. View of the State of Europa **Vue de l'Etat de l'Europe,** par Henry Hattain.
Bel exemplaire avec gravures coloriées.

3125. The Monuments of Assyria **Les Monuments de L'Assyrie,** par Charles
Fowler, Londres 1859. 1 vol. in 4º. dos mar. noir fil. tr. dor.
Charmante édition et reliure élegante.

3126. The Orientales Collections of Asia **Collections Orientales en Asie,** par
Cooper, Londres 1797. 2 vol. in 8º. veau fauve fil. tr. d.
Belle édition.

3127. The Art Illuminating par C. T. Taytt, Londres 1883. 1 vol. in 8º.
dos mar. fauve fil. tr.
Edition nouvelle illustrées.

BELLES-LETTRES

GRAMMARS·

BELES-LETTRES

GRAMMAIRES

3128. A Compendious Grammaire **Grammaire Abrégée**, par Georges Haley Londres 1801. 1 vol. in 8⁰. mar. noir fil. tr. dor.
Bel exemplaire d'une édition bien conservée.

3129· The essential of English Grammar **L'Essentiel de la Grammaire anglaise,** par J. D. Morelle A. M. Londres 1862. 1 vol. in 8⁰.
Demi reliure. Charmante édition.

3130. Grammatography **Grammatographie,** par F. Ball Horn, Londres 1861. 1 vol. in 4⁰. mar. rouge fil. tr. dor.
Bel exemplaire d'une édition réglée.

3131. Industani Grammar **Grammaire Indoue,** par E. B. Eastvick, Londres 1885. 1 vol. in 8⁰.
Bell édition et belle reliure.

3132. Modern French and English conversation **Nouvelles Conversations françaises et anglaises,** par Bellenger Londres 1826. 1 vol. in 18⁰.
Dixième édition contenant de nouveaux dialogues sur les sujets les plus en usage.

3133. English and German dialogues **Dialogues anglais et allemands,** par Perrin Hambourg 1822. 1 vol. in 12⁰.
2ème Edition revue et corrigée.

DICTIONARY.   DICTIONNAIRES

3134. Vocabulaire encyclopédique de Poche Français-Italien-Anglais. par Falletti 1826. in 12⁰.
2ème édition revue corrigée et augmentée contenant les termes propres des sciences et des art, de médecine, de legistation, etc. Enrichi de plusieurs annotations importantes, et d'un tableau général et comparatif de la valeur de toutes les monnaies de l'Europe et de l'Amérique; utile et commode aux amateurs des trois langues et aux voyageurs.

3135. Pronouncing Dictionary **Dictionnaire de la prononciation,** par Pulton et Konight, Edinbourgh 1814. 1 vol. in 16⁰. broché.
Belle édition en deux colonnes·

3136.. Le Nouveau Dictionnaire Universel Français-Anglais et Anglais-Français, par Garner, Londres 2 vol. in 4⁰.
Extrait des écrits des meilleurs auteurs, ainsi que des dictionnaires, particulièrement de celui de M· Boyer, Contenant une grammaire anglaise Abrégée, écrite en français et les éléments de grammaire française, écrits en anglais, et un grand nombre d'Articles qui ne se trouvent dans aucun ouvrage de cette espèce·

3137.   Dictionary of the English language   **Dictionnaire du langage anglais,** par Samuel Johnson, London 1805. 1 vol. in folio.
Edition avec portrait sur papier vélin, reliure veau.

3138.   New Pocket Dictionary   **Nouveau Dictionnaire de Poche, français-anglais et anglais-français,**   par Nugent, Paris 1828.
Très jolie édition sur papier vélin. 19ème édition, revue par Ouiseau contenant tous les mots généralement en usage, et autorisés par les meilleurs auteurs.

3139.   English Vocabulary   **Vocabulaire anglais,** par S. W. Koelle, Londres 1854. 1 vol. in 8⁰. mar. violet fil. tr. dor.
Bel exemplaire d'une édition réglée·

3140.   Polyglotta africana   **Polyglotte africain,**   par S. W. Koelle, Londres 1855. 1 vol. in 4⁰. grand dos de mar. noir fil. tr. dor.
Bel exemplaire d'une édition et d'une reliure élégante.

RHETORIC AND LITERATURE

RHÉTORIQUE & LITTÉRATURE

3141.   Treatise on Rhetoric   **Traité de Rhétorique,** par Graduate, Londres 1848. 1 vol in 8⁰.
Demi reliure bel exemplaire.

3142.   The Discourses of George Horne   **Les Discours de Georges Horne,** par J. Walker, Londres 1812. 3 vol. in 18⁰. dos de maroq. vert fil. tr dor.
Edition sur papier vélin satiné.

3143.   Sermons   **Sermons,** par Hugh Blair, Londres 1822. 5 vol. in 8⁰,
Reliure veau. Belle édition sur papier vélin.

3144.   Lectures on rhetoric and Belles-lettres   **Lectures sur la rhétorique et les Belles lettres,**   par Hugh Plair, London 1820. 3 vol. in 8⁰. cart.
Bel exemplaire d'une édition imprimée avec soin·

3145.   The Science of Language   **La Science du Langage,**   par Max Muller, Londres 1864. 2 vol. in 8⁰.
Belle édition et reliure·

3146.   African Literature History   **Histoire de la littérature africaine,**   par S. W. Koelle, Londres 1854. 1 vol. in 8⁰.
Charmante reliure basane. Belle édition·

3147.   Outlines of Comparative Physiologie   **Esquisse de la Physiologie Comparative,** par Louis Agassiz, Londres 1855. 1 vol. in 8⁰.
Reliure veau. Bel exemplaire d'une édition parfaite.

POESY.   POÉSIE

3148. The History of English Poetry **Histoire de la Poésie Anglaise**,   par Warton, Londres 1824. 4 vol. in 8º. toile verte fil. tr. d.
Superbe exemplaire d'une édition complète·

3149. Reliques of Ancient English Poetry **Fragments de l'Ancienne Poésie Anglaise**, par Thomas Percy, Londres 1868. 3 vol. in 8º.
Reliure anglaise· Superbe édition.

3150. Specimens With Memors of the Less Know British Poets **Spécimens avec mémoires des plus célébres Poètes Anglais**,   par Georges Gilfillan, Londres 1860. 2 vol. in 8º. dos de mar. orange fil. tr. dor.
Bel exemplaire sur papier vélin·

3151. Specimens With memors of the British Poets **Spécimens avec mémoires des Poètes Anglais**, par Georges Gilfillan, Londres 1867 2 vol. in 8º. dos de mar. orange fil. tr· dor.
Belle édition et reliure élégante.

3152. Biographical notices of Persian Poets Notices **Biographiques des Poètes Persans**, par James Reynold, Londres 18 vol
Demi reliure dos de veau·

3153. Selections from British Poets **Choix des Poètes Anglais**, par Sir Phillip Sidney, Londres 1862. 2 vol. in 16º.
Belle reliure en toile violette & charmante édition·

3154. The Book of Poets **Livre des Poètes**, par Becton, Londres. 1 vol. in 8º.
Demi reliure dos de maroquin.

3155. British Poets **Poètes Anglais**,   Londres 1822. 15 vol. in 12º. tranche marbrée.
Très belle édition élégamment relié en veau et avec une suite de gravures publiées par le célébre Sharpe·

3156. The Illiad's and Odyssey of Homer **L'Illiade et L'Odyssée d'Homère** Trad en anglais par Alex. Pope, Londres 1802. 5 vol. in 8º.
Reliure anglaise élégante et édition parfaite.

3157. Works of Horace **Les Œuvres d'Horace Trad· en Anglais**, par Francis, Londres Walker 1815. 1 vol. in 4º.
Edition avec figures. Exemplaire cartonné· On trouvera dans le même volume à l'avant propos la vie du traducteur.

3158. The Odos of Anacreon **Les Odes d'Anacréon**, par Thomas Girdlestone, Londres 1804. 1 vol. in 8º.
Belle édition et belle reliure·

3159.   Appollonius of Tyana **Appollonius et Tyana,**   par Osmond de Beauvoir Priault, Londres 1863. 1 vol. in 8⁰. dos de mar. noir. tr. marbrée.
Bel exemplaire avec figures·

3160.   Pœm **Poeme,**   par Lord Byron, Londres 1865. 1 vol. in 8⁰. veau fauve.
Superbe édition avec portrait.

3161.   Pœms **Poemes,** par Collin et Beattie, Londres 1816. 1 vol. in 24. Walker.
Belle édition cartonnée·

3162.   Pœms **Poemes,** par Burn, Londres 1826. 1 vol. in 24⁰.

3163.   Pœms **Poemes,** par Cowper, Dublin 1805. 2 vol. in 8⁰.
Charmant Exemplaire édition Walker·

3164.   Megha Dita Pœm **Megha Dita Poeme,** par H. Hay. Wilson, Londres 1813. 1 vol. in 8⁰.
Demi reliure toile rose· Belle édition.

3165.   Old Ballad English **Anciennes ballades anglaises,** par B. Foster, Londres 1860. 1 vol. in 8⁰. Dos de mar. noir fil. tr. marbrée.
Charmante édition·

3166.   The Poetical Works of Matthiew Prior **Les œuvres Poetiques de Matthieu Prior,** Londres 1825. 1 vol. in 8⁰.
Reliure anglaise. Bel exemplaire édition Gilfillan.

3167.   The Pœtical Works of Edmund Waller **Les Œuvres Poetiques d'Edmond Waller,** Londres 1862. 1 vol. in 8⁰.
Reliure anglaise. Charmant exemplaire de l'édition Gilfillan.

3168.   The Pœlical Works of John Milton **Les Œuvres Poetiques de John Milton,** Londres 1842. 4 vol. in 8⁰.
Reliure anglaise. Belle édition de G. Gilfillan.

3169.   The Poetical Works of Richard Crashow **Les Œuvres Poetiques de Richard Crashow,** Londres 1 vol. in 8⁰.
Reliure anglaise· Bel exemplaire de G. Gilfillan·

3170.   The Pœtical Works of Sir Thomas Wyatt **Les Œuvres Poetiques de Sir Thomas Wyatt,** Londres. 1 vol. in 8⁰.
Reliure anglaise. Elégante édition dè G. Gilfillan.

3171.   The Poetical Works of Johnson Parnell-Gray **Les Œuvres Poetiques de Johnson Parnell-Gray,** Londres 1863. 1 vol. in 8⁰.
Reliure anglaise. Edition G. Gilfillan.

3172.   The Poetical Works of Mark Akenside **Les Œuvres Poetiques de Marc Akenside,** Londres 1868. 2 vol in 8⁰.
Reliure anglaise· Charmante édition de Gilfillan·

3173. The Poetical Works of Armonstrong **Les Œuvres Poétiques d'Armonstrong,** Londres 1858. 1 vol. in 8⁰.
Bel exemplaire de l'èdition G. Gilfillan.

3174. The Poeticals Works Shelley's **Les Œuvres Poétiques de Shelley,** Londres 1843. 5 vol. in 16⁰.
Reliure anglaise veau· Magnifique édition avec des gravures de Sharpe·

3175. The Poetical Works of Alexandre Pope **Les Œuvres Poétiques d'Alexandre Pope,** Londres 1822. 3 vol. in 12⁰.
Demi reliure· Bel exemplaire d'une édition parfaite.

3176. The Poetical Works of Edmund Waller **Les Œuvres Poétiques d'Edmond Waller,** Londres 1869. 1 vol. in 8⁰.
Edition et reliure de Charles Cowden Clarke·

3177. The Poetical Works of Lord Byron **Les Œuvres Poétiques de Lord Byron,** Londres 1865. 1 vol. in 8⁰. dos de mar. fil. tr. d.
Charmante édition imprimée avec soin.

3178. The Poetical Works of Lord Byron **Les Œuvres Poétiques de Lord Byron,** Londres 1829. 1 vol. in 8⁰.
Superbe exemplaire de l'édition Brœnner.

3179. The Poetical Works of Robert Burn's **Les Œuvres Poétiques de Robert Burns,** Londres 1851. 1 vol. in 8⁰.
Bel exemplaire d'une édition soignée et d'une reliure anglaise très élégante·

3180. The Poetical Works of Walter Scott **Les Œuvres Poétiques de Walter Scott,** Londres 1826. 1 vol. in 8⁰.
Magnifique édition de H. L· Brœnner avec vignettes·

3181. The Poetical Works of H. W. Longfelow **Les Œuvres Poétiques de H. W. Longfelow,** par P. Neslon, Londres 1861. 1 vol. in 8⁰.
Belle reliure anglaise et belle édition.

3182. The Poetical Works of Walter Scott. **Les Œuvres Poétiques de Walter Scott,** par J. Ginbert, Londres 1860. 1 vol. in 8⁰.
Demi reliure· Charmante édition imprimée avec soin sur papier vélin avec portrait.

3183. The Poetical Works of J. Milton **Les Œuvres Poétiques de J. Milton,** Londres 1822. 3 vol. in 12⁰.
Reliure veau. Charmante édition. On trouvera à l'avant propos la vie de l'auteur.

3184. Paradise Lost **Le Paradis perdu,** par John Milton, Londres Sharpe 1822. 2 vol. in 12⁰. cart.
Edition embellie par des superbes dessin de Westall.

3185. Minor poems **Poemes Mineurs,** par J. Milton, Londres 1816. 1 vol. in 12⁰. veau fauve.
Bel exemplaire d'une édition sur papier vélin, ornée de beaux dessins de Westall.

3186.   The Poetical Works of Thomas Moore **Les Œuvres Poétiques de Thomas Moore,**   Paris 1827. 1 vol. in 8⁰.

Charmante édition complète sur papier vélin..

3187.   The Poetical Works of Thomas Moore **Les Œuvres Poétiques de Thomas Moore,**   Paris 1827. 7 vol. in 32⁰. veau fauve.

Bel exemplaire sur papier vélin.

3188.   The Poetical Works of Alex· Pope **Les Œuvres Poétiques d'Alexandre Pope,**   Londres Walker 1802. 1 vol. in 24⁰. cart.

Edition avec figures et sur papier vélin.

3189.   The Poetical Works of Alex. Pope **Les Œuvres Poétiques d'Alexandre Pope,**   Paris 1823. 3 vol. in 32⁰·

Charmante édition snr papier vélin.

3190.   The Poetical Works of Sir Walter Scott **Les Œuvres Poétiques de Sir Walter Scott,**   Londres 1863. 1 vol. in 8⁰. cartonné.

Superbe édition sur papier vélin, portrait avant la lettre.

3191.   The Poetical Works of Sir Walter Scott **Les Œuvres Poétiques de sir Walter Scott,**   Londres 1863. 1 vol. in 8⁰. cartonné.

Magnifique édition sur papier superfin satiné et portrait avant la lettre, sur papier de Chine.

3192.   The Poetical Works of Sir Walter Scott **Les Œuvres Poétiques de sir Walter Scott,**   Londres 7 vol. in 12⁰.

Sept volumes imprimés par Diodot pour accompagner l'édition in-12 des Œuvres en prose, papier fin satiné, ornée d'un beau portrait.

3193.   The Poetical Works of W. Wordsworth **Les Œuvres Poétiques de W. Wordsworth,** Londres 1867. 1 vol. in 8⁰. cartonné.

Edition complète en un volume, ornée d'un beau portrait.

3194.   The Poetical Works of W. Wordsworth **Les Œuvres Poétiques de W. Wordsworth,**   Londres 1867. 1 vol. in 8⁰. cartonné.

Edition sur gr. papier vélin.

3195.   The Poetical Works of Muthew Prior **Les Œuvres Poétiques de Matthieu Prior,**   Edimbourg 1868. 1 vol. in 8⁰. reliure recouverte de toile violette fil. tr. dor.

Belle édition de P. W. Nimmo.

3196.   The Poetical Works of William Shenstone **Les Œuvres Poétiques de William Shenstone,**   Edinbourg 1868. 1 vol. in 8⁰.

Belle reliure recouverte de toile violette fil. tr. dor. de l'édition. P. W. Nimmo.

3197.   The Poetical Works of J. Addison **Les Œuvres Poétiques de J. Addison,**   Edinbourg 1869. 1 vol. in 8⁰.

Charmante reliure en toile violette fil. tr· d. belle édition de M. M. P. W. Nimmo.

3198. The Poetical Works of Beattie **Les Œuvres Poetiqnes de Beattie,** Edinbourg 1869. 1 vol in 8⁰.
Reliure recouverte de toile violette fil. tr. d. de l'édition P. W. Nimmo.

3199. The Poetical Works of Robert Burns **Les Œuvres Poétiques de Robert Burns,** Edinbourg 1868. 2 vol. in 8⁰.
Belle reliure recouverte de toile violette. fil· tr. dorée· Charmante édition de W . P· Nimmo.

3200. The Poetical Works of Goldsmith **Les Œuvres Poétiques de Goldsmith,** Edinbourg 1868. 1 vol. in 8⁰.
Reliure recouverte de toile violette f· tr. d. Superbe édition de P. W. Nimmo.

3201. The Poetical Works of H. K. White **Les Œuvres Poétiques d'Henri K. White,** Edinbourg 1868. 3 vol· in 8⁰.
Bel exemplaire d'une reliure recouverte de toile violette fil· tr. d. et appartenant à l'édition P· W. Nimmo.

3202. The Poetical Works of W. Lisle Bowles **Les Œuvres Poétiques de W. Lisle Bowles,** Edinbourg 1869. 8 vol. in 8⁰.
Reliure recouverte de toile violette fil. tr. d· édition P. W. Nimmo.

3203. The Poetical Works of Samuel Butler **Les Œuvres Poétiques de Samuel, Butler,** Edinbourg 1868. 2 vol. in 8⁰.
Reliure recouverte de toile violette fil· tr. d. Charmante édition de P. W. Nimmo.

3204. The Poetical Works of Sir Walker Scott. **Les Œuvres Poétiques de Sir Walter Scott,** Edinbourg 1867. 3 vol. in 8⁰.
Belle reliure recouverte de toile violette fil. tr. d. édition de P. W· Nimmo·

3205. The Poetical Works of John Dryden **Les Œuvres' Poétiques de John Dryden,** Edinbourg 1868. 2 vol. in 8⁰.
Reliure recouverte de toile violette fil. tr. d· Charmante édition de P. W· Nimmo.

3206. The Poetical Works of Charles Churchill **Les Œuvres Poétiqnes de Charles Churchill,** Edinbourg 1868. 1 vol. in 8⁰.
Belle édition de P· W. Nimmo, reliure recouverte de toile viollette fil. tr· d.

3207. Hudibras **Hudibras,** par Zachary Greg. Dublin 1860. 2 vol. in 8⁰.
Charmante édition avec gravures sur papier vélin.

3208. Hudibras **Hudibras,** par Samuel Butler, New-York 1821. 1 vol. in 16⁰. dos de mar. jaune fil. tr. marbrée.
Magnifique exemplaire d'une édition soigneusement imprimée·

PROSE. PROSE

3209· The souvenir of Literature and art **Le Souvenir de la Littératurè et de l'art,** par Elegant Cabinet, Londres 1850. 1 vol. in 8⁰.cartonné.
Bel exemplaire d'une édition complète.

3210. Bleak House **La Maison Sombre**, par Charles Dickens, Londres 1 vol. in 16⁰.

Très belle reliure recouverte de toile rose fil· tr. marbrée. Superbe édition avec portrait·

3211. The life and adventures of Martin Chuzt **La vie et les aventures de Martine Chuzt**, par Charles Diekens, Londres 1 vol. in 16⁰.

Magnifique édition avec portrait, charmante reliure recouverte de toile rose fil· tr. marbrée·

3212. Our Mutuals Friends **Nos Amis Mutuels**, par Charles Dickens, Londres 1 vol. in 16⁰.

Belle reliure recouverte de toile rose fil · tr. marbrée charmante édition·

3213. Nicholas Nickleby **Nicolas Nickleby**, par Charles Dickens, Londres 1869. 1 vol. in 16⁰.

Superbe édition reliure recouverte de toile rose fil· tr. marbrée.

3214. The Personnal of History David Capperfold **L'Histoire Personnelle de David Capperfolde**, par Charles Dickens 1860. 1 vol. in 16⁰.

Superbe reliure recouverte de toile rose fil· tr. marbrée magnifique édition avec vignettes·

3215. The Adventures of Oliver Twest **Les Aventures de Oliver Twest**, par Charles Dickens, Londres 1869. 1 vol. 16⁰.

Edition soigneusement imprimée et belle reliure recouverte de toile rose fil· tr. marbrée·

3216. Barnaby Rudge **Barnaby Rudge**, par Charles Dickens, Londres 1869 1 vol. in 8⁰.

Reliure recouverte de toile rose fil. tr· marbrée édition complète·

3217. Little Dorrit **Le Petit Dorrit**, par Charles Dieckens, Londres 1869. 1 vol. in 16⁰.

Bel exemplaire d'une édition complète et d'une reliure recouverte de toile rose fil. tr. marbrée.

3218. Dombey and Son **Dombey et fils**, par Charles Dickens, Londres 1869. 1 vol. in 16⁰.

Reliure recouverte de toile rose fil· tr. marbrée. Belle édition avec vignettes·

3219. Hord Times and Pictures from Huly. par Charles Dickens, Londres 1869. 1 vol in 16⁰.

Charmante édition et reliure recouverte de toile rose fil· tr. marbrée·

3220. The Old Curiosity **Curiosités Anciennes**, par Charles Dickens, Londres 1869. 1 vol. in 16⁰.

Charmante reliure recouverte de toile rose fil. tr. marbrée édition soignée.

3221. American Notes **Notes Américaines**, par Charles Dickens, Londres 1869. 1 vol. in 16⁰.

Belle reliure recouverte de toile rose fil. tr. marbrée, édition imprimée avec soin·

3222. The Posthumies Papers **Papiers Posthumes**, par Charles Dickens, Londres 1869. 1 vol. in 16⁰.

Charmante édition complète, reliure recouverte de toile rose fil. tr. marbrée.

3223. Jacob Faitful **Jacob Faitful**, par Charles Dickens, Londres 1869. 1 vol. in 16⁰.

Belle édition et reliure recouverte de toile rose fil. tr. marbrée.

3224. Jacob Faitful **Jacob Fidèle**, par Marryat, Londres 1865. 1 vol. in 16o.

Bel exemplaire d'une édition sur papier vélin et reliure anglaise très élégante.

3225. To God for Hun le même P. F. Marryat, Londres 1869. 1 vol. in 16⁰.

Bel exemplaire d'une édition sur papier vélin et reliure anglaise très élégante.

3226. Percival Reen **Percival Reen**, par F. Marryat Londres 1865. 1 vol. in 16⁰.

Bel exemplaire d'une édition sur papier vélin et reliure anglaise très élégante.

3227. Olla Podieda **Olla Podieda**, par F. Marryat, Londres 1866. 1 vol. in 16⁰.

Bel exemplaire d'une édition sur papier vélin et reliure anglaise très élégante.

3228. Valerie **Valerie**, par F. Marryat, Londres 1865. 1 vol in 16⁰.

Bel exemplaire d'une édition sur papier vélin et reliure anglaise très élégante.

3229. Japhet in Searet of a Pather **Japhet à la recherche d'un père**, par F. Marryat, Londres 1865. 1 vol. in 16⁰.

Bel exemplaire d'une édition sur papier vélin et reliure anglaise très élégante.

3230. Peter simple **Peter le simple**, par F. Marryat, Londres 1865. 1 vol. in 16⁰.

Bel exemplaire d'nne édition sur papier vélin et reliure anglaise très élégante.

3231. Frank Mildmay **Frank Mildmay**, par F. Marryat, Londres 1862. 1 vol. in 16o.

Bel exemplaire d'une édition sur papier vélin et reliure anglaise très élégante.

3232. The dog Fieno **Le chien Fieno**, par F. Marryat, Londres 1865. 1 vol. in 16⁰.

Bel exemplaire d'une édition sur papier vélin et reliure anglaise très élégante.

3233. The King's **Le King's**, par F. Marryat, Londres 1865. 1 vol. in 16⁰.

Bel exemplaire d'une édition sur papier aélin et reliur anglaise très élégante.

3234. Newton Forster **Newton Forster**, par F. Marryat, Londres 1865. 1 vol. in 16⁰.

Bel exemplaire d'une édition sur papier vélin et reliure anglaise très élégante·

3235. Nelley Brooke **Nelly Brooke**, par F. Marryat, Londres 1869 1 vol. in 16o.

Bel exemplaire d'une édition sur papier vélin et reliure anglaise très élégante·

3236. Gup **Gup**, par F. Marryat, Londres 1869. 1 vol. in 16º.
Bel exemplaire d'une édition sur papier vélin et reliure anglaise très élégante.

3237. woman Against Womam **Femme pour Femme**, par F. Marryat, Londres 1869. 1 vol. in 16º.
Bel exemplaire d'une édition sur papier vélin et reliure anglaise très élégante.

3238. Monns violet **Monté violets**, par F. Marryat, Londres 1865. 1 vol. in 16º.
Bel exemplaire d'une édition sur papier vélin et reliure anglaise très élégante.

3239. The Poacher **Le Braconnier**, par F. Marryat, Londres 1865. 1 vol. in 16º.
Bel exemplaire d'une édition sur papier vélin et reliure anglaise très élégante.

3240. Rattlin the Reifer **Rattlin le Reifer**, par F. Marryat, Londres 1865. 1 vol. in 16º.
Bel exemplaire d'une édition sur papier vélin et reliure anglaise très élégante.

3241. The Fantom Splap **Le Vaisseau Fantome**, par F. Marryat, Londres 1865. 1 vol. in 16º.
Bel exemplaire d'un édition sur papier velin et reliure anglaise très élégante.

3242. The Pacha of Many Tales **Le Pacha de plusieurs faits**, par E. Marryat, Londres 1865. 1 vol. in 16º.
Bel exemplaire d'une édition sur papier vélin et reliure anglaise très élégante.

3243. Midshipman Easy **Le Midshipman Aisé**, par F. Marryat, Londres 1865. 1 vol. in 16º.
Bel exemplaire d'une édition sur papier vélin et reliure anglaise très élégante.

3244. Aboy Sybil **Aboy Sibyl**, par B. D'Israeli, Londres 1856. 1 vol. in 16º.
Magnifique édition avec portrait sur papier superfin satiné. Demi reliure tr. marbrée.

3245. Contarini Fleming **Contarini Fleming**, par B. D'Israeli, Londre 1856. 1 vol. in 16º.
Magnifique édition avec portrait sur papier superfin satiné. Demi reliure tr. marbrée.

3246. The Poung Duk Coningsh **The Poung Duk Coningsh**, par B. D'Israeli, Londres 1856. 1 vol. in 16º.
Magnifique édition avec portrait sur papier superfin satiné, demi reliure tr. marbrée.

3247. Vivian Grey **Vivian Grey**, par B. D'Israeli, Londres 1856. 1 vol. in 16º.
Magnifique édition avec portrait sur papier superfin satiné demi reliure tr. marbrée.

3248. Henrietta Temple Trancred **Henrietta Temple Trancred**, par B. D'Israeli Londres 1856. 1 vol. in 8º.
Magnifique édition avec portrait sur papier superfin satiné demi reliure tr. marbrée.

3249. Curiosities of Literature **Curiosités de Littérature**, par I. D'Israeli, Londres 1819. 1 vol. in 8º.
Magnifique édition avec portrait sur papier superfin satiné, demi reliure tr. marbrée.

3250. Emma **Emma,** par J. Austen, Londres 1869. 1 vol. in 16⁰.

Belle reliure en veau fauve fil. tr. dor. charmante édition avec portrait et vignettes.

3251. Sense and Sensibility **Sens et Sensibilité,** par J. Austen, Londres 1869. 1 vol. in 16⁰.

Belle reliure en veau fauve fil. tr· dor· charmante édition avec portrait et vignetes.

3252. Northaryer Ablevy **Northaryer Ablevy,** par Jane Austen, Londres 1869. 1 vol. in 16⁰.

Belle reliure en veau fauve fil· tr· dor. charmante édition avec portrait et vignettes.

3253. Mansfield Park **Parc Mansfield,** par Jane Austen, Londres 1869. 6 vol. in 16⁰.

Belle reliure en veau fauve fil· tr. dor· charmante édition avec portrait et vignettes.

3254. Prid and Prejudice **Orgine et Préjudice,** par Jane Austen, Londres 1869. 1 vol. in 16⁰.

Belle reliure en veau fauve fil· tr· dor· édition avec portrait et vignettes.

3255. The Works of Sir William Love **Les Œuvres de Sir William Love,** Londres 1804. 3 vol. in 16⁰. cartonné.

Charmant exemplaire d'une édition soigneusement imprimée et illustrée par Sharpe.

3256. The Works of Sir Willian Jones **Les Œuvres de Sir William Jones,** Londres 1874. 6 vol. 16⁰. cartonné.

Charmante exemplaire d'une édition reglée et parfaite.

3257. The Dramatic Works of Richard Brinsley Sheriden **Les Œuvres Dramatiques de Richard Brinsley Sheridan,** Londres 1865. 1 vol. in 8⁰. dos de mar. fauve fil. tr. d.

Superbe exemplaire d'une édition soignée.

3258. The Dramatic Works of Shakspeare **Les Œuvres Dramatiques de W. Shakspeare,** Londres 1837. 5 vol. in 16⁰. cartonné.

Magnifique édition sur papier vélin ornée de plusieurs figures.

3259. The Works of William Shakspeare **Les Œuvres Dramatiques de William Shakspeare,** par Frédéric Warne and Compagny, Londres 1860. 1 vol. in 8⁰.

Superbe édition sur papier vélin satiné.

3260. Pearls of Shakspeare **Les Perles de Shakspeare,** Londres 1869. 1 vol. in 8⁰.

Demi reliure, belle édition.

3261. The Plays of William Shakspeare **Les Comédies de W. Sgakspeare,** par Georges Stevens, Londres 1805. 10 vol. in 16⁰.

Superbe reliure recouverte de toile verte fil. tr. marbrée. Edition illustrée sur papier vélin.

3262.   The Comedies, Histories, Tragedies of W. Shakspear **Les Comédies Histories Tragédies de W. Shakspeare,** Londres Walker. 2 vol. in 8⁰.

Belle reliure et édition illustrée.

3263.   Goldsmith Works **Les Œuvres de Goldsmith,** par H. Dulcken, Londres. 1 vol. in 8⁰. grand toile rose.

Bel exemplaire d'une édition avec gravures.

3264.   Goldsmith Works **Les Œuvres de Goldsmith,** par W. Irving, Londres 1856. 1 vol. in 8⁰.

Belle reliure recouverte de toile rose et édition illustrée.

3265.   The Works of Saint-Pierre **Les Œuvres de B. de Saint Pierre,** par R. E. Clarke, Londres 1846. 2 vol. in 8⁰.

Superbe édition avec portraits et vignettes, reliure anglaise de Clarke·

3266.   Works of Alexander Dumas **Les Œuvres d'Alexandre Dumas père,** par B. Rowtledje, Londres 1865. 20 vol. in 8⁰.

Superbe exemplaire d'une édition illustrée et d'une reliure recouverte de toile verte fil. tr· marbrée·

3267.   Roman history of Goldsmith's **Histoire et Roman de Goldsmith,** Londres 1816. 1 vol. in 8⁰.

Belle édition et belle reliure.

3268.   Byron's Works **Œuvres de Lord Byron,** par John Murray, Londres 1845. 1 vol. in 8⁰.

Bel exemplaire et reliure recouverte de toile verte·

3269.   The Select Works of Lord Byron **Œuvres Choisies de Lord Byron,** Londres 1831. 1 vol. 12⁰.

Charmante édition sur papier superfin avec portrait et reliure recouverte de toile rose·

3270.   Dramatic Works of Beaumont and Fletcher's **Œuvres Dramatiques de Beaumont et Fletcher,** Londres 1834. 3 vol. 8⁰.

Edition revue et annotée par les soin de Georges Colman. Charmant reliure au veau

3271.   British Classics **Classiques Anglais Edits,** par I. W. Lake. 1845 22 vol. in 32⁰.

Cette collection renferme les œuvres choisies en prose et en vers des meilleurs auteurs modernes avec leurs préfaces originales· papier vélin et portraits.

3272.   Byron's complete Works **Œuvres complètes de Lord Byron,** Paris 1827 1 vol. in 8⁰. cart.

Edition sur papier superfin satiné·

3273.   Byron's complete Works **Œuvres complètes de Lord Byron,** Paris. 12 vol. in 22⁰. Paris 1827. 12 vol. in 22⁰.

Superbe édition papier vélin, satiné, ornée d'un très beau portrait.

3274. Life and exploits of Don Quixote of Cervantes **La vie et les exploits de Don Quichotte de Cerventés Traduction de Jarvis,** Londres 1809. 4 vol. in 18⁰.
Bel exemplaire d'une édition avec figures et reliure recouverte de toile verte.

3275. Dramatic Works of Coleman **Œuvres Dramatiques de Coleman,** Paris 1823. 4 vol. in 32⁰.
Edition sur papier vélin, Belle reliure.

3276. Prose Works of Sir Walter Scott **Les Œuvres en Prose de Sir Walter Scott,** Paris 1865. 6 vol. in 8⁰.
Belle reliure anglaise, édition ornée d'une superbe portrait contenant 79 volumes de l'édition in 12⁰.. papier superfin satiné.

3277. Dramatic Works of Sheridan **Les Œuvres Dramatiques de Sheridan avec la vie de l'auteur,** Paris 1822. Didot 4 vol. in 32⁰.
Edition papier vélin Portrait.

3278. The School for Scandal **L'Ecole du Scandale,** par Sheridan, Paris Didot 1816. 1 vol. in 18⁰.
Belle édition et belle reliure.

3279. Dramatic Works of W. Shakspeare **Les Œuvres Dramatiques de Shakspeare.,** Londres 1821. 12 vol. in 8⁰. reliure veau.
Edition avec papier des Dr. Johnson.

3280. Sir William Jones **Sir William Jones,** par Samuel Charles Wilks, Londres 1835. 2 vol. in 16⁰.
Charmante édition illustrée et d'une reliure recouverte de toile rose tr. marbrée.

3281. Merry and Wite **Merry et Wite,** par Old Mery, Londres 1867. 1 vol. in 16⁰.
Belle reliure.

3282. The Captive Missionnary **Le Missionnaire Captif,** par R. Henri A. Sterne, Londres 1856. 1 vol. in 8⁰.
Magnifique édition sur papier fin satiné et ornée de plusieurs vignettes.

3283. The Journal **Le Journal,** Londres 1 vol. in 4⁰.
Belle édition et belle reliure.

3284. The Story of Elaine **Histoire d'Elaine,** par Thomas Mallorg, Londres 1871. 1 vol. in folio.
Ouvrage sur papier vélin avec des charmantes gravures et reliure recouverte de toile rouge fil. tr. dor.

3285. Waverley Novels **Nouvelles de Warveley,** par Warveley, Londres 1841 2 vol. in 8⁰.
Belle édition et charmante reliure.

3286. Secta **Secta,** par Medow's Taylor, Londres. 3 vol. in 8⁰.
Reliure recouverte de toile violette, Belle édition.

3287.   Phantom Fortune **La Fortune Fantome**, par L. A. S*** 1884. 1 vol. in 8⁰.
Charmante édition sur papier vélin.

3288.   Confession of Rousseau **Les Confessions de J. J. Rousseau Trad**, par
Weadows Taylor 1873. 1 vol. in 8⁰.
Charmant exemplaire d'une édition complète.

3289.   The Complete Angler **Manuel Complet du pécheur à la ligne**, par Isaac
Walton, Londres 1069. 1 vol in 8⁰.
Bel exemplaire avec figures.

3290.   The Bouquet **Le Bouquet**, par plusieurs auteurs distringues, Londres 1852. 1 vol. in 16⁰.
Charmante édition et belle reliure anglaise.

3291.   Uncle Tonis Cabine **L'oncle Tonis Cabine**, par Harriet Bucker How,
Londres 1852. 1 vol. in 8⁰.
Reliure anglaise veau tranche marbrée, superbe édition.

3292.   Magazine **Journal**, par Farlcey's, Londres 1870. 1 vol. in 8⁰.
Journal illustré et relié.

3293.   Joe Miller's Jest **Joe Miller's Jest**, par V*** Londres 1860. 1 vol. in 8⁰.
Edition de luxe sur papier superfin avec portrait et vignettes, Reliure anglaise très riche.

3294.   A Lady's Life in the Mountains Rocky **La vie des Dames aux Montagnes
Rocheuses**, par Isatella Bird, Londres 1880. 1 vol. in 8⁰.
Belle édition et belle reliure.

3295.   The Autographic Miror **Miroir Autographique**, par X* B*** Londres
1870. 6 vol. in folio.
Magnifique exemplaire d'une édition avec gravure sur acier.

3296.   Volga **Volga**, par Thomas Moore, Londres 1868. 2 vol. in 4⁰.
Reliure recouverte de toile violette tr. marbrée, charmante édition.

3297.   Touches of Nature **Les Touches de la nature**, par plusieurs auteurs,
Londres 1848. 1 1 vol. in 8⁰.
Reliure anglaise veau superbe édition ornée de charmantes gravures par un éminent artiste.

3298.   A Vicaire of Wakefield **Le Vicaire de Wakefield**, par Charles Nodier
Londres 1838. 1 vol. in 8⁰.
Bel exemplaire d'une édition soigneusement imprimée et reliure recouverte de toile
rose.

3299.   Guess of Truth **La Conjecture de Truth**, par Deux frères, Londres 1847
1 vol. in 8⁰.
Superbe reliure recouverte de toile violette fil. tr. marbrée.

3300.   Vade Mecum **Vade Mecum**, par I. W. Redhouse, Londres 1855. 1 vol. in 12⁰.
Magnifique reliure anglaise veau fil. tr. dor. Superbe édition sur papier vélin.

3301. The adventures of Roderick Random **Les Aventures de Roderick Random,** Londres par Th. Smotlett. 1 vol. in 8⁰.
Bel exemplaire d'une édition et d'une reliure très élégantes.

3302. The Adventures of Arthur O'Leary **Les Aventures d'Arthur O'Leary,** par Charles Lever, Londres 1865. 1 vol. in 8⁰.
Très bel exemplaire d'une édition très élégante dont la reliure est recouverte d'une toile rose très bien conservée.

3303. Easy Lessons **Leçons Facils,** par Parker, Londres 1867. 1 vol. in 16⁰.
Belle édition et belle reliure.

3304. The Saucy Aréthusa **L'Impudente Aréthouse,** par C. Charmier, Londres 1 vol. in 8⁰.
Bel exemplaire d'une édition ornée de superbes gravures et soigneusement relié.

3305. One Guard a Noble **Une Garde-Noble,** par A. Thomas, Londres 1 vol. in 8⁰.
Superbe exemplaire d'une édition complète.

3306. The life and Adventures of Valentine Vox **La vie et les Aventures de Valentine Vox,** par Henry Cockton, Londres 1856. 1 vol. in 8⁰.
Charmante édition avec portrait et vignettes, reliure de luxe.

3307. Treasury of Knowldje **Trésor des Sciences,** par C. Lampie, Londres 1831. 1 vol. 12⁰.
Belle édition remplie de vignettes charmante reliure.

3308. Ishmael **Ismaël,** par A* L*** 1860 Londres. 1 vol. in 8⁰.
Bel exemplaire d'une reliure fil. tr. marbrée.

3309. The Camp of Refuges **Le Camp de Refuge,** par William R*** Londres 1844. 1 vol. in 12⁰.
Bel exemplaire sur papier vélin satiné belle reliure.

3310. Romola **Romola,** par Georges Eliot, Londres 1863. 1 vol. in 16⁰.
Charmante édition et belle reliure.

3311. Ian's Story **Histoires de Ian's,** par W. Knigten's, Londres 1865. 1 vol. in 8⁰.
Bel exemplaire d'une reliure recouverte de toile noire fil. tr. dor.

3312. The Adventures of a Lady in Tartary Thibet China **Les Aventures d'une Dame en Tartarie au Thibet et en Chine,** par M. Harvey, Londres 1853 in 8⁰.
Charmant exemplaire d'une édition de luxe sur papier superfin satiné avec des charmantes gravures reliure anglaise en veau fil. tr. dor.

3313. The Princess a Medley **La Princesse de Medley,** par Alfred Tennyson Londres 1866. 1 vol. in 8⁰.
Belle reliure recouverte de toile rose fil. tr. marbrée.

3314. Aventures of Munchausen **Les Aventures de Munchausen**, par O. H. Bennett, Londres 1865. 1 vol. in 4⁰.

Belle édition anglaise illustrée.

3315. The Story of Dooshœanta and Sakoontala **Histoire de Donshwanta et de Sakonntala**, par Dalrymple, Londres 1794. 1 vol. in 8⁰.

Superbe édition d'une reliure très élégante et en parfait état.

3316. Don Quijote by cervantes **Don Quichotte de Cerventés Trad**, par Charles Jarvis, Londres 1801. 4 vol. in 8⁰.

Superbe exemplaire d'une édition sur papier vélin, ornée de plus de 234 vignettes et gravures reliure anglaise recouverte de toile couleur marron fil. tr. marbrée.

3317. Leonilda **Léonilda**, par Felix Meldred, Londres 1857. 1 vol in 8⁰.

Belle édition et belle reliure.

3318. A. Noble Queen **La Noble Reine**, par Meadows Taylor, Londres 1882 1 vol. in 8⁰.

Bel exemplaire sur papier vélin.

3319. Captivity of Two Russian Princess in the Caucasus **Captivité de deux Princesses Russes dans le Caucause**, par H. Sutherlavd Edwards, Londres 1857 1 vol. in 8⁰.

Charmante édition et charmante reliure.

3320. Travels Gullivers **Voyages de Gulliver**, par Jonathan Swift, Londres 1818. 1 vol. in 8⁰.

Belle édition sur papier vélin ornée d'une quantité, de figures, reliure anglaise de Clarke.

3321. The Song Celestial **Le Chant Celeste**, par Edwin Arnold Londres 1885. 1 vol. in 8⁰.

Belle édition de Walker reliure veau fil. tr. dor.

3322. A Guide the Knowledge of life **Le Guide des Sciences de la vie**, par Rolurt James, Londres 1845. 1 vol. in 16⁰.

Reliure recouverte de toile couleur marron fil. tr. marbrée charmante édition.

3323. The Minstrel **Le Minstrel**, par James Beattie, Londres 1 vol. in 8⁰.

Charmante exemplaire d'une édition imprimée avec et belle reliure anglaise.

3324. George Geith of Tencourt **Georges Geith de Tencourt**, par Riddell, Londres 1868. 1 vol. in 8⁰.

Bel exemplaire d'une belle reliure recouverte de toile fil. tr. marbrée.

3325. A. Selection from the Writings of Viscount Staugford **Choix des manuscrits du Vicomte Strangford**, Londres 1869. 2 vol. in 18⁰.

Belle reliure anglaise veau-

3326. Chises from a German Works **Echantillons des œuvres Allemandes,** par Max Muller M. A. Londres 1868. 2 vol. in 8⁰.
Superbe édition et reliure de luxe.

3327. Tintud Venus **Tintud Venus,** par F. Austey, Londres 1885. 1 vol. in 16⁰.
Bel exemplaire d'une édition parfaite.

3328. Vixen **Une femme Querelleuse,** par L. B*** Loudres 1 vol. in 8⁰.
Belle édition et belle reliure.

3329. Lux Mundi **La Lumière du Monde,** par Charles Gore, Londres 1890. 1 vol. in 8⁰.
Charmante exemplaire d'une reliure très élégante.

3330. Soyaud Scal **Soyaud Scal,** par Le Mebourne House, Londres 1869 1 vol. in 8⁰.
Belle édition avec figures.

3331. The Somnabulist **Le Somnambule,** par Henri Cockson, Londres 1857 1 vol. in 8⁰. Londres 1857. 1 vol. in 8⁰.
Charmante exemplaire d'une reliure anglaise recouverte de toile rose fil. tr. marbrée.

3332. The Love Match **L'Amour égal,** par Henri Cockson Londres 1869. 1 vol. in 8⁰.
Belle édition et charmante reliure.

3333. Doctor Weld **Le Docteur Weld,** par Deeds N. Words, Londres 1855. 1 vol. in 8⁰.
Bel exemplaire,

3334. Early Adventures in Persia **Aventures Précoces en Perse,** par Sir Henri Layard, Londres 1887. 2 vol. in 8⁰.
Belle édition sur papier vélin, reliure très élégante.

3335. The fine Great **La Grande punition.** par Georges Rawlinson, Londres 1873. 3 vol. in 8⁰.
Belle édition d'une reliure recouverte de toile rose.

3336. History of Robinson Crusoe **Histoire de Robinson Crusoé Trad,** Daniel de Foe, Londres 1864. 1 vol. in 8⁰.
Bel exemplaire d'une édition et d'une reliure très élégante.

3337. The Rank and Tagent of the Tume **The Rank and Tangent of the Tume,** par Bohn, Londres 1861. 1 vol. in 8⁰.
Beau spécimen typographique.

3338. Antar **Antar,** par Terrick Hamelton, Londres 1820. 4 vol. in 8⁰.
Reliure anglaise veau fil. tr. marbrée. charmante édition sur papier vélin, ornée de plusieurs gravures.

3339. The Kieptake **Le Kieptake,** par Fréderic Mauslt Reynold's, Londres 1835. 1 vol. in 8⁰.
Charmante édition et belle reliure.

3340. Eothen **Eothen ,** par Hanley, Londres 1847. 1 vol. in 8⁰.
Belle édition de luxe, reliure en maroquin du levant.

3341. Gey Liwingstone of Thorough **Gey Livingstone of Thorough,** par Maurice Dering, Londres 1850. 1 vol. in 8⁰.
Charmant exemplaire.

3342. Christopher Tadpole **Christophe Tadpole,** par Albert Smith, Londres 1862. 1 vol. in 8⁰.
Edition sur papier vélin.

3343. Sir Gy de Guy **Sir Gy de Guy,** par Rattlebrain, Londres 1864. 1 vol. in 8⁰.
Bel exemplaire d'une reliure recouverte de toile violette fil. tr. marbrée 2ème édition.

3344. Homdy Andy **Homdy Andy,** par Samuel Lover, Londres 1869. 1 vol. in 8⁰.
Charmante exemplaire.

3345. Adventures of Baron Wenselas **Les Aventures du Baron Wenselas,** par par H. H. Wratislaw, Londres 1862 1 vol. in 16⁰.
Belle édition.

3346. Lays of Ancient Rome **Les Chansons de l'Ancienne Rome,** par Thomas Babington Macaulay, Londres 1844. 1 vol. in 4⁰.
Bel exemplaire d'une édition ornée de gravures reliure de luxe très élégantes.

3347. Hange Dwellings **Hange Dwellings,** par R. I. C. Wood, Londres 1872 1 vol. in 8⁰.
Superbe édition et reliure très soignée.

3348. The Fornisopher **Le Fornisopher,** par Francis Balfour, Londres 1783. 1 vol. in 8⁰.
Reliure anglaise veau fil. tr. marbrée, belle édition.

3349. The Guards Juckhinson Man **Les Garde Juckhinson Man,** par Charles Lever, Londres 1848. 1 vol. in 8⁰.
Belle édition sur papier vélin, ornée de gravures.

3350. The Letters **Les Trois Lettres,** par Pamphlet, Londres 1862. 1 vol. in 8⁰.
Charmante reliure et édition de luxe.

3351. The Letters of Junius **Les Lettres de Junius,** par W. Suttaley, Londres 1805. 1 vol. in 8⁰.
Reliure recouverte de toile verte très bien conservée et édition soignée.

3352. Letters **Lettres,** par Georges Teckner, Londres 1870. 2 vol. in 4⁰.
Belle édition soigneusement imprimée et belle reliure.

3353. Novels and Tales **Nouvelles et Contes,** par G*** Londres 3 vof. in 16⁰.
Edition sur papier vélin, reliure anglaise·

3354. Tales a Gromfather **Les Contes de Gromfather,** par Sir Watter Scott,
Edinbourgh 1858. 3 vol. in 8⁰.
Charmante édition de W. P· Nimmo.

3355. A Familiar history **Histoire Familière,** par J. H. Siddons Londres
1860. 1 vol. in 8⁰.
Bel exemplaire.

3356. Dicks Warverley Novels **Les Nouvelles de Dicks Warverley,** par Sir Walter Scott, Londres 1856. 7 vol. in 8⁰.
Edition sur papier vélin illustrée Belle reliure.

3357. Bory O'More **Bory O'More,** par Samuel Cover, Londres 1857. 1 vol.
in 8⁰.
Charmante édition·

3358. Cato **Cato,** paa Addison, Paris 1823. 1 vol. in 18⁰.
Reliure veau tr· marbrée, tragédie en 5 actes.

3359. Pleasures of the Imagination **Les Plaisirs de l'Imagination,** par Aken
side Londres 1853. 1 vol. in 24⁰.
Edition cartonnée avec figures·

3360. Arthur and the Knights of the rouud Table **Arthur et les Chevaliers de
la table ronde,** Londres 1824. 2 vol. in 24⁰.
Edition Walker avec figures·

3361. Flora of North America **Flora de l'Amérique du Nord,** par Barton B.
Philadelphie 1821. 3 vol. in 4⁰.
Demi reliure, édition illustrée de figures coloriées.

3362. Letters **Lettres,** par Burn, Londres 1823. 2 vol. in 24⁰.
Belle reliure et édition de Wittingham·

3363. Humanity **Humanité,** par L*** Londres 1821 1 vol. in 18⁰. cartonné.
Belle édition Percy's papier vélin avec portrait.

3364. Eloquence **Eloquence,** par Lord Erskine, Londres 1821. 1 vol. in 18⁰.
cartonné.
Edition Percy's papier vélin avec portrait·

3365. Vouth **Jeunesse,** par Le fils de Sir Georges Dollas, Londres 1821. 1
vol. in 18⁰. cartonné.
Charmante édition Percy's papier vélin avec portrait·

3366. George III and his family **Georges III et sa famille**, par X*** Londres 1821. 1 vol. in 18º. cartonné.

Bel exemplaire Percy's papier vélin avec portrait.

3367. Enterprise **Entreprise**, par Mungo Park, Londres 1821. 1 vol. in 18º. cartonné.

Belle édition Percy's sur papier vélin avec portrait.

3368. Captivity **Captivité**, par Sir Sidney Smith, Londres 1821. 1 vol. in 18º. cartonné.

Belle édition Percy's sur papier vélin avec portrait.

3369. Science **Science**, par Sir Joseph Banks, Londres 1821. 1 vol. in 18º. cartonné.

Belle édition Percy's sur papier vélin avec portrait.

3370. Heroism **Heroisme**, par la Marquise d'Anglesca, Londres 1821. 1 vol. in 18º. cartonné.

Belle édition Percy's sur papier vélin avec portrait.

3371. Justice **Justice**, par Lord Eldon, Londres 1821. 1 vol. in 18º. cart.

Belle édition Percy's sur papier vélin avec portrait.

3372. Instinct **Instinct**, par L'Ettrick Shepherd, Londres 1821. 1 vol. in 18º. cartonné.

Belle édition Percy's sur papier vélin avec portrait.

3373. Humour **Caprice**, par Georges Colman, Londres 1821. 1 vol. in 18º. cartonné.

Belle édition Percy's sur papier vélin avec portrait.

3374. Imagination **Imagination**, par Sir Walter Scott, Londres 1821. 1 vol. in 18º. cartonné.

Belle édition Percy's sur papier vélin avec portrait.

3375. Fidelity **Fidélité**, par Le Marquis de Hastings, Londres 1821. 1 vol. in 18º. cartonné.

Belle édition Percy's sur papier vélin avec portrait.

3376. Fine Arts **Beaux Arts**, par Thomas Lawrence, Londres 1821. 1 vol. in 18º. cartonné.

Belle édition Percy's sur papier vélin avec portrait.

3377. Hospitality **Hospitalité**, par Thomas W. Coke, Londres 1821. 1 vol. in 18º. cartonné.

Belle édition Percy's sur papier vélin avec portrait.

3378. The Bar **L'obstacle**, par Denman, Londres 1821. 1 vol. in 18º. cart.

Belle édition Percy's sur papier vélin avec portrait.

3379. Genius **Génie**, par Robert Southey, Londres 1821. 1 vol. in 18º. cart.
Belle édition Percy's sur papier vélin avec portrait.

3380. Shipwreek **Le Naufrage**, par Le Capitaine Maxwell, Londres 1821. 1 vol. in 18º. cartonné.
Belle édition Percy's sur papier vélin avec portrait.

3381. The Pulpit **La Chaire**, par Daniel Wilson, Londres 1821. 1 vol. in 18º. cartonné.
Belle édition Percy's sur papier vélin avec portrait.

3382. Industry **Industrie**, par Robert Owen, Londres 1821. 1 vol. in 18º. cartonné.
Belle édition Percy's sur papier vélin avec portrait.

3383. Beneficence **Bienfaisance**, par Mᵉˡˡᵉ. Elisabeth Frey, Londres 1821. 1 vol. in 18º. cartonné.
Belle édition Percy's sur papier vélin avec portrait.

3384. Exile **Exil**, par Xⁿ. Londres 1821. 1 vol. in 18º. cartonné.
Belle édition Percy's sur papier vélin avec portrait.

3385. Var **Guerre**, par Wellington, Londres 1821. 1 vol. in 18º. cartonné.
Belle édition Percy's sur papier vélin avec portrait.

3386. Pastime **Passe temps**, par Le Comte de Darlington, Londres 1821. 1 vol. in 18º. cartonné.
Belle édition Percy's sur papier vélin avec portrait.

3387. Patriotism **Patriotisme**, par Le Comte Fitzwilliam, Londres 1821. 1 vol. in 18º. cartonné.
Belle édition Percy's sur papier vélin avec portrait.

3388. Commerce **Commerce**, par J. Julius Angerstein, Londres 1821. 1 vol. in 18º. cartonné.
Belle édition Percy's sur papier vélin avec portrait.

3389. The Hage **Le Théatre**, par Mʳ. Siddons, Londres 1821. 1 vol. in 18º. cartonné.
Belle édition Percy's sur papier vélin avec portrait.

3390. Crime and Punislment **Le Crime et le Chatiment**, par J. Mackintosh, Londres 1821. 1 vol. in 18º. cartonné.
Belle édition Percy's sur papier vélin avec portrait.

3391. Travelling **Voyage**, par Daniel Clark, Londres 1821. 1 vol. in 18º. cartonné.
Belle édition Percy's sur papier vélin avec portrait.

3392. Literature **Littérature**, par John Nichols, Londres 1821. 1 vol. in 18º. cartonné.
Belle édition Percy's sur papier vélin avec portrait.

3393. Woman **La femme,** par Mlle. Hannah More, Londres 1821. 1 vol. in 18⁰. cartonné.
Belle édition Percy's sur papier vélin avec portrait.

3394. Honour **Honneur,** par Le Duk de Fork, Londres 1821. 1 vol. in 18⁰. cartonné.
Belle édition Percy's sur papier vélin avec portrait.

3395. Fashion **Mode,** par La Marquise of de Hafford, Londres 1821. 1 vol. in 18⁰. cartonné.
Belle édition Percy's sur papier vélin avec portrait·

3396. Music **Musique,** par Williain Croteh, Londres 1821. 1 vol. in 18⁰. cartonné.
Belle édition Percy's sur papier vélin avec portrait.

3397. The Senate **Le Sénat,** par G. Canning, Londres 1821. 1 vol. in 18⁰. cartonné.
Belle édition Percy's sur papier vélin avec portrait.

3398. Conviviality **Convivialité,** par Th. Moore, Londres 1821. 1 vol. in 18⁰. cartonné.
Belle édition Percy's sur papier vélin avec portrait·

3399. Ingenuity **Ingénuité,** par John Rennie, Londres 1821. 1 vol. in 18⁰. cartonné.
Belle édition Percy's sur papier vélin avec portrait,

3400. Integrity **Intégrité,** par L***, Londres 1821. 1 vol. in 18⁰. cart.
Belle édition Percy's sur papier vélin avec portrait·

3401. Eccentricity **Eccentricité,** par J. Farquhar, Londres 1821. 1 vol. in 18⁰. cartonné.
Belle édition Percy's sur papier vélin avec portrait.

3402. Domestic life **La vie Domestique,** par La Princesse Charlotte, Londres 1821. 1 vol. in 18⁰. cartonné
Belle édition Percy's sur papier vélin avec portrait·

3403. Reminiscences **Réminiscences,** par Walpoles, Londres 1821. 1 vol. in 18⁰.
Très belle reliure, superbe édition de Sharpe sur papier vélin, ornée d'un très beau portrait.

3404. Walpoliana **Walpoliana,** Londres 1821. 1 vol· in 18⁰.
Très belle reliure, superbe édition de Sharpe sur papier vélin, ornée d'une très beau portrait.

3405. Letters **Lettres,** par Burn's, Londres 1821. 1 vol. in 18⁰.
Très belle reliure, superbe édition de Sharpe sur papier vélin, ornée d'un très beau portrait·

3406. Essays **Essais** par Goldsmith, Londres 1821. 1 vol. in 18°.
Très belle reliure, superbe édition de Sharpe sur papier vélin, ornée d'un très beau portrait.

3407. Bee **Abeille,** par Goldsmith, Londres 1821. 1 vol. in 18°.
Très belle reliure, superbe édition de Sharpe sur papier vélin, ornée d'un très beau portrait.

3408. Letters **Lettres,** par Gay's. Londres 1821. 1 vol. in 18°.
Très bellle reliure, superbe édition de Sharpe sur papier vélin, ornée d'un très beau portrait.

3409. Essays **Essais,** par Lord Bacon's, Londres 1821. 1. vol. in 18°.
Très belle reliure, superbe édition de Sharpe sur papier vélin, ornée d'un très beau portrait.

3410. Essays **Essais,** par Lord Clarendon's, Londres 1821. 1 vol. in 18°.
Très belle reliure, superbe édition de Sharpe sur papier vélin, ornée d'un très beau portrait.

3411. Letters **Lettres de Lady Russel's,** Londres 1821. 1 vol. in 18°.
Très belle reliure, superbe édition de Sharpe sur papier vélin, ornée d'un très beau portrait.

3412. Essays **Essais,** par Gowley's, Londres 1821. 1 vol. in 18°.
Très belle reliure, superbe édition de Sharpe sur papier vélin, ornée d'un très beau portrait.

3413. Essays **Essais,** par Shentone's, Londres 1821. 1 vol. in 18°.
Très belle reliure, superbe édition de Sharpe sur papier vélin, ornée d'un très beau portrait.

3414. Sermons **Sermons,** par Le Dr. Johnson's. Londres 1821. 1 vol. in 18°.
Très belle reliure, superbe édition de Sharpe sur papier vélin, ornée d'un très beau portrait.

3415. Letters **Lettres,** par Lady Montague's, Londres 1821. 1 vol. in 18°.
Très belle reliure, superbe édition de Sharpe sur papier vélin, ornée d'un très beau portrait.

3416. France and Italy **France et Italie,** par Lady Montague's, Londres 1821 1 vol. in 18°.
Très belle reliure, superbe édition de Sharpe sur papier vélin, ornée d'un très beau portrait.

3417. Discourses **Discours,** par Reynold's. Londres 1821. 1 vol. in 18°.
Très belle reliure, superbe édition de Sharpe sur papier vélin, ornée d'un très beau portrait.

3418. Reflections **Réflections,** par Tabbot's, Londres 1821. 1 vol. in 18°.
Très belle reliure, superbe édition de Sharpe sur papier vélin, ornée d'un très beau portrait.

3419. Essays **Essais,** par Talbot's, Londres 1821. 1 vol. in 18⁰.
Très belle reliure, superbe édition de Sharpe sur papier vélin, ornée d'un très beau portrait.

3420. Reflections **Réflections,** par Boyle's, Londres 1821. 1 vol. in 18⁰.
Très belle reliure, superbe édition de Sharpe sur papier vélin, ornée d'un très beau portrait.

3421. Letters of Junius **Lettres de Junius,** par X⋅⋅⋅ Londres 1821. 2 vol. in 18⁰.
Très belle reliure, superbe édition de Sharpe sur papier vélin, ornée d'un très beau portrait.

3422. Letters **Lettres,** par Fritzobvrne's, Londres 1821. 2 vol. in 18⁰.
Très belle reliure, superbe édition de Sharpe sur papier vélin, ornée d'un très beau portrait.

3423. Olla Podrida **Olla Podrida,** Londres 1821. 2 vol. in 18⁰.
Très belle reliure, superbe édition de Sharpe sur papier vélin, ornée d'un très beau portrait.

3424. Letters **Lettres,** par Beattié's, Londres 1821. 2 vol. in 18⁰.
Très belle reliure, superbe édition de Sharpe sur papier vélin, ornée d'un très beau portrait.

3425. Reflections on the French revolution **Réflections sur la révolution Française,** par Burke's, Londres 1821. 2 vol. in 18⁰.
Très belle reliure, superbe édition de Sharpe sur papier velin, ornée d'un très beau portrait.

3426. On the English Constitution **Sur la Constitution Anglaise,** par Dolome Londres 1821. 2 vol. in 18⁰.
Très belle reliure, superbe édition de Sharpe sur papier vélin, ornée d'un très beau portrait.

3427. Essays **Essais,** par Dr. Franklin, Londres 1821. 2 vol. in 18⁰.
Très belle reliure, superbe éditron de Sharpe sur papier vélin, ornée d'un très beau portrait.

3428. Johnsoniana **Johnsoniana,** Londres 1821. 2 vol. in 18⁰.
Très belle reliure. superbe édition de Sharpe sur papier vélin, ornée d'un très beau portrait.

3429. Letters **Lettres,** par Le Rev. W. Jone's, Londres 1821. 2 vol. in 18⁰.
Très belle reliure, superbe édition de Sharpe sur papier vélin, ornée d'un très beau portrait.

3430. Letters **Lettres,** par Sir W. Jone's, Londres 1821. 2 vol. in 18⁰.
Très belle reliure, superbe édition de Sharpe sur papier vélin, ornée d'un très beau portrait.

3431. Lettrers **Lettres,** par Mᵣ. Chapone's, Londres 1821. 2 vol. in 18⁰.
Belle reliure, superbe édition de Sharpe sur papier vélin, ornée d'un très beau portrait.

3432.   Essay's **Essais,** par S. W. Temple's, Londres 1821. 2 vol. in 18⁰.
Belle reliure, superbe édition de Sharpe sur papier vélin, ornée d'un très beau portrait.

3433.   Analysis **Analyse,** par Sir W. Blackstlne's, Londres 1821. 2 vol. in 18⁰.
Belle reliure, superbe édition de Sharpe sur papier vélin, ornée d'un très beau portrait.

3434.   Table-Talk **La Conversation de Table,** par Seœden's, Londres 1821. 1 vol. in 18⁰.
Belle reliure, superbe édition de Sharpe sur papier vélin, ornée d'un très beau portrait·

3435.   Atala **Atala,** par Gessner's, Londres 1800. 1 vol. in 24⁰. cartonné.
Bel exemplaire de l'édition Walker sur papier vélin, orné d'une gravure et d'un titre gravé.

3436.   Arthur and the Knights of the round table **Arthur ou le Chevalier de la table ronde,** Londres 1800. 1 vol. in 24⁰. cartonné.
Bel exemplaire de l'édition Walker sur papier vélin orné d'une gravure et d'un titre gravé.

3437.   Beauties of Shakespeare **Beautés de Shakespeare,** par Dodd, Londres 1800. 1 vol. in 24⁰. cartonné.
Bel exemplaire de l'édition Walker sur papier vélin orné d'une gravure et d'un titre gravé.

3438.   Beauties of Sterne **Beautés de Sterne,** par X* Londres 1800. 1 vol. in 24⁰. cartonné.
Bel exemplaire de l'édition Walker sur papier vélin orné d'une gravure et d'un titre gravé.

3439.   Don Quijote of Cervantes **Don Quichotte de Cervantés,** Londres 1800. 1 vol, in 24⁰. cartonné.
Bel exemplaire de l'édition Walker sur papier vélin orhé d'une gravure et d'un titre gravé.

3440.   etter s **Lettres.** par Chesterfield's, Londres 1800. 3 vol. in 24⁰.
Bel exemplaire de l'édition Walker sur papier vélin orné d'une gravure et d'un titre gravé·

3441.   Principles of Politeness **Principes de Politesse,** par Chesterfield's, Londres 1800. 1 vol. in 24⁰.
Bel exemplaire de l'édition Walker sur papier vélin orné d'une gravure et d'un titre gravé·

3412.   Chinese Tales **Contes Chinois,** par L·*** Londres 1800. 1 vol. in 24⁰. cartonné
Bel exemplaire de l'édition Walker sur papier vélin orné d'une gravure et d'un titre gravé·

3443.   Fables **Fables,** par Catton et Moor's. Londres 1800. 1 vol. in 24⁰. cartonné.
Bel exemplaire de l'édition Walker sur papier vélin orné d'une gravure et d'un titre gravé.

3444. Letters **Lettres,** par Coopers, Londres 1800. 1 vol. in 24⁰. cart.
Bel exemplaire de l'édition Walker sur papier vélin orné d'une gravure et d'un titre gravé.

3445. Sandford and Merton **Sandford et Merton,** par Day's, Londres 1800. 1 vol. in 24⁰. cartonné.
Bel exemplaire de l'édition Walker sur papier vélin orné d'une gravure et d'un titre gravé.

3446. Robinson Crusoe **Robinson Crusoé,** par Defoe's, Londres 1800. 1 vol. in 24⁰. cartonné.
Bel exemplaire de l'édition Walker sur papier vélin orné d'une gravure et d'un titre gravé.

3447. Tales **Contes,** par F*** Londres 1800. 1 vol. in 24⁰. cartonné.
Bel exemplaire de l'édition Walker sur papier vélin orné d'une gravure et d'un titre gravé.

3448. Shipwreck **Naufrage,** par Falconner's, Londres 1800. 1 vol. in 24⁰. cartonné.
Bel exemplaire de l'édition Walker sur papier vélin orné d'une gravure et d'un titre gravé.

3449. Joseph Andrews **Joseph Andrews,** par Fielding's, Londres 1800. 1 vol. in 24⁰. cartonné.
Bel exemplaire de l'édition Walker sur papier vélin orné d'une gravure et d'un titre gravé.

3450. Tom Jones **Tom Jones,** par Fielding's, Londres 1800. 2 vol. in 24⁰. cartonné.
Bel exemplaire de l'édition Walker sur papier vélin orné d'une gravure et d'un titre gravé.

3451. Telemachus **Télémaque,** par Fénélon, Londres 1800. 2 vol. in 24⁰. cartonné.
Bel exemplaire de l'édition Walker sur papier vélin orne d'une gravure et d'un titre gravé.

3452. Works and Life of Franklin **Les Œuvres et la vie de Franklin,** par F*** Londres 1800. 1 vol. in 24⁰. cartonné.
Bel exemplaire de l'édition Walker sur papier vélin orné d'une gravure et d'un titre gravé.

3453. Tales of the Castle **Contes du Château,** par Genlis's, Londres 1800. 2 vol. in 24⁰. cartonné.
Bel exemplaire de l'édition Walker sur papier vélin orné d'une gravure et d'un titre gravé.

3454. Leonidas **Léonidas,** par Glover's, Londres 1800. 1 vol. in 24⁰. cart.
Bel exemplaire de l'édition Walker sur papier vélin orné d'une gravure et d'un titre gravé.

3455. A. Vicar of Wakefield **Le Vicaire de Wakefield** par Goldsmitth's. Londres 1800, 1 vol. in 24⁰. car.
Bel exemplaire de l'édition Walker sur papier vélin orné d'une gravure et d'un titre gravé.

3456. Méditations **Meditations,** par Hervey, Londres 1800. 1 vol. in 24⁰. cartonné.
Bel exemplaire de l'édition Walker sur papier vélin orné d'une gravure et d'un titre gravé.

3457. Gil Blas **Gil Blas,** par Lesage Londres 1800. 1 vol. in 24⁰. car.
Bel exemplaire de l'édition Walker sur papier vélin orné d'une gravure et d'un titre gravé.

3458. Moral tales **Contes Moraux,** par Marmontel's Londres. 1 vol. in 24⁰. cartonné.
Bel exemplaire de l'édition Walker sur papier vélin orné d'une gravure et d'un titre gravé.

3459. Works, Lady, Montagues **Les Œuvres de Lady, Montaguée,** Londres. 1800. 1 vol. in 20⁰. cartonné.
Bel exemplaire de l'édition Walker sur papier vélin orné d'une gravure et d'un titre gravé.

3460. Natural Theology **Théologie Naturelle,** par Paley's, Londres 1800. 1 v. in 24⁰. cartonné.
Bel exemplaire de l'édition Walker sur papier vélin orné d'une gravure et d'un titre gravé.

3461. Moral Philosophy **Philosophie Morale,** par Paley's, Londres 1800. 1 vol. in 24⁰. cartonné.
Bel exemplaire de l'édition Walker sur papier vélin orné d'une gravure et d'un titre gravé.

3462. Peruvian Tales **Contes Peruviens,** par X** Londres 1800. 1 vol. in 24⁰. cartonné.
Bel exemplaire de l'édition Walker sur papier vélin orné d'une gravure et d'un titre gravé.

3463. Persian and Turkish Tales **Contes Persans et Turcs,** par L*** Londres 1800. 1 vol. in 24⁰. cartonné.
Bel exemplaire de l'édition Walker sur papier vélin orné d'une gravure et d'un titre gravé.

3464. Pratical Morality **Moralité Pratique,** par Plusieurs auteur, Londres 1800. 1 vol. in 24⁰. cartonné.
Bel exemplaire de l'édition Walker sur papier vélin orné d'une gravure et d'un titre gravée.

3465. Roderick Random **Roderick Random,** par Smolett's, Londres 1800. 1 vol. in 24⁰. cartonné.
Bel exemplaire de l'édition Walker sur papier vélin orné d'une gravure et d'un titre gravé.

3466. Spiritual Quijote **Le Spiritnel Qnichotte,** par Smollett's, Londres 1800 1 vol. in 24⁰. cartonné.

Bel exemplaire de l'édition Walker sur papier vélin orné d'une gravure et d'un titre gravé.

3467. Humphry Clinker **Humphry Clinker,** par Smolett's, Londres 1800. 1 vol. in 24⁰. cartonné.

Bel exemplaire de l'édition Walker sur papier vélin orné d'une gravure et d'un titre gravé.

3468. Chase **Chasse,** par Somervill's, Loudres 1800. 1 vol. in 24⁰. cart.

Bel exemplaire de l'édition Walker sur papier vélin orné d'une gravure et d'un titre gravé.

3469. Reflections **Réflectlons,** par Sturm's, Londres 1800. 2 vol. in 24⁰. cartonné.

Bel exemplaire de l'édition Walker sur papier vélin orné d'une gravure et d'un titre gravé.

3470. Paul and Virginia **Paul et Virginie,** par Bernardin de Saint-Pierre, Londres 1800. 1 vol in 24⁰. cartonné.

Bel exemplaire de l'édition Walker sur papier vélin orné d'une gravure et d'un titre gravé.

3471. Gulliver's Travels **Voyages de Gulliver,** par Swif's, Londres 1800. 1 vol. in 24⁰. cartonné.

Bel exemplaire de l'édition Walker sur papier vélin orné d'une gravure et d'un titre gravé.

3473. Charles the XII **Charles XII,** par Voltaire, Londres 1800. 1 vol. in 24⁰. cartonné.

Bel exemplaire de l'édition Walker sur papier vélin orné d'une gravure et d'un titre gravé.

3473. Night Thoughts **Pensées de la Nuit,** par Young's, Londres 1800. 1 vol. in 24⁰. cartonné.

Bel exemplaire de l'édition Walker sur papier vélin orné d'une gravure et d'un titre gravé.

3474. On Solitude **Un Solitude,** par Zimmeimans, Londres 1800, in 24⁰. cartonnér

Bel exemplaire de l'édition Walker sur papier vélin orné d'une gravure et d'un titre gravé.

3475. Pouny's Works **Les Œuvres de Poungs,** Londres 1798. 3 vol. in 12⁰.

Magnifique édition ayant à l'avant propos la vie de l'auteur illustrée par Westall. Charmante reliure.

3476. Abelard and Heloisa **Abelard et Héloïse,** Londres 1824. 1 vol. in 18⁰. carton Bristol.

Magnifique édition de la librairie Whittingham sur papier.

3477. Essays **Essais,** par Bacon's, Londres 1824. 1 vol. in 18⁰. carton Bristol.
Charmante édition de la librairie Whittingham sur papier vélin.

3478. Beauties of Strum **Beautés de Strum,** par Jones, Londres 1824. 1 vol. in 18⁰. carton Bristol.
Belle édition de la librairie Whittingham sur papier vélin.

3479. Elisabeth **Elisabeth,** par Cottin's, Londres 1824. 1 vol. in 18⁰. cart. Bristol.
Charmante édition de la librairie Whitingham sur papier vélin.

3480. Prison Thoughts **Les Pensées dans la Prison,** par Dobb's, Londres 1824. 1 vol. in 18⁰. carton Bristol.
Belle édition de la librairie Whittingham sur papier vélin.

3481. Evelina **Evelina,** par Burney's, Londres 1824. 1 vol. in 18⁰. carton Bristol.
Charmante édition de la librairie Whittingham sur papier vélin.

3482. History of Tom Jones **Histoire de Tom Jones,** par Fielding's, Londres 1824. 1 vol. in 18⁰. carton Bristol.
Belle édition de la librairie Whitingham sur papier vélin.

3483. Old Manor House **Le Vieux Manoir,** par Clara Reeve's, Londres 1824. 1 vol. in 18⁰. carton Bristol.
Charmante édition de la librairie Whittingham sur papier vélin.

HISTORY. HISTOIRE
GEOGRAPHY. GÉOGRAPHIE

3484. The Oriental Geography **Géographie Orientale,** par W. Ouseley, Londres 1800. 1 vol. in 8⁰.
Reliure dos de maroquin noir du levant charmante édition.

3485. Ancient and Moderne Geography **Géographie Ancienne et Moderne,** par Arrowsmith, Londres 1822. 1 vol. in 8⁰.
Belle édition d'une impression très soignée et d'une reliure très élégante.

3486. A Compendum of Ancient and Moderne Geography **L'Abrégé de la Géographie Ancienne et Moderne,** par A. Arrowssmith, Londres 1839. 1 vol. in 18⁰.
Belle édition et charmante reliure recouverte de toile rose tr. marbrée.

3487. Recreations in Physic Geography **Récréations sur la Géographie Physique,** par Rosina Zarnlen, Londres 1849. 1 vol. in 8⁰.
Bel exemplaire d'une édition sur papier vélin satiné et charmante reliure de veau tranche marbrée.

3488. Geography **Géographie**, par Rosina Zarnlin, Londres 1855. 1 vol. in 16⁰.

Beau spécimen de reliure anglaise et superbe édition·

3489. Geografical Lexicon **Dictionnaire Géografique**, par Cramer, Londres 1855. 1 vol. in 8⁰.

Belle reliure recouverte de toile tr· marbrée et superbe édition soigneusement imprimée·

3490. Geography **Géographie**, par Ed. Hughes, Londres 1861 1 vol. in 18⁰.

Charmant exemplaire d'une édition et d'une reliure très élégante·

3491. A School Geography **L'Ecole de Géographie**, par James Carnvell, Londres 1865. 1 vol. in 18⁰.

Belle reliure en maroquin rouge du levant f. tr· marbrée, édition sur papier vélin·

3492. A System Modern of Geography **Le Système Moderne de Géographie**, par Auguste Mitchell, Londres 1869. 1 vol. in 18⁰.

Belle édition sur papier superfin satiné, et reliure anglaise en veau.

3493. The Ancient Geography **Géographie Ancienne**, par Aug. Mitchell, Londres 1867. 1 vol. in 16⁰.

Superbe édition de luxe et d'une reliure très élégante.

3494. 1ᵉʳ Lessons in Geography **Les premières Leçons de la Géographie**, par Auguste Mitchell, Londres 1869. 1 vol. in 16⁰.

Belle édition d'une impression soignée, charmante reliure en veau fauvé·

3495. Primary Geography **Géographie Primaire**, par Aug. Mitchell, Londres 1870. 1 vol. in 8⁰.

Superbe édition sur papier vélin et reliure en veau.

3496. A Neuw Primary Geography **La Nouvelle Géographie Primaire**, par Warren, Londres 1870. 1 vol. in 8⁰.

Magnifique édition et superbe reliure.

3497. Geography of the Empire Ottoman **Géographie de l'Empire Ottoman**, par A. H. Boyadjian Constantinople 1874. 1 vol. in 16⁰.

Belle édition imprimée avec soin sur papier vélin, et reliure en maroquin ved fil· tr· dorée.

3498. Persia Atlas **Atlas Persane**, par X· 1854. 1 vol. in 4⁰.

Belle édition avec 10 cartes coloriées.

3499. Atlas **Atlas**, par William J. Unvin, Londres 1862. 1 vol. in 8⁰.

Avec des superbes cartes coloriées·

3500. Atlas Chicago **Atlas de Chicago**, par Mallyc, Londres 1883. 1 vol. in folio.

Belles cartes coloriées·

3501. A School Atlas Geography **L'ecole d'Atlas Géographiques**, par Alex. Keit Johnston, Londres 1863. 1 vol. in 8⁰.
Belle édition et belle reliure·

3502. Atlas **Atlas**, par X··· Londres 1853.
Superbe édition avec 10 cartes peintes dans un étui en veau fauve en forme de livre

3503. The Journal of Royal Geographical Society **Journal de la Société Royale Géographique**, Londres 1827-30-31-32-33-34-35-36-37-38-39-40-41-42-43-44-45-46-47. 19 vol. in 8⁰.
Superbe édition sur papier vélin et belle reliure anglaise veau fauve.

3504. The Journal Royal Geographical Society **Journal de la Société Royale Géographique**, par La Société, Londres 1839-40-41-42-43-44-45-46-47-48-49-50-51-52-53-54-55-56-57-58-59-60-61· 23 vol. in 8⁰.
Belle édition et charmante reliure.

3505. Historico Geographical Description Europa in Asia **Description Historico Géographique de l'Europe en Asie**, par Phillippe John von Strattlemberg, Londres 1737. 1 vol. in 8⁰.
Edition ancienne imprimée avec soin et reliure bien conservée·

3506. The East and Weste **L'Est et l'Ouest**, par Henry Stanley, Londres 1865. 1 vol. in 8⁰.
Magnifique édition sur papier vélin et belle reliure·

3507. The Island of Ceylan **Les Iles de Ceylan**, par Robert Percial, Londres 1803. 1 vol. in 8⁰.
Belle édition sur papier vélin reliure couverte de toile violette f. tr. marbrée·

3508. Tripoly **Tripolie**, par H. W. Buchey, Londres 1828. 1 vol. in 8⁰.
Charmante édition avec cartes coloriées.

3509. Persia **Perse**, par John Malcolm, Londres 1815. 2 vol. in 8⁰. folio.
Edition illustrée et reliure dos de mar. noir fil· tr. marbrée·

3510. Transcaucasia **Transcaucasie**, par Le Baron von Haxthausen, Londres 1854. 1 vol. in 4⁰.
Superbe édition sur papier vélin et reliure très élégante·

3511. Naples and Sicily **Naples et Sicile**, par Henry Nelson Ferrybridje, Londres 1867. 1 vol. in 8⁰.
Magnifique édition sur papier vélin et reliure recouverte de toile rose f· tr. marbrée·

3512. Malta **Malte**, par W. Tallack, Londres 1861. 1 vol. in 8⁰.
Belle édition et belle reliure·

3513. Volga **Volga**, par B. Johnstone, 1 vol. in 8⁰.
Belle édition et superbe reliure·

3514. Thé Expedition for the Survey of the rives Euphratis **L'Expedition sur les rives de l'Euphrate**, par L. C. Chesney, Londres 1850. 2 vol. in 8o. cartonné.
Superbe édition illustrée.

3515. Malacca **Malaca**, par F. C. Neubold, Londres 1839. 2 vol. in 8o.
Reliure recouverte de toile verte fil· tr· marbrée, belle édition·

3516. India and China **Les Indes, et la Chine**, par E. Renaud, Londres 1733. 1 vol. in 8⁰.
Belle édition sur papier vélin et reliure élégante.

3517. The Kingdom and People of Siam **Le Royaume et le Peuple de Siam**, par John Bowring, Londres 1857. 2 vol. in 8⁰.
Superbe reliure de luxe et édition soigneusement imprimée.

3518. Abyssinia **Abyssinie**, par L*** Londres 1871. 1 vol. in 8o.
Edition illustrée.

3519. The Philippine Islande **Les Iles Philippines**, par Demarga, Londres 1867. 1 vol. in 8⁰.
Belle édition et reliure élégante.

3520. Caspian Sea **La Mer Caspienne**, par J. Hauway, Londres 1754. 2 vol. in 8o.
Edition originale, ancienne reliure veau fil· tr· dor· très bien conservée.

3521. British India **Indes Anglaises**, par Hughes Murray, Londres 1840. 3 vol. in 8⁰.
Bel exemplaire sur papier vélin satiné.

3522. Turkkéy Greece and Malta **La Turquie, La Grèce et Malta**, par Ad. Slade, Londres 1837. 2 vol. in 8⁰.
Charmante édition et reliure élégante.

3523. East Africa **L'Est de l'Afrique**, par R. F. Burton, Londres 1830. 1 vol. in 8o.
Belle édition et belle reliure·

3524. Khiva **Khiva**, par S. A. Macgaham, Londres 1874. 1 vol.. in 8o.
Superbe exemplaire d'une édition imprimée avec soin.

3525. Central Africa **Afrique Central**, par W. Desborongh Coaley, Londres 1841. 1 vol in 8⁰.
Edition sur papier vélin reliure élégante·

3526. Oriental and Western Siberia **Sibérie Orientale et Occidentale**, par Thomas W. Otkison, Londres 1858. 1 vol. in 8⁰.
Superbe exemplaire et demi reliure·

3527. Sicily and England **L'Angleterre et la Sicile**, par J. Ridevay, Londres 1849. 1 vol. in 8⁰.
Belle édition et belle reliure·

3528. China **La Chine,** par Thomas St. Bart, Londres 1850. 1 vol in 8⁰.
Magnifique édition sur papier vélin satiné et reliure très élégante·

TRAVELS VOYAGES

3529. Travels the Arab Tribus **Voyages des Tribus Arabes,** par S. J. Buckingham, Londres 1825. 1 vol. in 8⁰.
Belle édition et belle reliure.

3530. Travels in Montenegro **Voyages au Monténégro,** par Le Comte V. Brasinski, Londres 1853. 1 vol. in 18⁰.
Superbe édition et reliure très élégante·

3531. Travels in Russia **Voyages en Russie,** par Thomas Alcock, Londres 1831. 1 vol. in 8⁰.
Belle exemplaire d'une édition très d'une reliure très élégante.

3532. Travels in Central and Eastern Arabian par W. Giffaud, Londres 1865. 1 vol. in 4⁰.
Belle édition illustrée·

3533. Travels in Crete **Voyages en Crète,** par Robert P. Pashley, Londres 1837. 1 vol. in 8⁰.
Superbe édition sur papier vélin et demi reliure·

3234. Travels Northern and Central Africa **Voyages au Nord et au Centre de l'Afrique,** par M. Denham, Londres 1826. 2 vol. in 8⁰.
Belle édition et reliure recouverte de toile rose f. tr. marbrée.

3535. Hand Book for Travels in Egypte **Sur les Voyages en Egypte,** par Gourdner Wilkinson, Londres 1847. 1 vol. in 4⁰.
Bel exemplaire d'une édition snr papier superfin et reliure recouverte de toile fil. tr. marbrée.

3536. Travels in to Boukhara **Voyages dans le Boukhara,** par Alexandre Burnes, Londres 1835. 3 vol. in 18⁰.
Superbe édition ornée de plusieurs gravures et belle reliure anglaise fauve fil· tr· marbrée·

3537. Travels in Jonian Islands **Voyages aux îles Ioniennes,** par John Murray 1840-1845. 2 vol. in 16⁰.
Belle édition et charmante reliure.

3538. Travels of Venetians in Persia **Voyages des Vénitiens en Perse,** par J. Barbora, Londres 1873 2 vol. in 4⁰.
Magnifique exemplaire d'une édition soigneusement imprimée et belle reliure.

3539. First Voyage Round the World **Le Premier Voyage autour du monde,** par Magellan, Londres 1874. 1 vol. in 8⁰.
Belle reliure recouverte de toile viollette f. tr. dor· et superbe édition·

3540. The Voyages of the Venitian Brothers Nicolo and Antonio Zeno. **Les Voyages des frères Venitiens Nicolas et Antoine Zeno,** par Richard Henry, Londres 1874. 1 vol. in 8⁰.

Bel exemplaire d'une édition sur papier vélin satiné et ornée des plusieurs figures et d'un portrait, superbe reliure.

3541. Travels and Discovery in north and Central Africa **Voyages et Découvertes au Nord et au Centre de l'Afrique,** par J. Barth, Londres 1857. 5 vol. in 8⁰.

Superbe édition illustrée et beau spécimen de reliure anglaise.

3542. A Tree Voyages of Vasco da Gama **Les trois Voyages de Vasco de Gama,** par Gaspar Carrea, Londres 1879. 1 vol. in 8⁰.

Superbe édition d'une édition sur papier vélin soigneusement imprimée et belle reliure.

3543. Three Voyage **Les trois Voyages,** par Frabisher's, Londres 1879. 1 vol. in 8⁰.

Charmante édition et charmante reliure.

3544. Travels and Discoveries in the Levant **Voyages et Découvertes au Levant** par C. T. H. Newton, Londres 1865. 2 vol. in 8⁰.

Bel exemplaire d'une édition sur papier fin avec portrait et figures, superbe reliure.

3545. A Voyage in Levant **Le Voyage en Orient,** par Henry Blunt, Londres 1664. 1 vol. in 12⁰.

Edition très ancienne et rare avec gravures, belle reliure en veau du 16eme. siècle.

3546. Travels in Central Asia **Voyages au Centre de l'Asie,** par Ar. Vambéry, Londres. 1 vol. in 8⁰.

Bel exemplaire d'une édition illustrée avec une reliure très élégante.

3547. The Art of Travel **L'Art de Voyager,** par Francis Galton, Londres 1856. 1 vol. in 8⁰.

Belle édition et belle reliure.

3548. The Travels of Macarins **Les Voyages de Macarius,** par F. C. Belfourt, Londres 1836. 2 vol. in 8⁰.

Superbe édition avec une reliure très élégante.

3549. Voyage to Abyssinia **Voyage en Abyssinie,** par Henri Salt, Londres 1814. 1 vol. in 8⁰.

Bel exemplaire d'une édition et d'une reliure très élégante.

3550. Travels in Asia **Voyages en Asie,** par H. Murray, Londres 1820. 3 vol. in 4⁰.

Belle reliure recouverte de toile rose et charmant édition ornée de plus de 100 paysages et gravures.

3551. Voyage round the World **Voyage autour du Monde,** par Auson's, Londres 1813. 1 vol. in 12⁰.

Belle édition et demi reliure.

3552. Narrative of his Travels into Abyssinia to Discover the Source of the Nile **Récits des Voyages en Abyssinie pour la Decouverte de la Source du Nil,** par Bruce's, Londres 1818. 1 vol. in 12₀.
Demi reliure.

3553. Narrative of Lord Byron's Voyage to Corcica and Sardinia **Récits de Lord Byron sur son Voyage en Corse et en Sardaigne,** Londres 1852. 1 vol. in 12⁰. cartonné.
Bel exemplaire d'une édition sur papier vélin.

3554. Travels Through Arabia and Ather Countries in the East **Voyages à Travers l'Arabie et autres contrées de l'Orient,** par Nierburh's, Perth 1799. 2 vol. in 12⁰. cartonné.
Superbe édition sur papier vélin satiné.

3555. Travels in the Interior Districts of Africa **Voyages aux Districts intérieurs de l'Afrique,** par Mungo Park, Edinbourg 1816. 2 vol. in 18⁰.
Belle édition et belle reliure.

3556. Travels in Greece and Turkey **Voyages en Turquie et en Grèce,** par Pouqueviļe, Londres 1820. 1 vol. in 4⁰. cartonné.
Belle édition.

DESCRIPTIONS DESCRIPTIONS

3557. A Description of the East and Some Other Countries **Description de l'Est et d'autres Contries,** par Richard Pocokio, Londres 1743. 3 vol. in folio. cartonné.
Bel exemplaire d'une édition illustrée par d'Emiments Artistes.

3558. Narrative of the United Hates Exploring Exhebition **Récits de l'Exposition Industrielle des États Unis Philadelphia,** par Charles Wilks. 13 vol. in folio.
Superbe exemplaire d'une édition ornée de magnifique gravures belle reliure en maroquin vert. fil. tr. d.

3559. 35 Years in the East **35 Années en Orient,** par J. M. Honisberger, Lon res 1852. 1 vol. in 4⁰.
Belle édition et reliure élégante.

3560. Reports on the Discovery of Persia **Rapports sur la Découverte de la Perse,** par Clements R. Markam, Londres 1872. 1 vol. in 8⁰.
Charmant exemplaire d'une édition et d'une reliure élégantes.

3561. Journey Narrative Russia and Siberian Tartary **Voyage Descriptif en Russie en Sibérie et en Tartarie,** par J. Dundas, Londres 1824. 1 vol. in 8⁰.
Belle reliure recouverte de toile rose et superbe édition d'une impression soignée.

290

3562.   Description of the Burnese Empire **Description de l'Empire Bournoue,** par W. Tafody, Londres 1833. 1 vol in 8º.
Superbe édition sur papier vélin.

3563.   Discovery and Conquest of Terra Florida **Découverte et Conquête de la terre de Floride,** par La Société, Londres 1851. 1 vol. in 8º.
Superbe édition d'une reliure anglaise en veau.

3564.   Reports on the Discovery of Peru **Rapports sur la Découverte du Perou,** par C. R. Morkhom, Londres 1872. 1 vol. in 8º.
Bel exemplaire d'une édition sur papier vélin satiné, reliure recouverte de toile rose f. t. dor.

3565.   Narrative of a Residence in South Africa **Récits d'une résidence au Sud de l'Afrique,** par Thomas Pringle, Londres 1864. 1 vol. in 8º.
Superbe exemplaire d'une reliure remarquablement belle.

3566.   The Light of Asia **La Splendeur de l'Asie,** par J. Armould, Londres 1879. 1 vol. in 8º.
Belle édition et belle réliure.

3567.   Across Patagonia **A Travers la Patagonie,** par Lady Florence, Londres 1880. 1 vol. in 8º.
Bel exemplaire d'une édition et d'une reliure élégantes.

3568.   The Highlands of Ethiopia **Les Anglais en Ethiopie,** par Cornwollis Harris, Londres. 3 vol. in 4º.
Magnifique édition sur papier vélin ornée de charmantes gravures, reliure anglaise f. tr. marbrée.

3569.   Caravan Journeys **Voyages en Caravane,** par J. P. Ferrier, Londres. 1 vol. in 8º. cartonné.
Belle édition imprimée avec soin.

3570.   Two Years Ago **Deux Années de passé,** par R. Charles Kingsley, Londres 1857. 3 vol. in 8º.
Superbe édition et charmante reliure.

3571.   The Coasts of East Africa **Les Côtes de l'Afrique Orientale,** par D. Barbosa, Londres 1860. 1 vol. in 8º. cartonné.
Belle édition sur papier vélin.

3572.   Life in Abyssinia **La Vie en Abyssinie,** par Mansfield Parkyns 1853. 2 vol. in 4º.
Bel exemplaire et reliure élégante.

3573.   Narrative of a Journey Cite of Babylon **Récits d'un Voyage sur l'Emplacement de Babylone,** par Claudius James Rich. Esq. Londres 1839. 1 vol. in 4º.
Très joli exemplaire imprimé avec soin sur papier vélin satiné édition orné de plusieurs gravures et d'une reliure de luxe en maroquin vert fil. tr. d.

3574. Persian Empire **Empire Persan**, par John Macdoual Kinnerr, Londres 1813. 1 vol. in 8⁰.

Belle reliure recouverte de toile rose édition Walker.

3575. India Tracts Description **Description des régions des Indes**, par le Major J. Browne, Londres 178. 1 vol. in 8⁰.
Superbe ouvrage très bien conservé reliure veau fauve tr. rouge.

3576. Travels **Voyages**, par Le Capitaine Cook, Londres 1850. 1 vol. in 16⁰. cartonné.

Texte anglais, extraits publiés avec des notes et un glossaire des termes nautiques par M. Angellier, maître de conférences à la Faculté des lettres de Lille.

HISTORY: HISTOIRE

UNIVERSAL HISTORY. HISTOIRE UNIVERSELLE

3577. Universal History **Histoire Universelle**, par Sir John Staddart, Londres 1850 1 vol. grand in 4⁰.
Superbe exemplaire d'une édition ornée de gravures par des artistes eminents, sur papier vélin. Belle reliure en maroquin vert fil. tr. dor.

3578. Universal History **Histoire Universelle**, par James Bell, Londres 1833 1 vol. in folio.
Magnifique exemplaire sur grand papier vélin satiné d'une édition ornée de plusieurs gravures coloriées, superbe reliure de luxe.

3579. Elements of General History **Eléments de l'Histoire Générale**, par Pros Thyher, Londres 1861. 1 vol. in 8⁰.
Belle reliure recouverte de toile rose et édition de luxe.

3580. Historical Researches **Recherches Historiques**, par A. H. L. Hecron, Oxford 1838. 4 vol. in 4⁰.
Belle édition imprimée avec soin, sur papier vélin et reliure anglaise veau fauve fil. tr. d.

3581. The History of Herodotus **L'Histoire d'Herodote**, par G. Rawlenson, Londres 1858. 4 vol. in 8⁰.
Bel exemplaire d'une édition sur papier superfin ornée de très beaux portraits, reliure ancienne fil. tr. rouge très soignée.

3582. History of the Fall of the Jesuits **Histoire de la Décadence des Jésuites**, par La Comte Alexis de Saint Priest, Londres 1845. 1 vol. in 8⁰. cartonné.
Belle édition et charmante reliure.

3583. Friends in Concil **Les Frères en Concile**, par Wm. Pickering, Londres 1848. 1 vol. in 4⁰.
Bel exemplaire d'une édition soignée et d'une reliure élégante.

3584. The Israelites **Les Israelites,** par F. A. Cox, Londres 1852. 1 vol.
in 8⁰.
Reliure recouverte de toile violette fil. tr. marbrée.

3585. The Chronicles of Rabbi Joseph Rensoshna Benmeir **Les Chroniques
du Rabbin J. Rebsoshna Benmeir,** par C. H. F. Bialloblotzky, Londres 1834.
2 vol. in 8⁰.
Superbe édition et reliure très élégante.

3486. History of the Crusades **Histoire des Croisades,** par Le Major Procher
Londres 1851. 1 vol. in 8⁰.
Bel exemplaire d'une édition sur papier vélin ornée de superbes gravures et belles reliure.

3587. The History of the Crusades **Histoire des Croisades,** par Le Major
Procher, Londres 1854. 1 vol. in 8⁰.
Deuxième édition revue et corrigée.

ROMAN EMPIRE HISTORY
HISTOIRE DE L'EMPIRE ROMAIN

3588. The History of Rome **L'Histoire de Rome,** par B. C. Niebuhr, Lond
rès 1853. 2 vol. in 8⁰.
Superbe exemplaire d'une édition et d'une reliure très élégantes.

3589. A Rome History **Histoire de Rome,** par Leonhord Whiswhz, Londres
1851. 1 vol. in 4⁰.
Magnifique édition sur papier vélin ornée d'un beau portrait et d'un titre gravés.

3590. History of Julius Cæsar **Histoire de Jules César,** par H. Petter, Lond
res 1862. 1 vol. in 2⁰.

3594. The History of Scotland and India **L'Histoire d'Ecosse et des Indes,** par W. Robertson, Paris 1828. 1 vol. in 8⁰.
Belle reliure et charmante édition·

3595. The History of Charles V. **L'Histoire de Charles V,** par W. Robertson Paris 1828. 1 vol. in 8⁰.
Belle reliure et charmante édition.

3596. The History of America **L'Histoire d'Amérique,** par W. Robertson, Paris 1828. 1 vol. in 8⁰.
Belle reliure et charmante édition.

3597. Remarks on the History of England **Remarques sur l'Histoire d'Angleterre,** par Bolingbroke, Bâle 1794. 1 vol. in 8⁰.
Belle édition, reliure très bien conservée·

3598. Letters on the Study of History **Lettres sur l'Etude de l'Histoire,** par Bolingbroke, Londres 1791. 1 vol. in 8⁰. cartonné.
Bel exemplaire de l'édition Walker.

3599. History of the British Empire **Histoire de l'Empire Anglais, Depuis l'Avénément de Charles I jusqu'à la restauration,** par Brodies, Edinbourg 1822. 4 vol. in 8⁰. cartonné.
Belle édition et belle reliure·

3600. Abridgment of History of England **Abrégé de l'Histoire d'Angleterre, Depuis l'Invasion de Jules Cesar jusqu'à Georges II,** par Goldsmith, Lyon 1817. 2 vol. in 18⁰.
Belle édition et belle reliure·

3601. History of England **Histoire d'Angleterre avec une série de Commentaires sur le règne de Georges III,** par Goldsmith, Paris 1823. 2 vol. in 12⁰.
Belle édition et charmante reliure·

3602. The History of England **Histoire d'Angleterre,** par T. Smolett, Londres 1822. 5 vol. in 8⁰.
Belle édition et charmante reliure en veau.

3603. The History of England **Histoire d'Angleterre,** par David Hume, Londres 1822. 8 vol. in 8⁰.
Belle édition sur papier superfin, reliure recouverte de toile rose fil· tr· dor.

3604. A History of England **L'Histoire d'Angleterre,** par Markham, Londres 1833. 1 vol· in 8⁰.
Magnifique exemplaire d'une édition et d'une reliure en veau fil· tr· marbrée.

3605. The History of England **L'Histoire d'Angleterre,** par Thomas Babuigton Macaulay, Londres 1849. 3 vol. in 4⁰.
Edition sur papier superfin satiné d'une reliure remarquablement belle et d'une conservation parfaite.

3606. History of King Charles I of England **Histoire du Roi Charles I d'Ang-leterre,** par Jacob Abbot, Londres 1860. 1 vol. in 8⁰.
Bel exemplaire d'une édition complète et d'une reliure parfaite·

3607. Commentaries in England and American **Commentaires sur l'Angle-terre et l'Amérique,** par Joseph Hory, Londres 1836. 1 vol. in 8⁰.
Belle édition et belle reliure·

3608. History of England **Histoire d'Angleterre,** par Georges Davys, Londres 1859. 1 vol. in 16⁰. cartonné.
Edition soigneusement imprimée.

3609. Landmarks of the History of England **Limites de l'Histoire d'Angleterre** par James White, Londres 1862. 1 vol. in 8⁰.
Belle édition et belle reliure.

3610. Commentaries on the England **Commentaires sur l'Angleterre,** par Blackston, Londres 1799. 4 vol. in 16⁰.
Superbe édition et reliure bien conservée·

3611. History of King Alfred of England **Histoire du Roi Alfred d'Angleterre,** par Jacob Abott. 1860. 1 vol. in 8⁰.
Belle édition et belle reliure.

3612. The Constitutional History of England **Histoire Constitutionelle d'Ang-leterre,** par Henry Hallan, Londres 1870. 1 vol. in 8⁰.
Très jolie reliure de maroquin vert fil. tr. dor· édition ornée d'un boeau portrait.

3613. History of Civilization in England **Histoire de la Civilisation en Angle-terre,** par Henry Thomas Buckle, Londres 1868. 3 vol. in 4⁰.
Bel exemplaire d'une édition avec portrait, frontispice gravé et d'un reliure Anglaise

3614. The Prison of Weltevreden **La Prison de Weltevreden,** par Walter M. Gibson, Londres 1855. 1 vol. in 8⁰.
Superbe édition avec gravures.

INDIA HISTORY. HISTOIRE DES INDES

3615. History of India **Histoire des Indes,** par Maurice, Londres 1793. 2 vol. in 8⁰.
Edition et reliure anciennes très bien conservées.

3616. The Modern History of Indoustan **Histoire Moderne de l'Indoustan,** par Maurice, Londres 1802. 2 vol. in 8⁰.
Belle édition et belle reliure.

3617. The History of Indoustan **Histoire de l'Indoustan,** par Alexandre Dow, Londres 1803. 3 vol. in 4⁰.
Bel exemplaire et belle reliure.

3618.   Annals of the Honorable East India Compagny **Annales de l'Honorable Compagnie des Indes Orientales,**   par J. Buin, Londres. 3 vol. in folio.
Belle édition et belle reliure.

3619.   History of the Indian Archipelago. **Histoire de l'Archipel Indien,**   par John Crawfurd, Edinbourgh 1820. 3 vol. in 4⁰.
Superbe édition illustrée et charmante reliure.

3620.   Chronology of the Indous **Chronologie des Indous,** par J. Revington, Londres 1820. 2 vol. in 8⁰·
Bel exemplaire.

3621.   History of the Possessions East India **Histoire des Possessions des Indes Orientales,** par R. Montgomery Martin, Londres 1837. 1 vol. in 8⁰.
Belle reliure et édition soignée·

3622.   History of India **Histoire des Indes,** par James Mill, Londres 1840. 9 vol. in 4⁰.
Bel exemplaire d'une reliure recouverte de toile lilas fil· tr· marbrée.

3653   The History of the British Empire in India **Histoire de la Domination Anglaise aux Indes,**   par Edw. Thornton, Londres 1841. 7 vol. in 4⁰.
Superbe exemplaire d'une reliure remarquable et d'une édition soignée et complète·

3624.   The History of India **Histoire des Indes,** par Elphinstone, Londres 1841 2 vol. in 4⁰.
Belle édition et charmante reliure·

3625.   History of the East Indian **Histoire des Indes Orientales,** par Edw. Thornton, Londres 1857. 1 vol. in 8⁰.
Bel exemplaire d'une édition soignée complète, belle reliure·

3626.   The Ethnology of British Colonies **L'Ethnologie des Colonies Anglaises,** par R. G. Lathane, 2 vol. in 8⁰.
Belle édition et belle reliure·

3627.   History of the British Possession **Histoire les Possessions Anglaises,** par M. Montgomery, Londres 1 vol. in 8⁰.
Bel exemplaire·

3628.   A History of India **L'Histoire des Indes,** par Thomas Keightley, Londres 1862. 1 vol. in 8⁰.
Belle reliure recouverte de toile violette, fil· tr· dor· belle édition·

3629.   Modern France **La France Moderne,** par A. W. Lirvan, Londres 1863 1 vol. in 8⁰.
Charmante édition ornée de plusieurs gravures, et belle reliure·

3630·   The History of Sumutra **Histoire de Sumatra,** par W. Marden, Londres 1811. 1 vol. in-8⁰.
Charmante reliure recouverte de toile violette fil· tr· marbrée, belle édition imprimée avec soin·

3631. History of Sumatra **Histoire de Sumatra**, par W. Marden, Londres 1811. 1 vol. in folio.
Bel exemplaire avec 19 Planches.

OTTOMAN HISTORY
HISTOIRE DE L'EMPIRE OTTOMAN

3632. A Complet History of the Turks **Histoire Complète des Turcs**, par J. Dorby, Londres 1620. 1 vol. in-4°.
Bel exemplaire d'une édition très rare et très ancienne, avec une reliure en [illegible] [illegible] très bien conservée.

3633. The History of the Turkish Empire **Histoire de l'Empire Ottoman**, par Paul Rycaut, Londres 1680. 1 vol. in-8°.
Très jolie édition et charmante reliure très ancienne et très rare.

3634. The General History of the Turks **Histoire générale des Turcs**, par Gr [illegible] [illegible] Knolles 1631. 1 vol. in-folio.
Les [illegible] [illegible] [illegible]

3635. The History of the Saracens **Histoire des Sarrasins**, par Simon [illegible] [illegible] 1718. 1 vol. in-4°.
[illegible] d'une édition [illegible] jolie [illegible] ancienne.

3642. History of the Ottoman Empire **Histoire de l'Empire Ottoman**, par Samuel Jacob, Londres 1854. 1 vol. in 8º.

Belle édition et belle reliure.

3643. History of the Ottoman Turks **Histoire de l'Empire Ottoman**, par E. S. Ercaty, Londres 1858. 1 vol. in 8º.

Bel exemplaire d'une édition et d'une reliure très élégantes.

3644. Turkey and the Crimean War **La Turquie et la Guerre de Crimée**, par Sir A. Slade, Londres 1867. 1 vol. in 8º.

Belle édition et charmante reliure.

3645. The Seventy Great Oriental Monarchy **La 70ème Monarchie Orientale**, par G. Rawlison, Londres 1876. 2 vol. in 4º.

Belle édition et belle reliure.

3646. Among the Turks **Chez les Turcs**, par E. Hamlin, Londres 1878. 1 vol. in 4º.

Belle reliure et charmante édition.

VARIOUS HISTORY.   HISTOIRES DIVERSES

3647. History Venetian **Histoire de Venise**, par John Murray, Londres 1831. 2 vol. in 16º.

Superbe exemplaire d'une édition complète et soignée reliure en maroquin vert fil. t. dor.

3648. A History of Greece **Histoire de la Grèce**, par C. Thirlwell, New-york, 1848. 2 vol. in 8º.

Deuxième édition et reliure dos de mar. vert fil. tr. marbrée.

3649. The History of the Grecian War **Histoire de la Guerre des Grecs**, par Thomas Habbes, Londres 1843. 2 vol. in 4º.

Très jolie édition avec des plans coloriés.

3650. The History of Greece **L'Histoire de la Grèce**, par W. Roy Lyall, Lond. 1875. 1 vol. in 4º.

Édition nouvelle reliure très élégante.

3651. Mithridates Minor **Mithridates Minor**, par Henry Weisford, Londres 1848. 1 vol. in 8º.

Superbe édition et reliure élégante.

3652. History of China **Histoire de la Chine**, par J. Francis Davis, Londres 1852. 2 vol. in 4º.

Bel exemplaire d'une reliure soignée.

3653. History of the Mongols **Histoire des Mongols,** par H. H. Horwartz, Londres 1876. 4 vol. in 8⁰.
Edition nouvelle.

3654. The Chinese Empire **L'Empire Chinois,** par M. Hue, Londres 1855. 2 vol. in 4⁰.
Charmante reliure et édition sur papier vélin.

3655. A. History of Persian **Histoire des Persans,** par R. G. Watson, Londres 1800. 1 vol. in 8⁰.
Belle édition et belle reliure.

3656. A History of Persia **Histoire de la Perse,** par Sir F. Malcolms, Londres 1863. 2 vol. in 8⁰.
Belle édition et belle reliure.

3657. History of Armenia **Histoire de l'Arménie,** par Johaunes Avell, Londres 1827. 2 vol. in 8⁰.
Charmante édition et charmante reliure·

3658. History of Servia **Histoire de Serbie,** par Alexandre Kerr, Londres 1847. 1 vol. in 8⁰.
Belle édition et reliure en veau.

3659. History of the War in Afghanistan **Histoire de la Guerre de l'Afghanistan,** par John Wᵐ· Kaye, Londres 1851. 2 vol. in 8⁰.
Bel exemplaire avec des plans.

3660. History of the Afghans **Histoire des Afghans,** par Bernard Dorn, Londres 1829. 2 vol. in 8⁰.
Belle édition et reliure recouverte de toile.

3661. The Conquest of the Canaries. **La Couqnéte des Canaries,** par La Société Klaphort, Londres 1862. 2 vol. in 8⁰.
Bel exemplaire sur papier vélin.

3662. Great Facts **Hauts Faits,** par C. Bakewell, Londres 1859. 1 vol. in 4⁰.
Très jolie édition avec gravures et reliure très élégante.

3663. The Manual of Dates **Le Manuel des Dâtes,** par Georges Townsend, 1870. 1 vol. in 8⁰.
Superbe édition et reliure soignée.

3664. Narrative of ten Year's Imprisonnement **Récits de Dix Années d'Emprisonnement,** par Antonio Nicolo, Londres 1861. 1 vol· in 8⁰.
Bel exemplaire avec portrait.

3665. The History of Rasselas **L'Histoire de Rasselas,** par Le Dʳ· Johnson, Londres 1804. 1 vol. in 8⁰.
Belle édition et belle reliure.

3666. Journal of a Residence in Circassia **Journal d'un Résidence en Circassie,** par James Hani, Londres 1840. 2 vol. in 8o.
Deuxième édition.

3667. The Life of Elizabetta **La Vie d'Elisabeth,** par Jacob Abott, Londres 1861· 1 vol. in 8⁰.
Bel exemplaire·

3668. Harem Life in Egypt **La Vie du Harem en Egypte,** par Emmeline Lott, Londres 1866. 1 vol. in 8⁰.
Belle édition et belle reliure·

3669. Life of Oliver Goldsmith **La Vie d·Olivier Goldsmith,** par H. W. Dulcken, Londres 1845. 1 vol. in 4⁰.
Editon illustrée.

3670. Memoir of Valentine Mott **Memoires de Valeutine Mott,** par S. D. Gross, Londres 1860. 1 vol. in 8⁰.
Charmante édition et charmante reliure·

3671. Chronicle of the Kings of Norvay **Chroniques des Rois de Norvège,** par Samuel Laing, Londres 1844. 3 vol. in 8⁰.
Bel exemplaire et belle reliure·

3672. Pictures of English Life **Croquis de la vie Anglaise,** par J. D. Cooper, Londres 1865. 1 vol. in 8⁰.
Belle édition illustrée·

3673. The Five Letters of Hermam Cortes **Les Cinq Lettres de Hermann Cortés,** par Don Pascual de Cayangos, Londres 1872. 1 vol. in 8⁰.
Charmant exemplaire et reliure élégante·

3674. Pictures of German Life **Croquis de la vie Germanique,** par F. Freytage, Londres 1863. 1 vol. in 8⁰.
Superbe édition et belle reliure.

3675. The Life of Josiam Wedgword **La Vie Josiam Wedghord,** par Elise Metiyard, Londres 1865. 2 vol. in 8⁰.
Belle édition et belle reliure·

3676. Letters of Christopher Columbus **Lettres de Christophe Colombe,** par R. H. Major, Londres 1870. 1 vol. in 8⁰.
Belle édition illustrée sur papier vélin.

3677. The History of Tiping Revolution **L'Histoire de la Révolution Tiping,** par Linte, Londres 1868 2 vol. in 4⁰.
Bel exemplaire et belle reliure.

3678. Index to the Native and Scientific Names, par Forbes Watson, Londres 1868. 1 vol. in 8⁰.
Belle édition et belle reliure.

3679. The rise and Fall of the Emperor Maximillian **Le Commencement et la Décadence de l'Empereur Maximilien**, par G. H. Venables, Londres 1 vol. in 8⁰.

Belle édition anglaise.

3680. Catalogue of Books **Catalogue de Livres**, de Quaretch, Londres 1868-74-75-77.

3681. Report of the Shool Committe **Rapport du Comité des Ecoles**, par La City of London 1858-59-60-61-6263-64-67-68-70.

3682. Annual Report of the School Commitee **Rapport Annuel du Comité des Ecoles**, Londres 1858-56-55.

3683. Report of the operations of the Stafford House Comittee **Rapport sur les Opérations du Comité des Stafford House**, par Le Duk de Sutherland, Londres 1879. 1 vol. in 8⁰.

Belle édition.

3684. Westminster Rewiew **La Revue de Westminster**, par Martin 1872. 1 vol. in 8⁰.

Belle reliure.

3685. Modern Encyclopedia or dictionary of arts Science and litterature comprehending a complete history of the various countries and an accurate geographical description of the principal cities, mountains, seas, rivers in the world with a biography of the most eminent persons of every nation. **Encyclopedie Moderne, avec un dictionnaire d'arts de Sciences et de Littérature, comprenant l'Histoire complète des contrées diverses et l'exacte description des principales cités, montagnes, mers et rivières du monde avec la biographie de plusieurs éminents personnages de toutes nations**, par Burrow's, Londres 1822. 11 vol. in 4⁰. cartonné.

Magnifique édition illustrée des plusieurs gravures coloriées.

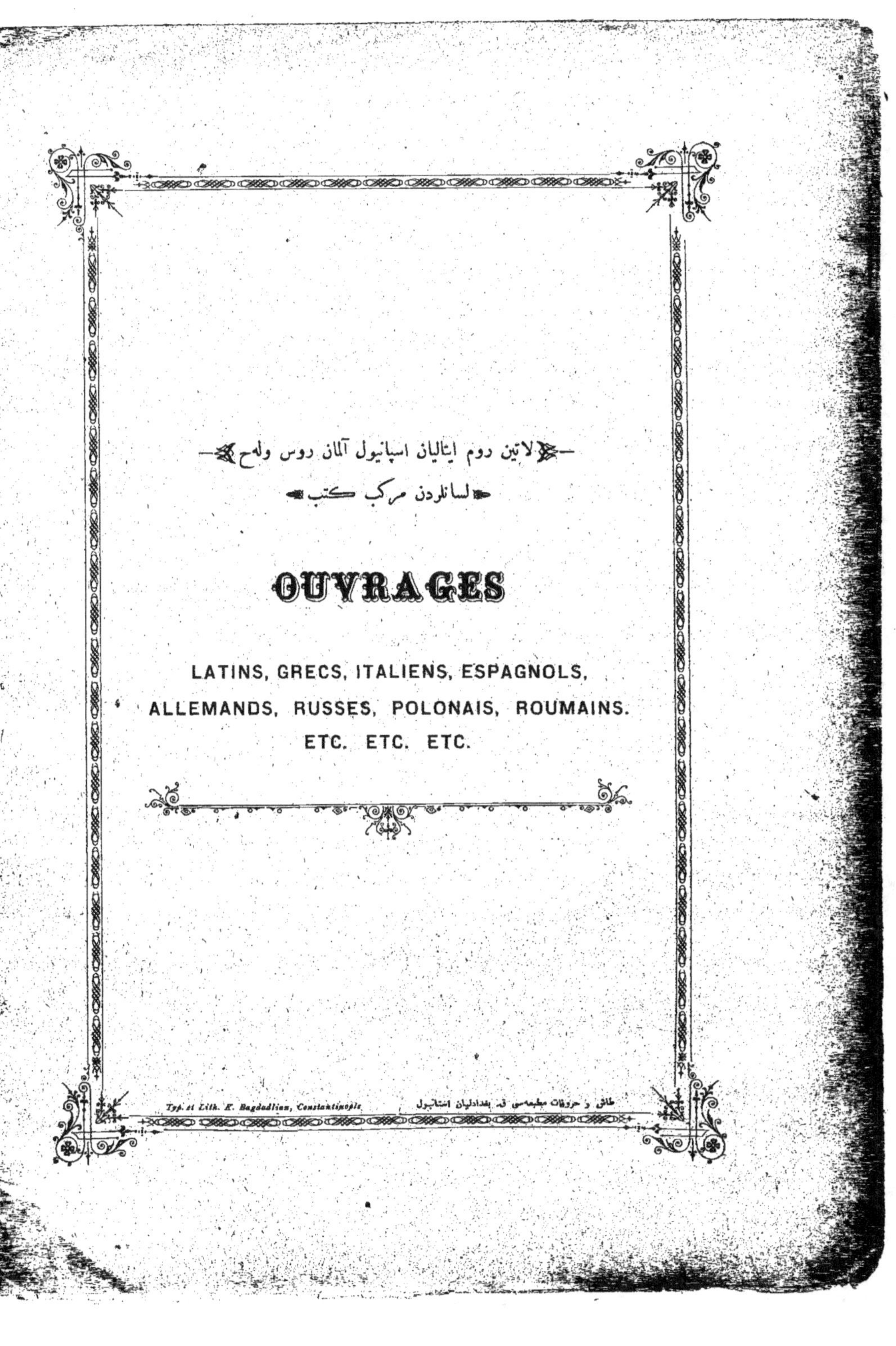

OUVRAGES

LATINS, GRECS, ITALIENS, ESPAGNOLS,
ALLEMANDS, RUSSES, POLONAIS, ROUMAINS.
ETC. ETC. ETC.

Typ. et Lith. E. Bagdadlian, Constantinople.   طاش و حروفات مطبعه‌سی قد بغداديان استانبول

OUVRAGES LATINS

3686. **Senecæ Rhetoris**, par And Schotti. Lugduni Batavorum. 3 vol. in 8º.
mar. v. dent. tr. d.
Bel exemplaire, qui parait en grand papier, portrait ajouté.

3687. **Itenera Constantinopolitanum**, par Christophoro, Anvers 1453. 1 vol.
in 12. mar. bl. à compar. tr. d. (Thouvenin).
Bel exemplaire d'un lpuscule rare et curieux.

3688. **Historiæ Celebriores Veteris Testamenti**, par Christophoro Veigelio,
Noribergæ 1732. 1 vol. in 8º. mar. r. tr. d. (Trautz Bauzonnet).
Très bel exemplaire d'un rare et curieux volume, sur lequel M. S. a fait une notice
intéressante dans le Bulletin du bibiophile.

3689. **Phytanthoza-Iconographia**, par Jean G. Whinmano Ratisbonne 1739.
2 vol. in folio. mar. rouge fil. tr. dor. dos a petis fers. tr. d. (Trautz Bauzonnet).
Superbe exemplaire d'un volume très rare et fort curieux, presque tous les feuillets
sont ornés de jolies gravures sur bois, plus singulieres les unes que les autres.

3690. **Ptolemœus Avctus**, par Melan Dionissium, Rome 1520. 1 vol. in 8º.
mar. n. riches comp. tr. d.
Sur chaque plat se trouve gravé en relief et rehaussé d'or un médaillon représentant
le char du soleil, avec cette Legende; Ορθος και Μηλοθιος. Cette marque et cette devise
ont appartenu au célébre Cenevaré Demetrio médecin du pape Urbain VIII.

3691. **Laonici Chalcocondulæ Atheniensis Historiarum Libri decem**, par Conrad
E. Tigurino Rome 1550. 1 vol. in folio. mar. bleu f. tr. d.
Ce livre daté de janvier, n'a pas l'ancre Aldine, qui ne fut adoptée par l'imprimeur
qu'au mois d'Août de cette année.

3692. **Imperatori Csari Maximiliano II**, par G. Bruin, Rome 1653. 2 vol. in
folio réglés mar. rouge fil. comp. tr. d.
Charmante reliure de Se Gascon, avec les chiffres de Louis Habert de Montmaur.

3693. **Politiani Epistolarum**, par Politianus Petrous, Rome 1534. 1 vol. in 8º.
mar. v. comp. dent. d.
Reliure Anglaise de Clarke, bel exemplaire avec témoins, superbe édition très rare.

3694. **Opera Omnia G. Leibenitz**, par L. Ductens Genève 1768. 6 vol. in 8º.
mar. puce à compart. tr. d. (Bauzonnet).
Volumes rares et curieux.

3695. **Specimen Philologicum de Illustram Virorum**, par J. Henrico Van der
Palm Batavorum 1809. 1 vol. in 8º. mar. v. comp. dent. tr. d.
Reliure Anglaise de Clarke, exemplaire avec témoins.

3696. **Lexicon Lapponicum,** par H. Lindahl Holmiœ 1770. 1 vol. in 8⁰. Lettres rondes, mar. br. fil. tr. marbrée (Thouveine).
Volume de toute rareté orné d'un grand nombre de figures déssinées au trait et gravées sur bois.

3697. **Quintii Horatii Flacci Opera,** por Ludovicus Desprez, Venise 1762. 1 vol. in 8⁰. mar. rouge fil. tr. d. dorure du seizième siècle (Trautz-Bauzonnet).
Le plus bel exemplaire connu de cette inappréciable édition au double point de vue Littéraire et de curiosité.

3698. **Biblia Ebraica,** Traduite P. J. Martin, Leipzig 1460. 1 vol. in 4⁰. mar. bl. tr. d. (Trautz-Bauzonnet).
Magnifique exemplaire d'une livre de la plus grand rareté, c'est l'un des premiers livres imprimés.

3699. **Specimen Juris Inaugurale de Conjugius Jure Moslimico,** par Eliodorus Testa Batavorum 1743. 2 vol. in 4⁰. mar. noir fil. tr. dor.
Bel exemplaire très bien conservé.

3700. **Platonis Euthydemus et Geogias,** par Martin J. Routh, Oxonii 1784. 1 vol. in 8⁰. mar. cit. f. tr. dor.
Bel exemplaire en grand papier de l'édition originale.

3701. **Euripidis Dramata Poetal Seneci Grecorum,** par F. Henry Bothé, Leipzig 1825. 2 vol. in 8⁰.
Belle édition et Charmante reliure.

3702. **Corpius Scriptorum Historiœ Byzantinœ,** par B. C. Niebuhrii C. F. Bône, 1853. 2 vol. in 4⁰.
Belle reliure et édition de imprimée avec soin.

3703. **Zosimus,** par I. Bekkerus Bône 1837. 1 vol. in 8⁰.
Belle édition et belle reliure.

3704. **Yoannus Lydus,** par Em. Bekkerus, Bône 1836. 1 vol. in 8⁰.
Belle édition et belle reliure.

3705. **Theophiglocii Simocattœ Historiarum,** par Bekkerus, Bône 1834. 1 vol. in 4⁰.
Belle édition et belle reliure.

3706. **Ephraemius,** par Bekkerus, Bône 1834. 1 vol. in 8⁰.
Belle édition et belle reliure.

3707. **Pauli Seientiarii Descriptio S. Sophia et Ambonis,** par Bekkerus, Bône 1837. 1 vol. in 4⁰.
Belle édition et belle reliure.

3708. **Agathia Historiarum Nurtnoi Libri Quinque,** par B. G. Niebuhrius, Bône 1828. 1 vol. in 4⁰.
Belle édition et belle reliure.

3709. **Joannis Zonaræ,** par Marc Pindari, Bône 1828. 1 vol. in 7⁰.
Belle édition et belle reliure.

3710. **Georgius Siegncellus et Niceprus C. P.** par G. Dindorfi, Bône 1829. 2 vol. in 8⁰.
Belle édition et belle reliure.

3711. **Caius Velleius Paterculus,** par N. E. Lemaine, Paris 1822. 1 vol. in 4⁰.
Belle édition et belle reliure.

3712. **Glycæ Annales,** par Bekkerus, Bône 1836. 1 vol. in 4⁰.
Belle édition et belle reliure.

3713. **Theophanes,** par Georges Monachus, Bône 1837. 1 vol. in 4⁰.
Belle édition et belle reliure.

3714. **Dexippus Pœerus Patricicius,** par M. Menauder, Bône 1829. 1 vol. in 8⁰.
Bel exemplaire et charmante reliure.

3715. **Constantinus Porphy Eogenitus,** par Cerimonus, Bône 1829. 3 vol. in 8⁰.
Belle édition et belle reliure.

3716. **Systema Naturæ,** par C. A. Limmi, Bône 1767. 2 vol. in 4⁰. mar. cit. f. tr. d.
Bel exemplaire en grand papier de l'èdition originale.

3717. **Perspiratione Insensibile,** par J. De Gortez, Batavia 1755. 1 vol. in 8⁰. mar. rouge f. tr. d.
Reliure ancienne en grand papier de la premiere édition.

3718. **Regia Parnasse,** par R. V. S. J. Vénisé 1751. 1 vol. in 8⁰. demi reliure d. et c. mar. bleu.
Superbe exemplaire en grand papier de la premiere édition.

3719. **Definitiones Generum Plantarum,** par D. Christiani Gottliebluwig, Bône 1860. 1 vol. in 4⁰.
Edition nouvelle et belle reliure.

3720. **Pachymeres de Palæoligia,** par Bekkerus, Bône 1835. 2 vol. in 4⁰.
Belle édition et belle reliure.

3721. **Cantacnzeni Historiarum Libre IV.** par L. Schopeni, Bône 3 vol. in 8⁰. 1801. mar. cit. f. tr. d.
Bel exemplaire de l'édition originale.

3722. **Nicephori Gregoriæ Byzantiæ Historia,** par L. Schopeni, Bône 1829. 2 vol. in 8⁰.
Superbe exemplaire d'une édition et d'une reliure élégantes.

3723. **Georgius Cedrenus,** par Bekkerus, Bone 1838. 2 vol. in 8⁰.
Belle édition et belle reliure.

3724. **Theophanis Chronographia,** par Bekkerus, Bone 1838. 2 vol. in 8⁰.
Belle édition et belle reliure·

3725. **Leo Grammaticus Enstathius,** par Bekkerus, Bone 1842. 1 vol. in 8⁰.
Belle reliure et belle édition·

3726. **Janicus Chalcocondylas,** par Bekkerus, Bone 1843. 1 vol. in 8⁰.
Belle édition et belle reliure.

3727. **Chronicon Paschale,** par L. Dindorfius, Bone 1832. 2 vol. in 8⁰.
Belle édition et belle reliure.

3728, **Cadinus Curopalates,** par Bekkerus, Bone 1839. 1 vol. in 8⁰.
Belle édition et belle reliure.

3729. **Duce Historia Byzantina,** par Bekkerus, Bone 1834. 1 vol. in 8⁰.
Belle édition et belle reliure.

3730. **Jonmane Canamus,** par Bekkerus, Bone 1838. 1 vol. in 8⁰.
Belle édition et belle reliure.

3731. **Annamus Nicephonus Bryemius,** par Meineth, Bone 1836. 1 vol. in 8⁰.
Belle édition et belle reliure·

3732. **Merobandes et Corippus,** par Bekkerus 1836. 1 vol. in 8⁰.
Belle édition et reliure élégante.

3733. **Joannis Malalœ Chronographia,** par Dinforfius, Bone 1831. 1 vol. in 8⁰.
Belle édition et belle reliure·

3734. **Procopius,** par Dinforfius, Bone 1833. 3 vol. in 8⁰.
Belle édition et belle reliure·

3735. **Nicœtœ Choniatœ Historia,** par Bekkerus, Bone 1835. 1 vol. in 8⁰.
Belle édition et charmante reliure.

3736. **Constantinus Manasses,** par Bekkerus, Bone 1837. 1 vol. in 8⁰.
Belle édition et belle reliure.

3737. **Leo Diaconus,** par Bekkerus, Bone 1828. 1 vol. in 8⁰.
Belle édition et belle reliure.

3738. **Rudimentum Physiolographiœ Moldaviœ,** par C. N. De Vernau, Buda-
Pesth 1836. 1 vol. in 8⁰.
Belle édition et belle reliure.

3739. **Opera Virgilii,** par Camli Maximi, Venise 1725. 1 vol. in folio mar.
r. f. doub. de mar. r. dent. fr. d. (Boyet).
Superbe exemplaire en grand papier de la premiere édition·

3740. **Historia Sinentis,** par Abduloe Beidavii Janœ 1479. 1 vol. in 4º. veau fauve. fil. tr. dor.
Volume d'une conservation parfaite, très curieux et dont il est fort rare de rencontrer un bel exemplaire·

3741. **Edlisii Africa,** par Melchior Hartmaun Gotingœ 1747. 1 vol. in 8º. veau fauve fil. tr· d.
Volume très curieux et rare·

3742. **Thucididis de bello Peloponnesio,** par Marceleni, Bone 1647. 6 vol. in 8º. dos et soins de veau fauve (Trautz-Bauzonnet),
Recueil intéressant et de toute rareté Les épreuves en sont fort belles et parfaitement conservées.

3743. **Quintiliani Institutimum Oratoriarum,** par J. Fabius, Paris 1741. 1 vol. in 8º. mar. r. fil. tr. dor. (Thompson).
Exemplaire d'une grande pureté, première épreuve·

3744. **Discussionum Historicarum,** par J. Pontani, Paris 1537. 1 vol. in 12º. mar. tr. d.
Très bel exemplaire de l'édition originale, bien complet·

3745. **De Arte Rhetorica,** par Dominico Decolonia S. J. Venise 1743. 1 vol. in 12º. mar. vert fil. tr. d.
Précieux recueil de ces pièces de la plus belle conservation, et toutes en édition originales·

3746. **Lexicon Greco Latinum,** par E. F. Leopold, Athenes 1673. 1 vol. in folio. mar. tr. d. doub. de mar. v. dent. Bauzonnet.
Bel exemplaire d'un opuscule d'une grande rareté·

3747. **Historia Ciceroniana,** par Aquila Augustinus, Batavorum 1637. 1 vol. in 8º. mar. v. fil. tr. dor.
Volume très rare et très curieux.

3748. **Historia Ibrahim Pessa,** par Cerchiari, Rome 1660. 1 vol. in 8º. mar. vert. fil. tr. d. (Vogel).
Magnifique exemplaire tant pour la conservation interieur et la grandeur des marges que pour la reliure, qui rappelle, par l'élégance et la richesse des ornements, les plus belles reliures de la fin du XV. siècle.

3749. **Terentii Comœdiæ,** par H. Wetztenium, Amsterdam 1643. 1 vol. in 12º. veau fauve fil. tr. dor.
Magnifique exemplaire d'une édition de toute rareté.

3750. **Tractus de Republica Romano Germanica,** par Jacobo Lampodio, Amsterdam 1542, 1 vol. in Jésus. mar. noir tr. dor.
Opuscule de la plus grande rareté·

3751. **De Dedienci Respublica,** par Marcus Zverius, Amsterdam 1633. 1 vol. in 8º. veau fauve fil. tr. dor.
Edition la plus complète.

3752. **De Bosphoro Thraccio,** par P. Gylly, Batavorum 1632. 1 vol. in 8º. veau fauve. fil. tr. dor.
Edition originale introuvable.

3753. **Respublica Moscoviæ et Urbis,** par J. Marie, Batavorum 1624. 1 vol. in 8º. mar. r. fil. tr. d.
Ancienne reliure, bel exemplaire d'un volume fort rare.

3754. **Constantinopoleos,** par P. Gylly, Batavorum 1632. 1 vol. in 8º. veau fauve fil. tr. rouge.
Volume rare.

3755. **Respublica Hebræorum,** par Petri Cunœi, Batavorum 1632. 1 vol. in 8º. mar. rouge fil. tr. dor.
Volume très rare d'une conservation parfaite.

3756. **Respublica Universalis,** par J. Angelii, Amsterdam 1632. 1 vol. in 8º mar. vert fil. tr. dor.
Très bel exemplaire d'une édition rarissime.

3757. **Respublica Poloniæ,** par J. A. Plausa, Batavorum 1656. 1 vol. in 8º. mar. rouge fil. tr. d. Thompson.
Très bel exemplaire d'un opuscule rare.

3758. **Catillus et Tibullus,** par G. Johanni, Londres 1824. 1 vol. in 12º. mar. bl. fil. tr. dor.
Très bel exemplaire d'un livre rare, imprimé en caractères de civilité.

3759. **P. Virgilii Maronis Opera quæ supersunt in Antiquo Codice Vaticano ad priscam Imaginum formam in cisa a Petro sancte Bartoli in bibliotheca camuli Cardinalis Maximi Die servata et dinum Permissu Marchionis Camilli Maximi Typorum Impressione Peudita Anno M. D. CC. XXV.**
Belle reliure.

OUVRAGES GRECS

3760. Γεωγραφία Παλάια καὶ Νέα, par Panayotti Sarafi, Londres 1632. 1 vol. in folio. mar. r. fil. tr. dor.
Bel exemplaire d'une édition fort recherchée.

3761. Ἡ Κιβδηλεία, par Etienne Th. Zenou, Londres 1860. 2 vol. in 8º.
Belle édition et reliure anglaise.

3762. Στεφανίτης καὶ Ἰχηλάτης, par Vittorio Puntoni, Florence 1889. 1 vol. in 8º.
Belle édition et reliure anglaise.

3763. Ἀλικαρήσσηρς ἡροδότου, par Volg. Reizei Oxinii 1809. 4 vol. in 8º.
Edition et reliure très bien conservées.

3764. Ὁ Βίος τοῦ Θεοκρίτου, par Em. Parti, Londres 1860. 2 vol. in 4⁰.
Superbe édition et belle reliure.

3765. Ἡ Ζηνοβία, par G. Ipandrevmenou, Smyrne 1872. 1 vol. in 8⁰.
Belle édition et belle reliure.

3766. Ὁ Γεροστάθης, par Léon Mella, Athènes 1866. 4 vol. in 4⁰.
Belle édition et belle reliure.

3767. Ἡ Λογική, par D. Mandacasou, Leipzig 1454. 1 vol. in 8⁰. mar. rouge fil. tr. dor.
Bel exemplaire d'une édition fort rare.

3768. Τὸ Ἐμπόριον τῆς Τουρκίας, par Alex. Lemonides, Constantinople 1849. 1 vol. in 8⁰.
Charmante édition et charmante reliure.

3769. Ἡ Τουρκόμαχος Ἑλλάς, par Alex. Soutzo, Athènes 1850. 1 vol. in 8⁰.
Belle édition et belle reliure.

3770. Τὰ ἅπαντα, par P. Soutzo, Athènes 1851. 1 vol. in 8⁰.
Charmante édition et charmante reliure.

3771. Βίος Φωτίου, par Photius, Athènes 1823. 1 vol. in 8⁰.
Belle édition et belle reliure.

3772. Τὰ ἅπαντα, par G. Zalocosta, Athènes 1859. 1 vol. in 8⁰.
Bel exemplaire d'une édition imprimée avec soin.

3773. Τὰ κατὰ Μουσούρου, par Mussurus, Athènes 1847. 1 vol. in 8⁰.
Bel exemplaire d'une édition et d'une reliure très élégantes.

3774. Γραμματικὴ Γαλλική, par Et. Partzoulla, Vienne 1814. 1 vol. in 8⁰.
Superbe édition et reliure remarquablement belle.

3775. Ἀττικόν ἡμερολόγιον τοῦ ἔτους, par X** Athènes 1868. 1 vol. in 8⁰.
Belle édition et belle reliure.

3776. Τῆς και ῆς διαθήκης ἅπαντα, de l'Histoire Sainte 1453. 1 vol. in 24⁰.
Bel exemplaire et belle reliure.

OUVRAGES ALLEMANDS

3777. **Die Heilige Schrift Alten und Neuen Testaments Verdeutscht von D. Martin Luther Stuttgart**, 1 vol. in 4⁰. grand.
Edition en 2 colonnes, dessins de H. Pison, reliure mar. noir fil. tr. dor.

3778. **Don Quichot**, par Gevallen Haye 1746. 1 vol. in folio.
Belle édition et belle reliure.

3779. **Fund Gruben,** Par Gesellchaft von Liebhan, Vienne 1809. 6 vol. in folio.
Charmante édition et belle reliure·

3780. **Verzeichniss Der Chinesischen und Mandsknischen,** par Julius Klaproh 1822. 1 vol. in folio.
Bel exemplaire d'une édition et d'une reliure élégante·

3781. **Heeroglyphica,** par Jacob Baungartens, Leipzig 1744. 1 vol. in 8⁰.
Belle édition et belle reliure.

3782. **Gágatalsche Spachstodien,** por Hermann Vambéry, Leipzig 1867. 1 vol. in 8⁰.
Charmante édition et charmante reliure·

3783. **Die Nomaden,** par W. W. Gricojew, Saint-Pétersbourg 1860. 1 vol. in 8⁰.
Bel exemplaire d'une édition imprime avec soin·

3784. **Gefchite der Ghalifen,** par Gustave Beil H. Mannheim 1846. 3 vol. in 8⁰.
Charmante reliure et belle édition·

3785. **Gefchite der Europaifchen Staates,** par Dintcifen, Hambourg 1840. 1 vol. in 4⁰.
Superbe exemplaire d'une reliure remarquable.

3786. **Der Bosphor und Constantinopel,** par P. A. Dethier 1873. 1 vol. in 8₀
2ème édition·

3787. **Mithridates,** par Joh. Christ· Adelung, Berlin 1806. 1 vol. in 8⁰.
Belle édition et belle reliure·

3788. **Briefe Zuftande,** par Klaporth, Berlin 1842. 2 vol. in 8⁰.
Bel exemplaire.

3789. **Hern der Osmanifchen,** par C. P. Belo, Leipzig 1837. 1 vol. in 8⁰.
Belle édition et belle reliure·

3790. **Kinderfreund,** par S. A. Vetter, Konigsberg 1860. 1 vol. in 8⁰.
Charmante édition et charmante reliure·

3791. **Grammaire Allemande,** par Emile Otto, Heidelberg 1873. 1 vol. in 8⁰.
Belle édition et belle reliure.

3792. **Die Sprinchewater der Palla,** par C. gurzbach, Vienne 1852. 1 vol. in 8⁰.
Bel exemplaire et belle reliure.

OUVRAGES ITALIENS

3793. **Historia Universale dell' origine et del Imperio Dei Turchi, Venise**, par Francesco Sanpiuno 1600. 1 vol. in 8°, veau fauve fil. tr. dor.
Magnifique exemplaire d'une édition très rare.

3794. **Vita della Picarara Gustiaa Drez**, par Giovanni Dastellen Bareizzi 1727. 1 vol. in 12°. veau f. ancienne reliure.
Belle édition avec témoins.

3795. **Breve Descrizione dell'Arcipelago**, par Conte Pasch. di Kriewen, Livorno 1773. 1 vol. in 8°. mar. noir fil. tr. dor.
Belle édition et belle reliure.

3796. **Istoria della republica di venezia**, par Pietro G. Venise 1712. 2 vol. in 8°. mar. fil. tr. d.
Superbe édition d'une parfaite conservation.

3797. **Raffaello**, par M. Minghetti, Bologna 1885. 1 vol. in 8°.
Charmante édition nouvelle.

3798. **Parnasso Italiano Dante, Petrarca, Ariosto, Tasso**, par Giuseppe Antonelli Venise 1833. 1 vol. in 8°.
Belle édition et belle reliure.

3799. **Manuale di Diritto Pubblico e Privato Ottomano**, Par Domenico Gatteschi, Alexandrie d'Egypte 1865. 1 vol. in 8°.
Charmante édition et charmante reliure.

3800. **Vita di Cristoforo Colombo**, par Alphonse Ulloa, Londres 1867. 1 vol. in 8°.
Belle édition et belle reliure.

3801. **Bibliographia Pratea**, par D. Prato 1844. 1 vol. in 8°.
Bel exemplaire.

3802. **Giornali della Società Asiatica Italiana**, par Lemonier, Florence 1887. 1 vol. in 8°.
Bel exemplaire et belle reliure.

3803. **Orlando Furioso**, par Ariosto, Paris 1803. 5 vol. in 8°.
Belle édition et belle reliure.

3804. **Atti Del IV Congresso Internationale Degli Orientalisti**, par Lemonier Firenze 1880. 2 vol. in 8°. broché.
Edition nouvelle.

3805. **Il Morgante**, par L. Pulci, Florence 1574. 1 vol. in 8º. veau fauve fil. tr. rouge.
Magnifique édition d'un opuscule rarissime.

3806. **L'Eneide di Virgilio**, par Annibal Caro, Paris 1760. 2 vol. in 8º. mar. f. fil. tr. dor. (Duru).
Bel exemplaire d'une édition très bien conservée.

3807. **Il Decamerone**, par M. Giovanni, Londres 1727. 5 vol. in 4º. veau fauve fil. tr. dor.
Belle édition parfaite et bien conservée.

3808. **Corso di Matematica**, par L'Abbé Bossut, Pavie 1750. 2 vol. in 8º. mar. vert. fil. tr. dor.
Superbe édition complète.

3809. **Commentari delle Guerre Fatte coi Turchi**, par G. D'Austria, Florence 1581. 1 vol. in 8º. veau f. fil. tr. dor.
Superbe édition d'une opuscule rarissime et très ancien.

3810. **L'Album di Roma**, por Pineider 1 vol. in 8º. oblong.
Belles gravures.

3811. **Gli Scritti del Padre Marco della Tomba**, par Angelo de Gubernatis, Florence 1871. 1 vol. in 8º.
Belle reliure et belle édition.

3812. **Lettere del Cardinale Bentivoglio**, par G. Bingioli, Livourne 1831. 1 vol. in 12º.
Bel exemplaire.

3813. **La Turca Fedele**, par E. de Mioni Lucca 1602. 1 vol. in 12º. veau fauve fil. tr. dor.
Edition rare.

3814. **Opere del Ariosto**, par Ariosto Venise 1741. 2 vol. in 16º. veau fauve.
Edition parfaite et complète.

3815. **Historia delli due Grand Visiri**, par G. Fontana, Venise 1683. 1 vol. in 12º. mar. f. fil. tr. dor.
Belle édition d'une impression très soignée.

3816. **Gli Animali Parlanti Poema**, par Costi, Palerme 1848. 2 vol. in 24º.
Belle édition et belle reliure.

3817. **Historia d'Ibraim Pascia**, par Paris Cerchiari, Roma 1660. 2 vol. in 12º. veau fauve fil. tr. dor.
Superbe édition d'un opuscule rare.

3818. **La Gerusalemme liberata**, par Torquato Tasso, Londres 1829. 1 vol. in 64º.
Magnifique édition en caractères microscopiques superbe reliure.

3819. **Pompei,** par G. Sommer, Naples 1882. 1 vol. in folio.
Belle édition et belle reliure.

3820. **Iliade d'Omero Rappresentata in Figure,** par G. Flatmam 1824. 1. vol.
in folio.
Magnifique exemplaire.

3821. **Callirrœ,** par Moro, Venise 1755. 1 vol. in 8º.
Bel exemplaire assez rare.

3822. **Elementi Geometrici,** par D. G. Grandi, Rome 1782. 1. vol. in 4º.
Edition avec figures.

OUVRAGES HONGROIS

3823. **Török Kuldottsez,** par Eodi Bela, Budapest 1877. 1 vol. in 8º.
Belle édition et belle reliure.

3824. **Kazani Tatar Szövegek es Fordibas,** par l'Academie, Budapest 1875. 1
vol. in 8º.
Belle édition et belle reliure.

3825. **A Török Nemzeet,** par Lukats Gyula, Budapest 1877. 1 vol. in 12º.
Belle édition et belle reliure.

OUVRAGES RUSSES

3826. Срвнигяьныи Сяоварь Турецко, par Laz Boudagoff, Saint Pétersbourg
1869. 3 vol. in 8º.
Belle édition et belle reliure.

3827. Оьразцыа Нароно витературе, par B. Radlobline. Saint Pétersbourg
1866. 4 vol. in 4º.
Belle édition et belle reliure.

3828. **Travaux de la 3 ième Sessions du Congrès Oriental,** Saint Pétersbourg
1876. 3 tomes in 4º.
Belle édition et belle reliure.

3829. Царевичахъ, par Veliaminianoff Zernoff, Saint Pétersbourg 1860. 1
vol. in 8º.
Bel exemplaire.

3830. **Recueil de Materiaux Relatif à l'Histoire de la Horde d'or,** par P. V. De
Tiesenttansen, Saint Petersbourg 1886. 2 vol. in 4º.
Belle édition et belle reliure.

3831. Япція Чернаго Моріз, par Tolostoï, Saint-Pétersbourg 1851. 1 vol. in 8⁰.
Belle édition et belle reliure.

3832. Чеченскій Букваре, par Tolostoï 1866. 1 vol. in 8⁰. Moscou.
Belle édition et belle reliure.

3833. Бнъяіотека, par B. Saint Pétersbourg 1849. 2 vol. in 8⁰.

POLONAIS

3834. **Pisma Adama Mickiewieza**, par Adama, Paris 1861. 10 vol. in 8⁰.
Magnifique édition et reliure très élégante et très riche.

3835. Кракій Вþео Техниненій Сярвяре, par A. Stanenta, Saint-Pétersbourg 1887.
Superbe édition et reliure élégante.

OUVRAGES ROUMAINS

3836. **Annalile Societatei**, par l'Academie, Bucharest 1878. 1 vol. in 8⁰.
Belle édition et belle reliure.

3837. **Regoulament Organik**, par Geog D. Bibescu, Bucharest 1847. 1 vol. in 8⁰.
Belle édition et belle reliure.

3838. **Istoria Renacerei Romanihi**, par Dimitri a Sturdza, Bucharest 1888. 4 vol. Brochés in 4⁰.
Belle édition.

3839. **Recueil de Poesies Roumaines**, par Stephen Austin, Hertford 1856. 1 vol. in 4⁰.
Belle édition et belle reliure.

3840. **L'Administration Russe en Valachie**, par A. D. Grammont. 1840. 1 vol. in 16⁰.
Belle édition et belle reliure.

3841. **Colectie Din Poesile Doummului**, par D. Bolintimeanul, Bucharest 1847. 1 vol. in 8⁰.
Belle édition et belle reliure.

3842. **Grammaire Roumaine**, par Nicol. Velitchen, Bucharest 1850. 1 vol. in 8⁰.
Belle édition et belle reliure.

3843. **Vocabulaire Roumain,** par Vritnab. Yassi 1845. 1 vol. in 8⁰.
Belle édition et belle reliure·

3844. **Callestarills Gulliver,** par Swift Trad de Negutice, Bucharest 1840. 2 vol. in 4⁰,
Belle édition et belle reliure.

3845. **Xrisobul Domeneck,** par X** Bucharest 1845. 1 vol. in 8⁰.
Belle édition et belle reliure·

3846. **Ajutorul,** par le P. Ghika D. A. Sturdza, Bucharest 1873· 1 vol. in 8⁰.
Belle édition et belle reliure·

3847. **Oratorii,** par Mechistedek, Bucharest 1845. 1 vol. in 8⁰.
Belle édition et belle reliure·

3848. **Maral,** par I. Boinecku, Bucharest 1845. 1 vol. in 8⁰.
Belle édition et belle reliure·

3849. **Convarbiri economice,** par Ion Ghika, Bucharest. 1868. 1 vol. in 8⁰.
Belle édition et belle reliure.

3850. **Douze Plans de Roumanie,** en 12 caluma, Bucharest.
Beaux specimens·

3851. **Carte de la Valachie,** par Mastache. 1843.
Carte coloriées.

IMPRESSUM PARISIIS ATQUE ABSOLUTUM

Anno M DCCC LXXXXIIII

APUD FRATRES DELALAIN

UNIVERSITATIS GALLICAE TYPOGRAPHOS

VIA A SORBONE DICTA, SUB CICONIARUM SIGNO, COMMORANTES,

SUMMO SCHOLARUM PUBLICARUM MAGISTRO

SUMPTUS EX AERARIO SUPPEDITANTE.

CATALOGUE

DE LA

BIBLIOTHÈQUE

DE

FEU AHMED VÉFYK PACHA